COMMUNISME ET TOTALITARISME

collection tempus

Stéphane COURTOIS

COMMUNISME ET TOTALITARISME

PERRIN
www.editions-perrin.fr

© Perrin, 2009
ISBN : 978-2-262-03080-3

tempus est une collection des éditions Perrin.

INTRODUCTION

La chute du mur de Berlin le 9 novembre 1989, suivie de l'effondrement des dominos communistes d'Europe centrale et orientale, et enfin de l'implosion de l'URSS à l'été-automne 1991 ont marqué la fin d'un phénomène historique qui avait fait irruption sur la scène de l'histoire en 1917. Ce mouvement, qui s'était constitué dès 1919-1920 en système communiste mondial, est mort, tué sous le poids de ses contradictions et de ses crimes. Mais il laisse derrière lui des traces profondes : un bilan tragique dans les pays où il était – ou est encore – au pouvoir, une mémoire contrastée – tragique pour les uns, glorieuse pour les autres –, et une histoire qui reste encore largement à écrire.

En effet, durant des décennies, une intense propagande communiste, coordonnée depuis Moscou, a façonné la formidable mythologie révolutionnaire du XXe siècle – ce que François Furet a baptisé le « charme universel d'Octobre » – qui a trouvé de puissants échos dans la victoire soviétique à Stalingrad, dans l'exploit du premier Spoutnik, dans la Révolution culturelle maoïste – nouvelle Commune de Paris –, ou encore dans la figure christique de Che Guevara, dernier avatar mythologique du communisme, échoué sur les tee-shirts de raveurs déchaînés se déhanchant sur de la musique techno.

Au-delà de cette dernière manifestation folklorique, le grand mythe révolutionnaire du xxᵉ siècle a fortement pesé sur la perception que les contemporains avaient de la réalité communiste. Il pesait d'autant plus qu'il s'adossait à l'URSS – deuxième superpuissance mondiale depuis 1945 et matrice du système communiste – et échappait au démenti de la réalité en raison du bouclage et du silence auxquels étaient soumis les pays à régime communiste.

Les historiens eux-mêmes ont longtemps dû subir cette pression dont ils pouvaient d'autant moins se défendre qu'en raison du secret absolu qui régissait les partis et régimes communistes, ils ne disposaient d'aucun document interne au système susceptible d'informer sur son fonctionnement et d'en éclairer la logique.

A partir de 1991-1992, cette situation a connu une révolution copernicienne. Avec l'effondrement de l'URSS, la grosse caisse de la propagande communiste a cessé de se faire entendre, souvent remplacée par les « sanglots longs des violons » des petits apparatchiks pleurant leurs prébendes disparues, et par le bling-bling des gros apparatchiks devenus les nouveaux riches des ex-régimes communistes.

Même s'il n'est toujours pas de bon ton – en particulier à Moscou – de l'affirmer publiquement, le mouvement communiste a bel et bien perdu la Guerre froide. Plus encore, face à la progression constante de la démocratie représentative et de l'économie de marché, le mythe de « la grande révolution prolétarienne mondiale » a volé en éclats, libérant nombre d'observateurs du préjugé d'un communisme « progressiste », qui n'était en réalité qu'un efficace moyen d'intimidation moralisatrice.

Cependant, pour les historiens, le cœur de cette révolution copernicienne se niche ailleurs, dans la révolution documentaire qui est intervenue avec l'ouverture – plus ou moins large – des archives de l'Internationale communiste, du parti-Etat soviétique, des partis communistes d'Europe centrale et orientale, ou encore des partis communistes français et italien ; à cette ouverture sont venus s'ajouter d'innombrables témoignages de divers acteurs – dirigeants ou victimes du communisme – qui avaient jusque-là jugé plus sage de se taire.

Grâce à cette révolution documentaire, de nombreux points d'histoire, qui durant des décennies n'avaient donné lieu qu'à d'interminables querelles, ont soudain trouvé leur épilogue. Nous n'en citerons que quelques-uns : l'existence démontrée du fameux « Clément » – Eugen Fried – qui fut le véritable patron du PCF durant les années 1930, les négociations officieuses entre la direction du PCF et le représentant de Hitler à Paris de juin à août 1940, la responsabilité du NKVD soviétique dans l'assassinat de plus de 4 400 officiers polonais à Katyn, l'organisation par Staline d'une famine-génocide contre la paysannerie ukrainienne faisant environ 4 millions de morts en 1932-1933, l'ampleur de la Grande Terreur stalinienne de 1937-1938 qui entraîna l'assassinat de plus de 700 000 personnes en quatorze mois... La liste est interminable.

Cependant, par-delà l'élucidation d'innombrables énigmes et l'extinction d'autant de querelles historiques faute de combattants du côté communiste, cette information documentée a profondément modifié la perception que l'on pouvait avoir du phénomène communiste. Ce sont des pans entiers de cette histoire qui bénéficient d'un nouvel éclairage. Des personnages de première importance apparaissent désormais sous un jour inédit.

Comment comprendre la ruse, l'audace et la cruauté de Staline au pouvoir si l'on ignore les relations intimes du jeune Staline bolchevique d'avant 1914 avec le grand banditisme du Caucase, mêlant allégrement

« expropriations » (hold-up), racket révolutionnaire et règlements de comptes de type mafieux ? Peut-on continuer de présenter Nikita Khrouchtchev comme un quasi démocrate antistalinien, quand on découvre qu'il fut le chouchou de Staline dans les années 1930, le bourreau de Moscou puis de l'Ukraine lors de la Grande Terreur puis de la Pologne orientale occupée par l'Armée rouge le 17 septembre 1939, l'homme qui demanda par télégramme à Staline l'autorisation de déporter les femmes et les enfants des officiers polonais assassinés, et celui qui réaffirma la dimension totalitaire du régime après 1957 en rétablissant l'omnipotence du parti sur l'appareil d'Etat ? Que comprendre à la Grande Terreur de 1937-1938 si l'on ignore l'itinéraire stupéfiant de celui qui en fut l'exécuteur sous les ordres de Staline, Nicolaï Iejov ? Georges Dimitrov n'est-il que le héros du procès de Leipzig contre Goering et le chantre de l'antifascisme au VIIe congrès du Komintern en 1935, quand son *Journal* et les archives nous révèlent sa soumission totale à Staline, sa participation aux plus hautes sphères du pouvoir soviétique et son rôle majeur dans la soviétisation particulièrement brutale de la Bulgarie ? Que dire de Jacques Duclos, ce candidat à la présidence de la République française en 1969, dont les relations constantes avec le NKVD/KGB – organisation éminemment criminelle – sont désormais avérées par les archives et qui adressa des rapports circonstanciés sur la négociation avec l'occupant nazi à Paris à l'été 1940 ? Et d'Artur London, devenu à travers son livre et le film éponyme *L'Aveu*, le héros du communisme antistalinien, mais dont les archives tchèques révèlent le rôle d'agent de la police politique tant durant la Guerre d'Espagne que dans la Tchécoslovaquie des années 1940 ? Et de Maurice Thorez, désertant son régiment début octobre 1939 sur ordre du Komintern pour rejoindre Moscou en avion sous passeport soviétique ? Ou, du même Thorez recevant de Staline, au Kremlin le 19 novembre 1944, la directive de se débarrasser au plus vite du général de Gaulle... objectif atteint le 30 janvier 1946 ?

Ainsi, par-delà une révision générale des connaissances acquises jusqu'en 1991 sur le communisme, c'est l'interprétation même du phénomène qui a été profondément modifiée par la révolution documentaire. En effet, si nombre d'historiens avaient perçu la dimension autoritaire et dictatoriale, voire totalitaire, de ces partis et partis-Etats, peu avaient, faute d'informations fiables, imaginé la dimension criminelle qu'avaient atteinte certains régimes communistes en période de haute intensité terroriste. Et très peu imaginaient combien Lénine avait été personnellement l'initiateur et le promoteur de cette dimension criminelle.

A cet égard, la publication, en novembre 1997, du *Livre noir du communisme* – traduit aujourd'hui dans 26 pays et diffusé à plus d'un million d'exemplaires – a constitué un moment clef. Pour la première fois dans un cadre strictement historique, était démontrée la présence récurrente de la terreur comme moyen ordinaire de gouvernement dans l'ensemble des régimes à parti-Etat communiste. Même si, depuis, nombre d'évaluations chiffrées ont été affinées, cet ouvrage indiquait l'ampleur gigantesque des déportations et des massacres et soulevait, *nolens volens*, la question cruciale de la comparaison avec les crimes du nazisme.

Est ainsi revenue, au centre des interrogations historiennes, la question du totalitarisme, concept apparu au début des années 1920 et qui, dès les années 1930 et avant même que soient connues les exterminations de masse soviétiques et nazies, servait de cadre conceptuel à la comparaison entre les trois types de dictatures inédites : communiste en URSS, fasciste en Italie et nazie en Allemagne. Or, si les recherches sur le nazisme ont pu bénéficier dès les années 1950 des archives saisies par les Alliés à la fin de la guerre, il fallut attendre les travaux de Renzo De Felice, poursuivis aujourd'hui par Emilio Gentile, pour que les études sur le fascisme sortent de la traditionnelle vision « antifasciste » et s'appuient sur les archives pour revisiter de fond en comble cet épisode de l'histoire italienne. Quant aux archives du communisme, elles étaient inaccessibles avant la révolution documentaire. Si, lors de la Guerre froide, le concept de totalitarisme avait pu être utilisé dans la bataille idéologique, il est aujourd'hui réapproprié par les historiens dans le cadre d'une comparaison désormais fondée sur le travail archivistique.

Depuis 1992 – date de mon premier séjour dans les archives de Moscou – mon travail de recherche et ma réflexion sur le communisme ont donc été commandés par l'accès à une documentation inédite et massive, puis par les débats, voire les polémiques, qui ont accompagné la publication du *Livre noir du communisme*. Par-delà les avancées dans la connaissance factuelle, la question du totalitarisme m'est apparue comme la clef de compréhension principale du communisme bolchevique, ce phénomène central du xxᵉ siècle. Et c'est cette réflexion que je livre au lecteur, en regroupant dans cet ouvrage des textes jusque-là dispersés et de nature assez différente.

La plupart répondent aux canons académiques : chapitres d'Actes de colloques universitaires, articles de revue scientifique. D'autres sont des articles de vulgarisation – au sens pédagogique du terme – ou des comptes rendus de lecture publiés dans des revues d'histoire ou de sociologie destinées à un large public. Mais tous s'inscrivent dans un même projet intellectuel : livrer une information de plus en plus fiable et de plus en plus large afin d'assurer une compréhension toujours approfondie de la relation entre communisme bolchevique et totalitarisme. Ils reflètent à la fois l'évolution d'une réflexion et le mode de travail de l'historien, tant il est vrai que notre art est un artisanat qui doit, chaque jour, être remis sur le métier. L'historien est en permanence confronté à de nouvelles sources, à des interprétations originales qui le contraignent à affiner son récit, voire même à réexaminer largement ses hypothèses et ses analyses.

Afin de mieux montrer ce travail dans ce que François Furet appelait l'« atelier de l'histoire », je n'ai retouché aucun des chapitres ici présentés et me suis contenté d'actualiser les notes bibliographiques portant sur les travaux les plus récents qui confortent ou complètent mon interprétation. Pour tous les détails que je n'ai pu éclairer d'une note, on se reportera au *Dictionnaire du communisme*[1].

Certains chapitres n'appelaient aucune présentation. Pour les autres, il m'a semblé utile de les faire précéder d'une courte introduction qui permette à la fois de préciser la problématique intellectuelle dans laquelle se situait le texte au moment de sa publication, et d'y porter un regard rétrospectif, parfois critique. Au fil des pages, le lecteur butera sur quelques redites que je n'ai pas souhaité gommer. Leur effacement aurait dénaturé le texte concerné et, surtout, ces redites concernent des points clefs qui orientent toute la réflexion : par exemple, la liste précise des opérations de la Grande Terreur stalinienne de 1937-1938, ou l'importance du *Que faire ?* de Tchernychevski et du *Catéchisme du révolutionnaire* de Serge Netchaïev dans la formation de la pensée politique de Lénine. Et puis, n'en déplaise à nos modernes « pédagogistes », la répétition est une des bases de la pédagogie.

La structure même de l'ouvrage reflète le cours de ma réflexion depuis une dizaine d'années. Celui-ci s'ouvre en effet sur « Lénine, l'inventeur du totalitarisme » : sans Lénine, sans sa pensée doctrinaire, sans son organisation révolutionnaire, sans son décisif passage à l'acte en 1917, pas de bolchevisme, pas de prise du pouvoir le 7 novembre 1917, pas de création du premier parti-Etat communiste. Au risque de contrarier les historiens marxistes, tenants de l'explication par les structures et par la conjoncture révolutionnaire – les circonstances –, le rôle ici de l'individu, du « grand homme », est incontournable. Même si la nouvelle documentation détruit le mythe du « bon Lénine » – longtemps opposé au « méchant Staline » – et montre un leader bolchevique extrémiste, fanatique, cruel, et pour tout dire inventeur du phénomène totalitaire et de son cortège de crimes contre l'humanité.

La deuxième partie est consacrée à son fidèle héritier, Joseph Staline, qui sut à la fois comprendre la nature du régime totalitaire mis en place par Lénine, le stabiliser et le systématiser, permettant ainsi au pouvoir soviétique et au système communiste mondial de perdurer encore plus de trois décennies après la disparition du « petit père des peuples ».

Cette période stalinienne impliquait de se pencher, en troisième lieu, sur la nature criminelle des régimes communistes. Je n'ignore pas que cette démarche, qui touche à la fois aux domaines juridique et moral, est récusée par certains collègues. Elle me semble pourtant fondamentale : à condition de s'appuyer sur une documentation incontestable et copieuse, l'historien ne peut se contenter d'une approche positiviste destinée à contourner l'interrogation sur les valeurs portées par un phénomène historique, voire par toute une époque. Même si cette interrogation dérange profondément – des hommes se réclamant d'un Bien supérieur ont instauré un Mal absolu – et renvoie, une nouvelle fois, à la comparaison avec le nazisme.

Enfin, le large renouvellement du travail historique sur le communisme depuis une quinzaine d'années ne laisse pas indifférentes les sociétés contemporaines. S'il contribue au travail de deuil dans lequel sont engagées les victimes des régimes communistes – en Europe centrale et orientale, dans l'ex-URSS, en Chine, au Cambodge, etc. – et réactive leur mémoire tragique, par contre il heurte de plein fouet la mémoire glorieuse du communisme. Celle-ci est encore vivace en Europe occidentale où le communisme ne s'est jamais emparé du pouvoir et où son image est associée à des épisodes gratifiants pour la mémoire collective, comme le Front populaire, l'antifascisme ou la Résistance – en particulier en France et en Italie. Elle demeure très forte en Russie où le pouvoir post-communiste tente, y compris par des moyens réglementaires et judiciaires, d'occulter à la fois la tragédie dont a été victime le peuple russe et la responsabilité que porte le pouvoir soviétique – et donc ses héritiers – dans la persécution des peuples « libérés » par l'Armée rouge et annexés de force à l'URSS au cours de la guerre civile, lors de l'alliance Hitler-Staline de 1939-1941, et en 1944-1945. Quant au pouvoir chinois, l'anniversaire du massacre en 1989 de la place Tien Anmen montre qu'il n'est pas prêt à assumer sa responsabilité. Ce double conflit entre histoire et mémoire et entre mémoires conflictuelles devra être patiemment résolu si l'on veut dépasser le marché unique et la réglementation commune pour atteindre à une véritable réunification des esprits et des cœurs en Europe.

Paris, juillet 2009

PREMIÈRE PARTIE

LÉNINE ET LES ORIGINES DU TOTALITARISME

CHAPITRE I

Lénine et les origines du totalitarisme

Après la publication du Livre noir du communisme *en 1997 et les violentes polémiques qu'il a suscitées – en particulier à propos de la comparaison entre nazisme et communisme –, j'ai perçu avec acuité que le nœud du problème, le point de blocage de la réflexion sur le communisme demeurait la question du totalitarisme. Alors que nombreux étaient ceux qui estimaient que ce concept n'avait aucune pertinence scientifique, j'ai décidé d'organiser une série de quatre grands colloques internationaux consacrés au totalitarisme en Europe, réunissant certains des meilleurs spécialistes européens du communisme, du fascisme et du nazisme. Le premier de ces colloques s'est tenu à Paris en juin 2000 et a été publié sous le titre* Quand tombe la nuit. Origines et émergence des régimes totalitaires en Europe, 1900-1934[1]. *Dans le texte ci-dessous, j'y présentais l'idée que Lénine et le Parti bolchevique étaient les inventeurs de ce phénomène politique inédit, caractéristique du* XXe *siècle, même si à l'époque je surestimais quelque peu l'impact de la Première Guerre mondiale dans cette invention.*

En août-septembre 1916, Lénine rédigea un texte qui était une réponse à Kievski, pseudonyme du responsable bolchevique Georges Piatakov, à qui il reprochait d'avoir laissé la guerre « écraser sa pensée[2] ». Mais à aucun moment Lénine ne s'interrogeait sur la manière dont la guerre aurait pu « écraser » sa propre pensée ou au moins en commander une évolution qui n'aurait pas été le seul résultat d'une froide analyse de la situation mais aurait été induite à la fois par une réaction passionnelle face à l'ampleur des tueries et par la nécessité d'apporter une réponse théoriquement acceptable, du point de vue d'un marxisme déjà passablement dogmatique, à des phénomènes inattendus. Ainsi ce texte de 1916 pose-t-il une nouvelle fois la question des circonstances de la radicalisation définitive de la pensée léniniste.

Georges Nivat a rappelé avec profondeur les caractéristiques de la société, du pouvoir et de la pensée russes qui ont présidé de manière concomitante à la faiblesse de la société civile et des valeurs démocratiques et libérales, et à la montée du maximalisme dans la Russie d'avant 1914[3]. De son côté, Dominique Colas a montré combien Lénine, avant 1914, entretenait une conception du parti et de la terreur de masse qui induisait une vision proto-totalitaire qui recelait des éléments de totalitarisme à l'état latent n'attendant qu'une conjoncture favorable pour éclore et se développer[4].

Cette conjoncture porteuse apparut à deux reprises, lors de la révolution russe de 1905 puis à l'occasion de l'effondrement du régime tsariste en mars 1917. Ce dernier événement ouvrit à Lénine l'ère des possibles, de l'expérimentation d'une politique révolutionnaire, du passage à l'acte, de la guerre de classe et de la prise du pouvoir. Pourtant, cette politique révolutionnaire inédite avait été pensée préalablement, entre 1915 et l'été 1917, et elle était pour une large part le fruit d'une autre conjoncture exceptionnelle qui n'était pas liée de manière spécifique à la Russie : la Première Guerre mondiale. Cette guerre, à la fois tellement préparée par les puissances et tellement inattendue pour les gouvernements et les opinions publiques au regard de ses effets dévastateurs, a provoqué une soudaine radicalisation de la conception léniniste, pesant à un double titre sur la pensée du chef bolchevique.

Elle l'a définitivement incité à considérer la guerre civile comme expression suprême de la lutte de classe, ce qui présida au rejet immédiat et total de la révolution « bourgeoise » et démocratique de février 1917. Parallèlement, cette guerre a donné à Lénine des indications décisives sur la nature et l'organisation du pouvoir dont il rêvait désormais de s'emparer. Ces deux facteurs ont définitivement confirmé l'émergence de plusieurs des traits caractéristiques des régimes totalitaires : le principe du parti unique, la terreur de masse et le monopole de la production et de la distribution, assurées désormais par un énorme appareil bureaucratique.

Cette mutation finale, chez Lénine, d'une pensée à l'origine social-démocrate en pensée proto-totalitaire est symbolisée par l'un des trois textes fondateurs du léninisme – après le *Que faire ?* de 1902 et avant *L'Etat et la révolution* de 1917 –, *L'Impérialisme, stade suprême du capitalisme*, rédigé en 1916. Ce texte est construit autour de trois questions principales auxquelles Lénine tente d'apporter des réponses et que l'on pourrait résumer ainsi : Quelle est la nature de la crise du capitalisme qui a provoqué la guerre ? Pourquoi la guerre impérialiste est-elle devenue inéluctable en système capitaliste ? Pourquoi la guerre civile est-elle inéluctable ?

La guerre et la nature de la crise du capitalisme

Pour Lénine, le capitalisme a connu une phase progressive, de 1789 à 1871, marquée par le renversement du féodalisme et de l'absolutisme, et par la lutte pour la libération de l'oppression étrangère ; puis une deuxième phase d'un capitalisme relativement pacifiste mais où se manifestait de plus en plus la tendance impérialiste ; et enfin une troisième phase, inaugurée en juillet 1914, où la guerre déclenchée par les grandes puissances marque le moment où ce capitalisme impérialiste a simultanément atteint sa maturité et l'a dépassée, entrant ainsi dans une phase de décomposition.

Il décrit longuement la deuxième phase caractérisée par la formidable et rapide concentration du capital dans des entreprises géantes qui instaurent un système de monopole, tuant la traditionnelle concurrence du libre échange. Les banques jouent dans ce processus un rôle éminent qui aboutit à la formation d'oligarchies financières désormais engagées dans une lutte acharnée pour le partage économique du monde. L'évolution du rapport des forces et l'inégalité de développement entre les branches et les pays provoquent des repartages qui sont à l'origine de la guerre.

Une partie de la description par Lénine du système économique est exacte et il n'en a guère de mérite puisqu'il s'appuie sur les travaux de plusieurs économistes réputés, classiques comme Hobson ou socialistes comme Hilferding. Mais sa vision est largement unilatérale car le dogmatique l'a emporté sur l'analyste, et le conjoncturel – la guerre – sur le structurel.

C'est une vision d'emblée manichéenne. Ainsi, développant son idée de la contradiction entre les entreprises monopolistes et les autres, il conclut : « Des dizaines de milliers de grandes entreprises sont tout ; des millions de petites ne sont rien ». Et il poursuit : « La libre concurrence est le trait essentiel du capitalisme et de la production marchande en général ; le monopole est exactement le contraire de la libre concurrence. [...] Le monopole est en contradiction permanente et sans issue avec ces conditions générales [du capitalisme de libre concurrence][5]. » Or Lénine oublie que le monopole « pur » n'existe pas, est une vue de son esprit, une extrapolation absolue d'une réalité qui est loin d'être générale.

Cette vision manichéenne est encore accentuée par un désintérêt à peu près complet pour d'autres facteurs qui ont joué un rôle très important dans le déclenchement de la guerre, facteurs politiques et passionnels que Lénine reconnaît à certains moments, mais auxquels il n'attache aucune importance, sauf pour les dénoncer comme réactionnaires. Il néglige la politique de puissance des Etats et des dynasties d'avant 1914, comme si celle-ci ne pouvait être que la conséquence inéluctable des évolutions économiques. De même, il ne tient guère compte des passions populaires, en particulier la passion nationaliste. On baigne là dans ce scientisme évoqué par Tzvetan Todorov[6], cette volonté d'établir un savoir absolu, définitif et qui confine à l'acte de foi.

En dépit de ses erreurs d'analyse manifestes, Lénine cherche à prouver que le capitalisme est entré dans une crise définitive, en raison même de son degré de développement, crise dont la guerre serait le signe incontestable :

« Le monopole comme tout monopole, engendre inéluctablement une tendance à la stagnation et à la putréfaction. [...] Certes un monopole, en régime capitaliste, ne peut jamais supprimer complètement et pour longtemps la concurrence sur le marché mondial. Il est évident que la possibilité de réduire les frais de production et d'augmenter les bénéfices en introduisant des améliorations techniques pousse aux transformations. Mais la *tendance* à la stagnation et à la putréfaction, propre au monopole, continue à agir de son côté [...] Le monopole de la possession de colonies particulièrement vastes, riches ou avantageusement situées, agit dans le même sens[7]. »

Un peu plus loin, il ajoute :

> « Tout le monde sait combien le capitalisme monopoliste a aggravé toutes les contradictions du capitalisme. Il suffit de rappeler la vie chère et le despotisme des cartels. Cette aggravation des contradictions est la plus puissante force motrice de la période historique de transition qui fut inaugurée par la victoire définitive du capital financier mondial. [...] Tout cela a donné naissance aux traits distinctifs de l'impérialisme qui le font caractériser comme un capitalisme parasitaire et pourrissant. [...] Dans l'ensemble, le capitalisme se développe infiniment plus vite qu'auparavant, mais ce développement devient généralement plus inégal, l'inégalité de développement se manifestant en particulier par la putréfaction des pays les plus riches en capital (Angleterre)[8]. »

Non seulement on se demande où il a vu que les monopoles chercheraient à freiner le progrès technique alors que le mouvement historique montrait l'exact contraire. Mais on ne peut que s'interroger sur ces concepts bien peu scientifiques que sont le « pourrissant », la « putréfaction » ; vision eschatologique qui introduit d'emblée ce qui est impur, le capitalisme, et ce qui est pur, le socialisme, et renvoie à une vision en terme de darwinisme social. Ce que Lénine confirme quand il écrit que l'on doit « caractériser l'impérialisme comme un capitalisme de transition ou, plus exactement, comme un capitalisme agonisant[9] ». On est là aux portes d'un vitalisme socio-historique qui est certes le fond du marxisme mais qui, porté à un moment d'intensité maximale par la guerre et ses malheurs, pouvait donner au croyant l'impression que l'heure de la catastrophe finale de la bourgeoisie « impure » et donc de la rédemption par le « pur » prolétariat était enfin arrivée. La guerre a incontestablement « écrasé » la pensée de

Lénine en renforçant sa vision millénariste et son vitalisme socio-historique.

Pourquoi la guerre est inéluctable sous l'impérialisme

Estimant avoir démontré la nature économique de la crise du capitalisme, Lénine aborde la question politique. Plaquant le poids de la guerre sur sa vision de l'avant-guerre, il écrit : « L'impérialisme est l'époque du capital financier et des monopoles, qui provoquent partout des tendances à la domination et non à la liberté. Réaction sur toute la ligne, quel que soit le régime politique, aggravation extrême des antagonismes dans ce domaine également ; tel est le résultat de ces tendances. De même se renforcent particulièrement l'oppression nationale et les tendances à l'annexion[10]. »

On se demande de quelle absence de liberté et de quelle réaction parle Lénine, alors que la période d'avant 1914 a été l'âge d'or de l'avant-gardisme esthétique, de la montée en puissance du suffrage universel et des mouvements socialistes et syndicalistes dans toute l'Europe, à commencer par l'Allemagne et la France. Quant à l'oppression nationale et à l'annexion, l'Europe était encore, avant 1914, travaillée en profondeur par les poussées nationalitaires et 1919 a marqué un formidable mouvement de libération de trois des grands empires : Tchécoslovaquie, Pologne, Estonie, Lettonie, Lituanie, Finlande, Yougoslavie, Autriche, Hongrie ; autant de nouveaux Etats créés en Europe. Lénine s'est donc trompé du tout au tout sur la tendance de fond. Ou plutôt, il lui était impossible d'admettre que le capitalisme en expansion entraînait à sa suite un développement des arts, des techniques, du sentiment national, de la démocratie et même du niveau de vie des classes populaires tant urbaines que rurales. Seule la guerre et son spectacle de désolation lui permettent d'affirmer le contraire.

Si Lénine refuse ce constat, c'est que celui-ci l'inquiète au plus haut point puisqu'il implique, à terme, que ces contradictions du capitalisme ne seraient pas rédhibitoires. Il n'en condamne que plus fermement une évolution qui, sous l'effet de la guerre, se fait jour dans la réflexion des milieux libéraux et même socialistes :

> « Certains auteurs bourgeois (auxquels vient de se joindre K. Kautsky qui a complètement renié sa position marxiste, celle de 1909 par exemple) ont exprimé l'opinion que les cartels internationaux, une des expressions les plus accusées de l'internationalisation du capital, permettaient d'espérer que la paix règnerait entre les peuples en régime capitaliste. Du point de vue de la théorie, cette opinion est tout à fait absurde ; et du point de vue pratique, c'est un sophisme et un mode de défense malhonnête du pire opportunisme[11]. »

Et en effet, dès avant la guerre, Kautsky avait avancé une nouvelle analyse du capitalisme, considérant que « du point de vue purement économique, il n'est pas impossible que le capitalisme traverse encore une nouvelle phase où la politique des cartels serait étendue à la politique extérieure, une phase d'"ultra-impérialisme", c'est-à-dire de super-impérialisme, d'union et non de lutte des impérialismes du monde entier, une phase de la cessation des guerres en régime capitaliste, une phase "d'exploitation en commun de l'univers par le capital financier uni à l'échelle internationale"[12]. » Dans la *Neue Zeit* du 30 avril 1915, Kautsky, sous le poids de la guerre, poursuit sa réflexion : « La politique impérialiste actuelle ne peut-elle pas être supplantée par une politique nouvelle, ultra-impérialiste, qui substituerait à la lutte entre les capitaux financiers nationaux l'exploitation de l'univers en commun par le capital financier uni à l'échelle internationale ? Cette nouvelle phase du capitalisme est en tout cas concevable. Est-elle réalisable ? Il n'existe pas encore de prémisses indispensables pour nous permettre de trancher la question[13]. » Kautsky qui conclut un livre de 1915 par ces mots : « C'est par la démocratie pacifique, et non par les méthodes violentes de l'impérialisme, que les tendances du capital à l'expansion peuvent être le mieux favorisées ».

Cette évolution de la pensée socialiste chez le « pape du marxisme » suscite chez Lénine une fureur décuplée. Il va désormais s'attacher à prendre l'exact contre-pied de Kautsky. S'appuyant à fond sur l'événement qui occupe tous les esprits et qui semble lui donner totalement raison, Lénine récuse en priorité l'idée que le capitalisme impérialiste n'est pas automatiquement fauteur de guerre :

« Les alliances "inter-impérialistes" ou "ultra-impérialistes" dans la réalité capitaliste, et non dans la mesquine fantaisie petite-bourgeoise des prêtres anglais ou du "marxiste" allemand Kautsky, ne sont inévitablement, quelles que soient les formes de ces alliances, qu'il s'agisse d'une coalition impérialiste dressée contre une autre, ou d'une union générale embrassant toutes les puissances impérialistes, que des "trêves" entre des guerres. Les alliances pacifiques préparent les guerres, et, à leur tour, naissent de la guerre ; elles se conditionnent les unes les autres, engendrant des alternatives de lutte pacifique et de lutte non pacifique sur une seule et même base, celle des liens et des rapports impérialistes de l'économie mondiale et de la politique mondiale[14].[...]

Est-il "concevable" de supposer, le régime capitaliste subsistant (condition que suppose justement Kautsky), que ces alliances ne soient pas de courte durée, qu'elles excluent les frictions, les conflits et la lutte sous toutes les formes possibles et imaginables ? Il suffit de poser clairement la question pour voir que la réponse ne peut être que négative. Car il est *in*concevable en régime capitaliste que le partage des zones d'influence, des intérêts, des colonies, etc., repose sur autre chose que la *force* de ceux qui prennent part au partage, la force économique, financière, militaire.

Ce bilan du capitalisme moderne, monopoliste, à l'échelle mondiale […] montre que, sur *cette* base économique, les guerres impérialistes sont absolument inévitables, *aussi longtemps* qu'existera la propriété privée des moyens de production[15] ».

En l'occurrence, Lénine tire deux conclusions hâtives. Il confond la force avec la guerre. Or, montrer sa force ne signifie pas aller au conflit. La force est une chose, son usage en est une autre. Et même s'il va jusqu'au conflit, ceci ne signifie pas fatalement la guerre. En effet, le conflit peut se limiter au champ de la concurrence économique, ou même s'envenimer en querelle politique sans déboucher nécessairement sur le recours aux armes. Ecrasé par l'événement-guerre qui obstrue l'ensemble de son champ de vision, Lénine considère comme « inconcevable » que le capitalisme puisse régler ses conflits autrement que par la guerre. Il absolutise la notion de conflit jusqu'à voir dans la moindre friction un acte de guerre. Il développe la même conception dans ses relations politiques conçues uniquement à travers le binôme ami/ennemi. Ainsi, autant la guerre a délivré Kautsky de la pesanteur doctrinale et lui a désigné de nouveaux objectifs – la paix et la démocratie dans un monde où, après ce grand traumatisme, les capitalismes, l'Etat et la société seraient capables de trouver un nouvel équilibre –, autant elle a encouragé chez Lénine l'enfermement dans un système de pensée de plus en plus rigide, mécaniste, pseudo-scientifique, et *in fine* ouvertement messianique.

La lutte contre les « opportunistes » devient ainsi l'un des axes fondamentaux de la vision léniniste et contribue très fortement à la radicalisation de sa position : « Les profits élevés que tirent du monopole les capitalistes d'une branche d'industrie parmi beaucoup d'autres, d'un pays parmi beaucoup d'autres, etc., leur donnent la possibilité économique de corrompre certaines couches d'ouvriers et même momentanément une minorité ouvrière assez importante, en les gagnant à la cause de la bourgeoisie de la branche d'industrie ou de la nation considérées et en les dressant contre toutes les autres. Et l'antagonisme accru des nations impérialistes aux prises pour le partage du monde renforce cette tendance. Ainsi se crée la liaison de l'impérialisme avec l'opportunisme[16]. » On est là encore en pleine eschatologie : le pur et le corrompu.

Ayant ainsi « réfuté » la thèse du super-impérialisme, et de l'opportunisme socialiste qui l'accompagne, Lénine aborde la question de la réponse marxiste révolutionnaire à la guerre capitaliste inéluctable : la révolution dans sa seule forme envisageable, la guerre civile.

La guerre civile est inéluctable

Dominique Colas a rappelé qu'en 1905 Lénine n'envisageait la violence révolutionnaire que comme la fusion de la violence de masse et de l'insurrection, vision en partie blanquiste et limitée à une sorte d'émeute doublée d'une action armée des révolutionnaires. Avec la guerre, Lénine envisage une violence d'une tout autre ampleur, calquée sur le modèle du conflit qu'il a sous les yeux. Si, en 1905, au terrorisme de la bourgeoisie devait répondre le terrorisme révolutionnaire de masse, en 1916 à la guerre de la bourgeoisie doit répondre la guerre du prolétariat. On est passé d'une vision limitée de l'usage de la violence à une vision grandiose correspondant à ce que Lénine définit lui-même comme « l'époque de la guerre ». La recension des textes de Lénine sur la guerre civile montre d'ailleurs que si ce thème est constant chez lui, surtout depuis 1905, il a pris, à partir de 1915-1916, une ampleur nouvelle.

Certes, Lénine n'a pas pu développer son point de vue dans *L'Impérialisme, stade suprême du capitalisme* pour cause de risques de censure, mais dans deux textes immédiatement postérieurs, il parle clairement. Dans son article intitulé « A propos de la brochure de Junius » – pseudonyme de Rosa Luxemburg –, rédigé en juillet 1916, Lénine écrit :

« Aux guerres féodales et dynastiques, on opposait alors [1793 et 1848], *objectivement*, les guerres démocratiques révolutionnaires, les guerres de libération nationale. Tel était le contenu des tâches historiques de l'époque. Aujourd'hui, pour les plus grands Etats avancés d'Europe, la situation *objective* est différente. Le progrès – si l'on ne tient pas compte d'éventuels reculs temporaires – ne peut s'effectuer que dans le sens de la société *socialiste*, de la *révolution socialiste*. A la guerre bourgeoise impérialiste, à la guerre du capitalisme hautement développé, ne peuvent *objectivement* être opposées, du point de vue du progrès, du point de vue de la classe d'avant-garde, que la guerre *contre* la bourgeoisie, c'est-à-dire avant tout la guerre civile du prolétariat contre la bourgeoisie pour la conquête du pouvoir, guerre *sans* laquelle tout progrès sérieux est *impossible*, et ensuite, mais seulement dans certaines conditions particulières, la guerre éventuelle pour la défense de l'Etat socialiste contre les Etats bourgeois. [...] La guerre civile contre la bourgeoisie est *aussi* une des formes de la lutte des classes, et elle seule pourrait préserver l'Europe (l'Europe tout entière et pas seulement un des pays qui la composent) du danger d'invasion[17]. »

Il y revient en août-septembre 1916 dans sa « Réponse à Kievski » (Piatakov) :

> « Le mot d'ordre qui indique à la fois le moyen le plus rapide de sortir de la guerre impérialiste et le lien entre notre lutte contre cette dernière et la lutte contre l'opportunisme, c'est le mot d'ordre de guerre civile pour le socialisme. Seul ce mot d'ordre tient exactement compte des particularités du temps de guerre – la guerre se prolonge et menace de devenir toute une "époque" ! – en même temps que tout le caractère de notre activité d'opposition à l'opportunisme avec son pacifisme, son légalisme, son adaptation à "sa" bourgeoisie. Mais en outre la guerre civile contre la bourgeoisie est une guerre démocratiquement organisée et menée par les masses pauvres contre la minorité des possédants. La guerre civile est aussi une guerre, par conséquent elle doit aussi ériger inévitablement la violence au lieu et place du droit. [...] La guerre civile exproprie par la force, d'emblée et avant tout, les possesseurs des banques, des fabriques, des chemins de fer, des grands domaines agricoles, etc. [...] Le but de la guerre civile est de s'emparer des banques, des fabriques, des usines, etc., d'anéantir toute possibilité de résistance de la bourgeoisie, d'exterminer *ses* troupes[18]. »

Texte fondateur qui appelle plusieurs commentaires. En déclarant que la guerre « menace de devenir toute une époque », Lénine reconnaît à quel point l'événement pèse sur sa pensée et oriente toute sa réflexion. A force d'affirmer que le capitalisme est incapable de résoudre ses contradictions et donc d'aboutir à une paix générale, Lénine s'est convaincu que la forme d'action guerrière s'est imposée pour une durée digne d'une « époque ».

En second lieu, Lénine ne pose pas la réalité de la guerre civile comme le constat d'une situation existante – nous sommes à l'été 1916 –, ni comme un vague souhait, mais comme un ordre, une directive pour l'action, commandé par son idéologie extrémiste et la nécessité impérieuse, à ses yeux, de combattre les « opportunistes » qui eux, sous le poids du même événement, réfléchissent au moyen d'aboutir à une paix générale.

Lénine définit bien cette guerre civile comme une guerre de classe, destinée à « exproprier par la force » les « possédants », ce qui en constitue la légitimation. Et il envisage froidement la nécessité « d'anéantir toute possibilité de résistance de la bourgeoisie, d'exterminer ses troupes ». Là se posent les premières questions. Pourquoi anéantir « toute possibilité de résistance » alors que la bourgeoisie, en particulier dans les plus grands pays capitalistes, accepte une certaine résistance des salariés, à travers les pratiques syndicales et le suffrage universel qui ont permis la montée en puissance des organisations syndicales et des partis socialistes bénéficiant d'une reconnaissance légale ? Que signifie « anéantir ses troupes » ? A l'exception de l'épisode très particulier de la Commune de Paris – le gouvernement de Thiers pouvant difficilement tolérer une dissidence parisienne alors que face au vainqueur prussien il devait affirmer l'unité de la nation –, à aucun moment la bourgeoisie n'a envisagé d'« exterminer » les troupes du prolétariat, ni même ses états-majors. Il y a certes eu, en Europe et aux Etats-Unis, des heurts violents entre la troupe et les grévistes, mais rien qui ne ressemble à une extermination. Quant à la situation apparue en Russie en 1905, qui a pu peser sur la perception de Lénine, elle est une exception qui confirme la règle des grands pays développés. Enfin, Lénine désigne comme cible « la minorité des possédants », mais il néglige le fait que dans une Europe encore largement rurale, les possé-

dants ne se limitent pas à la petite minorité ainsi désignée. Les commerçants, les artisans, les paysans, sont
aussi des possédants. Et dès le printemps 1918, Lénine
en fera l'amère expérience en Russie même quand les
paysans, à qui il aura promis la terre, l'auront pris au
mot et refuseront toute collectivisation et toute réquisition.

Mais ces remarques sont encore modestes au regard
d'une constatation autrement préoccupante : Lénine
semble en effet mettre sur le même plan la guerre
« impérialiste » qui se déroule sous ses yeux et la guerre
« civile » qu'il appelle de ses vœux. Or, la guerre « impérialiste » est une guerre menée par un Etat qui, même
en guerre, demeure un Etat de droit, contrôlé par un
gouvernement démocratiquement élu – pour ce qui
touche aux trois puissances principales de 1914. Elle est
un moyen exceptionnel de résoudre une crise entre
Etats mais n'est pas une manière habituelle de régler les
conflits internationaux et, si la Première Guerre mondiale s'est prolongée pendant quatre ans, chacun sait
que les principaux protagonistes étaient à l'origine per-
suadés qu'elle allait durer quelques mois. En outre,
cette guerre n'est pas une guerre d'extermination ; elle
répond, au moins sur le front de l'Ouest, aux lois de la
guerre admises par toutes les parties au conflit : sauf
exceptions alors peu significatives, les armées ne tuent
ni les civils, ni les prisonniers, et quand les Allemands
imposèrent le travail forcé dans la Belgique occupée ou
coulèrent le *Lusitania* ou le *Persia*, cela fut considéré
comme des actes de barbarie. Enfin, si la guerre se termine par la défaite d'un camp et la victoire de l'autre,
elle aboutit à une paix qui, aussi mal conçue qu'elle le
fût, permit non seulement aux Etats vaincus de continuer à vivre, mais favorisa la réaffirmation ou la naissance de nouveaux Etats dont la stabilité près d'un
siècle plus tard démontre la pertinence.

La guerre civile est l'inverse de tout ce que nous venons de rappeler. Elle n'est pas une guerre entre Etats mais entre partis, d'abord au sens ancien de ce terme – le « parti » des guelfes et le « parti » des gibelins –, puis dans son sens moderne d'organisation politique structurée. Or, en dehors de tout cadre légal, ces partis ne disposent pas de la légitimité dont bénéficie l'Etat en guerre. La guerre civile se situe donc hors de tout droit, national comme international. C'est d'ailleurs pour cette raison qu'elle est, la plupart du temps, une guerre d'extermination où sont mises en œuvre les méthodes les plus barbares (tortures, otages, massacres de civils, extermination des prisonniers, etc.). La guerre civile se termine rarement par une paix civile, mais plus souvent par la destruction, totale ou partielle, du parti adverse contraint à une soumission absolue ou à l'exil. Les bolcheviks constataient eux-mêmes cette différence de nature ; ainsi, Latsis, l'un des fondateurs de la Tcheka, écrivait-il dans les *Izvestia* du 23 août 1918 : « La guerre civile ne connaît pas de lois écrites. La guerre capitaliste a ses lois écrites [...] mais la guerre civile a ses propres lois. [...] Dans la guerre civile, il n'y a pas de tribunaux pour l'ennemi. C'est une lutte à mort. Si tu ne tues pas, tu seras tué. Alors, tue, si tu ne veux pas être tué[19]. »

La symétrie que Lénine établit entre guerre « impérialiste » et guerre « civile » est donc une fausse symétrie. Sans doute efficace sur le plan propagandiste dans le contexte de la Première Guerre mondiale, elle n'est pour le leader bolchevique qu'une manière habile de justifier l'orientation injustifiable vers laquelle il va propulser la révolution démocratique de février 1917. Orientation qui était déjà perçue, par les contemporains comme injustifiable. Ainsi Kautsky notait-il dès 1920 que « pendant quatre ans, [...] les tendances brutales du militarisme atteignirent le sommet de l'insensibilité et de la bestialité. [...] Ceux qui revenaient n'étaient que trop disposés par les mœurs de la guerre à défendre en temps de paix leurs revendications et leurs intérêts par des actes sanglants et des violences à l'égard de leurs concitoyens. Ceci fournit un de ses éléments à la guerre civile[20]. » ; il n'en concluait pas moins que « dans une guerre civile, chaque parti combat pour son existence, celui qui échoue est menacé d'un anéantissement complet. C'est la conscience de cela qui rend les guerres civiles si cruelles[21] ».

Il est vrai que ces dernières années, plusieurs ouvrages d'auteurs reconnus, depuis Mosse[22] jusqu'au *Passé d'une illusion*[23] de François Furet, ont souligné l'impact fondamental de la guerre sur l'évolution des mentalités et sur la brutalisation des sociétés après 1914. Le constat est incontestable, mais il ne doit à aucun moment occulter ce fait décisif : la guerre nationale et la guerre civile sont deux phénomènes de nature différente, voire opposée, répondant à des objectifs et des modes de fonctionnement distincts, et reposant sur des types d'hommes contraires.

Il est d'ailleurs important de souligner que, à la différence des mouvements fasciste et nazi postérieurs à l'avènement du bolchevisme, celui-ci a été porté par des chefs dont aucun n'a combattu au front, n'a connu les réalités concrètes de la guerre, et dont la perception de cette violence n'est pas issue d'une expérience directe mais demeure abstraite, théorique. Ce qui explique sans doute en partie leur caractère impitoyable. Car si la guerre a contribué à une brutalisation générale, elle a aussi été chez ceux qui l'ont expérimentée un puissant facteur de prise de conscience de la valeur de la vie humaine. Réaction psychologique que les bolcheviks ne connaissaient pas, eux qui étaient animés par la haine de classe et le ressentiment social.

Rappelons que le jour même de la prise du pouvoir par les bolcheviks, Martov, vieux camarade de Lénine et chef des mencheviks, proposa devant le congrès des Soviets que fût créé un gouvernement de coalition des partis socialistes afin d'éviter la guerre civile, mais en vain. Lénine et Trotski voulaient la guerre civile. Celle-ci n'a pas été le résultat malheureux des circonstances, mais l'effet recherché d'une politique. Elle était devenue, sous l'effet de la guerre, leur conception permanente de la politique.

La réalisation du socialisme

Le quatrième point sur lequel la guerre a déterminé la pensée de Lénine a été la réalisation du socialisme. Dès 1916, dans *L'Impérialisme, stade suprême du capitalisme*, Lénine insiste sur le développement d'entreprises géantes dont la production est intégrée, depuis les matières premières jusqu'au consommateurs, en passant par le transport, la transformation et la commercialisation, et dont « la répartition de ces produits se fait d'après un plan unique parmi des dizaines et des centaines de millions de consommateurs », ce qui montre à l'évidence « que nous sommes en présence d'une socialisation de la production et non point d'un simple "entrelacement", et que les rapports relevant de l'économie privée et de la propriété privée forment une enveloppe qui est sans commune mesure avec son contenu, qui doit nécessairement entrer en putréfaction si l'on cherche à en retarder artificiellement l'élimination, qui peut continuer à pourrir pendant un laps de temps relativement long (dans le pire des cas si l'abcès opportuniste tarde à percer), mais qui n'en sera pas moins inéluctablement éliminée[24] ». On retrouve les accents – « nécessairement », « putréfaction », « pourrir », « élimination », « éliminée » – et le vocabulaire du vitalisme socio-historique et du darwinisme social alors traditionnel chez nombre de marxistes, même si la guerre rend la promesse millénariste plus crédible.

Mais Lénine ajoute un élément nouveau en soulignant le rôle de plus en plus déterminant des banques dans le système économique. A ses yeux, « la concentration des capitaux et l'accroissement des opérations bancaires modifient radicalement le rôle joué par les banques. Les capitalistes épars finissent par ne former qu'un seul capitaliste collectif. [...] une poignée de monopolistes se subordonne les opérations commerciales et industrielles de la société capitaliste tout entière[25] ». Il rappelle ce que Marx écrivait dans *Le Capital* – « Les banques créent, à l'échelle sociale, la forme, mais seulement la forme, d'une comptabilité et d'une répartition générales des moyens de production » –, et il développe :

> « Les chiffres que nous avons cités sur l'accroissement du capital bancaire, sur l'augmentation du nombre des comptoirs et succursales des grosses banques et de leurs comptes courants, etc., nous montrent concrètement cette "comptabilité générale" de la classe *tout entière* des capitalistes [...]. La "répartition générale des moyens de production", voilà ce qui *résulte* d'un point de vue tout formel du développement des banques modernes [...]. Par son essence économique, l'impérialisme est le capitalisme monopoliste. Cela seul suffit à définir la place de l'impérialisme dans l'histoire, car le monopole, qui naît sur le terrain et à partir de la libre concurrence, marque la transition du régime capitalise à un ordre économique et social supérieur[26]. »

Fin septembre 1917, Lénine reprend avec une force décuplée ce thème dans son article « Les bolcheviks garderont-ils le pouvoir ? », qui annonce avec précision la politique suivie après le 7 novembre. Il y revient sur ce qu'il appellera un peu plus tard le capitalisme d'Etat, dans la continuité de sa réflexion de *L'impérialisme, stade suprême du capitalisme*. A ses yeux, il existe dans l'Etat contemporain et à côté de l'appareil d'oppression – armée, police, etc. – un appareil étroitement lié aux banques et « qui accomplit un vaste travail de statistique et d'enregistrement. Cet appareil ne peut ni ne doit être brisé. Il faut l'arracher à sa soumission aux capitalistes, il faut le couper, le trancher, le scinder des capitalistes et de tous leurs moyens d'action, il faut le soumettre aux Soviets prolétariens, il faut l'élargir, l'étendre à tous les domaines, à toute la nation[27] ».

Pour Lénine, « la charpente de la société socialiste » doit être formée des « grandes banques [qui] constituent l'"appareil d'Etat" dont nous avons besoin pour réaliser le socialisme et que nous prenons tout prêt au capitalisme. [...] Une banque d'Etat, unique, vaste parmi les plus vastes, qui aurait des succursales dans chaque canton, auprès de chaque usine, voilà déjà les neuf dixièmes de l'appareil socialiste. Voilà la comptabilité à l'échelle nationale, le contrôle à l'échelle nationale de la production et de la répartition des produits[28]. » Pour renforcer son argumentation et prouver qu'il ne s'agit pas d'élucubrations socialistes, Lénine insiste sur le fait que ces nouveaux moyens de contrôle ont été « créés *non pas* par nous, mais par le capitalisme dans sa phase de guerre impérialiste ». Lénine envisage donc de construire le socialisme en utilisant conjointement les puissants appareils bureaucratiques mis en place par l'Etat et par le capital privé. Il va même jusqu'à annoncer que sous le pouvoir bolchevique cette bureaucratie sera fortement accrue. En 1921, on comptait déjà en URSS cinq fois plus de fonctionnaires civils que dans la Russie de 1917, alors que l'économie produisait huit fois moins de richesses[29].

Il est vrai que le travail centralisé de statistique et d'enregistrement, déjà largement engagé avant 1914 dans les pays les plus avancés, a été accéléré dans le cadre d'une guerre « totale » impliquant toutes les forces de chaque nation, et d'une forte pénurie, afin de connaître au plus près les ressources et de les répartir le plus rationnellement possible en fonction des besoins. Cependant, là encore, Lénine considère des mesures exceptionnelles comme un mode de fonctionnement normal du capitalisme le plus avancé. Certes, l'importance du travail de statistique ira croissante au cours du xxᵉ siècle, mais Lénine omet un élément fondamental : si en temps de guerre ces données étaient confidentielles, une fois revenu le temps de paix, elles sont à nouveau publiques ; les partis politiques, la presse comme les entrepreneurs y ont accès et conduisent leur action en partie en fonction de cette connaissance statistique qui permet également à la société tout entière d'apprécier le comportement du pouvoir et des acteurs économiques et sociaux.

Or Lénine au pouvoir va immédiatement sortir la statistique de ce contexte démocratique. Le signe en sera donné dès novembre 1917 quand la grande majorité de la bureaucratie d'Etat russe, qui avait accepté de travailler pour le Gouvernement provisoire, refusera de se mettre au service d'un pouvoir illégitime. Dès 1921, le pouvoir soviétique décida de rejeter les données du service de statistique quand elles ne répondaient pas à sa volonté politique. Ainsi la grande famine de 1921-1923 fut-elle en partie provoquée par la décision politique de majorer fortement les estimations de la récolte proposées par les services compétents et de calculer les réquisitions de blé en conséquence[30]. Ayant supprimé la bureaucratie des entreprises privées et refusant de se soumettre aux indications de la bureaucratie d'Etat, le régime bolchevique était condamné à pratiquer la terreur et le mensonge officiel.

Lénine était conscient qu'il faudrait contraindre cette bureaucratie d'Etat à œuvrer pour un régime communiste. Quelques mois avant sa prise de pouvoir, il avait déjà imaginé d'utiliser contre la bureaucratie les moyens extrêmes que celle-ci avait inaugurés pour faire face à la situation exceptionnelle imposée par la guerre. Toujours dans ce texte de septembre 1917, il écrivait :

« Le monopole des céréales, la carte de pain n'ont pas été créés par nous, mais par l'Etat capitaliste en guerre. C'est lui qui a d'ores et déjà créé l'obligation générale du travail dans le cadre du capitalisme – ce qui est bagne militaire pour les ouvriers. [...] Le monopole des céréales, la carte de pain, l'obligation générale du travail sont dans les mains de l'Etat prolétarien [...] le moyen le plus puissant de comptabilité et de contrôle, un moyen tel que s'il est étendu aux capitalistes et *aux riches en général*, s'il leur est appliqué *par les ouvriers*, il "fera fonctionner" l'appareil d'Etat avec une force inconnue jusqu'ici dans l'histoire et permettra de triompher de la résistance des capitalistes et de les soumettre à l'Etat prolétarien. Ce moyen de contrôle, cette obligation du travail sont autrement puissants que les lois de la Convention et que sa guillotine. La guillotine *n'était qu'un* épouvantail qui brisait la résistance *active. Cela ne nous suffit pas.* [...] Nous devons briser leur résistance *passive* [...] Nous ne devons pas seulement briser toute résistance, quelle qu'elle soit. Nous devons *encore obliger les gens à travailler* dans le cadre de la nouvelle organisation de l'Etat. [...] Et nous avons les moyens de le faire. L'Etat capitaliste en guerre nous a lui-même mis entre les mains les moyens et les armes pour cela. Ces moyens, ce sont le monopole des céréales, la carte de pain, l'obligation générale du travail. "Qui ne travaille pas ne mange pas", telle est la règle fondamentale [...]. Les Soviets institueront le livret de travail pour les riches et ensuite progressivement pour toute la population[31]. »

Or les méthodes imposées par la guerre furent dès que possible abandonnées par les pays ex-belligérants, qu'il s'agisse du rationnement, du ravitaillement ou des systèmes de réquisition des produits industriels et agricoles. Très vite, le marché retrouva son fonctionnement habituel, tant pour les producteurs que pour les consommateurs. Les armées furent démobilisées et les ouvriers ne furent plus soumis à un mode de travail militarisé.

Lénine persiste donc à interpréter une forme exceptionnelle de fonctionnement comme la forme la plus évoluée du capitalisme, et c'est sur cette base très artificielle qu'il veut – et va – fonder son socialisme.

Le plus significatif est sans doute le détournement qu'il opère sur le sens de ces méthodes de guerre. Elles avaient été conçues pour résoudre des problèmes aigus de production et de distribution. Or Lénine les perçoit comme moyen de contrôle et surtout de coercition, voire de répression. « Monopole des céréales » : cette expression technique, qui dans l'Allemagne en guerre, et pour la durée de la guerre, signifiait le contrôle central par l'Etat de la répartition des céréales, induit chez Lénine la véritable guerre que le pouvoir bolchevique va déclarer dès mai 1918 aux paysans russes. « Livret de travail », « travail obligatoire » : autant d'expressions qui évoquent la véritable mise en esclavage de la classe ouvrière russe, à l'occasion du lancement du plan quinquennal, et de la paysannerie rebelle, soit sur les grands chantiers, soit au Goulag. « Qui ne travaille pas ne mange pas » : derrière cette maxime déjà passablement discutable – *quid* des enfants, des vieillards, des malades, des infirmes etc. ? –, se cache l'absence de définition de celui qui donne le travail dans une économie entièrement socialisée : le parti communiste ; la véritable expression deviendra donc très vite « celui à qui le parti ne donne pas de travail ne mange pas », et celui qui ne mange pas en meurt. Or nous savons, en particulier depuis les synthèses du *Livre noir du communisme*, que l'arme de la faim – au quotidien à travers la nomenclature du rationnement selon la catégorie à laquelle chaque individu est rattaché, mais aussi lors des gigantesques famines résultant de réquisitions de céréales – a été l'un des éléments majeurs de définition du totalitarisme d'obédience communiste, et par la suite nazie (par exemple dans les ghettos juifs).

Dans l'approche traditionnelle du totalitarisme, cette dimension du contrôle total de l'économie, c'est-à-dire des moyens de subsistance de l'ensemble de la population, est trop sous-estimée, au bénéfice de certaines dimensions du phénomène : la politique (parti unique, idéologie, principe du chef) et le crime (terreur, camps, déportations, etc.). En soulignant le phénomène des famines, *Le Livre noir du communisme* a fait toucher du doigt à quel point l'arme de la faim avait été un facteur majeur de la puissance totalitaire.

Conclusion

Après un premier moment de stupeur et un sentiment de défaite dû au ralliement de tous les socialismes à leur union sacrée respective, la guerre a été pour Lénine une divine surprise. Grâce à elle, il s'est avancé définitivement sur le chemin de cette jonction entre doctrine scientiste et projet révolutionnaire, que Tzvetan Todorov désigne comme l'acte de naissance de l'idéologie totalitaire. Lénine a alors pu élaborer la fameuse équation qui a fait sa fortune politique mondiale à partir de 1917 : propriété privée des moyen de production et concentration de la production = capitalisme impérialiste, monopoliste, parasitaire, pourrissant et agonisant = guerre impérialiste = crise révolutionnaire = guerre civile = socialisme.

Kautsky avait très tôt perçu cette radicalisation. Dans la *Neue Zeit* du 26 novembre 1915, il concluait : « L'opposition grandit contre la majorité [du parti socialiste] ; l'esprit des masses est à l'opposition. Après la guerre [...] les contradictions de classe s'aggraveront au point que, parmi les masses, le radicalisme prendra le dessus. Après la guerre [...] nous risquons de voir les éléments radicaux fuir le Parti et refluer dans un parti d'action de masse antiparlementaire. [...] Ainsi notre parti se disloque en deux camps extrêmes, n'ayant entre eux rien de commun. » Le fait que Kautsky spécifie bien qu'il va s'agir d'un parti « antiparlementaire » montre que son point de vue fondamental est alors celui de la démocratie représentative. Evolution qui trouvera son aboutissement en 1918, dans son texte fameux sur *La Dictature du prolétariat* où il critiquera les fondements de la voie suivie par Lénine et conclura : « En vérité, ce n'est pas le socialisme qui est notre but final, mais c'est d'abolir "toute espèce d'exploitation et d'oppression, qu'elle soit dirigée contre une classe, un parti, un sexe ou une race". [...] Si l'on arrivait à nous démontrer que nous avons tort de ne pas croire que la libération du prolétariat et de l'humanité en général puisse se réaliser uniquement ou plus commodément sur la base de la propriété privée des moyens de production, alors nous devrions jeter par dessus bord le socialisme, sans renoncer pour autant à notre but final, nous devrions le faire précisément dans l'intérêt de notre but final[32]. »

Mais, de la même manière que la guerre a pesé sur la pensée de Kautsky dans sa définition des relations entre socialisme et démocratie, de même, en intensifiant le calcul et la gestion rationnels des moyens au service d'une fin – la victoire –, elle a pesé sur la pensée de Max Weber dans sa réflexion sur l'émergence du phénomène bureaucratique. En 1918, Weber a donné une conférence sur le socialisme – en fait le bolchevisme au pouvoir – dans laquelle il soulevait deux questions principales[33].

La première impliquait une critique du marxisme, et plus précisément du bolchevisme. Le fondateur de la

sociologie allemande soulignait en effet que l'étatisation
des moyens de production aboutirait à la confusion des
administrations publiques et privées et allait entraîner
une toute-puissance de l'Etat-patron face aux salariés. Il
n'y aurait plus le contrepoids des syndicats et des partis
ouvriers face à l'autorité désormais dominante de l'Etat.
L'histoire lui donna presque immédiatement raison, les
bolcheviks n'hésitant pas à bombarder les usines récalcitrantes, à fusiller massivement à Petrograd en 1921 les
ouvriers révoltés, ou à proposer, comme Trotski, la
création d'« armées du travail ». La liquidation du rôle
revendicatif des syndicats – symbolisée en 1936 par le
suicide de Tomski, le chef des syndicats soviétiques –,
l'instauration en 1939 en URSS du livret ouvrier et la
création du Goulag ne seront que des développements
logiques confirmant l'analyse de Max Weber.

Dès septembre 1917, Lénine s'enthousiasma à l'idée
que la bureaucratisation suscitée par la guerre et encore
accentuée par la prise de pouvoir bolchevique permettrait de réduire toutes les résistances et toutes les oppositions. Weber, au contraire, percevait dans cette dérive
le danger fondamental : que la bureaucratie oublie
qu'elle n'est qu'un moyen au service de fins indépendantes de son existence, que la bureaucratie se prenne
pour sa propre fin.

Pour Weber, « la bureaucratie illustre un type de
domination, celui de la définition des fins
rationnelles[34] ». Cependant, « l'irrationalité est le produit de l'autorité rationnelle portée à son maximum[35] »
et la domination est rationnelle si les règles dont la
bureaucratie a en charge l'exercice sont correctement
appliquées, irrationnelles si le contrôle externe vient à
manquer. Weber se référait évidemment à un système
démocratique où la rationalité était commandée par la
recherche de la paix civile et le bien-être de la société,
et où elle était contrôlée par deux instances majeures, le

suffrage universel et le marché. Roberto Michels avait déjà souligné la dérive bureaucratique des partis et des syndicats – course à l'emploi, à la promotion, servilité et dépendance –, et ses conséquences : la lutte entre les différents cercles dirigeants de ces organisations. Mais ces dérives étaient d'effets limités dans la mesure où ces organisations étaient soumises à la sanction du suffrage – universel ou syndical – et surtout qu'elles ne disposaient pas du pouvoir d'Etat.

Or la dérive bureaucratique de la pensée de Lénine est largement analogique avec l'analyse développée par Weber. Dans un premier temps, à travers son *Que faire ?*, il porte à son maximum l'autorité rationnelle de son parti révolutionnaire confronté à une autocratie policière. Il impose un parti de révolutionnaires professionnels, assure la discipline grâce au centralisme démocratique, rationalise la stratégie et la tactique selon la vision ami / ennemi, afin de rentabiliser au maximum l'unité de la volonté qui est le principe de base de son action. Le parti est alors moyen rationnel de la révolution, et son activité est maintenue dans certaines limites, à la fois par son appartenance au mouvement socialiste international et par... la police du tsar.

Or, avec la prise du pouvoir, toutes les barrières sont rompues. Le parti qui était le moyen de la révolution devient sa propre fin, avec une seule préoccupation : ne pas perdre ce pouvoir qui fait qu'il est sa propre fin. Arrivera alors ce que Max Weber n'avait pas osé imaginer. En effet, face aux fins rationnelles imposées par la démocratie et le marché, Lénine – et à sa suite Staline et bientôt Hitler – a voulu créer un autre type de domination reposant sur des fins que Weber qualifierait d'« irrationnelles » mais qui, en réalité, relèvent d'un autre type de rationalité commandé par un impératif : conserver à tout prix pour le parti le monopole du pouvoir.

Cette fin implique « rationnellement » la nécessité d'interdire – voire d'exterminer par la Terreur – tout groupe ou individu susceptible de contester le monopole du pouvoir, tant dans les domaines politique – principe du parti unique –, que culturel – principe de l'idéologie unique et obligatoire –, qu'économique – principe de la destruction de la propriété privée des moyens de productions, mais aussi souvent de la propriété individuelle réduite au minimum (les habits, la gamelle pour manger).

La fin « rationnelle » implique également la nécessité de contrôler et d'encadrer la population – le couple propagande / mobilisation –, et de créer les moyens de la puissance militaire afin de protéger le pouvoir des menaces intérieures et extérieures et, si possible, d'étendre ce pouvoir. Enfin, l'ensemble du dispositif est justifié par une idéologie destinée à « rationaliser l'irrationnel ».

Sont alors apparus des phénomènes inédits :

1. Le Parti communiste a détruit les bureaucraties privées et s'est soumis la bureaucratie d'Etat préexistante.

2. Le Parti communiste s'est bureaucratisé, sur le modèle de Roberto Michels, mais la détention du pouvoir a fait que ce phénomène a été très rapide et numériquement considérable.

3. Très vite, dès 1921, la bureaucratie du Parti communiste a commencé à refuser les indications et propositions de la bureaucratie d'Etat spécialisée.

4. Des conflits de plus en plus aigus sont apparus entre les deux bureaucraties, posant ouvertement le problème de la nature de l'Etat qui abandonne ses prérogatives traditionnelles et devient un Etat partisan ou, plus exactement, un parti-Etat.

5. Enfin, Staline a tranché en remplaçant, par la purge et la terreur, la bureaucratie d'Etat tradition-

nelle par une nouvelle bureaucratie répondant au double critère de la compétence technique et de la loyauté politico-idéologique, technique et partisane ; ou, comme Mao Zedong la qualifiait lors de la Révolution culturelle, « experte et rouge ».

Ainsi, le totalitarisme est-il né d'un double mouvement de contestation radicale des fondements de la démocratie et du marché. Contestation dont l'éclosion a été favorisée par la guerre de 1914-1918 qui a vu une interruption du pluralisme politique – remplacé par une dictature politico-militaire plus ou moins accentuée – et un renforcement de la puissance bureaucratique englobant toute la société. Mais, dès 1919, presque tout était revenu à la situation antérieure à 1914 dans les pays démocratiques. C'est donc pendant la guerre, à l'occasion de la guerre, que la contestation radicale s'est affirmée, mais la guerre n'en est pas la cause directe. La responsabilité en reste à Lénine, qui a tiré de la guerre des conclusions exactement inverses de celles d'un Kautsky ou d'un Max Weber. Et il est fascinant de constater, plus de deux décennies après l'effondrement du système communiste mondial, que deux des esprits les plus pénétrants de l'Allemagne du début du XXe siècle, avaient, moins d'un an après la prise de pouvoir des bolcheviks, pointé deux novations majeures du léninisme au pouvoir, en avaient démonté les tenants et les aboutissants, et en avaient dénoncé le caractère dangereux, voire criminel. En réalité, les déclarations de Lénine entre 1916 et septembre 1917, profondément marqués par les circonstances de la guerre, étaient grosses de la création du premier régime totalitaire.

CHAPITRE II

Guerre et totalitarisme

J'ai été amené, à l'occasion d'un colloque organisé en juin 2008 par l'Institut d'histoire sociale, à revenir sur la relation de cause à effet entre guerre et totalitarisme, qui faisait largement autorité dans les années 1990[1]. Il me semble aujourd'hui que la mode de l'explication par la « brutalisation » des sociétés après 1918 a malheureusement contribué à masquer le fait que les racines du totalitarisme étaient bien antérieures à la guerre et étaient à rechercher, en particulier en ce qui concerne la Russie tsariste, dans le choix, par toute une fraction de l'intelligentsia – la génération de Lénine, Trotski et autre Staline – de l'option révolutionnaire radicale, du refus de tout compromis idéologique et politique, que ce soit avec le régime autoritaire tsariste, avec une monarchie constitutionnelle ou même une république démocratique. La même illusion – intensément nourrie par la propagande communiste – a longtemps prévalu à propos des communismes chinois, vietnamien, nord-coréen et cambodgien ; dans tous ces cas, l'existence de noyaux et de leaders communistes désireux de s'emparer du pouvoir à tout prix a précédé la guerre, et souvent même l'a provoquée.

Depuis la publication en 1990 du livre de George L. Mosse, *De la Grande Guerre au totalitarisme*[2], l'idée s'est largement répandue d'une relation de cause à effet entre guerre et totalitarisme. Pour Mosse et ses nombreux émules français, la Première Guerre mondiale aurait provoqué une « brutalisation » des sociétés européennes. Que ce soit à travers l'expérience directe de la mort de masse – plus de dix millions de morts –, puis, après guerre, à travers une sacralisation de la guerre, de la justesse du combat et du sacrifice du soldat par chacune des parties prenantes au conflit, cette brutalisation aurait banalisé la violence, contaminé la sphère des idées et de la politique, et nourri les mouvements totalitaires, au point de mettre en cause l'humanité elle-même. Ainsi la guerre aurait-elle été le creuset des totalitarismes.

Aussi stimulante soit-elle, une telle approche pose nombre de questions. Et d'abord, est-elle pertinente dans les diverses interprétations du concept de totalitarisme ? Il existe en effet une conception du totalitarisme qui envisage celui-ci comme un phénomène récurrent des sociétés humaines, non spécifique au XXe siècle. Ainsi, Karl Popper oppose-t-il une société fermée – organique, immobile –, symbolisée par la pensée utopique de Platon, et une société ouverte, pluraliste, libérale, issue du christianisme, de l'humanisme de la Renaissance, des Lumières et des idéaux de 1789. Dans une telle approche, la guerre ne joue pas de rôle particulier dans l'apparition du phénomène totalitaire. On retrouve le même type d'interprétation chez Simone Weil qui estimait que la barbarie est un caractère permanent et universel de la nature humaine.

Certains épisodes de la Révolution française pourraient apparaître comme précurseurs de la relation entre guerre et totalitarisme. L'instauration du Comité de Salut public, la loi des suspects, le moment exterminateur de la guerre de Vendée, la Grande Terreur sont en relation directe avec la guerre extérieure. Mais ces

résistant à l'instauration de la IIIe République – l'armée et le clergé. Puis elle explore le rôle de l'impérialisme colonial de la seconde moitié du XIXe siècle dans l'émergence d'une pensée et de comportements totalitaires, en s'attachant au cas très particulier de la colonisation britannique de l'Afrique du Sud. Elle s'attarde sur le rôle de la pensée raciale avant l'apparition de doctrines racistes, sur le rôle de la bureaucratie dans le processus d'oppression colonialiste, sur celui de certains aventuriers dans l'histoire, sur l'influence du pangermanisme et du panslavisme, ainsi que sur l'héritage du mépris de la loi. Mais rien sur l'impact de la Première Guerre mondiale, qu'elle ne fait qu'évoquer en une ligne : « L'explosion de 1914 et ses graves séquelles d'instabilité qui avaient suffisamment ébranlé la façade du système politique en Europe [...] ».

C'est donc beaucoup plus récemment que l'ont s'est interrogé sur la relation de causalité entre guerre et totalitarisme. Et celui qui a soulevé la question avec insistance est François Furet dans son fameux ouvrage *Le Passé d'une illusion*, où il affirme que « bolchevisme et fascisme sont les enfants de la guerre[5] » ; ou, évoquant les hommes qui ont déclenché la Première Guerre mondiale, il écrit : « Un abîme sépare l'univers politique auquel se rattachent leurs décisions et celui qui va naître de cette guerre dont ils n'ont pas imaginé la nature révolutionnaire[6]. »

Or, cette guerre de 14-18 n'a pas, à proprement parler, de caractère révolutionnaire ou proto-totalitaire. C'est une guerre nationale qui a suscité dans la plupart des pays impliqués une véritable « union sacrée », qui a étouffé dans l'œuf toute contestation du culte de la nation et a suscité un climat de ferveur patriotique tout à fait contraire à un climat révolutionnaire, de guerre civile. D'autre part, et en dépit de toutes les exceptions, cette guerre a été réglementée, soumise aux lois de la guerre, impliquant le respect des populations civiles ainsi que des combattants blessés et/ou faits prisonniers. Cette guerre a été limitée dans le temps et s'est close au bout de quatre ans sur une série de traités qui ont en partie reconfiguré l'espace politique européen ; or, les totalitaires ont imaginé des guerres sans fin, visant chez Lénine à la destruction du capitalisme dans le monde entier, et chez Hitler à la domination mondiale de l'Allemagne. Cette guerre de 14-18 a été limitée dans l'espace : on l'a nommée avec emphase, et par européocentrisme, « Première Guerre mondiale », mais il s'est surtout agi d'une guerre européenne, avec participation de troupes coloniales et du Commonwealth, et intervention tardive des Etats-Unis. Cette guerre, enfin, a été limitée dans les moyens mis en œuvre, et si le général Ludendorff l'a qualifiée de « guerre totale », il ne visait que la mobilisation totale de la nation en guerre, et non pas une guerre visant à l'extermination totale de populations considérées comme racialement ou socialement « ennemies », telle qu'elle a été pratiquée par les régimes totalitaires entre 1939 et 1945. Ainsi, cette guerre ne présente pas à proprement parler les caractéristiques fondamentales des mouvements totalitaires : idéologie révolutionnaire, volonté de domination totale, terreur et crimes de masse.

Dans une réflexion développée un peu plus tard dans sa correspondance avec l'historien allemand Ernst Nolte, François Furet a précisé sa pensée. De même qu'il y rappelle le caractère matriciel de la Révolution française pour toute une époque, il écrit que la Première Guerre mondiale « a suscité une communauté d'époque entre les passions soulevées par ces régimes inédits [totalitaires] qui ont fait de la mobilisation des anciens soldats le levier de la domination sans partage d'un seul parti[7] ».

Or, cette description ne correspond guère au cas de la première révolution totalitaire, la révolution bolchevique. En effet, celle-ci s'est déroulée dans le cadre d'une large débandade de l'armée russe, alors que pas un seul chef révolutionnaire – en particulier bolchevique – n'a été soldat et n'a fait la guerre, la plupart d'entre eux étant en exil intérieur ou émigrés à l'étranger. En réalité, la force révolutionnaire a été constituée à Petrograd par des soldats de garnison qui n'avaient jamais combattu et qui refusaient d'aller au front, par des ouvriers en armes – les gardes rouges – et par les marins de Cronstadt – qui, confinés depuis le début de la guerre sur leurs bateaux, n'ont pas eu à combattre. Et à la campagne, ce sont les paysans non mobilisés qui, dès le printemps 1917, déclenchent une révolution agraire et commencent à s'emparer des terres, du bétail et du matériel des domaines des hobereaux.

D'autres contre-exemples sont spectaculaires. Ainsi, la France, la Grande-Bretagne et les Etats-Unis comptaient après 1918 des millions d'anciens combattants. Or aucun de ces pays n'a enregistré l'émergence de mouvements totalitaires significatifs et la culture démocratique y est demeurée très largement dominante, l'emportant sur les passions révolutionnaires de gauche comme de droite.

L'Espagne est, elle aussi, un sérieux contre-exemple. Alors qu'elle a failli connaître le deuxième régime totalitaire communiste en 1938 et début 1939, elle n'avait pas participé à la Première Guerre mondiale. Par contre, elle était très fortement travaillée depuis le début du xxe siècle par de violentes passions de guerre civile, aussi bien à gauche qu'à droite. La victoire de Franco a en fait marqué le succès d'une légitimité conservatrice-autoritaire, contre la légitimité d'un gouvernement démocratique respectueux de l'adversaire, mais aussi contre la légitimité révolutionnaire tant de gauche – anarchistes, socialistes, poumistes, communistes – que de droite – phalangistes.

Dans un autre passage du *Passé d'une illusion*, François Furet propose une interprétation légèrement différente : « [...] cette guerre offre un renouveau formidable à l'idée révolutionnaire. Non seulement elle donne le pouvoir en Russie aux bolcheviks, qui trouvent enfin l'occasion de succéder aux Jacobins et à la Commune de Paris. Mais à droite aussi, elle offre un nouveau et vaste champ à la passion antibourgeoise en l'émancipant de la tutelle aristocratique. [...] Là est la nouveauté de la situation politique européenne créée par la guerre : dans cette brusque reprise du feu révolutionnaire que les hommes du XIXe siècle avaient cru maîtriser[8]. » Alors, la guerre matrice du totalitarisme ?

En réalité, la guerre n'est porteuse ni des idées révolutionnaires, ni des hommes révolutionnaires et de leur volonté de révolution. La haine du bourgeois ou de l'aristocrate est fortement contrainte par l'unité nationale induite par la guerre. Et la plupart des chefs de la révolution bolchevique n'ont pas participé à la guerre. Par contre, si le totalitarisme ne naît pas directement de la guerre, celle-ci crée des circonstances favorables à son émergence. En provoquant une forte concentration des pouvoirs, en donnant libre cours à l'autoritarisme dans l'Etat et la société, la guerre contribue à désagréger l'Etat de droit. Elle provoque même une désagrégation de l'Etat tout court, comme en Russie où, sous la pression de la guerre « totale », la bureaucratie tsariste s'est montrée incapable de répondre aux problèmes logistiques – incapacité, par exemple, de fournir des munitions – et économiques – incapacité à gérer efficacement les transports et le ravitaillement tant des armées que des villes. C'est cette désagrégation de l'Etat qui a entraîné peu à peu une désagrégation de l'armée russe, les soldats de garnison de Petrograd, les marins de Cronstadt et les centaines de milliers de déserteurs se transformant rapidement en une soldatesque, masse de manœuvre incontrôlée qui découvrait le pouvoir de la force pure, face à une société civile sans défense, et avec l'assurance d'une totale impunité en raison de la disparition des forces de répression de l'Etat.

La guerre ne constitue donc qu'une circonstance susceptible de favoriser l'émergence du totalitarisme. Mais l'origine directe de celui-ci est d'abord à rechercher dans une idéologie, une vision du monde devenue, bien avant 1914, doctrine puis orthodoxie élaborées par des leaders révolutionnaires et leurs affidés – en l'occurrence Lénine et les bolcheviks. Cette idéologie ne doit pas être comprise seulement comme idée politique ou doctrine abstraite, mais comme « un ensemble d'idées traduisant des émotions fondamentales et capables de mettre en mouvement des populations entières[9] ». Cette idéologie totalitaire nourrit les passions des masses : peur, colère, mépris, haine, désespoir, enthousiasme, espoir, foi.

En réalité, l'invention du totalitarisme doit moins aux circonstances de la Première Guerre mondiale – sans doute décisives sur le plan de la conjoncture – qu'à un phénomène éminemment moderne : le phénomène révolutionnaire, apparu avec la Révolution française et qui s'est radicalisé une première fois entre 1792 et 1794. Le Comité de salut public, la loi des suspects, l'extermination des Vendéens, la Grande Terreur : autant d'éléments proto-totalitaires qui marqueront profondément les révolutionnaires russes, à commencer par Tchernychevski et Netchaïev, les maîtres à penser de Lénine.

En tant que religion politique, le totalitarisme est la conséquence de l'impact de la révolution industrielle sur des sociétés traditionnelles, très largement paysannes, frappées de plein fouet par la désagrégation de leurs

structures holistes et de la mentalité anti-individualiste
qui s'y rattache. Ce processus a induit un double sentiment à la fois de mort d'une communauté – nationale
ou sociale – et d'aspiration impérieuse au salut de cette
communauté, et a donc nourri de puissants ressenti-
ments sociaux ou nationaux qui ont semblé justifier la
« nécessité » de sacrifier des groupes sociaux ou raciaux
en les exterminant.

En tant que phénomène de minorité idéologique agis-
sante, le totalitarisme est le résultat de l'invention par
Lénine, dès 1902-1903, du parti de révolutionnaires
professionnels, le Parti bolchevique, prototype fabriqué
à partir de l'exemple du Club des Jacobins, retravaillé
par les propositions radicales de Netchaïev dans son
Catéchisme du révolutionnaire de 1869[10] et mis en
œuvre par ce dernier avec l'assassinat « révolutionnaire » de l'étudiant Ivanov. Tout ceci avait été décrit,
compris et analysé dès 1870 par Dostoïevski dans son
fameux roman *Les Possédés*, comme il l'écrivait à son
ami Katkov : « Il me semble, tant les faits ont frappé
mon esprit, que j'ai imaginé exactement le type
d'homme capable de commettre un crime de ce
genre[11]. » Car là était le problème ; il fallait « imaginer »
ce qui jusque-là était inimaginable : un « type d'homme »
qui annonce la mort de Dieu et le triomphe d'une
liberté individuelle absolue, source d'une formidable
volonté de puissance, et pour qui le culte du héros,
apparu sous la Révolution française, se transforme en
culte d'un chef qui n'accepte aucune limite à son action
et à son pouvoir. C'est ce type d'« homme spécial » –
annoncé par Tchernychevski dans son célèbre roman
utopique-révolutionnaire de 1864, *Que faire ?*[12], et
incarné par Netchaïev avec l'assassinat de l'étudiant Ivanov – qui, une fois armé d'une idéologie marxiste abstraite, devenue doctrine non tempérée par le courant
démocratique, présidera à l'apparition d'un idéologue

d'action comme Lénine, l'inventeur du mouvement puis du parti-Etat totalitaire entre 1902 et 1923[13].

Dans un article publié en 2001, j'avais insisté sur le fait que la guerre de 1914-1918 avait « brutalisé » la pensée de Lénine, en semblant légitimer la violence et la terreur que celui-ci mit en œuvre à partir de 1917[14]. Or, comme Dominique Colas l'a souligné en réponse, la « brutalisation » initiale de la pensée de Lénine était bien antérieure[15]. Elle renvoyait à la fois à l'idéologie léniniste et à la réalité de la violence sociale et politique dans la Russie tsariste. L'idéologie léniniste, élaborée dès les années 1890, proclamait la nécessité historique de la destruction de tous les groupes sociaux et politiques faisant obstacle à l'instauration du socialisme, y compris par la mise en œuvre du terrorisme individuel, du terrorisme de masse et de l'insurrection. Quant à la violence politique dans l'empire tsariste, elle atteignit en 1905-1906 une acmé qui ne fut dépassée qu'à partir de l'automne 1917. Déjà, entre 1900 et 1903, la Russie avait enregistré plusieurs milliers d'assassinats politiques contre des représentants du pouvoir, y compris le ministre de l'Instruction publique en 1901 et celui de l'Intérieur en 1902, puis à nouveau en 1904. En décembre 1905, une tentative insurrectionnelle à Moscou entraîna la mort de 670 personnes. De 1906 à 1908, on compte plus de 26 000 attentats et plus de 6 000 assassinats politiques, dont plus de 2 440 fonctionnaires, avec en point d'orgue l'assassinat du Premier Ministre, Stolypine, en 1911. De son côté, le pouvoir réagit en multipliant les condamnations à mort pour motif politique – 3 682 en 1908-1909 –, même si toutes ne furent pas exécutées. Il est clair que si la guerre de 1914-1918 a pesé sur la pensée de Lénine, ce n'est pas à titre de légitimation fondatrice de l'usage de la violence, mais comme simple justification propagandiste, Lénine développant le syllogisme de la guerre « impérialiste » qui justifie la guerre de classe. La récente biographie de Staline dans le Caucase avant 1917 souligne cette articulation puissante entre idéologie de guerre de classe, violence sociale endémique, grande délinquance et violence révolutionnaire[16].

Ces interrogations sur les circonstances, les ressorts et les acteurs réels de la naissance du totalitarisme ne relèvent nullement d'une querelle byzantine. Elles renvoient à des enjeux majeurs de la mémoire et de l'histoire européenne, puis mondiale. Si c'est la guerre qui, par sa brutalité sur le front et sa brutalisation des sociétés, a créé les passions, les idées et les hommes qui allaient inventer le totalitarisme, les puissances occidentales, régimes autoritaires comme démocratiques, doivent en être tenues pour responsables. C'est le point de vue de Lénine qui justifie sa politique du pire par la nécessité de transformer « la guerre impérialiste en guerre civile » nationale et internationale, pour détruire définitivement le capitalisme « porteur de la guerre » et la démocratie parlementaire, incapable d'empêcher le conflit.

Cette opération de stigmatisation de la civilisation de démocratie représentative et d'économie de marché a été en partie renouvelée après la Deuxième Guerre mondiale. En effet, le génocide des Juifs d'Europe par les nazis étant universellement reconnu comme l'une des pires atrocités du totalitarisme nazi et l'un de ses symboles majeurs, certains léninistes contemporains sont allés jusqu'à trafiquer les textes pour mieux le démontrer. Ainsi, un historien spécialiste de l'Allemagne du premier XXe siècle et de son mouvement révolutionnaire, et éminent germaniste – mais aussi fervent communiste pendant un demi-siècle –, n'a pas hésité, dans une nouvelle édition du texte de 1918 de Rosa Luxemburg, *La Révolution russe*, à traduire l'expression « boucherie impérialiste » – par laquelle à l'époque les socialistes désignaient la Première Guerre mondiale – par le mot « génocide »[17], oubliant au passage que ce terme et ce concept n'avaient été inventés qu'en 1944 par le juriste juif polonais Rafaël Lemkin[18].

Par contre, si la guerre n'est qu'un facteur conjoncturel et circonstanciel utilisé par certaines forces révolutionnaires pour provoquer une révolution radicale et promouvoir le totalitarisme, le ressort fondamental revient à l'idéologie-passion révolutionnaire et aux hommes qui l'ont portée et sont passés à l'acte.

Dès lors, la question initiale – sur le rôle de la guerre dans l'apparition du totalitarisme – peut légitimement être renversée. Les pouvoirs totalitaires n'ont-ils pas été les promoteurs d'un nouveau type de guerre ? De fait, chez les totalitaires – qui plagient et renversent la formule fameuse de Clausewitz –, la politique n'est que la continuation de la guerre par d'autres moyens : de la guerre de classe ou de la guerre de race qui sont au cœur de l'idéologie bolchevique ou nazie.

A la différence des traditionnelles guerres nationales visant à modifier à la marge un équilibre des puissances, les régimes totalitaires ont inauguré, dans la période moderne, une guerre d'expansion visant à la domination mondiale, tant sur les territoires que sur les sociétés. Ce type de guerre, portée non par la défense d'intérêts rationnels – économiques ou géopolitiques – mais par la passion idéologique, a induit, déjà dans la guerre civile russe, puis dans la phase du pouvoir stalinien et dans le nazisme entre 1939 et 1945, la mise en œuvre de guerres d'extermination contre des groupes définis comme ennemis – sociaux, nationaux ou raciaux.

Hitler a attendu le 1er septembre 1939 pour développer totalement ses potentialités criminelles – avant cette date, moins de dix mille personnes avaient été assassinées en Allemagne pour raisons idéologiques[19]. Staline, quant à lui, n'avait pas attendu cette date pour instaurer le génocide de classe[20] par la famine organisée ou la Grande Terreur. Preuve, s'il en était besoin, que le totalitarisme peut déployer ses potentialités criminelles en dehors de circonstances guerrières.

CHAPITRE III

Lénine et l'invention du totalitarisme

Ce texte constitue un moment charnière dans ma réflexion sur le communisme, à mi-chemin entre Le livre noir du communisme, *paru en 1997, et aujourd'hui. Publié dans* Les logiques totalitaires en Europe[1], *Actes du quatrième des colloques internationaux que j'ai organisé entre 2000 et 2005 sur la question générale du totalitarisme, il résumait l'état de ma réflexion et annonçait de nombreux développements que l'on trouvera dans la suite de cet ouvrage. Pour la première fois – et en opposition non encore développée avec les thèses traditionnelles de Hannah Arendt et de George Mosse –, j'y présente Lénine comme l'inventeur du grand phénomène politique inédit du XXe siècle, le mouvement totalitaire, devenu parti-Etat totalitaire après le 7 novembre 1917.*

Dans son grand œuvre sur *Les Origines du totalitarisme*, Hannah Arendt a consacré un volume à l'antisémitisme européen et un autre au colonialisme de type sud-africain, mais, curieusement, à aucun moment elle ne situe précisément l'apparition sur la scène historique du phénomène totalitaire.

Elle revient, naturellement, sur l'arrivée légale de Hitler au pouvoir en 1933, tout en considérant que le régime nazi n'est devenu complètement totalitaire qu'à partir de 1942. Concernant l'URSS, elle évoque une sorte de coup d'Etat de Staline en 1929, coup d'Etat dont les archives ouvertes maintenant à Moscou ne semblent pas avoir conservé la trace, sauf à considérer qu'il s'agit d'un coup d'Etat permanent engagé dès 1922, quand Staline fut nommé par Lénine secrétaire à l'Organisation du Parti bolchevique. S'appuyant sur des sources philo-léninistes – Boris Souvarine, Isaac Deutscher –, elle émet à propos de Lénine quelques gros contresens, comme par exemple l'idée qu'il aurait voulu créer en Russie une classe de paysans propriétaires émancipés[2]. Et surtout, elle qualifie son pouvoir, entre 1917 et sa mort en 1924, de simple « dictature révolutionnaire[3] ».

Or, une fois débarrassée de la vieille légende trotskiste présentant Staline comme un médiocre apparatchik inconnu aux temps de la révolution d'Octobre, l'histoire nous apprend qu'il fut, au contraire, l'un des hommes de confiance de Lénine avant 1917 et l'un de ses plus proches collaborateurs de 1917 à 1923[4]. Hannah Arendt ne se pose pas la question de savoir comment l'URSS serait passée d'une dictature révolutionnaire à un régime totalitaire et pourquoi la politique suivie par Staline à partir de 1928-1929 se contentait de reprendre et de systématiser celle inaugurée par son maître à penser et à agir dès 1917-1918. Il est vrai qu'Hannah Arendt, Juive allemande exilée dès 1933 et philosophe plus qu'historienne, écrivait à une époque où la légende léniniste était encore très puissante, colportée par un appareil de propagande mondial. Cette légende fut préservée, voire renforcée, par la formidable opération politique de Nikita Khrouchtchev qui, lors du « Rapport secret » qu'il prononça au XXe congrès du Parti communiste d'Union soviétique en février 1956, découpla les deux figures de Lénine et de Staline, pour diaboliser le second et sanctifier le premier. Aujourd'hui encore d'innombrables traces de

Lénine persistent dans les pays de l'ex-URSS et sa momie continue de trôner dans son mausolée.

Pourtant, l'ouverture des archives soviétiques a permis de lever un coin du voile sur la réalité du personnage. Il fut sans conteste l'inventeur du prototype des partis communistes modernes et du système communiste mondial[5]. Mais le moment est venu de s'interroger sur son rôle dans l'émergence du phénomène totalitaire, tant dans la conception de logiques doctrinale, organisationnelle et politique, que dans leur mise en œuvre, grâce au formidable avantage des circonstances de l'année 1917.

La création d'une organisation extrémiste à vocation totalitaire

Tout a sans doute commencé en 1886-1887 quand le jeune Vladimir Ilitch Oulianov, en pleine adolescence, a été frappé coup sur coup par la mort subite de son père puis l'exécution de son frère aîné pour tentative d'attentat contre le tsar. Ces événements ont provoqué l'arrêt brutal de l'ascension sociale de la famille Oulianov et chez le futur Lénine, excellent élève mais garçon déjà peu sociable, un repli vers la littérature, en particulier la littérature politique interdite. Privé de tout repère paternel, Lénine s'est peu à peu enfermé dans un monde imaginaire dont les héros étaient les opposants révolutionnaires les plus radicaux au régime tsariste[6]. Dès la fin des années 1880, ces lectures poussent le futur Lénine à privilégier trois logiques fondamentales qui, mises en convergence, mèneront à la fondation du communisme bolchevique.

La première renvoie à la passion révolutionnaire qui se nourrit alors dans toute l'Europe de l'exemple inaugural que fut la Révolution française et plus précisément de sa phase jacobine ; et très souvent par la suite, Lénine se réclamera de la *Montagne* contre la *Gironde* au sein du mouvement socialiste russe et international[7].

Cependant, la source de sa passion révolutionnaire est largement russe, inspirée par Serge Netchaïev, fameux révolutionnaire et aventurier de la fin des années 1860, connu et condamné pour avoir fait assassiner un étudiant qui avait décidé de rompre avec son groupe révolutionnaire. Netchaïev rédigea en 1869 le *Catéchisme du révolutionnaire* dans lequel s'exprime une volonté de destruction radicale de la société existante et la nécessité, dans ce but, de créer une organisation secrète composée d'hommes d'un type particulier, des professionnels de la subversion habilités à user de tous les moyens[8].

La deuxième logique qui passionne alors le jeune Lénine est l'utopie qu'il découvre à travers une autre grande figure révolutionnaire russe, Nikolaï Tchernychevski, auteur d'un roman célèbre, *Que faire ?*, où il mettait en scène le personnage du révolutionnaire professionnel en « homme spécial » qui travaille à la transformation des hommes ordinaires en « hommes nouveaux », porteurs d'une société parfaite longuement décrite[9].

Ces idées révolutionnaires et utopistes couraient déjà toute l'Europe, et surtout la France, depuis près d'un demi-siècle quand elles furent rejointes et dépassées par Marx et Engels qui développèrent méticuleusement une doctrine à la fois messianique et scientiste de la révolution communiste. Or, dès la fin des années 1880, Lénine s'initie aux écrits de Marx, puis adhère à son premier groupe marxiste en 1893, avant de devenir en Russie l'une des principales figures du courant marxiste, dans son interprétation la plus radicale.

Et, très vite, on perçoit les effets de cette passion scientiste sur un Lénine déjà adulte. En 1891-1892 eut lieu la dernière grande famine en Russie – avant l'ère soviétique – qui fit environ 400 000 morts dans la paysannerie. Non seulement Oulianov refusa de participer aux secours des affamés, mais, d'après son ami A. Beliakov, il « avait le courage de déclarer ouvertement que la famine avait de nombreuses conséquences positives, à savoir l'apparition d'un prolétariat industriel, ce fossoyeur de l'ordre bourgeois. [...] En détruisant l'économie paysanne attardée, la famine, expliquait-il, nous rapproche objectivement de notre but final, le socialisme, étape immédiatement postérieure au capitalisme. La famine détruit aussi la foi non seulement dans le tsar, mais même en Dieu[10] ». Ainsi, à vingt ans, Lénine entretient déjà une vision téléologique et doctrinale de la société et de l'histoire, vision abstraite, coupée de la vie, qui repose sur une philosophie de la nécessité et implique une absence totale de compassion.

En publiant en 1902 son propre *Que faire ?*, Lénine franchit une étape qui, à nos yeux, s'avèrera fondamentale dans la naissance du phénomène totalitaire. Il y développe un discours explicite, qui porte sur trois points principaux.

Il réaffirme d'abord, avec beaucoup de force, une conception idéologique de la politique. Alors même qu'en Europe occidentale le mouvement socialiste s'éloigne de l'idéologie – tant à travers la critique du marxisme dogmatique par Edouard Bernstein que par la participation d'Alexandre Millerand au gouvernement – et se dirige vers une intégration au système démocratique par sa participation aux élections de tous niveaux et la constitution de puissants syndicats ouvriers, Lénine, lui, réaffirme que la politique doit être d'abord et avant tout soumise à l'idéologie socialiste, qui vise à la destruction de la société capitaliste et bourgeoise et qui s'oppose terme à terme à l'idéologie libérale et démocratique. Il tient cette idéologie socialiste pour une théorie scientifique, ce qui à ses yeux légitime sa dimension messianique – la mission historique dont serait chargé le prolétariat et le parti révolutionnaire censé le diriger.

Cette idéologisation de la politique s'accompagne d'une forte militarisation de la pensée politique. On n'en finirait pas de relever, dès 1902, les innombrables expressions de type militaires dont use Lénine pour parler du combat politique tant contre le régime tsariste que contre les autres groupes marxistes russes et internationaux. « Guerre », « assaut », « front », « avant-garde », « détachements », « état-major », « mobiliser une troupe permanente », « armée apte à livrer un combat décisif », « opération militaire d'une troupe mobilisée », « l'ennemi », « se mettre en campagne contre l'ennemi », « le siège en règle de la forteresse ennemie » : autant d'expressions qui montrent qu'il n'a pas fallu attendre la guerre de 1914 pour voir le discours léniniste dominé par une vision militaire. La pensée elle-même en est contaminée, qu'il s'agisse de l'action – Lénine fixant comme objectif suprême « l'insurrection armée du peuple » contre le régime – ou de l'organisation.

L'une des originalités du *Que faire ?* porte précisément sur le type d'organisation révolutionnaire préconisé par Lénine, le parti « de type nouveau ». S'opposant à toute structure large et démocratique, il veut imposer une organisation dont le modèle serait Terre et Liberté, premier groupe terroriste russe des années 1870 et successeur de Netchaïev : clandestine, secrète, peu nombreuse, très centralisée, formée de gens rigoureusement choisis, professionnels de la subversion et de la lutte contre la police politique. De fait, le respect strict des règles de la clandestinité interdit les relations horizontales entre les cellules qui forment l'organisation, et donc le libre échange des opinions. Quant à la référence à Netchaïev, elle va jusqu'à réaffirmer que « pour se débarrasser d'un membre indigne, une organisation de révolutionnaires véritables ne reculera devant aucun moyen[11] » – le meurtre à justification politico-idéologique est déjà l'un des principes de base de l'organisation léniniste.

Lénine précise le type d'homme qu'il recherche, un « agent » : « Ce mot me plaît, car il indique nettement et avec précision la cause commune à laquelle tous les agents subordonnent leurs pensées et leurs actes [...]. Ce qu'il nous faut c'est une organisation militaire d'agents[12]. » En critiquant ainsi le « travail artisanal » des groupes marxistes, Lénine vise le rendement et l'efficacité : sa pensée est non seulement militarisée mais industrialisée – il est fasciné par l'organisation rationnelle des grandes entreprises capitalistes, qui implique un commandement incarnant « l'unité de la volonté ».

La logique de constitution d'un tel parti ne répond pas à une logique de classe, comme celle qui préside alors au développement de la plupart des partis socialistes européens, mais à une logique d'articulation d'une idéologie extrémiste sur un mode d'organisation destiné à l'action. Or, Hannah Arendt a souligné à juste titre qu'en dépit de leur appellation « parti » – Parti bolchevique, Parti national-socialiste, Parti fasciste –, l'une des caractéristiques des mouvements totalitaires est précisément d'avoir abandonné la formation de classe portant les intérêts d'une catégorie sociale – et donc à vocation parlementaire, voire gouvernementale –, pour se transformer en mouvements formés majoritairement de déracinés des diverses classes – ce qu'elle nomme « la populace ». Et de fait, alors que les grandes social-démocraties d'avant 1914 avaient un caractère ouvrier très marqué, le Parti bolchevique compte peu d'ouvriers mais nombre d'intellectuels déclassés et d'aventuriers qui n'hésitent pas à agir avec des bandits de grand chemin, des maîtres chanteurs ou des escrocs. Là réside dès 1902 l'une des sources ultérieures du totalitarisme communiste.

La conclusion générale du *Que faire ?* est radicale : Lénine y affirme que l'idéologie socialiste, parce qu'elle est « scientifique », ne peut pas émerger du monde ouvrier, mais doit lui être apportée de l'extérieur par les intellectuels révolutionnaires. Il renverse délibérément la conception social-démocrate du parti : ce n'est pas la classe ouvrière qui, au cours de la lutte des classes, crée le parti, mais ce sont les intellectuels révolutionnaires qui, détenteurs de la théorie socialiste, créent le parti ; fort de son idéologie qui pénètre chez les ouvriers révolutionnaires et d'une organisation qui permet de démultiplier la force, c'est le parti qui produit la classe, donc la lutte des classes, et donc l'histoire. En substituant le parti à la classe, Lénine modifie profondément la pensée marxiste. Dans sa dimension messianique et scientiste faisant de la violence un moyen nécessaire et légitime, celle-ci recelait déjà des germes de totalitarisme. Mais avec Lénine on bascule d'une pensée proto-totalitaire à l'invention d'une organisation proto-totalitaire, sorte de contre-société où est expérimenté un mode de domination totale et qui préfigure à la fois le type de société dont rêve Lénine et les moyens d'action qu'il est disposé à employer pour y parvenir. Derrière ce parti promu démiurge de l'Histoire, se profile la silhouette de son chef.

Car, derrière le discours explicite, en apparence rationnel, du révolutionnaire se montrant attaché à l'efficacité générale du mouvement socialiste, pointe le discours implicite d'un homme qui cherche à imposer sa suprématie personnelle. A travers sa défense d'un marxisme radical et dogmatique, Lénine revendique le monopole de l'idéologie révolutionnaire : monopole de la pensée, réservé aux intellectuels au détriment des ouvriers et autres petits-bourgeois, et monopole du savoir révolutionnaire de Lénine – et de ses partisans – au détriment des autres groupes et leaders de la social-démocratie russe et internationale. Même si par prudence il ne précise jamais qui va diriger son « parti de type nouveau », il est clair qu'il s'en réserve le monopole de direction.

Enfin, en proposant, dans *Que faire ?*, de construire le parti socialiste russe à partir de son journal l'*Iskra*, Lénine revendique également le monopole de l'action, les organisations ouvrières à la base devant se soumettre à l'autorité de « ses » révolutionnaires. Il s'en cache d'ailleurs à peine : « [...] toute la vie politique est une chaîne sans fin composée d'un nombre infini de maillons. L'art de l'homme politique consiste précisément à trouver le maillon et à s'y cramponner bien fort, le maillon qu'il est le plus difficile de vous faire tomber des mains, le plus important au moment donné et garantissant le mieux à son possesseur le maintien de toute la chaîne. »

En imposant son type d'organisation et l'*Iskra* comme base de construction du parti, Lénine pense saisir les maillons qui lui permettront de tenir toute la chaîne révolutionnaire. Il montre sa volonté de détenir les monopoles de l'idéologie, de l'organisation et de l'action. Or le monopole – possession exclusive de quelque chose, par exemple le monopole de la vérité – est une des caractéristique principale du totalitarisme qui, en régime communiste, apparaîtra dans sa triple dimension : politique, idéologique et de la production/distribution.

Cependant, derrière cette volonté de puissance à peine cachée se révèle la part la plus secrète du discours implicite disséminé dans le *Que faire ?* : celle du héros romantique qui entretient une vision paranoïaque. Lénine se décrit ainsi au milieu de ses quelques camarades : « Petit groupe compact, nous suivons une voie escarpée et difficile, nous tenant fortement par la main. De toutes parts, nous sommes entourés d'ennemis et il nous faut marcher presque constamment sous leur feu[13]. » En même temps, il ressemble à un jeune scout revendiquant la primauté pour son groupe : « [...] il faut faire en sorte que tous les autres détachements se rendent compte et soient obligés de reconnaître que nous marchons en tête. » Et il évoque « le détachement "avancé" » qui ne doit pas craindre « un "plan" hardi qui force la reconnaissance générale, même parmi ceux qui pensent différemment[14] ». Et après avoir quelque peu fanfaronné – « nous voulons être l'avant-garde », « Donnez-nous une organisation de révolutionnaires, et nous soulèverons la Russie[15] ! » –, Lénine conclut : « Lorsque nous aurons des détachements d'ouvriers révolutionnaires spécialement préparés (et bien entendu de "toutes les armes" de l'action révolutionnaire) par un long apprentissage, aucune police politique du monde ne pourra en avoir raison, parce que ces détachements d'hommes dévoués corps et âmes à la révolution jouiront de la confiance illimitée des masses ouvrières[16]. » Mais, au passage, que d'aveux sur sa psychologie profonde : « forcer la reconnaissance générale », jouir – le mot est fort clair – de « la confiance illimitée des masses » ; on est plus près de la satisfaction du principe de plaisir que de la rationalité marxiste affichée.

Avec *Que faire ?*, Lénine demeurait dans le domaine du virtuel, mais en 1903 il passe à l'acte sur le terrain concret à l'occasion du IIe congrès de la social-démocratie russe. Ce congrès, il l'a soigneusement « préparé » puisque la très grande majorité des délégués sont des partisans de l'*Iskra*. L'essentiel des débats porte sur des questions de direction et de personnes, opposant ce que Léon Trotski, dans un rapport ultérieur, appellera « les "iskristes" *durs* » et « les "iskristes" *mous*[17] », bientôt désignés des étiquettes de bolcheviks et mencheviks. Le débat va se focaliser, entre Lénine et Martov, sur l'article 1 des statuts qui définit la qualité de membre du parti. La définition très restrictive de Lénine lui permettrait, comme l'écrit Trotski, de « mettre hors la loi » du parti les organisations ouvrières œuvrant en Russie, qui souvent sont des structures larges où militent nombre d'opposants au régime qui ne sont pas formellement membres du parti. Trotski constate ainsi « une méfiance totale envers les militants de la base et une foi insensée dans la toute-puissance de la Rédaction en exil [de l'*Iskra*, *i.e.* Lénine][18] » et estime qu'en réalité le conflit « personnifiait la lutte de principe entre la tactique de l'ordre constitutionnel normal et la tactique de l'"état de siège" renforcée par la dictature[19] » en ce qui touchait au fonctionnement interne du parti.

Arrivé au congrès en enthousiaste partisan de Lénine, Trotski perd rapidement ses illusions :

> « L'"état de siège" sur lequel Lénine a insisté avec une telle énergie, exige un "pouvoir fort". La pratique de la méfiance organisée exige une main de fer. Le système de terreur est couronné par un Robespierre. Le camarade Lénine a mentalement passé en revue les membres du Parti et en est arrivé à la conclusion que cette main de fer ne pouvait être que lui. Et il a eu raison. L'hégémonie de la social-démocratie dans la lutte libératrice signifiait d'après la logique de l'"état de siège", l'hégémonie de Lénine sur la social-démocratie. »

Méfiance, main de fer, système de terreur : on croirait lire, avec trente années d'avance, une description de la démarche de Staline dans sa prise de pouvoir absolu. Mais c'est bien de Lénine qu'il s'agit, percé à jour par l'un de ses ex-admirateurs qui va au fond des choses en évoquant « la *Wille zur Macht*, la volonté de puissance qui guide le camarade Lénine[20] ».

Se référant à la Révolution française, Trotski accuse Lénine de vouloir instituer le parti en « République de la "Vertu" orthodoxe et le la "Terreur" centraliste ». Et avec une lucidité et un souci démocratique qui l'auront quitté en 1917, Trotski ajoute :

> « La dictature de Robespierre par l'intermédiaire du Comité de Salut public ne pouvait tenir que si l'on sélectionnait des gens "fidèles" dans le Comité lui-même, et que si l'on plaçait, à toutes les fonctions importantes de l'Etat, des créatures de l'Incorruptible. Sinon le dictateur tout-puissant

serait resté suspendu en l'air. La première condition fut donnée, dans notre robespierrade caricaturale, par la liquidation de l'ancienne Rédaction [de l'*Iskra*]. Une seconde condition fut également assurée : sélection appropriée des membres du Comité central, et, d'autre part, l'institution du filtre de l'"unanimité" et de la "cooptation mutuelle"[21]. »

Mi-désabusé, mi-amusé, Trotski estime que ces manœuvres de Lénine relèvent à la fois d'« un rêve bureaucratique assez innocent[22] » et d'un « ego-centralisme[23] ». Néanmoins, la logique qui se dégage du congrès est déjà celle de la domination totale d'une faction sur le parti et d'un homme sur cette faction. La volonté de domination totale : telle est la définition la plus simple donnée par Hannah Arendt du totalitarisme.

C'est cette recherche qui implique le travail fractionnel secret – spécialité de Lénine – et la fabrication dans l'instance du congrès, d'une majorité unanime – qualifiée par Trotski de « majorité compacte » – et disciplinée selon le fameux principe du « centralisme démocratique » – qualifié par Trotski de « centralisme de bureau » servi par « les ilotes du centralisme ». Cette « majorité compacte » se veut toute-puissante et combat impitoyablement la minorité afin de lui interdire de devenir jamais majorité – ce qui en système démocratique se nomme l'alternance, la majorité n'étant par principe que provisoire, même si cela peut être un provisoire qui dure.

En outre, Lénine, qui ne reculera jamais devant la menace d'une scission, est tout disposé à exclure les récalcitrants : il profite du congrès pour faire exclure de la direction de l'*Iskra* trois des dirigeants les plus connus – Axelrod, Zassoulitch et Martov – qui s'opposent à sa conception, et pour s'emparer de la direction du journal. Cette pratique de l'épuration est l'application de la phrase de Lassalle, citée en exergue de *Que faire ?* : « Le parti se renforce en s'épurant ». A partir du 7 novembre

1917, cet adage sera étendu à la société entière et prendra sous Staline de gigantesques proportions.

Se met ainsi en place la logique de monopole du pouvoir d'une faction au sein du parti, elle-même commandée par la logique autocratique qui relève du principe du chef – devenu chez les nazis le *Führerprinzip* –, l'une des bases du phénomène totalitaire. Et Trotski de dresser un ultime constat sur la relation inévitable entre logique de prise du pouvoir et logique de destruction, en parlant de « la "majorité compacte" qui avait tant dévasté et si peu créé » et en qualifiant Lénine de « désorganisateur ».

Ainsi, dès 1902-1903, tant sur les plans théorique que pratique, Lénine est passé à l'acte et a commencé à élaborer dans l'éprouvette de la social-démocratie russe, et plus précisément de sa faction bolchevique, un prototype qui certes n'est pas encore capable de provoquer une réaction en chaîne de grande ampleur, mais qui va rapidement cristalliser, en particulier sous l'effet de la crise majeure de la Russie en 1905.

La vaste révolte paysanne et urbaine qui secoue la Russie après la défaite historique de l'armée et de la flotte russes face au Japon en 1904-1905, incite Lénine à rentrer au pays. Il n'y jouera qu'un rôle très marginal – alors que Trotski se fait déjà remarquer comme orateur et président du premier soviet de Saint-Pétersbourg –, mais les événements le renforcent dans sa conviction du caractère inéluctable d'une révolution socialiste reposant sur la violence. Dès ce moment, il insiste sur la nécessité de l'insurrection, de la terreur exercée par les masses et de la « guerre de partisans » – assassinat de membres de la police, attaques à main armée de banques et transports de fonds, etc. – organisée par le parti devenu un parti combattant dans le cadre d'une « guerre civile prolongée »[24], prenant la forme d'une guerre sociale acharnée et appelant « une extermination implacable de l'ennemi[25] ».

De 1907 à 1914, la Russie retrouve un certain équilibre, le régime se libéralise peu à peu sous l'effet des diverses élections aux doumas et surtout de la puissance croissante des zemstvos – les assemblées territoriales assurant l'administration locale –, tandis que l'économie enregistre des progrès spectaculaires. Le climat de révolte s'affaiblit et le mouvement revendicatif ouvrier chute considérablement, le nombre de grèves passant de 14 000 en 1905 à 1 900 en 1912. Durant la même période, 12 millions d'hectares sont transférés à la propriété privée et on assiste à un essor spectaculaire des coopératives de consommateurs : 6,5 millions en 1912. Dès 1907, Lénine est reparti à l'étranger où il s'occupe de renforcer le groupe bolchevique et sa propre emprise personnelle sur le groupe qui, désormais, n'est plus contestée par personne. En janvier 1912, il se sent assez sûr de lui pour réunir une dizaine de ses principaux partisans et s'emparer par un coup d'Etat interne du Parti ouvrier social-démocrate de Russie. C'est alors que le surprend la guerre de 1914 qui va peser sur sa pensée et achever de la radicaliser[26].

La notion de guerre civile est au cœur du projet communiste, tel qu'il apparaît dès 1848 dans le *Manifeste du parti communiste* où Marx, évoquant la lutte des classes, parle de « la guerre civile plus ou moins latente au sein de la société actuelle, jusqu'au point où elle éclate en révolution ouverte et où le prolétariat jette les fondements de sa domination par le renversement violent de la bourgeoisie ». La conclusion du *Manifeste* est fort claire : « Les communistes déclarent ouvertement qu'ils ne peuvent atteindre leurs objectifs qu'en détruisant par la violence l'ancien ordre social. »

En 1871, après l'écrasement de la Commune de Paris, Marx publie *La Guerre civile en France*, où il rappelle qu'à ses yeux « la guerre des asservis contre leurs oppresseurs [est] la seule guerre juste dans l'histoire », et où il dénonce « la conspiration de la classe dominante pour abattre la révolution par une guerre civile poursuivie sous le patronage de l'envahisseur étranger », oubliant au passage que la Commune s'opposait à une Assemblée nationale régulièrement élue en février 1871. Confronté à la guerre perdue par la France contre la Prusse, Marx tire une conclusion décisive : « La guerre nationale est une pure mystification des gouvernants destinée à retarder la lutte des classes, et qui est jetée de côté aussitôt que cette lutte des classes éclate en guerre civile. » Dès 1914-1915, Lénine s'empare de cette conclusion de Marx pour inaugurer un slogan appelé à un grand retentissement : « Transformer la guerre impérialiste en guerre civile »[27].

L'irruption de la guerre moderne, de masse et industrielle, accentue la vision manichéenne de Lénine. Dans l'un de ses principaux écrits, *L'Impérialisme, stade suprême du capitalisme*, il estime que le capitalisme a atteint sa phase finale et « pourrissante ». Toute sa pensée est écrasée par la dimension guerrière et aboutit à une conception radicale : tout conflit politique ou social est désormais assimilé à une guerre qui n'est plus un moment exceptionnel mais un temps ordinaire et permanent. La guerre civile domine la conception léniniste de la politique en général et de la révolution en particulier. Extrapolant les événements en cours, Lénine considère que le monde est entré dans « l'époque de la guerre » qui fait de la guerre civile le principal moyen d'action du prolétariat – dans son esprit, le Parti bolchevique – pour s'emparer du pouvoir et façonner une nouvelle société.

Dès août-septembre 1916, il écrit : « A la guerre bourgeoise impérialiste, à la guerre du capitalisme hautement développé, ne peuvent *objectivement* être opposées, du point de vue du progrès, du point de vue de la classe d'avant-garde, que la guerre *contre* la bourgeoisie, c'est-à-dire avant tout la guerre civile du prolétariat contre la bourgeoisie pour la conquête du pouvoir, guerre *sans* laquelle tout progrès sérieux est *impossible* [...][28]. » Désormais, pour Lénine, la révolution est définitivement inséparable de la « guerre civile pour le socialisme ». Or celle-ci est « aussi une guerre, par conséquent elle doit aussi ériger inévitablement la violence au lieu et place du droit. [...] Le but de la guerre civile est de s'emparer des banques, des fabriques, des usines, etc., d'anéantir toute possibilité de résistance de la bourgeoisie, d'exterminer *ses* troupes[29] ». Il le rappellera en octobre 1917 : « Cette guerre pourra être violente, sanguinaire, elle pourra coûter la vie de dizaines de milliers de propriétaires fonciers, de capitalistes et d'officiers qui épousent leur cause. Le prolétariat ne reculera devant aucun sacrifice pour sauver la révolution. »

Ainsi, dès avant 1914 et pendant cette guerre, toutes les structures de la pensée totalitaire sont en place chez un Lénine qui, en exil, semble pourtant fort désabusé puisque, le 22 janvier 1917, il déclare en public : « Nous les vieux de la vieille, nous ne verrons peut-être pas les batailles de la révolution future. » Puis survient la « divine surprise »

Du noyau à vocation totalitaire
au mouvement totalitaire

En ébranlant toute la Russie et en attisant les passions, la révolution de février 1917 crée soudain les circonstances qui vont fournir à Lénine une extraordinaire occasion de passer de l'expérimentation en éprouvette à l'expérience *in vivo*. Grâce à sa propagande démagogique qui va bientôt promettre tout à tout le monde – la terre aux paysans, le pain et les usines aux ouvriers et la paix générale –, et à son organisation structurée de quelques milliers de cadres révolutionnaires aguerris, le

Parti bolchevique obtient de l'audience auprès d'une partie de la population ouvrière des grandes villes et surtout auprès des soldats de garnison – en particulier à Petrograd – qui sont prêts à tout pour ne pas être envoyés au front et constituent une importante masse de manœuvre pour les agitateurs léninistes.

En un temps record, le groupuscule bolchevique se gonfle de plusieurs dizaines de milliers de membres et devient un parti de masse. Non pas tant le parti de la classe ouvrière, comme il s'est lui-même présenté par la suite, mais un parti de ce que Hannah Arendt nomme « la populace » : un parti de déclassés issus de divers milieux. Sa direction et ses cadres sont formés d'intellectuels, de bourgeois et d'aristocrates en rupture de ban – Lénine lui-même et Dzerjinski –, où les Juifs sont surreprésentés par rapport à leur proportion dans la population – Zinoviev, Kamenev et bientôt Trotski. Les cadres intermédiaires sont d'origine populaire et ouvrière, mais souvent coupés de l'usine de longue date – comme Staline. Enfin, les nouveaux venus qui forment les gros bataillons sont pour la plupart des paysans – des moujiks –, soit embauchés de fraîche date dans les usines d'armement, soit soldats de garnison – dans *Le Docteur Jivago*, Boris Pasternak qualifiera la révolution bolchevique de « révolution soldatesque », c'est-à-dire précisément de soldats qui n'observent plus la discipline militaire.

Ce parti de la populace est mobilisé par une propagande qui se fonde sur la passion égalitaire, exacerbant la haine de « tout ce qui dépasse », le goût de la vengeance sociale, la soif du pillage et bientôt le goût du sang. C'est ce type de moment que Hannah Arendt a caractérisée comme la rencontre entre le groupe totalitaire et « des masses qui se découvrent un appétit d'organisation politique[30] ».

En outre, ce parti de la populace devient très rapidement un parti-milice, autre donnée fondamentale du phénomène totalitaire : alors que l'Etat détient en principe le monopole de la force armée, les bolcheviks organisent leur force armée privée, formée de soldats en rébellion ou déserteurs et de civils en armes, appelée garde rouge, et bientôt dirigée par un Comité révolutionnaire militaire bolchevique. Dès juin 1917, Lénine compte sur cette force pour s'emparer du pouvoir et, le 17 juin, il annonce publiquement devant le congrès des Soviets que le Parti bolchevique est prêt à s'emparer seul du pouvoir – ce qui alors provoque un éclat de rire général.

Pour des raisons idéologiques – sa haine viscérale de la démocratie parlementaire – mais aussi avec le sûr instinct du leader totalitaire, Lénine a compris que jamais il ne pourrait réussir cette prise de pouvoir en participant au processus démocratique inauguré en Russie depuis mars 1917 et que sa seule chance résidait précisément dans la destruction de cet embryon de démocratie. C'est la raison pour laquelle, dès son retour à Petrograd, il a imposé à ses partisans éberlués une critique radicale du gouvernement provisoire et une politique traditionnellement qualifiée de « double pouvoir », mais qui est en réalité une stratégie de triple pouvoir : au pouvoir légal du gouvernement provisoire, Lénine oppose celui des soviets, eux-mêmes de plus en plus noyautés par les bolcheviks. Lénine a choisi le terrain sur lequel il peut espérer fabriquer une « majorité » à sa main, dans des meetings s'adressant à des populations spécifiques, largement informels et où se pratique le vote à main levée de délégués souvent autodésignés. Il sait en effet pertinemment qu'il ne pourra jamais contrôler le scrutin national à bulletin secret et au suffrage universel qui devra élire l'Assemblée constituante que tous les démocrates et les révolutionnaires réclament depuis des décennies.

Après avoir tenté une première fois, lors des émeutes de Petrograd des 16 et 17 juillet 1917, de s'emparer du pouvoir, Lénine se replie face à la molle répression engagée par le gouvernement. Mais dès ce moment, il ne rêve plus que de ce qu'il appelle « l'insurrection » à laquelle il va pousser sans cesse un Comité central bolchevique d'abord très réticent. Depuis la mi-septembre, le gouvernement provisoire est confronté à une crise de l'armée où se multiplient les désertions, à une crise sociale urbaine – les conflits entre patrons et ouvriers devenant chroniques – et à une crise rurale, de plus en plus de paysans pillant les grands domaines et s'emparant des terres. Pour tenter de remédier à cette anarchie montante, il réunit le 27 septembre la conférence démocratique formée de plus de 1 500 délégués représentatifs de l'ensemble du pays, en attendant que se tiennent, le 25 novembre, les élections à l'Assemblée constituante qui doit désigner un pouvoir légitime.

Dès ce moment, Lénine devient comme enragé, craignant à la fois que les bolcheviks ne participent à ce pré-parlement et que l'Assemblé constituante ne puisse être élue et former un pouvoir tenant sa légitimité d'un vote régulier avant que les bolcheviks se soient emparés du pouvoir. Une course de vitesse est engagée qui doit aboutir à la mise du pays et de l'Assemblée constituante devant le fait accompli.

Pour convaincre ses partisans peu enthousiastes, Lénine fait feu de tout bois, bombardant son comité central de lettres comminatoires et rédigeant d'août à octobre plusieurs textes – *L'Etat et la révolution, Les bolcheviks garderont-ils le pouvoir ?* – où il tente d'exposer ce que serait un pouvoir socialiste. Il imagine que son pouvoir disposerait de puissants moyens de contrôle sur les capitalistes et les riches :

« Ce moyen de contrôle, cette obligation du travail sont autrement puissants que les lois de la Convention et que sa guillotine. La guillotine *n'était qu'un* épouvantail qui brisait la résistance *active*. *Cela ne suffit pas*. [...] Nous devons briser leur résistance *passive* [...] Nous ne devons pas seulement briser toute résistance, quelle qu'elle soit. Nous devons *encore obliger les gens à travailler* dans le cadre de la nouvelle organisation de l'Etat. [...] et nous avons les moyens de le faire. L'Etat capitaliste en guerre nous a lui-même mis entre les mains les moyens et les armes pour cela. Ces moyens ce sont le monopole des céréales, la carte de pain, l'obligation générale du travail. "Qui ne travaille pas ne mange pas", telle est la règle fondamentale[31]. »

« Briser la résistance passive », « obliger les gens à travailler » : c'est bien l'ensemble de la société qui est visée par un projet de domination totale prêt à utiliser – et qui utilisera à grande échelle – l'arme de la faim. On reste confondu devant tant de cynisme, mais aussi tant de naïveté et de méconnaissance des modes de fonctionnement d'un Etat et d'une société. Car, très vite, le problème qui va se poser aux bolcheviks ne sera pas tant celui de la prise du pouvoir et de la désignation d'un gouvernement que celui de gérer cette situation, puis de contraindre toute une société à vivre selon des règles « socialistes » qui, précisément, détruisent les principes de fonctionnement de toute société.

La révolution d'Octobre : le moment du passage à l'acte

Le 7 novembre 1917 est le moment du passage à l'acte majeur. Il ne s'opère pas par une insurrection populaire mais par un coup d'Etat mené à Petrograd par une troupe de quelques milliers d'hommes et pratiquement sans effusion de sang, puis par une tentative identique à Moscou qui fera des centaines de tués. Cet acte déclenche presque automatiquement la mise en œuvre de deux logiques : l'une redoutée et annoncée par toute la classe politique révolutionnaire, celle de la guerre civile ; l'autre inédite et inattendue, celle de la transformation du mouvement totalitaire en parti-Etat.

La guerre civile présente pour le leader révolutionnaire et totalitaire un gros avantage : à la différence de la guerre nationale, c'est une guerre sans limite qui est donc parfaitement adaptée à son désir de domination sans limite[32]. En effet, l'assimilation de la guerre nationale et de la guerre civile opérée par Lénine après 1914 est tout à fait abusive et relève d'une fausse symétrie. Car, quoi que puissent en laisser penser les hécatombes humaines de 1914-1918, cette guerre nationale est restée une guerre « civilisée », qui a répondu à certaines lois de la guerre, en dépit de nombreuses exceptions à la règle : on ne prend pas d'otages, on ne massacre pas les blessés et les prisonniers, on épargne les populations civiles. A l'inverse, dans la conception de Lénine, la guerre civile est une guerre sans limite. Elle est sans limite de moyens : tortures, prises d'otages, déportations et assassinats de masse de civils et de combattants seront bientôt généralisés grâce à l'instauration d'une police politique et d'une Armée rouge qui seront les piliers de tout pouvoir communiste. Elle est sans limite d'espace : commencée en Russie, elle est censée opposer les riches et les pauvres et doit donc s'étendre au monde entier par le biais de l'Internationale communiste. Elle est sans limite de temps : contrairement à la guerre nationale qui aboutit à un armistice ou à la paix, la guerre contre la bourgeoisie est infinie puisqu'il ne s'agit pas tant d'exterminer les bourgeois que de tuer l'esprit bourgeois, cet esprit d'appropriation qui persiste en chaque homme.

Dans ces conditions, la guerre, qui est traditionnellement un temps exceptionnel, devient avec Lénine un temps ordinaire et permanent. Elle présente à ses yeux l'avantage de détruire simultanément la logique de l'Etat de droit démocratique et celle de l'Etat-nation, déchiré par un conflit intérieur. Cette guerre civile devient une guerre de classe qui, pour Lénine, doit être systématiquement préventive et qui repose sur la notion d'ennemi objectif ou subjectif, que celui-ci soit un adversaire politique – y compris appartenant au camp révolutionnaire : menchevique, socialiste révolutionnaire, anarchiste, syndicaliste –, ou qu'il soit un groupe social s'opposant réellement ou de manière fantasmée au nouveau pouvoir – aristocrates, bourgeois, officiers, clergé, etc.

Parallèlement émerge un phénomène inédit, caractéristique des totalitarismes : le parti-Etat[33]. En s'emparant du pouvoir, Lénine est bien décidé à s'emparer de l'Etat, à la fois comme lieu du pouvoir, mais aussi comme appareil de ce pouvoir. Dès lors, ce parti est appelé à remplir simultanément les fonctions d'un Etat – censé répondre à l'intérêt général – et celles d'un parti – qui ne poursuit que son intérêt particulier, ce qui passe, entre autres, par la nomination de membres du parti à tous les postes dirigeants de l'Etat. Cette forme de pouvoir inédite prend le nom de Conseil des commissaires du peuple ou Sovnarkom dont Lénine est le président en même temps que le chef du parti.

Très logiquement, il impose d'emblée le régime du parti unique – caractéristique des régimes totalitaires – et abolit la séparation des pouvoirs, s'emparant à la fois de l'exécutif, du législatif et du judiciaire. Or très vite, c'est contre cette abolition de la moindre part de pluralisme, y compris au sein du camp révolutionnaire, que vont s'élever plusieurs des principaux dirigeants bolcheviques, obligeant Lénine à dévoiler la vraie nature de son pouvoir : la dictature sur le parti.

Dès le 14 novembre 1917, dans un moment de courage, Lounatcharski déclare devant une réunion de bolcheviks à Petrograd qu'« il ne restera bientôt qu'un seul homme dans le parti – le Dictateur ». Le 15 novembre, Kamenev est mis en accusation. Lénine convoque chaque membre du Comité central et les contraint à signer l'ultimatum qu'au nom de la majorité du CC il veut imposer à sa minorité, sous peine d'exclusion. Le 17 novembre, Zinoviev, Kamenev et Rykov démissionnent du Comité central et cinq commissaires du peuple sur quinze démissionnent du Sovnarkom. Ils publient une lettre ouverte où ils dénoncent la logique de monopole du pouvoir, symbolisée par un gouvernement purement bolchevique ne pouvant, à leurs yeux, se maintenir que « par la terreur politique », ce qui mènerait « à l'établissement d'un régime incompréhensible et à la destruction de la révolution et du pays ». « Incompréhensible » : l'aveu est de taille sur l'incapacité, chez ces protestataires, à imaginer ce qui est en train de se dérouler, même s'ils ont instinctivement senti la logique du processus engagé. Le 17 novembre encore, Lozovski proteste contre les méthodes dictatoriales de la fraction léniniste dans le parti et déclare que « le culte du héros » qui entoure Lénine est devenu le principe de base de la discipline du parti[34]. On le voit, la logique du culte du chef ne date pas de Staline, même si Lénine était plus habile pour la camoufler.

C'est dans ce climat que le nouveau pouvoir s'achemine rapidement vers la signature de l'acte de naissance du régime totalitaire que l'on peut dater du 18 janvier 1918, lorsque prend fin le double jeu de Lénine avec la démocratie, symbolisé par la dissolution par la force de l'Assemblée constituante.

Le processus a commencé le 5 décembre, lorsque Lénine a fait arrêter la commission chargée d'établir les résultats électoraux et l'a remplacée par une commission bolchevique qui, néanmoins, ne parviendra pas à masquer le fait que les bolcheviks sont loin de disposer d'une majorité, même après la scission à gauche intervenue chez les socialistes-révolutionnaires. Les partisans de l'Assemblée ayant manifesté pour qu'elle entame ses travaux, Lénine fait interdire le pardi constitutionnel-démocrate (K-D, libéral) et arrêter des dizaines de ses députés, supprimant du même coup l'immunité parlementaire. Puis il exige que les députés socialistes-révolutionnaires de droite – la majorité de l'Assemblée – soient rappelés par leurs électeurs et chassés de l'Assemblée ; s'ils n'acceptent pas de bonne grâce, il menace de la guerre civile qu'il nomme expressément « extermination sanglante des riches ». Enfin, le 15 décembre, il inaugure la logique du « mauvais peuple » ou du « peuple imbécile » en déclarant : « Lors des élections, le peuple a voté pour ceux qui n'exprimaient pas sa volonté, ses désirs. » Et le 17 décembre : « Il ne faut pas espérer que le prolétariat des campagnes ait l'intelligence claire et ferme de ses intérêts. Seule la classe ouvrière peut l'avoir. » Comprenons : le Parti bolchevique. Quelques décennies plus tard, Brecht résumera parfaitement cette logique en évoquant « les dirigeants politiques mécontents qui souhaitent dissoudre le peuple et en "élire" un autre ».

Dès lors, l'assassinat prémédité de la première assemblée élue en Russie au suffrage universel – et la dernière avant 1991 – est programmée, comme le confirme la création de la Tcheka, la police politique, le 20 décembre. Le dernier acte se joue le 18 janvier 1918, d'abord dans la rue, où Lénine, pour la première fois depuis mars 1917, fait tirer sur une manifestation pacifique de partisans de l'Assemblée, provoquant une douzaine de morts et des dizaines de blessés. Puis, dans la salle de l'Assemblée, entièrement sous contrôle des milices bolcheviques, Lénine tente sans succès de faire voter une « Déclaration des droits du peuple travailleur » qui s'oppose clairement à la Déclaration des droits de l'homme. La nuit même l'Assemblée est dispersée par la force. Sa mort officialise la naissance du régime totalitaire.

Du mouvement au régime totalitaire : la conservation du pouvoir à tout prix

Emporté par sa propre dynamique, Lénine s'enferme dans une logique de conservation du pouvoir à tout prix, grâce au renforcement permanent du monopole du pouvoir – même si, par souci tactique, il accepte de confier quelques postes secondaires à des socialistes-révolutionnaires de gauche. Il met en place de manière radicale et systématique la logique de l'existence de deux camps, qui opposent amis et ennemis dans un combat impitoyable prenant la forme de la guerre civile comme guerre de classe.

Avant même que cette guerre ait éclaté, Feliks Dzerjinski, le fondateur et chef de la Tcheka, déclarait devant le Sovnarkom le jour même de sa prise de fonctions : « Nous avons besoin de désigner sur ce front – le plus dangereux et le plus cruel des fronts – des camarades déterminés, durs, prêts à faire n'importe quoi pour défendre la révolution. Ne pensez pas que je cherche des formes de justice révolutionnaire ; nous n'avons pas besoin maintenant de justice. Maintenant, c'est la guerre – face à face, une lutte finale. A la vie à la mort[35]. »

Dès ce moment, la terreur se répand. Terreur spontanée provoquée par les slogans léninistes – « Volez les voleurs, pillez les pillards » – qui incitent la lie de la population à s'attaquer impunément aux « riches », multipliant vols, viols et assassinats ; au point que Gorki, pourtant jusque-là un fidèle soutien des bolcheviks, proteste violemment dans son journal, la *Novaïa Jizn* du 19 décembre 1917 : « Les instincts surexcités de ces foules bornées ont trouvé les porte-parole de leur anarchisme zoologique et nous voyons aujourd'hui ces meneurs de petits-bourgeois en révolte expérimenter de misérables petites idées qui ne sont point de Marx mais de Proudhon, répandre la subversion à la Pougatchev et non le socialisme et prêcher à qui mieux mieux le nivellement général sur une base d'indigence tant morale que matérielle. C'est dur de parler de cela mais il faut en parler car qui donc portera la responsabilité de tous les péchés et abominations commis par une force que désavoue le prolétariat conscient si ce n'est ce prolétariat conscient lui-même[36] ? »

Mais aussi terreur organisée pratiquée soit par les gardes rouges – comme l'assassinat, le 20 janvier 1918, par des marins bolcheviques de deux anciens ministres du parti K-D, A. Chingariov, ministre de l'Agriculture dans le premier gouvernement de coalition de la révolution de Février, et F. Kokochkine, professeur de droit politique à l'Université de Moscou –, soit par les hommes de la Tcheka qui devient un pouvoir intouchable, protégé personnellement par Lénine contre toutes les récriminations d'autres responsables bolcheviques[37]. A la campagne, la terreur est importée par les jeunes soldats démobilisés ou déserteurs, frottés de bolchevisme, qui reviennent armés au village et provoquent une forte accentuation de la violence physique exercée contre les propriétaires fonciers mais aussi les paysans propriétaires. Le 16 juillet 1918, l'assassinat de la famille impériale scelle dans le sang la volonté terroriste de Lénine qui est l'organisateur secret et personnel de ce carnage[38]. Enfin, après un attentat contre Lénine le 30 août, est déclenchée la « terreur rouge », d'abord officieuse puis officielle avec le décret sur « la terreur rouge » du 5 septembre, qui, en quelques semaines, entraîne l'assassinat d'environ 15 000 personnes, en particulier des otages.

Très vite, cette terreur ne vise pas seulement les ennemis politiques mais des groupes sociaux et débouche sur une logique d'extermination de classe. Entre le 6 et le 9 janvier 1918, dans un texte publié seulement en 1929, Lénine couche sur le papier sa pensée profonde :

« Seule la participation bénévole et consciencieuse de la masse des ouvriers et des paysans, dans l'enthousiasme révolutionnaire, au recensement et au contrôle sur les riches, les filous, les parasites et les voyous, peut vaincre ces survivances de la maudite société capitaliste, ces déchets de l'humanité, ces membres irrémédiablement pourris et gangrenés, cette infection, cette peste, cette plaie que le capitalisme a léguée au socialisme. [...] pas de quartier pour ces ennemis du peuple, ces ennemis du socialisme, ces ennemis des travailleurs. Guerre à mort aux riches et à leurs pique-assiette, les intellectuels bourgeois ; guerre aux filous, aux fainéants et aux voyous. [...] Toute mesure pratique prise pour mater réellement les riches et les filous, pour les éliminer, pour les soumettre à un recensement et à une surveillance sans faiblesse, a plus d'importance qu'une douzaine d'excellentes dissertations sur le socialisme. [...] Des milliers de formes et de procédés pratiques de recensement et de contrôle visant les riches, les filous et les parasites doivent être mis au point et éprouvés pratiquement. [...] La diversité est ici gage de vitalité, une promesse de succès dans la poursuite d'un même but unique : *débarrasser* la terre russe de tous les insectes nuisibles, des puces (les filous), des punaises (les riches) et ainsi de suite. Ici on mettra en prison une dizaine de riches, une douzaine de filous, une demi-douzaine d'ouvriers qui tirent au flanc. [...] Là on les enverra nettoyer les latrines. Ailleurs on les munira, au sortir du cachot, d'une carte jaune [la carte des prostituées sous le tsarisme] afin que le peuple entier puisse surveiller ces gens malfaisants jusqu'à ce qu'ils se soient corrigés. Ou encore on fusillera sur place un individu sur dix coupable de parasitisme[39]. »

De telles orientations, mises en œuvre activement par les bolcheviks et surtout la Tcheka, inaugurent le processus du génocide de classe, dont on retrouvera une structure homologue sous le nazisme[40]. Cela commence par la désignation de l'ennemi – les « riches » et leurs amis (propriétaires d'immeuble, détenteurs d'actions, employés de banque etc.) – et l'expression à son adresse de menaces caractérisée, secrètes ou publiques – « Pillez les pillards, volez les voleurs », « l'extermination sanglante des riches ».

Intervient ensuite le recensement des futures victimes par des organismes très informels, comme les comités de locataires, qui notent nom, adresse, profession, état de fortune etc. Ce fichage à la base est centralisé par le commissariat du peuple à l'Intérieur et par la Tcheka. Puis se met en place un système de discrimination/ ségrégation grâce à l'obligation d'un livret de travailleur-consommateur, à la carte jaune, etc., complété par des actes d'humiliation publique – le travail forcé public, le nettoyage des latrines, etc.

On en arrive alors à l'exclusion sociale selon le fameux slogan de Lénine « Qui ne travaille pas ne mange pas ! », qui peut au premier abord sembler raisonnable, mais qui devient terrifiant dès que l'on est dans un système où c'est le pouvoir qui accorde le travail – et qui donc peut le refuser arbitrairement et condamner à la mort de faim ou à l'illégalité. Le processus s'accentue avec la spoliation/expropriation des biens, qui affaiblit la capacité de résistance et de survie de la population visée. Il implique très souvent la ségrégation spatiale, une bonne partie de ces populations ne voyant de salut que dans l'exil.

L'on passe enfin aux mesures de rétorsion physiques : l'internement en prison puis, dès l'été 1919, en camp de concentration ; la prise en otage dès l'été 1918, souvent suivie de fusillade ; la déportation aux îles Solovki ; la torture et l'élimination physique. Le processus confine alors au génocide de classe, car, si Babeuf « sur la question de l'extermination [des Vendéens] est homme à préjugé », Lénine ne l'est pas[41]. Le 24 novembre 1919, il fait adopter par le Bureau politique la décision de « décosaquisation » du Don : « les exterminer jusqu'au dernier ». Et de fait entre 300 000 et 500 000 Cosaques du Don seront assassinés ou déportés par les bolcheviks, sur une population de 3 millions d'habitants.

La mise en œuvre du projet

Du jour même où il s'empare du pouvoir, Lénine rêve d'instaurer le socialisme et promulgue, en conséquence, décrets sur décrets qui « nationalisent » rapidement toute l'économie, placent sous « contrôle ouvrier » les usines, pillent les coffres-forts des particuliers dans les banques, avant, au printemps 1918, de s'emparer purement et simplement des récoltes des paysans grâce à une « armée du ravitaillement » qui œuvre déjà aux cris de « mort aux koulaks ». Dès l'été 1918, la révolte est générale, tant dans la paysannerie que chez les ouvriers, et nourrit la guerre civile et la terreur. En dépit de ces réactions, Lénine instaure le monopole du parti-Etat sur la production et la distribution des biens, ce que l'on nommera le « communisme de guerre », qui mène au désastre général, en particulier la grande famine de 1920-1922 – en partie provoquée par une manipulation des statistiques qui permet de justifier le niveau de réquisition des récoltes et jette les paysans dans la famine. Ce désastre contraindra Lénine à décréter la NEP en mars 1921, simple repli tactique destiné à sauver le régime d'une révolte généralisée.

Cette situation n'empêche pas Lénine de poursuivre la mise en œuvre de son projet d'ensemble. Depuis le printemps 1918 et la rupture tant avec les anarchistes qu'avec les socialistes-révolutionnaires de gauche – qui participaient au Sovnarkom et ont rompu en s'opposant au traité de Brest-Litovsk –, Lénine renforce sans cesse le monopole du pouvoir au bénéfice des bolcheviks, accélère la conquête de l'appareil d'Etat par le parti et en multiplie les moyens d'action, en particulier grâce à la Tcheka – qui compte déjà 12 000 hommes fin juin 1918 pour atteindre le chiffre de 280 000 début 1921 – et à l'Armée rouge – armée de guerre civile qui, à partir du 9 juin 1918, bénéficie du service militaire obligatoire. Et, depuis le Xe congrès du Parti bolchevique en mars 1921, et l'interdiction des fractions au sein du parti, le processus est enclenché qui mènera au pouvoir absolu de la direction sur le parti, et bientôt à celui du secrétaire général sur la direction.

Lénine veille également à l'instauration du monopole idéologique, culturel et médiatique. Après avoir fait fermer des centaines de journaux, y compris socialistes non bolcheviques, il instaure dès 1920 le Glavlit, organe de censure générale de tout ce qui est imprimé. Très vite, l'idéologie bolchevique, colportée par tous les médias et par une propagande de plus en plus présente, devient la norme obligatoire.

Monopoles du pouvoir, de l'économie, de la culture et des idées, terreur comme moyen ordinaire de gouvernement : tous les éléments essentiels du totalitarisme sont là, auxquels s'ajoute, à partir du printemps 1922, la dérive paranoïaque du chef. En effet, depuis fin janvier 1922, Lénine se sent très fatigué et de plus en plus mal, jusqu'à sa première attaque cérébrale, le 26 mai. Angoissé à l'idée de ne plus participer activement à la direction, voire de ne plus pouvoir parler, il est pris d'une frénésie de liquidation des derniers ennemis qu'il n'a pu encore atteindre. Le 19 mars, il adresse au Bureau politique la fameuse note exigeant la liquidation de l'Eglise orthodoxe[42]. Le 20 mai, il demande à Dzerjinski de mettre au point un vaste plan « d'expulsion des écrivains et des professeurs qui aident la contre-révolution ». Le même mois, il donne ses directives pour la rédaction du nouveau code pénal, immédiatement utilisé dans l'organisation du procès truqué des leaders socialistes-révolutionnaires, qui se termine le 11 août sur la condamnation à mort de onze vieux révolutionnaires. Le 17 juillet, il entretient Staline de la déportation des mencheviks. Et le 17 septembre, il évoque la déportation d'intellectuels socialistes, s'enquérant avec précision du sort de tel ou tel qu'il connaît personnellement. Fin septembre, il fait expulser d'Union soviétique 220 intellectuels russes parmi les plus connus – philosophes, économistes, écrivains, historiens, mathématiciens, artistes ou critiques littéraires[43]. On l'aura compris, Staline, qui était l'un des dirigeants les plus proches de Lénine, aura été pendant cinq années au contact direct du leader charismatique et aura pu apprécier ses leçons qui lui seront fort utiles quand, en 1928-1929, il décidera de mettre fin à la NEP, de relancer le projet totalitaire et de le porter à un haut degré de perfection, non seulement en Union soviétique, mais dans l'ensemble du système communiste international.

Ce survol de l'itinéraire de Lénine suffit à montrer que le pouvoir léniniste de 1917 à 1923 était tout autre chose qu'une simple « dictature révolutionnaire », mais la mise en place d'un système de monopoles et de terreur, placé sous l'autorité absolue d'un chef en voie de sacralisation, et répondant à tous les critères de ce qui apparaîtra, peu à peu aux yeux des observateurs, comme le totalitarisme. C'était bien une dictature révolutionnaire, mais une dictature que l'apport d'une idéologie scientiste-messianique fortement constituée et d'un parti de révolutionnaires professionnels – éléments fondamentaux qui manquaient au moment jacobin de la Révolution française – a transformée en première expérimentation d'un groupe, d'un mouvement puis d'un régime totalitaire. Et c'est bien Lénine personnellement qui a conçu et mis en œuvre ce dispositif. C'est encore lui qui, *nolens volens*, a désigné son successeur.

Dans un ordre du 11 août 1918, il exigeait que l'on trouve des « gens plus durs[44] ». Et il avait fait de Staline l'un de ses collaborateurs les plus proches, au point de le nommer à la fois membre du Bureau politique et du Bureau d'organisation du parti, et de le coucher en tête de son « Testament ». Mais, à la veille de sombrer, Lénine eut, semble-t-il, un remords : il avait choisi quelqu'un de « trop dur ». Or il n'en était rien ; Staline était tout simplement celui des dirigeants bolcheviques qui avait le plus tôt et le mieux compris la nature du système en train de naître, et les logiques internes inhérentes à la survie, au fonctionnement et à l'expansion du mouvement puis du régime inventé par Lénine. Non seulement Staline fut le parfait exécuteur testamentaire de Lénine, mais il devint le plus grand homme politique du XXe siècle. Si l'on comprend la politique comme l'art du pouvoir, il fut celui qui mit le mieux en adéquation ses moyens avec ses objectifs[45]. Il devint, même pour son pire ennemi Hitler, le modèle du chef de ces systèmes totalitaires qu'Hannah Arendt qualifiait de « machineries de domination totale », « accumulatrices de pouvoir et destructrices des hommes ».

Le communisme du XXe siècle
ou la guerre civile permanente

La propagande du communisme bolchevique a, pendant des décennies, proclamé sa volonté d'assurer le bonheur du peuple et a revendiqué la supériorité de la démocratie « populaire » ou « socialiste » sur la démocratie « bourgeoise ». Or, la simple lecture des écrits des principaux promoteurs du communisme marxiste et léniniste au XIXe et au XXe siècle montre que l'idée de la guerre civile – et donc le refus des principes qui fondent la démocratie représentative – a été centrale dans leur démarche intellectuelle et dans leur action politique[1].

La notion de guerre civile se trouve au cœur du projet communiste d'obédience marxiste, et cela dès 1848, dans le *Manifeste du parti communiste*. Evoquant la lutte des classes, Karl Marx y parle de « la guerre civile plus ou moins latente au sein de la société actuelle, jusqu'au point où elle éclate en révolution ouverte et où le prolétariat jette les fondements de sa domination par le renversement violent de la bourgeoisie[2] ». La conclusion du *Manifeste* est fort claire : « Les communistes déclarent ouvertement qu'ils ne peuvent atteindre leurs objectifs qu'en détruisant par la violence l'ancien ordre social. »

Confronté à la guerre perdue par la France contre la Prusse de Bismarck et témoin de la Commune de Paris,

Marx tire une conclusion décisive : « La guerre nationale est une pure mystification des gouvernants, destinée à retarder la lutte des classes, et qui est jetée de côté aussitôt que cette lutte des classes éclate en guerre civile[3]. »

En 1914-1915, Lénine s'empare de cette conclusion de Marx pour inaugurer un slogan appelé à un grand retentissement : « Transformer la guerre impérialiste en guerre civile. » Jusque-là, la conception de la violence révolutionnaire chez le chef des bolcheviks – la branche la plus radicale des marxistes russes – se nourrissait à une triple source : la doctrine et l'action du socialiste français Auguste Blanqui – l'insurrection menée par un groupe révolutionnaire ; la Commune de Paris – et les leçons tirées par Marx sur « l'art de l'insurrection » ; enfin la tactique des populistes russes[4] fondée sur une action terroriste intense contre les représentants de l'autorité et sur l'émeute paysanne traditionnelle, le *bunt*, qui balaie tout sur son passage.

L'irruption de la guerre moderne sur la scène de l'histoire en août 1914 transforme la vision de Lénine et la radicalise : tout conflit politique ou social est désormais assimilé à une guerre qui n'est plus un moment exceptionnel mais un temps ordinaire et permanent. La guerre civile domine la conception léniniste de la politique en général et de la révolution en particulier. Extrapolant les événements en cours, Lénine en vient à considérer que le monde est entré dans « l'époque de la guerre » qui fait de la guerre civile le principal moyen d'action du prolétariat – dans son esprit, le Parti bolchevique – pour s'emparer du pouvoir et façonner une nouvelle société.

Dès août-septembre 1916, il écrit : « A la guerre bourgeoise impérialiste, à la guerre du capitalisme hautement développé, ne peut objectivement être opposée, du point de vue du progrès, du point de vue de la classe d'avant-garde, que la guerre contre la bourgeoisie, c'est-à-dire avant tout la guerre civile du prolétariat contre la bourgeoisie pour la conquête du pouvoir, guerre sans laquelle tout progrès sérieux est impossible. » Et il précise que cette « guerre civile pour le socialisme » est « aussi une guerre, par conséquent elle doit aussi ériger inévitablement la violence au lieu et place du droit. [...] Le but de la guerre civile est de s'emparer des banques, des fabriques, des usines, etc., d'anéantir toute possibilité de résistance de la bourgeoisie, d'exterminer ses troupes[5] ».

Sans la moindre hésitation, il l'évoquera en octobre 1917 : « Cette guerre pourra être violente, sanguinaire, elle pourra coûter la vie de dizaines de milliers de propriétaires fonciers, de capitalistes et d'officiers qui épousent leur cause. Le prolétariat ne reculera devant aucun sacrifice pour sauver la révolution[6]. »

En mars 1917, la Russie est entrée dans une phase de révolution démocratique dont Lénine est bien décidé à profiter pour imposer ses vues. Dès septembre 1917, il n'a de cesse de pousser les bolcheviks à la prise du pouvoir par une insurrection qui ouvrirait la voie à une guerre civile, étape indispensable de la transformation socialiste de la société russe.

A partir du coup d'Etat bolchevique, le 7 novembre 1917, Lénine met systématiquement en place les conditions de la guerre civile, considérant que tous ceux qui résistent à sa volonté doivent être traités en ennemis absolus. Il interdit la presse d'opposition puis les autres partis ; il disperse *manu militari*, le 18 janvier 1918, l'Assemblée constituante – première et dernière assemblée élue librement en Russie jusqu'en 1991 – et réprime les partisans de celle-ci à la mitrailleuse ; il signe, en mars 1918, le traité de paix de Brest-Litovsk qui abandonne à l'Allemagne la plus grande partie de l'Ukraine et provoque, à gauche comme à droite, un sursaut patriotique contre les bolcheviks ; en mai 1918, il déclare la guerre à la paysannerie qui refuse de se laisser dépouiller de son blé par le pouvoir ; enfin, paradoxe ultime pour le tenant de la « dictature du prolétariat », il écrase férocement les centres ouvriers qui refusent la dictature des bolcheviks.

Dès l'été 1918, et de par la volonté exacerbée de Lénine, toute la Russie est entrée dans une guerre civile qui oppose les « Rouges » – et leur Armée rouge, avant tout armée de guerre civile – aux « Blancs » – une poignée d'officiers regroupés dans le sud-ouest de la Russie –, mais aussi aux « Verts » – des groupes très variables, parfois de dizaines de milliers d'hommes organisés en armée, formés de paysans en rébellion ouverte contre la collectivisation des terres, la réquisition des récoltes et la conscription obligatoire dans l'Armée rouge.

On verra même les « rouges » bolcheviques écraser les « rouges » anarchistes de Makhno en Ukraine et ceux de la base navale de Cronstadt – principal soutien armé des bolcheviks en novembre 1917 –, pourtant farouches partisans de la révolution sociale. Cette guerre civile à plusieurs « partenaires », remarquablement décrite par Boris Pasternak dans *Le Docteur Jivago*, atteindra des sommets de sauvagerie.

Pour Lénine, la guerre civile est une guerre sans limite. Elle est sans limite de moyens : torture, prise d'otages, déportation et assassinat en masse de civils et de combattants prisonniers sont généralisés, avec la création d'une police politique et d'une Armée rouge qui seront bientôt – avec le Parti – les piliers de tout pouvoir communiste. Elle est sans limite de temps : contrairement à la guerre nationale qui aboutit à un armistice ou à la paix, la guerre contre « la bourgeoisie » est infinie puisqu'il ne s'agit pas tant d'exterminer les bourgeois que de tuer l'esprit bourgeois, cet esprit d'appropriation qui persiste en chaque homme. Elle est sans limite d'espace : commencée en Russie, elle est censée opposer les riches et les pauvres et doit donc s'étendre au monde entier.

Pour étendre au monde entier cette guerre civile inaugurée en Russie, Lénine va se doter d'un outil : l'Internationale communiste (ou Komintern). A l'été 1920, lors de son IIe congrès, Lénine impose les « 21 conditions » à tout groupe socialiste souhaitant le rejoindre, et qui est dès lors étroitement soumis à l'Internationale et, par là, à la direction bolchevique. Ces « 21 conditions » reprennent la vision léniniste de la révolution comme guerre civile. Elles soulignent que « dans presque tous les pays de l'Europe et de l'Amérique la lutte de classes entre dans la période de la guerre civile » et que le monde vit désormais « dans une époque de guerre civile acharnée[7] ».

Le projet est clair : par-delà « le renversement révolutionnaire du capitalisme », « l'Internationale communiste a déclaré une guerre sans merci au vieux monde bourgeois et à tous les vieux partis social-démocrates jaunes ».

De fait, le Komintern devient rapidement une vaste entreprise de subversion internationale, disposant des énormes moyens de l'Etat soviétique – en argent, en hommes (diplomates, officiers de l'Armée rouge, militants communistes formés à l'agit-prop et à la clandestinité mais aussi à l'espionnage, voire au sabotage, dans les écoles *ad hoc* à Moscou), en logistique (matériel de propagande, armes, faux papiers, réseaux clandestins, et bientôt postes émetteurs-récepteurs) – et dont l'URSS est le sanctuaire[8].

Certes, dans cette période agitée de l'après-Première Guerre mondiale en Europe, les communistes ne sont pas les seuls à caresser l'idée de guerre civile et à s'organiser en vue de l'action. Mais ils sont ceux qui affirment le plus nettement la nécessité historique de la guerre civile et qui, sur le plan international, s'y préparent le mieux.

On le voit en Hongrie dès 1919 – avec la république soviétique de Bela Kun –, puis en Italie. Et surtout en Allemagne où l'URSS, qui a mobilisé des forces à sa frontière occidentale, et le PC allemand, doté par des officiers soviétiques d'un appareil « militaire » clandestin, ont organisé, en octobre 1923, une insurrection. Elle sera décommandée à la dernière minute par des communistes allemands effrayés de l'aventure où les lance Moscou.

En Bulgarie, les communistes, dirigés par Georges Dimitrov, le futur secrétaire général du Komintern, organisent en septembre 1923 une insurrection qui tourne au fiasco. Et le 16 avril 1925, ces mêmes communistes dynamitent le dôme de la cathédrale de Sofia lors d'une grande cérémonie officielle : le roi Boris III en réchappe mais on relève 150 morts et plus de 500 blessés.

Par leurs discours enflammés et leurs actions violentes, les communistes suscitent partout des clivages radicaux et provoquent des réactions qui, au nom de l'anticommunisme et de l'unité nationale, vont favoriser la montée du fascisme et du nazisme, et ce que l'historien allemand Ernst Nolte a nommé « la guerre civile européenne[9] ».

Cependant, si l'Europe est au centre de l'attention de Lénine puis de Staline, d'autres foyers de tension ne les laissent pas indifférents. Depuis 1925, la Chine connaît une révolution nationaliste qui s'appuie sur l'alliance entre le Guomindang (parti nationaliste), dirigé par le général Chiang Kai-shek, et le Parti communiste, principalement implanté dans les villes côtières et placé sous le contrôle étroit de conseillers soviétiques. En 1927, Chiang ayant voulu s'émanciper de la tutelle communiste, le conflit éclate entre ces deux partis. Les communistes se replient des villes vers les campagnes où, en particulier sous la férule de Mao Ze-dong, ils créent des armées rouges qui, comme dans la Russie de 1918-1922, déchaînent la guerre civile là où elles s'installent[10].

En 1934, sous la pression gouvernementale, les communistes entament une retraite – que la propagande maoïste mythifiera sous le nom de « longue marche » – qui les mène au nord-ouest du pays où ils établissent un mini-Etat communiste. Durant ces années, ils ne se préoccupent pas des agressions de plus en plus violentes du Japon contre la Chine, inaugurées par l'invasion de la Mandchourie en septembre 1931, et qui aboutissent, en juillet 1937, à une guerre nationale.

Cette poussée japonaise sur ses frontières orientales incite Staline à imposer aux communistes chinois, en septembre 1937, un accord par lequel ils renoncent à renverser le gouvernement nationaliste, acceptent son pouvoir dans les zones dont ils ont le contrôle et placent leurs troupes sous l'autorité du gouvernement central. Cependant, tandis que le gouvernement s'épuise dans la guerre contre le Japon, les communistes continuent d'étendre leur pouvoir et dès 1941 la guerre civile redevient active.

A peine la victoire sur le Japon acquise, à la fin de la Seconde Guerre mondiale, les Etats-Unis, qui ont jusque-là fortement soutenu Chiang Kai-shek, se désintéressent du théâtre chinois, laissant le champ libre aux Soviétiques. La guerre civile se déchaîne et aboutit au triomphe du Parti communiste en 1949.

Alors qu'à partir de 1928 Staline a relancé en URSS la révolution communiste – avec son cortège de famines organisées, de création de Goulag et bientôt le déclenchement de la Grande Terreur –, il profite de la montée des fascismes en Europe – en particulier du nazisme à partir de janvier 1933 – pour inaugurer une politique de front populaire, alliance des communistes avec les

socialistes ou les radicaux. Le succès le plus spectaculaire de cette nouvelle tactique se situe en France,
marqué par le triomphe électoral et social de la gauche
en mai 1936. Le PCF semble alors très loin de la guerre
civile.

En Espagne, où règne depuis 1934 une guerre civile
rampante, nourrie tant par l'extrême droite que par une
extrême gauche communiste, mais surtout anarchiste et
aussi socialiste, la victoire du Front populaire en
février 1936 provoque le pronunciamiento du général
Franco qui déclenche la guerre civile ouverte, perdue
par le camp républicain trois ans plus tard[11].

En 1939, l'Europe s'apprête à entrer dans la Seconde
Guerre mondiale. Une nouvelle guerre entre nations
qui, lors de son dénouement, se transformera, dans certains pays, en guerre civile, avec les communistes de
nouveau dans les premiers rôles.

En effet, dès l'automne 1943, puis de l'été 1944 au
printemps 1945 en Europe, et enfin à l'été 1945 en
Asie, le recul puis la défaite des forces d'occupation italiennes, allemandes et japonaises laissent de vastes
zones soit sous occupation soviétique, soit exemptes de
tout pouvoir d'Etat. Situation idéale pour des communistes disposant d'une solide structure partisane, de forces armées constituées en guérillas et du soutien de
l'URSS.

A Yalta, en février 1945, les vainqueurs ont signé une
« Déclaration sur la libération de l'Europe » censée assurer aux pays libérés des élections libres et le gouvernement de leur choix. Mais Roosevelt a eu l'imprudence
d'annoncer à Staline sa décision de rapatrier ses *boys*
dès la fin de la guerre.

De son côté, Staline ne cache pas ses intentions, par
exemple devant le communiste yougoslave Milovan
Djilas : « Cette guerre n'est pas comme celles du passé.
Celui qui occupe un territoire impose également son

système social. Chacun impose son propre système aussi loin que son armée peut parvenir. » Sa démarche s'appuie alors sur l'énorme puissance et le formidable prestige de l'Armée rouge et de l'URSS, et bénéficie d'une remarquable désinformation concernant la réalité du système de terreur soviétique.

La menace de guerre civile plane sur l'Europe. En France et en Italie, où les partis communistes connaissent une énorme croissance, la Libération intervient dans un climat tendu entre forces de la Résistance. En Italie du Nord, des groupes de partisans communistes massacrent des résistants démocrates et des « brigades volantes » instaurent une véritable terreur dans des régions entières. L'historien Claudio Pavone parle de guerre civile[12].

En France, notamment dans le Sud, la tension est forte à l'automne 1944 entre le pouvoir d'un Etat démocratique restauré par le général de Gaulle et les forces dominées par les communistes. Il faut attendre le retour d'URSS de Maurice Thorez, le secrétaire général du PCF, fin novembre 1944, pour que les choses commencent à rentrer dans l'ordre républicain : le 19 novembre 1944, au Kremlin, Staline a fait le constat d'un rapport de forces défavorable – dû à la présence des armées américaines – et a ordonné à Thorez de renoncer provisoirement à une prise du pouvoir, de cacher les armes et, en attendant, de concentrer ses coups sur l'ennemi politique le plus gênant : le général de Gaulle[13].

Le déclenchement « officiel » de la Guerre froide par Staline en septembre 1947, avec le « rapport Jdanov » et la création du Kominform, va pousser les communistes, en particulier en France et en Italie, à réactiver ce climat de guerre civile, à travers des grèves insurrectionnelles. Une culture de l'affrontement qui caractérise les années de guerre froide et qui s'impose jusqu'au milieu des années 1950.

En Europe centrale et orientale, les pays « libérés-occupés » par l'Armée rouge deviennent des « démocraties populaires ». Les partis communistes, souvent jusque-là des groupuscules, s'y emparent du pouvoir avec l'appui soviétique et le légitiment en organisant des élections dont les archives, ouvertes après la chute de ces régimes, confirment à quel point elles ont été truquées. Les élites traditionnelles – politiques, économiques, culturelles et religieuses – sont écartées, spoliées, durement réprimées et souvent exterminées. Toute réaction des populations, même pacifique, est écrasée sans pitié.

Un schéma qui se répète en Bulgarie, en Roumanie, en Pologne[14], en Hongrie – sans parler des pays Baltes, de la Bessarabie, et de la partie orientale de la Pologne qui sont annexées à l'URSS. Ce processus de communisation du pouvoir et de la société à travers des guerres civiles plus ou moins masquées connaît son point d'orgue en Tchécoslovaquie : en février 1948, le « coup de Prague » permet à Gottwald, le chef communiste, d'écarter brutalement le président de la république, Edward Bénès, et de liquider un mouvement démocratique traditionnellement puissant.

En Yougoslavie, les communistes arrivent au pouvoir à la suite d'une guerre civile qui a débuté au cours même de la Résistance aux occupants italiens et allemands. Alliés des puissances occupantes, les Oustachis croates pratiquent de gigantesques massacres contre les Serbes et les Juifs. En Serbie, en Herzégovine et au Monténégro, la concurrence entre les nationalistes du général Mihaïlovitch et les communistes prend, à partir de 1943, la dimension d'une guerre civile que Tito, soutenu par les Britanniques et les Soviétiques, finit par gagner. Héros de la résistance, Mihaïlovitch est arrêté et fusillé en 1946, tandis que les ennemis du régime sont massacrés en masse.

Il en est allé tout autrement en Grèce où les Britanniques, bientôt relayés par les Américains, ont bloqué l'offensive communiste. La guerre civile grecque, habituellement située entre 1946 et 1949, a débuté bien plus tôt et a connu trois phases distinctes : la Résistance, la Libération, la Guerre froide[15].

Elle naît dès 1943, dans un pays occupé par des troupes italiennes, allemandes mais aussi bulgares, et dont un gouvernement en exil s'est constitué au Caire : les groupes de résistance communistes emmenés par leurs chefs militaires (les *kapetanios*), allant à l'encontre de la politique d'alliance de la direction nationale, pourchassent puis exterminent les autres résistants – nationalistes, monarchistes, démocrates ou socialistes. D'ailleurs, au cours de la période d'occupation, les batailles les plus meurtrières se sont déroulées non pas entre la Résistance et les occupants, mais entre groupes de résistance. La capitulation italienne de septembre 1943, qui offre aux *kapetanios* la possibilité de s'emparer d'un armement important, fait basculer le rapport des forces et leur permet d'instaurer un pouvoir absolu dans des régions entières.

La deuxième phase se déroule à Athènes : en décembre 1944, les communistes tentent de s'y emparer du pouvoir, mais sont bientôt vaincus par les troupes britanniques. Cette défaite aboutit aux accords de Varkiza par lesquels le PCG s'engage à rendre les armes et à accepter le gouvernement revenu d'exil et soutenu par les Alliés. Accord de façade puisque, encouragé par les exemples yougoslave et albanais, le PCG entraîne clandestinement ses hommes en Yougoslavie. Après un voyage chez Tito puis à Moscou début 1946, le secrétaire général Zachariadis décide de boycotter les premières élections législatives organisées depuis 1936 et, le jour même du scrutin, fait attaquer une gendarmerie, donnant ainsi le coup d'envoi du « troisième tour » de la guerre civile et inaugurant de nouvelles tueries entre Grecs.

Staline a soutenu pendant plusieurs années les communistes grecs ; il s'en est servi comme abcès de fixation en Europe du Sud-Est. Mais, ayant compris que, dans le cadre de sa politique de *containment* de la poussée communiste dans le monde, le Président Truman ne laisserait pas faire, il finit par les lâcher. Les communistes grecs sont contraints de s'enfuir dans les « démocraties populaires » et en URSS. Cette guerre civile a entraîné la mort de près de 70 000 personnes – pour une population de 8 millions d'habitants. Elle a laissé des traces profondes dans la mémoire des Grecs.

En 1949, grâce, en partie, à l'arme de la guerre civile, l'URSS a créé un vaste camp communiste comprenant la moitié de l'Europe et la Chine – devenue une République populaire. Ce n'est pas encore la guerre civile mondiale espérée par Lénine, mais la leçon de ce dernier a été bien retenue. La guerre civile est restée, pour les communistes, le moyen privilégié d'accéder au pouvoir et de s'y maintenir. Or l'expérience a montré que ces pouvoirs fondés sur la guerre civile sont strictement incompatibles avec la démocratie.

CHAPITRE V

Du parti de révolutionnaires professionnels au parti-Etat totalitaire

La question du « Parti » est l'une des plus décisives dans la compréhension du totalitarisme, en particulier d'obédience communiste. En effet, en retenant cette dénomination pour identifier son groupe politique, Lénine a réussi à imposer un double détournement. Il a fait croire que son « Parti » était de même nature que les partis politiques apparus en Europe et aux Etats-Unis au cours du XIXe siècle ; or ceux-ci étaient des partis « de classe » — comme l'a bien montré Hannah Arendt — alors que celui de Lénine était le premier noyau totalitaire, foncièrement opposé à la démocratie représentative. D'autre part, en reprenant la terminologie classique de l'Etat — par exemple dans L'Etat et la révolution —, Lénine et ses héritiers ont masqué ce fait fondamental : dans les régimes communistes, l'Etat a perdu ses fonctions régaliennes et a été totalement asservi à un groupe privé, le parti communiste, qui vise à absorber en son sein tant la société que l'Etat[1].

Si l'un des textes les plus célèbres de Marx s'intitule *Manifeste du parti communiste*, son auteur n'utilisait le mot « parti » que dans un sens générique : l'ensemble des partisans du communisme. C'est au sein de la IIe Internationale que se dégage la forme moderne des partis socialistes : une organisation liant étroitement les élus politiques, les syndicats et le mouvement associatif ouvrier. La social-démocratie allemande en constitue, avant 1914, le modèle européen que l'on retrouve en Suède, Norvège, Belgique et Grande-Bretagne, tandis que les pays du sud – Italie, Espagne, France – sont plus marqués par la tradition anarchiste.

L'invention du noyau extrémiste à vocation totalitaire

En 1902, dans son ouvrage *Que faire ?*, Lénine propose une nouvelle conception du parti, qui rompt sur trois points fondamentaux avec le modèle social-démocrate. D'abord au niveau du projet : le parti léniniste se veut « détachement d'avant-garde de la classe ouvrière », non pas en raison de l'éventuelle qualité ouvrière de ses membres, mais de l'idéologie qui les anime : la « théorie révolutionnaire », la « connaissance des lois de la révolution », la « conscience des intérêts du prolétariat », définies par Lénine. En deuxième lieu, ce « parti de type nouveau » repose sur une organisation fortement centralisée et disciplinée, soumise à une direction clandestine dominée par un chef charismatique. Enfin, alors que la social-démocratie a un caractère de classe – ouvrier – très marqué qui correspond à sa fonction tribunicienne – de porte-parole et défenseur des sociétés ouvrières et populaires, en particulier à travers le suffrage universel et le parlement –, le parti léniniste est composé de révolutionnaires professionnels soigneusement sélectionnés et uniquement préoccupés de subversion du pouvoir en place.

Cette conception léniniste du parti est l'objet de critiques sévères au sein de la IIe Internationale, en particulier de la part de Rosa Luxemburg qui parle de « discipline de caserne » ; d'ailleurs, face aux puissantes social-démocraties, la faction bolchevique n'est encore, en 1914, qu'un groupuscule, noyau révolutionnaire sur lequel son chef charismatique tente d'instaurer une domination totale – idéologique, politique, organisationnelle et financière.

Du noyau au mouvement de masse

Avec la révolution de février 1917 en Russie, Lénine dispose enfin du champ de manœuvre espéré depuis des années. Grâce à sa phalange nettement plus organisée que les autres courants socialistes, et à sa démagogie effrénée, il influence une part de l'opinion populaire à Saint-Pétersbourg. En six mois, le groupuscule bolchevique gonfle d'environ 10 000 membres à plus de 100 000 et devient un parti de masse. Non pas tant le parti de la classe ouvrière, comme il s'est lui-même présenté par la suite, qu'un parti de ce que Hannah Arendt nomme « la populace » : un parti de déclassés issus de divers milieux. Sa direction et ses cadres sont formés d'intellectuels, de bourgeois et d'aristocrates en rupture de classe – Lénine, Dzerjinski, Trotski –, de militants d'origine populaire et ouvrière coupés de longue date du travail – comme Staline –, voire d'aventuriers. Les nouveaux venus, qui forment les gros bataillons, sont pour la plupart des paysans – des moujiks –, soit embauchés de fraîche date dans les usines d'armement, soit soldats de garnison prêts à tout pour éviter d'être envoyés au front. D'ailleurs, dès 1919, le menchevik Martov, et plus tard Boris Pasternak dans *Le Docteur Jivago*, qualifieront la révolution bolchevique de « révolution soldatesque ».

Alors que l'Etat détient en principe le monopole de la force armée, ce parti de la populace devient dès l'été 1917 un parti-milice, les bolcheviks organisant leur propre force armée, privative – la Garde rouge – formée de soldats en rébellion ou de déserteurs et de civils en armes. Dès juin 1917, Lénine compte sur cette force pour s'emparer du pouvoir et met à sa tête un Comité révolutionnaire militaire bientôt dirigé par Trotski.

Certes, nombre de vieux militants ou de néophytes bolcheviques adhèrent encore à l'idéal d'une société juste et égalitaire, font preuve de générosité, de désintéressement et de sens du sacrifice. Mais déjà les ferments du totalitarisme travaillent cette masse : l'extrémisme de l'idéologie, l'exaltation de la fidélité au chef et à son parti, la légitimation de la violence et de la guerre civile, le rejet de la démocratie pluraliste, l'absence d'enracinement dans la société civile. Et plus encore cette affirmation du monopole de la légitimité révolutionnaire qui veut que le parti place sous sa domination totale les soviets, les syndicats, la classe ouvrière et la société tout entière.

Du parti extrémiste de masse au parti-Etat totalitaire

En conquérant le pouvoir le 7 novembre 1917, Lénine modifie, *nolens volens*, la nature du Parti bolchevique. En effet, il s'empare de l'Etat, à la fois comme lieu et appareil du pouvoir. Dès lors, le parti est appelé à remplir simultanément les fonctions d'un parti – qui ne poursuit que son intérêt particulier – et celles d'un Etat – censé répondre à l'intérêt général. Cela passe, en particulier, par la nomination de membres du parti à tous les postes dirigeants de l'Etat. Cette forme de pouvoir inédite est symbolisée par le Conseil des commissaires du peuple ou Sovnarkom dont Lénine est le président, en même temps qu'il est le chef du parti. Le parti extrémiste d'opposition devient un parti-Etat : parti unique aspirant à détenir les monopoles de la politique, de l'idéologie et de l'économie, et à se substituer tant à l'Etat qu'à la société. Aucun des successeurs et émules de Lénine – Staline, Khrouchtchev, Brejnev à partir de 1977, Andropov, mais aussi Mao, Castro, Kim Il-sung, etc. – ne dérogera à ce principe cardinal, cumulant souvent les fonctions de secrétaire général du parti, de président de la république et de maréchal chef des armées. Dès la première constitution soviétique de 1919, jusqu'à celle de Brejnev en 1977, ce principe intangible est affirmé : « La force dirigeante, le guide de la société soviétique, le noyau de son système politique et de toutes les organisations sociales et étatiques est le PCUS ».

Cette mutation a trois conséquences. D'une part, le parti devient un appareil administratif qui génère une gigantesque bureaucratie avec à sa tête la nomenklatura. Dès 1920, le PCUS compte 600 000 membres et plus d'un million en 1926. Ceux-ci troquent le statut de militant contre celui d'apparatchik, et abandonnent l'éthique du désintéressement pour celle de la nouvelle élite privilégiée et toute-puissante, mais qui doit obéissance absolue au parti. D'autre part, sous la pression des circonstances qui favorisent la pente totalitaire du léninisme, le parti devient monolithique dès mars 1921, quand Lénine y interdit les fractions et le dirige en autocrate, à travers un Politburo qui prend les décisions en lieu et place du Comité central. Enfin, devenu instance suprême monolithique, « LE PARTI » acquiert un caractère sacré, proclamé dès 1924 par Trotski, lors de son XIIIe congrès : « Aucun d'entre nous ne peut avoir raison contre son parti. En dernier ressort, le Parti a toujours raison. […] Qu'il ait tort ou raison, c'est mon Parti ».

Tant que Lénine était vivant, il assurait l'unité du parti et de l'Etat. Mais après la mort du chef charismatique, un certain flottement s'installe dans le régime. Si Staline est le chef incontesté du parti – et s'emploie activement à éliminer de la direction de celui-ci ses principaux concurrents (Trotski, Zinoviev, Kamenev, Boukharine) –, il ne contrôle pas la bureaucratie de l'Etat dirigée par le chef du gouvernement Alexei Rykov. C'est donc en remarquable compréhension de la logique totalitaire que, le 22 septembre 1930, Staline écrit à son adjoint Molotov une lettre où il lui propose de démettre Rykov de ses fonctions : « C'est absolument indispensable. Sinon il y aura toujours une coupure entre la direction du parti et la direction de l'Etat. Avec la combinaison que je te propose, nous aurons enfin une parfaite unité des sommets de l'Etat et du parti, ce qui renforcera notre pouvoir[2]. » Ainsi est fait : le 19 décembre, le Politburo démet Rykov de ses fonctions et le remplace par Molotov.

Non seulement cette forme parti-Etat est imposée par les Soviétiques dans les « démocraties populaires » et dans les régimes communistes d'Asie, d'Afrique et d'Amérique latine, mais elle contamine les partis communistes d'opposition dans les régimes autoritaires comme dans les démocraties. Le « centralisme démocratique » est en effet imposé dès 1920 par la 12e des 21 conditions d'adhésion à l'Internationale communiste : « Les partis appartenant à l'IC doivent être édifiés sur le principe de la centralisation démocratique. A l'époque actuelle de guerre civile acharnée, le parti communiste ne pourra remplir son rôle que s'il est organisé de la façon la plus centralisée, si une discipline de fer confinant à la discipline militaire y est admise et si son organisme central est muni de larges pouvoirs, exerce une autorité incontestée, bénéficie de la confiance unanime des militants[3]. » Imposé dès les années 1920 à travers la bolchevisation puis la stalinisation des partis communistes, ce modèle d'organisation sera – avec la doctrine et la stratégie/tactique imposées par Moscou – l'un des trois éléments fondamentaux de la dimension téléologique des partis communistes. Là où ils parviendront à sortir de l'état de secte et à obtenir une audience de masse – le PCF en 1934-1938 et après 1944, le PC italien après 1944 –, les partis communistes d'opposition deviendront, selon l'expression d'Annie Kriegel, des contre-sociétés[4], préfigurant au sein de la société capitaliste le parti-Etat communiste.

CHAPITRE VI

La terreur :
moyen ordinaire de gouvernement

Comme dans le cas des interprétations républicaines de la Révolution française, la terreur instaurée dans les régimes communistes a longtemps été mise sur le compte des « circonstances » : la Révolution suscitait l'émergence de résistances contre-révolutionnaires responsables de la guerre civile et qui devaient donc, « nécessairement » et « inévitablement », être écrasées. Même un analyste aussi averti du communisme que Raymond Aron s'était laissé prendre à cette « théorie des circonstances » – dont il est tout à fait revenu dans ses Mémoires. *Or, la révolution documentaire inaugurée avec l'effondrement du système communiste et l'ouverture des archives ne laisse plus aucun doute : la terreur est consubstantielle à la mise en place des régimes totalitaires dont elle est un moyen ordinaire de gouvernement ; et son degré d'intensité est d'autant plus élevé que ce type de régime est pressé d'établir sa domination totale sur la société et sur les individus – ce qui fut le cas, en premier lieu, du régime bolchevique*[1].

Communisme ne rime pas nécessairement avec terreur, comme l'ont montré des courants communistes du XIXe siècle – ceux de Robert Owen ou d'Etienne Cabet[2]. Cependant, avec l'émergence du courant léniniste et son succès lors de la révolution d'Octobre, puis son extension mondiale, le communisme du xxe siècle est étroitement associé à l'utilisation de la terreur comme pratique systématique de la violence pour s'emparer du pouvoir, s'y maintenir et mettre en œuvre le projet communiste. Cette terreur a généré dans toutes les sociétés communistes un sentiment de peur intense et intériorisé.

Jusqu'en 1914, la conception de la violence chez Lénine se nourrit à quatre sources : Karl Marx dans le *Manifeste du parti communiste* – « Les communistes déclarent ouvertement qu'ils ne peuvent atteindre leurs objectifs qu'en détruisant par la violence l'ancien ordre social. » ; Auguste Blanqui et ses tentatives d'insurrection menées par un groupe révolutionnaire ; la Commune de Paris et les leçons tirées par Marx sur « l'art de l'insurrection » ; et enfin la révolution russe de 1905-1906, avec ses combats de rue en ville et ses émeutes paysannes – *bunt* – qui balaient tout sur leur passage. Sa conception est également induite par le niveau de violence qui règne alors dans la société russe, provoqué par trois siècles de servage de la paysannerie et par le terrorisme pratiqué par certains révolutionnaires russes contre l'autocratie.

Si Lénine a, dès 1903-1905, théorisé la nécessité de la violence révolutionnaire sous ses formes les plus larges, la guerre de 1914, en portant la violence militaire à un niveau jusque-là inconnu, le pousse à radicaliser sa conception et à justifier par la guerre des « capitalistes » la généralisation de la violence révolutionnaire ; transposant cette violence militaire sur le terrain de la politique, Lénine considérera bientôt tout opposant à sa volonté comme un « ennemi » voué à la soumission ou à l'extermination.

De la révolution de février 1917
à la « Terreur rouge »

Si la révolution de février 1917 est relativement peu meurtrière, eu égard à l'ampleur de l'événement, la révolte agraire qui explose à partir de l'été 1917 provoque une terreur ponctuelle et spontanée des foules qui entraîne plus de victimes (assassinats de propriétaires fonciers, de régisseurs, etc.). Avec la révolution d'Octobre, celle-ci est encouragée par les slogans de Lénine qui incitent au pillage des « riches » et au désordre général, et par la dissolution de toutes les forces de l'ordre, ce qui donne libre cours à l'action de la pègre et de la populace.

Très vite le pouvoir bolchevique cautionne ou ordonne des assassinats : le 3 décembre 1917, celui du commandant en chef de l'armée, le général Doukhonine ; puis, le 18 janvier 1918, le mitraillage de la manifestation de soutien à l'Assemblée constituante – une vingtaine de morts, des dizaines de blessés – ; et le 20 janvier 1918, l'assassinat sur leur lit d'hôpital de deux ministres du gouvernement de la révolution de février.

A partir du 20 décembre 1917, avec la création de sa police politique, la Tcheka, Lénine se donne les moyens d'instaurer la dictature du Parti bolchevique, s'appuyant sur une terreur systématique contre ses « ennemis ». Ce sont d'abord ses ennemis politiques : les « Blancs » – tous les partisans du tsar – et les libéraux (Constitutionnels démocrates, KD), puis les anarchistes, et enfin les socialistes révolutionnaires et les mencheviks. Ce sont ensuite les classes sociales ennemies : aristocrates, bourgeois, officiers, koulaks – paysans refusant les réquisitions et qualifiés de « riches » –, Cosaques, clergé. Ce sont aussi les mauvais éléments de la

« bonne » classe : les ouvriers en révolte contre la dictature bolchevique. Et enfin les nations récalcitrantes à la soviétisation : Finlande, Ukraine, puis les peuples du Caucase, en particulier la Géorgie.

Les méthodes mises en œuvre sont diverses : fusillades de masse, prise et fusillade d'otages, massacre de la famille impériale à partir du 17 juillet 1918, décret sur la « terreur rouge » le 5 septembre 1918, création de camps de concentration le 4 septembre 1918, utilisation de l'arme de la faim dans les villes (cartes de rationnement), déportations de masse, utilisation de la famine contre la paysannerie, etc.

Lénine donne personnellement ses ordres, comme dans son télégramme du 9 août 1918 : « [...] introduire sur le champ la terreur de masse, fusiller ou déporter les centaines de prostituées qui font boire les soldats, tous les ex-officiers, etc. [...] déportation massive des mencheviks et autres éléments suspects[3] ». Ou celui du 10 août : « Le soulèvement koulak doit être écrasé sans pitié. [...] Trouvez des gens plus durs[4] ».

Dès le printemps 1918, la terreur consiste à utiliser divers moyens de pression – physiques, psychologiques ou économiques – sur une personne ou un groupe de personnes, afin d'en obtenir obéissance, voire soumission, et, en cas de résistance, de leur appliquer une répression pouvant aller jusqu'à l'extermination. Le ressort principal de la terreur est la peur qui, dans ses manifestations extrêmes, prend chez la personne visée la forme de l'angoisse ou même de la panique.

Dans sa première année de pouvoir, le Parti bolchevique est responsable de la mort d'au moins 15 000 personnes, alors que, de 1825 à 1917, le pouvoir tsariste avait prononcé 6 321 condamnations à mort pour motifs politiques. La guerre civile, de 1918 à 1922, donne lieu à un déchaînement de violence et généralise chez les bolcheviks une pratique de la terreur qui va devenir culture de gouvernement. Ainsi, le 17 mai 1922, Lénine donne ses instructions pour la rédaction d'un nouveau code pénal : « Il faut poser ouvertement le principe, juste politiquement – et pas seulement en termes étroitement juridiques –, qui motive l'essence et la justification de la terreur, sa nécessité, ses limites. Le tribunal ne doit pas supprimer la terreur, le dire serait se mentir ou mentir ; mais la fonder, la légaliser dans les principes, clairement, sans tricher ou farder la vérité[5]. »

Fort de son nouveau code pénal, Lénine inaugure une autre forme de terreur : le procès truqué et à grand spectacle – celui des socialistes révolutionnaires à l'été 1922 – qui sera le prototype des Grands Procès de Moscou sous Staline. Dans sa dernière année de lucidité, non content de se réjouir de l'exil volontaire de plus d'un million de Russes qui fuient la misère et la répression, Lénine impose les expulsions, contraignant à un exil forcé, en septembre 1922, 160 membres de l'intelligentsia russe parmi les plus connus[6].

La terreur sous Staline

Ayant été l'un des principaux lieutenants de Lénine de 1917 à 1922, Staline remet la terreur à l'ordre du jour à partir de 1929 et l'applique à une échelle jamais vue. La décision conjointe d'éradication de la religion et de collectivisation forcée de l'agriculture ayant provoqué des réactions intenses de la paysannerie, il instaure en 1929-1933 une terreur de masse : fusillades par dizaines de milliers, création du système concentrationnaire du Goulag, déportations de masse, famine organisée. A partir de décembre 1934, il étend cette terreur au Parti communiste d'Union soviétique et à la bureaucratie : délation généralisée, purges massives avec expulsions du parti, procès truqués, Grande Terreur en 1937-1938. Staline « théorise » la terreur, affirmant que la lutte de classe s'intensifie au cours de la construction du socialisme. Il pratique les mêmes méthodes pendant et après la guerre.

Les grandes vagues de terreur des années 1930-1940 visent plusieurs objectifs :

• assurer le pouvoir absolu du chef sur le PCUS et sur la bureaucratie afin de disposer d'un outil parfaitement discipliné ;

• assurer le pouvoir absolu du parti sur la population afin d'imposer à celle-ci la politique définie par le chef et d'écraser toute résistance en liquidant « les gens du passé », les « saboteurs » et autres « contre-révolutionnaires » ;

• en 1937-1938, se préparer à la guerre en exterminant des catégories de populations considérées, selon des critères sociaux et/ou nationaux, comme des cinquièmes colonnes potentielles ;

• en 1939-1941, consolider les conquêtes dues aux pactes germano-soviétiques, en liquidant les élites nationales des pays ou régions annexés ;

• en 1943-1944, profiter de la guerre pour affaiblir par des déportations de masse des nations non russes (Tchétchènes, Tatars) ;

• après guerre, neutraliser une part des Soviétiques – prisonniers de guerre, travailleurs forcés enrégimentés par les Allemands – contaminés au contact de la prospérité capitaliste ;

• neutraliser d'éventuels héritiers trop pressés ;

• étendre le système de la manière la plus large hors d'URSS.

Sous Lénine, et plus encore sous Staline, la terreur est considérée comme un moyen rationnel de gouvernement.

L'exportation du modèle

La pratique de la terreur est reprise par les communistes chinois dans les zones sous leur contrôle depuis le début des années 1930, et en particulier par Mao Ze-dong dans sa base de Yanan à partir de 1938.

Elle est appliquée plus ou moins rapidement et avec plus ou moins d'intensité dans les futures « démocraties populaires » à partir de 1944-1945, que ce soit à travers la guerre civile – en Yougoslavie et en Albanie –, en raison de l'occupation de l'Armée rouge – en RDA, Pologne, Bulgarie, Roumanie et Hongrie –, puis avec la création de polices politiques « autochtones » sous contrôle soviétique et l'organisation de procès truqués.

Poussée à son extrémité, la logique de la terreur peut aboutir à des phénomènes stupéfiants. Ainsi, dans la prison roumaine de Pitesti, entre 1949 et 1952, est expérimentée une ingénierie psychologique destinée à détruire, par une torture physique et psychique intense, la personnalité d'étudiants nationalistes et chrétiens afin de les transformer, par un réflexe pavlovien de peur/obéissance, en « hommes nouveaux » destinés à devenir des cadres communistes[7].

Sous les Khmers rouges, dans la prison de Tuol Sleng, plus de 15 000 prisonniers, souvent membres du parti – y compris des enfants de quinze ans – sont torturés jusqu'à ce qu'ils « avouent » des crimes imaginaires, puis assassinés ; au Cambodge, la terreur atteint une telle intensité qu'elle désintègre la société et suscite un stress si intense que nombre de victimes sont résignées à la mort.

Enfin, la terreur, tant contre les pouvoirs en place que contre les populations, est pratiquée par nombre de groupes communistes menant des luttes armées, en Asie, en Amérique latine ou en Afrique.

Conditions d'efficacité de la terreur

Pour fournir son efficacité maximale, la terreur doit s'appuyer sur une puissante police politique, mais elle doit aussi bénéficier de quatre autres conditions : la surprise, le secret, la délation et l'enfermement. Le fait que, comme lors de la Grande Terreur, l'on ne sache ni qui est visé, ni pourquoi, ni quand, contribue grandement à susciter l'angoisse. Le secret entretient à la fois peur et espoir – des personnes disparaissent du soir au matin, mais leurs proches espèrent toujours les revoir, alors qu'elles ont été assassinées depuis longtemps –, et il permet de cacher au reste du monde l'ampleur des massacres qui pourrait ternir l'image du régime. La délation généralisée désagrège la société de l'intérieur, chacun craignant que ses collègues de travail, ses voisins, voire ses proches, ne le dénoncent, pour des propos ou actes hostiles au régime, ou par vengeance ; il est symptomatique que le régime soviétique ait proposé comme héros à la jeunesse le petit Pavel Morozov, qui avait dénoncé ses propres parents à la police politique lors de la collectivisation et qui, pour cela, avait été assassiné par ses oncles. Enfin l'enfermement dans des frontières sévèrement gardées – comme le mur de Berlin – éteint tout espoir d'échapper à la soumission et nourrit la résignation et la collaboration avec le régime.

La RDA est un bon exemple de l'efficacité du couple délation-enfermement. Disposant de dossiers sur plus de 4 millions de citoyens « suspects » – sur une population de 17 millions d'habitants –, la Stasi tenait le record du quadrillage policier, avec 91 015 salariés, soit 1 tchékiste pour 180 habitants – en URSS, le rapport n'était que de 1 pour 595. C'est d'ailleurs l'un des succès de ces polices politiques : une fraction de la population s'associe à la répression de la société. Les informateurs

– y compris des enfants – sont recrutés en fonction de leur utilité opérationnelle. Les formes de collaboration sont multiples ainsi que les motivations. Certains le font sous la contrainte, d'autres par adhésion à l'idéologie ; d'autres enfin – une part croissante – sont des carriéristes ou des opportunistes qui espèrent favoriser leur ascension sociale ou professionnelle, et l'accès à des privilèges[8].

Le bilan de la terreur

Il n'est pas aisé de dresser un bilan général de la terreur communiste, eu égard au caractère souvent anonyme des victimes, à la nature diverse des violences, au secret dont elles sont entourées et à la fermeture des archives pour des pays aussi importants que la Chine, le Vietnam ou Cuba. Un bilan provisoire indique des ordres de grandeur. En URSS, sous Lénine, environ 6 millions de morts et sous Staline plus de 10 millions – collectivisation et famines de 1931-1933, 5 millions et 1 million en 1947 ; Grande Terreur, 700 000 ; déportés au Goulag 2 millions –, plus de 18 millions de personnes étant passées par le Goulag. En Pologne, de septembre 1939 à juin 1941 : plus de 50 000 fusillés, au moins 330 000 déportés au Goulag, sur une population de 12 millions d'habitants[9]. En Estonie, de juin 1940 à juin 1941, puis à partir de 1945 : 40 000 fusillés, 135 000 déportés au Goulag, sur une population de 1 million d'habitants[10]. En Lituanie, Lettonie et Bessarabie, pas de chiffres exactement établis, mais les mêmes ordres de grandeur que pour l'Estonie. En Roumanie et en Hongrie, des centaines de milliers de personnes internées ou condamnées au travail forcé, voire déportées au Goulag soviétique. En Bulgarie, au moins 30 000 disparitions à l'automne

1944. En Yougoslavie, plus de 100 000 assassinats par les titistes à la Libération et des dizaines de milliers de déportés et d'exilés. En Chine de 1949 à 2007 : environ 70 millions de morts, dont 40 à 50 millions dus à la famine du Grand Bond en avant. Cambodge, de 1975 à 1979 : 1 700 000 morts sur moins de 8 millions d'habitants. Corée du Nord : environ 2 millions de morts. Afrique : 1 700 000 morts (famines, guerre civile). Afghanistan : 1 500 000 morts.

Soulignons en outre qu'une terreur courte mais de haute intensité – comme sous les Khmers rouges de 1975 à 1979 – a eu autant, voire plus d'effets destructeurs que la mise en œuvre d'une terreur de basse intensité pendant plusieurs décennies – par exemple en Roumanie. Par ailleurs, au-delà du bilan comptable, il faut prendre en compte les profonds traumatismes psychologiques, tant individuels que collectifs, qu'ont subi les sociétés, en particulier le phénomène généralisé de déresponsabilisation individuelle qui explique en partie les difficultés de mise en œuvre des économies post-soviétiques.

Nature des crimes

Les communistes ont cherché à cacher leurs crimes, allant jusqu'à pratiquer un négationnisme systématique – par exemple sur le massacre des officiers polonais au printemps 1940 – à Katyn et dans d'autres lieux[11] –, ou sur le système concentrationnaire. Ils ont justifié ceux qu'ils ne pouvaient masquer par la théorie des circonstances : la résistance de leurs adversaires politiques aurait entraîné la guerre civile, ce qui les aurait contraints à établir une dictature révolutionnaire et à liquider la contre-révolution. Mais si les circonstances jouent leur rôle, la terreur communiste relève fondamentalement de la logique totalitaire qui tient à l'idéologie léniniste et à la nature des régimes communistes. Comme l'explique le bolchevik Lozovski, qui s'oppose à Lénine après le 7 novembre 1917 : « En dehors d'un gouvernement de coalition [avec les autres socialistes], il n'existe qu'une seule voie pour conserver un gouvernement purement bolchevique : la terreur politique ». La terreur est la condition nécessaire de la dictature du prolétariat, du monopole du pouvoir des communistes et de leur volonté de soumettre toute la société. Et de fait, aucun régime totalitaire n'a pu se maintenir sans cette terreur d'intensité plus ou moins forte. Dès que Gorbatchev a fait savoir que l'URSS n'utiliserait plus la terreur dans les « démocraties populaires », celles-ci se sont effondrées en quelques semaines.

Reste à déterminer la nature de ces crimes. Les uns relèvent du crime de guerre : assassinat de prisonniers de guerre (Katyn, prisonniers de guerre allemands envoyés au Goulag). Les autres sont des crimes contre l'humanité : déportations et fusillades de masse, famine organisée, etc. D'autres enfin relèvent du génocide, ainsi défini par la convention de l'ONU de 1948 : « les actes commis dans l'intention de détruire en tout ou en partie un groupe national, ethnique, racial ou religieux, comme tel ». Cependant, l'inventeur du terme et de la notion, en 1944, le juriste polonais Rafaël Lemkin, n'hésitait pas à étendre sa définition au groupe social[12]. Or, dès 1917-1918, Lénine a appelé à « l'extermination sanglante des riches » et a ordonné leur fichage général par la Tcheka. Puis a été engagé un processus de discrimination/ségrégation – obligation d'un livret de travailleur-consommateur –, complété par des actes d'humiliation publique – travail forcé public, nettoyage des latrines etc. S'instaure l'exclusion sociale selon le fameux slogan de Lénine « Qui ne travaille pas ne mange pas ! » : l'Etat, détenant tous les emplois, peut les refuser arbitrairement et condamner à la faim ou à l'illégalité les futures victimes. Le processus s'accentue avec la spoliation/expropriation des biens qui affaiblit la capacité de résistance et de survie de la population visée. Il implique très souvent la ségrégation spatiale, une part de ces populations ne voyant de salut que dans l'exil. L'on passe enfin aux mesures de rétorsion physiques : la prison puis le camp de concentration, la prise d'otage souvent suivie de fusillade, la déportation, la torture et l'élimination physique.

Le processus confine alors au génocide de classe. En effet si Gracchus Babeuf, dans sa brochure de 1794 *La Guerre de la Vendée et le système de dépopulation*, condamne le traitement appliqué aux Vendéens et se dit « homme à préjugé sur la question de l'extermination[13] », Lénine ne l'est pas. Le 24 novembre 1919, il fait adopter par le Politburo la décision de « décosaquisation » du Don – « les exterminer jusqu'au dernier » –, entraînant l'assassinat ou la déportation de 300 000 à 500 000 cosaques sur une population de 3 millions[14]. L'intention est confirmée par Steinberg, socialiste révolutionnaire de gauche et commissaire du peuple à la Justice début 1918, qui interroge Lénine : « A quoi bon un commissariat du peuple à la Justice ? Autant l'appeler commissariat du peuple à l'extermination sociale, et la cause sera entendue. » Celui-ci lui répond : « Excellente idée. C'est exactement comme cela que je vois la chose. Malheureusement on ne peut pas l'appeler ainsi[15]. »

La « dékoulakisation », engagée par Staline en 1929 sur le slogan « Liquidons les koulaks en tant que classe », vise l'extermination de l'élite paysanne. Quant à la famine organisée par Staline en Ukraine en 1932-1933, elle relève à la fois du génocide de classe et de nation : environ 30 % de la population qui, sur le plan ethnique, peut être considérée comme ukrainienne, disparaît alors de son territoire par fusillade, mort de faim, déportation ou exil – principalement les élites politiques, intellectuelles et paysannes. Quant aux Khmers rouges, ils ont pratiqué un génocide sur leur propre peuple, ce que certains historiens nomment un démocide. Et au Tibet, la Chine communiste poursuit depuis des décennies un ethnocide.

CHAPITRE VII

Lénine et la destruction
de l'intelligentsia russe

Après avoir écrasé les révoltes ouvrières à Saint-Pétersbourg et Cronstadt au printemps 1921, puis avoir mis à genou la paysannerie russe lors de la grande famine de 1920-1922, le pouvoir soviétique s'attaqua à l'été 1922 aux dernières forces sociales encore indépendantes, les personnalités de l'intelligentsia dont il expulsa à l'étranger ou envoya en exil intérieur 167 des plus éminents représentants. C'est ce crime contre l'esprit, auquel Lénine prit une part décisive, qui est ici évoqué, à travers le compte rendu de l'ouvrage de Lesley Chamberlain, *The Philosophy Steamer. Lenin and the exile of the intelligentsia*[1].

En 1979, Michel Heller, l'un des meilleurs spécialistes de l'histoire soviétique, publia dans les *Cahiers du monde russe et soviétique* un article pionnier sur ce qu'il nommait « une des taches blanches » de l'historiographie du bolchevisme au pouvoir : l'expulsion des personnalités culturelles hors d'URSS en 1922[2]. L'historienne Lesley Chamberlain revient aujourd'hui sur cet épisode fondamental mais mal connu, à travers un livre bien informé. Il est vrai qu'à la différence de Michel Heller, elle a bénéficié de l'ouverture des archives soviétiques qui éclairent d'un jour précis une opération qui fut tenue quasiment secrète par le régime soviétique jusqu'aux années de la perestroïka.

Le 29 septembre 1922 aux premières lueurs du jour, un vapeur allemand, l'*Oberbürgermeister Haken*, quittait le port de Petrograd à destination de Stettin, port prussien où il arriva le dimanche 1er octobre, déversant sur les quais déserts une cargaison de trente-cinq des intellectuels russes les plus connus, accompagnés de leurs familles. Parmi ceux-ci, des philosophes – Nikolaï Berdiaev, Semion Frank, Ivan Ilyn et Lev Karsavin –, le journaliste et écrivain Mikhaïl Osorguine, l'historien et membre fondateur du parti constitutionnel-démocrate Alexander Kizevetter. Mais aussi le jeune et brillant sociologue Pitirine Sorokine, le Père uniate Abrikosov et son disciple Kuzmin-Karavayev, des économistes comme Boris Brutskus, ou encore l'aristocrate de 67 ans et mathématicien mondialement connu, spécialiste de l'algèbre et membre de l'Académie des sciences, Dimitri Selivanov, et tout un groupe de mathématiciens de l'université de Moscou. Auxquels on peut ajouter Roman Jakobson et son ami le prince Troubetskoy, qui deviendront deux des plus fameux linguistes du xxe siècle, et d'importants agronomes, médecins et animateurs de coopératives. Sans oublier Valentin Boulgakov, ancien secrétaire de Tolstoï et directeur du Musée Tolstoï, et Alexander Bogolepov, spécialiste de droit et d'histoire religieuse, vice-recteur de l'Université de Saint-Pétersbourg, qui avait été chargé en 1917 de superviser l'élection à l'Assemblée constituante. Bref un échantillon représentatif de cette intelligentsia qui, depuis des décennies sous le régime tsariste, avait assuré la place de la Russie parmi le concert intellectuel des principales nations et en avait été la conscience morale lors de cette période de 1890 à 1913 que l'on nomme l'Age d'argent de la culture russe.

Toutes ces personnalités avaient été arrêtées dans la nuit du 16 au 17 août par la GPU, l'Administration politique d'Etat qui, depuis février 1922, remplaçait la

Tcheka de sinistre réputation, mais remplissait en réalité les mêmes fonctions de police politique, avec à sa tête le même personnel et son chef, Feliks Dzerjinski. Les personnes arrêtées furent inculpées pour activités contre-révolutionnaires et on leur laissa « le choix » entre l'exécution et l'expulsion. Les expulsés furent contraints de payer de leurs deniers le prix du voyage en bateau et ne purent rien emporter – ni bijoux, ni livres (en particulier les dictionnaires) ni icônes, considérés comme trésors nationaux. Ils n'avaient droit qu'à deux manteaux, un costume, du linge de corps, deux chemises de jour et deux de nuit, deux caleçons et deux paires de chaussettes, ainsi que vingt dollars : la bêtise et la cruauté de la bureaucratie totalitaire faisaient déjà des ravages. Par ailleurs les expulsés furent prévenus que tout retour illégal en Russie entraînerait automatiquement la peine de mort.

En novembre, un second vapeur, le *Preussen*, emporta une autre cargaison d'intellectuels, parmi lesquels le socialiste fabien et directeur du département de philosophie de l'Université de Saint-Pétersbourg, Nikolaï Lossky ; ou encore Vsevolod Stratonov, le principal astronome russe. Enfin, en mars 1923, le célèbre théologien Serge Boulgakov fut expulsé par Odessa. Alors que nombre d'intellectuels avaient dès 1918-1920 fui à l'étranger la terreur bolchevique et la misère, toutes ces personnalités de la culture, des sciences et des techniques, avaient décidé – en dépit de la faim[3], des humiliations, des menaces et des emprisonnements[4] – de rester dans leur pays pour y mener d'intenses activités en direction du public et pour aider la Russie à se relever. Elles avaient un temps été protégées par l'un des écrivains russes les plus connus, ami des bolcheviks, Maxime Gorki. Mais en septembre 1921, celui-ci fut vivement incité à quitter le pays et, désormais privées de protection politique ce sont ces personnalités qui furent soit expulsées à l'étranger, soit envoyées en exil intérieur.

Depuis le début 1922, Lénine était entré en guerre contre l'intelligentsia, faisant fermer revues, journaux et départements universitaires. Mais c'est le 19 mai qu'il demanda à Dzerjinski de préparer « la déportation à l'étranger des écrivains et des professeurs qui aident la contre-révolution ». Une commission spéciale du Bureau politique fut formée à cet effet et, pour que les choses se fassent « dans la légalité », Lénine mit en chantier un nouveau Code pénal et ajouta à l'article 57 une clause de « clémence » : l'expulsion administrative – sans jugement – à l'étranger.

Le 25 mai, Lénine eut sa première attaque cérébrale ; mais à peine remis, sa préoccupation fut de demander à Staline, secrétaire général du parti communiste, des comptes sur les intellectuels à expulser ; indiquant que la Tcheka devait « dresser des listes », il ajoutait : « [...] plusieurs centaines de ces gentlemen doivent être expulsés dehors sans pitié. Nous allons nettoyer la Russie une fois pour toutes. [...] Ils doivent tous être virés de Russie » ; et il n'hésitait pas à dénoncer nommément ses futures victimes. Il inaugurait ainsi la pratique des quotas de répression établis à l'avance, dont Staline allait faire un si large usage lors de la Grande Terreur. Lénine ordonna que la Tcheka fabriquât un dossier d'accusation pour chacun des futurs expulsés, ce qui n'était pas facile tant on ne pouvait leur reprocher que leurs idées.

Le 10 août 1922 fut rendu public le nouvel article 57 qui autorisait les expulsions administratives. Comme l'avait déclaré Lénine en mars : « Dans la sphère économique, la retraite continue, dans le domaine politique, l'assaut continue ». Déjà le 6 juin, il avait créé le Glavlit, organe, durant des décennies, de la censure de toutes les publications et de contrôle de la pensée. Et comme le 15 septembre 1922 Gorki, depuis son exil, lui avait écrit pour le mettre en garde contre ces expulsions, Lénine lui répondit avec son élégance coutumière : « […] les intellectuels, les laquais du capital, pensent qu'ils sont le cerveau de la nation. En réalité, ils n'en sont pas le cerveau, ils en sont la merde » (p. 125).

Lesley Chamberlain montre bien le rôle décisif de Lénine et ce qu'elle nomme « 1922, l'année Janus » : une année « d'ouverture », les bolcheviks cherchant à tout prix à intégrer le concert des nations pour obtenir des crédits indispensables au maintien de leur pouvoir ; et de l'autre la liquidation des derniers secteurs d'opposition, même s'ils étaient en apparence inoffensifs – mais dans un régime en train de devenir totalitaire, tout ce qui n'adhérait pas publiquement au pouvoir était considéré comme « ennemi » et voué à la destruction. Une « année Janus » résultant directement des concessions économiques auxquelles Lénine avait été contraint en 1921 avec la NEP et dont il disait lui-même : « Ce serait la plus grande erreur de penser que la NEP met fin à la terreur. Nous reviendrons à la terreur et même à la terreur économique ».

Mais sans doute Chamberlain n'a-t-elle pas assez insisté sur le climat de haine exacerbée dans lequel Lénine vivait alors. Victime d'une grande fatigue puis d'une première attaque cérébrale en mai 1922, tout indique que, craignant d'être paralysé, voire de perdre la parole, et donc de ne plus pouvoir commander, il est alors entré dans une phase de paranoïa le poussant à exterminer ceux qu'il considérait comme ses ennemis irréductibles : les 2 000 mencheviks qu'il fit arrêter en janvier 1922, l'Eglise orthodoxe qu'il ordonna d'exterminer à partir de la fin mars 1922, puis les socialistes-révolutionnaires dont il organisa méticuleusement le procès en juillet, et enfin ses ennemis personnels de l'intelligentsia à partir de l'été.

On peut également regretter que Lesley Chamberlain ne soit pas remontée, à la suite de Michel Heller, jusqu'à l'origine des décisions de Lénine : la grande famine de 1921-1922. Provoquée par la nationalisation du commerce des céréales et par les réquisitions incessantes du pouvoir soviétique sur les paysans, cette famine menaçait d'être d'une ampleur telle que la Russie n'en avait jamais connue, ce qui incita un ensemble de personnalités culturelles à créer, en juillet 1921, un Comité d'aide aux affamés et à faire pression sur le régime afin qu'il prenne la seule mesure susceptible d'éviter la mort de dizaines de millions de personnes : demander de l'aide à l'étranger. Lénine finit par accepter le soutien américain qui permit de « limiter » le nombre de victimes à environ 5 millions de morts de faim.

Mais il ne pardonna jamais aux dirigeants du Comité d'avoir, par leur action, révélé au monde l'impéritie, l'incompétence et la cruauté du régime bolchevique, alors même que la guerre civile était terminée. Mais aussi de l'avoir contraint à des concessions tant à l'égard de la société civile russe renaissante que d'une des principales puissances capitalistes, et donc à abandonner un instant le pouvoir absolu sur les populations soviétiques. Le 27 août 1921, la plupart des dirigeants du Comité furent arrêtés et auraient dû être fusillés, la Tcheka ayant opportunément « découvert » un complot auquel ils auraient participé et qui avait, évidemment, été monté de toutes pièces. La pression internationale empêcha ce crime, mais Lénine médita sa vengeance sous la forme inédite du bannissement forcé, repris de l'Antiquité et qui n'avait jamais été pratiqué par le régime tsariste. Dès le printemps 1922, il contraignit à un exil forcé deux des principaux dirigeants du Comité, Sergueï Prokopovitch et Ekaterina Kuskova. Puis il s'attela à « nettoyer » la Russie des « jean-foutre » – selon ses propres expressions –, l'expulsion forcée étant le seul moyen de détruire l'intelligentsia sans donner de l'URSS une image désastreuse.

Lesley Chamberlain rappelle d'ailleurs que le niveau de terreur pratiqué par les bolcheviks était tel que Trotski put se payer le luxe – comble du cynisme et de la cruauté – de faire passer ce bannissement pour une mesure de clémence. Bien entendu, plusieurs des dirigeants du Comité furent expulsés sur le *Haken* : ainsi M. Osorguine, Syskin ou Ugrimov – le président de la Société moscovite d'agriculture –, et V. F. Boulgakov, ex-secrétaire de Tolstoï et directeur du Musée Tolstoï.

Avec cette expulsion de l'intelligentsia, on tient le dernier maillon de la chaîne qui mène de l'invention, dès 1902-1903, d'un noyau de révolutionnaires professionnels à vocation totalitaire, à la transformation de ce noyau en mouvement de masse au cours de l'année 1917, puis au régime à logique totalitaire à partir du 7 novembre 1917 et enfin au parti-Etat totalitaire tel qu'il se cristallise en 1922-1923, avant même la mort de Lénine. La liquidation d'une société civile renaissante après la fin de la guerre civile marque l'aboutissement du processus.

Dans la deuxième partie de son ouvrage, Lesley Chamberlain s'attache à brosser un large panorama de l'émigration russe – propriétaires fonciers ruinés, soldats et officiers de l'armée blanche, techniciens, enseignants et étudiants –, traversée de courants politiques divers et de tensions entre la première génération d'exilés « blancs » et les expulsés, tenus pour des chevaux de Troie de la GPU. Elle s'intéresse d'abord à Berlin qui, en 1922, accueillait plus de 350 000 Russes et où l'émigration était très active à travers instituts, journaux, revues etc., mais qui fut frappée de plein fouet par la crise économique en Allemagne. Nombre des intellectuels expulsés se transportèrent alors à Prague où le président tchécoslovaque Masaryk les accueillit au mieux et où ils purent, jusqu'en 1928, animer une Université russe. D'autres groupes importants étaient installés à Belgrade et à Harbin (en Mandchourie), et à un degré moindre en Pologne et dans les Etats baltes. Mais c'est finalement à Paris que l'essentiel de l'intelligentsia russe finit par se poser à partir de la fin des années 1920, où elle créa une importante maison d'édition, l'YMCA, et un Institut de théologie orthodoxe, Saint Serge.

Cette émigration, et en particulier l'intelligentsia, fut confrontée aux innombrables manœuvres soviétiques destinées à dresser ses différentes sensibilités intellectuelles et mouvances politiques les unes contre les autres, afin de mieux la diviser, la neutraliser et la récupérer si possible. Pendant l'entre-deux-guerres, elle fut partagée entre la peur d'être rattrapée par la police politique de Staline, la volonté de rester fidèle à ses engagements moraux et le désir de rentrer au pays. La plupart des expulsés demeurèrent en Occident. Mais beaucoup de ceux qui avaient d'eux-mêmes pris quelque distance avec le régime soviétique décidèrent de rentrer ; les uns devinrent les pires thuriféraires de la dictature stalinienne – Alexei Tolstoï, Ilya Ehrenbourg et, *in fine*, Maxime Gorki lui-même ; les autres ne trouvèrent d'issue que dans le suicide – Essenine, Maïakosvki, Tsvetaïeva. Un seul, Boris Pasternak, trouva la force, à travers un livre sublime, *Le Docteur Jivago*, de porter un témoignage d'humanité sur une expérience inhumaine.

On peut d'ailleurs regretter que Lesley Chamberlain n'ait pas abordé en conclusion de son ouvrage un épisode majeur qui marqua l'aboutissement de la manœuvre bolchevique. En effet, parmi les expulsés figuraient la plupart des auteurs d'un recueil célèbre – *Les Jalons*, paru en 1909 – où ils tiraient les leçons des événements révolutionnaires de 1905-1906, se montrant particulièrement critiques à l'égard des « utopies socialistes » et des tendances dictatoriales d'une partie de l'intelligentsia révolutionnaire. Or, en 1921 parut à Prague un volume intitulé *Changement de jalons*, référence évidente aux *Jalons* de 1909, publié par un groupe d'émigrés dont certains avaient été très proches des Blancs et de l'amiral Koltchak[5]. Dans une soudaine volte-face, ceux-ci reconnaissaient la victoire totale des Rouges, appelaient les Blancs à « aller à Canossa » et à rejoindre la mère-patrie en développant une idéologie « nationale-bolchevique » dans leur revue *Nakanoune* (La Veille). L'affaire fut traitée au plus haut niveau du Bureau politique par Lénine et Staline et, de 1921 à 1924, *Nakanoune* fut secrètement financée et manipulée par les Soviétiques avec des objectifs précis : moyennant quelques critiques mineures, donner à l'étranger une image positive de l'URSS ; attirer en URSS, après un tri sévère, des spécialistes en émigration alors que le régime manquait cruellement de cadres techniques ; et *last but not least*, désagréger un peu plus la communauté de l'émigration russe à l'étranger, en incitant les émigrés « de base » – en particulier les cosaques – à rentrer et en privant ainsi les chefs de leurs troupes[6].

Inutile de préciser qu'une fois l'opération terminée, dès 1925-1930, ceux qui s'y étaient prêtés furent marginalisés en URSS et finirent sous le hachoir stalinien. Ainsi s'acheva le travail de destruction de l'intelligentsia russe par les bolcheviks, dont les expulsions de septembre et novembre 1922 avaient été le point culminant. Une fois la Russie « nettoyée », Lénine pouvait enfin proclamer, en décembre 1922, la création de l'Union des Républiques Socialistes Soviétiques, le premier Etat totalitaire.

DEUXIÈME PARTIE

STALINE OU LE TRIOMPHE DU TOTALITARISME

CHAPITRE VIII

Comment comprendre Staline

Ce texte a trouvé son origine dans une communication présentée le 24 février 2003 devant l'Académie des Sciences morales et politiques[1]. A la lumières des documents de plus en plus nombreux tirés des archives de Moscou, et allant à l'encontre de plusieurs types d'interprétations – le « médiocre apparatchik » chez les trotskistes, le nationaliste russe chez le général de Gaulle, le monstre paranoïaque chez Khrouchtchev –, j'avançai l'idée, à la stupeur de nombre d'académiciens, que Staline avait été le plus grand homme politique du XXe siècle, celui qui avait, avec la plus grande efficacité, mis en adéquation ses moyens avec ses objectifs et assuré, en 1945, le triomphe pérenne du totalitarisme pour près d'un demi-siècle.

Dans un livre remarquable, Simon Sebag Montefiore a récemment éclairé un aspect fondamental de la personnalité de Staline qui explique en partie ce succès : les relations étroites, tissées bien avant 1914, du jeune bolchevik géorgien avec le grand banditisme du Caucase[2]. Dès 1869, Netchaïev écrivait : « Nous devons nous unir au monde hardi des brigands, les seuls et authentiques révolutionnaires en Russie[3]. » Staline suivit ce précepte et, grâce aux attaques à main armée, au racket révolutionnaire et au chantage, il devint celui que Lénine nomma « le mer-

veilleux Géorgien » – parce qu'il abondait le trésor du groupe bolchevique –, qu'il coopta en 1912 à son Comité central, puis qu'il nomma en 1922 secrétaire général du parti.

Cette proximité du grand banditisme éclaire d'un jour singulier la figure de Staline et explique en partie son triomphe : l'osmose progressive entre, d'une part, le fanatisme idéologique instaurant une morale révolutionnaire qui rejette la morale judéo-chrétienne, la discipline de l'organisation illégale et la vision stratégique et tactique de la révolution, et d'autre part, les mœurs mafieuses – fidélité absolue au chef sous peine de mort, pacte de sang entre le clan mafieux et son affidé, cimenté dans l'assassinat et le refus de toute pitié, omerta et pratique de la clandestinité. Les chefs nazis ont souvent été présentés comme des délinquants de droit commun, mais le modèle initial se trouve chez Staline. Et il a été dupliqué jusqu'à aujourd'hui dans des organisations comme les FARC colombiennes ou l'ETA basque.

L'image de Jossif Vissarionovitch Djougachvili, plus connu sous le pseudonyme de Staline – « l'homme d'acier » –, a suscité pendant des décennies les attitudes les plus contrastées allant de l'adoration à la diabolisation.

Dès les années 1930, Staline était devenu un symbole honni par tous ceux qui combattaient le communisme, qu'ils fussent ses concurrents les plus proches – comme les fascistes et les nazis – ou, au contraire, qu'ils aient perçu en celui-ci le chef d'un système antihumain, comme le pape Pie XI dans son encyclique *Divini Redemptoris* du 19 mars 1937.

A l'inverse, dès la fin des années 1920 en URSS et le milieu des années 1930 dans les partis communistes regroupés au sein de l'Internationale communiste, Staline a été l'objet d'un formidable culte et le critère absolu de la fidélité au communisme. Critiquer Staline, si peu que ce soit, c'était passer dans le camp de l'ennemi de classe, même si être un thuriféraire impénitent ne garantissait pas contre un tel étiquetage infamant. Pour les communistes du monde entier, Staline était à la fois « le grand Timonier » et « le petit père des peuples »,

Dans la première hagiographie publiée en France en 1935, Henri Barbusse décrivait le secrétaire général du Parti communiste bolchevique d'Union soviétique comme « l'homme à la tête de savant, à la figure d'ouvrier et à l'habit de simple soldat[4] ». En 1937, Maurice Thorez, le chef du PCF, lui dédicaça ainsi sa propre autobiographie, *Fils du peuple* :

> « Au camarade Staline,
> le constructeur génial du socialisme,
> le chef aimé des travailleurs du monde entier,
> le guide des peuples,
> le Maître et l'ami
> qui me fit,
> un jour heureux entre tous,
> le grand honneur de me recevoir,
> en témoignage de ma fidélité absolue
> et de mon amour filial
>
> Thorez[5]. »

Génie, guide, maître, ami, fidélité, amour filial – autant de termes fort éloignés du registre politique et qui pourtant rendent bien compte de ce que le communisme fut avant tout, une passion. Une passion révolutionnaire, comme l'a si bien montré François Furet dans son grand livre *Le Passé d'une illusion*. Mais aussi une passion messianique : le salut des travailleurs et des peuples était assuré par l'amour que Staline leur portait et, qu'en contrepartie, chaque communiste et chaque travailleur devait porter à Staline.

Le soixante-dixième anniversaire du vainqueur de Stalingrad, en 1949, fut d'ailleurs l'occasion du plus stupéfiant déferlement d'adoration qu'un humain ait pu connaître au XXe siècle. Le PCF ne fut pas en reste qui publia une brochure et diffusa un film intitulés « L'homme que nous aimons le plus ». *L'Humanité* du 8 décembre 1948 publia à sa gloire un poème intitulé « Joseph Staline », dû à la plume de l'un des plus grands poètes français du XXe siècle :

> « Et mille et mille frères ont porté Karl Marx
> Et mille et mille frères ont porté Lénine
> Et Staline pour nous est présent pour demain
> Staline dissipe aujourd'hui le malheur
> La confiance est le fruit de son cerveau d'amour
> La grappe raisonnable tant elle est parfaite
>
> [...] Staline dans le cœur des hommes est un homme
> Sous sa forme mortelle avec des cheveux gris
> Brûlant d'un feu sanguin dans la vigne des hommes
> Staline récompense les meilleurs des hommes
> Et rend à leurs travaux la vertu du plaisir
> Car travailler pour vivre est agir pour la vie
> Car la vie et les hommes ont élu Staline
> Pour figurer sur terre leur espoir sans bornes[6]. »

C'était signé Paul Eluard... Mais Louis Aragon ne fut pas en reste qui, lors de la remise d'un prix Staline, à Ilya Ehrenbourg à Moscou le 28 janvier 1953, quelques semaines seulement avant la mort du tyran, déclamait avec des accents pathétiques cet improbable dithyrambe :

> « Ce prix porte le nom de l'homme en qui les peuples
> du monde mettent leurs espoirs de triomphe de la cause

de la paix ; de l'homme dont chaque parole retentit à travers le monde ; de l'homme qui a amené le peuple soviétique au socialisme. [...] Cette distinction porte le nom du plus grand philosophe de tous les temps. De celui qui éduque les hommes et transforme la nature ; de celui qui a proclamé que l'homme est la plus grande valeur sur terre ; de celui dont le nom est le plus beau, le plus proche, le plus étonnant dans touts les pays pour tous ceux qui luttent pour leur dignité, le nom du camarade Staline[7]. »

Si l'adoration était réservée aux croyants communistes, l'admiration était largement répandue chez les gentils. Nombre de nos rues et de nos places portaient le nom de Stalingrad, voire de Staline, et, lors de la mort du dictateur le 5 mars 1953, le président de la Chambre des députés, Edouard Herriot, contre l'avis même du ministre des Affaires étrangères, proposa à l'Assemblée de s'associer « profondément » à « la douleur du peuple soviétique » et d'observer une minute de silence à la mémoire du « maréchal Staline »[8]. Seuls deux députés refusèrent de se lever...

Les raisons de cette adulation générale étaient fort diverses. Chez les communistes, elle relevait d'une croyance profondément enracinée dans leur triple passion révolutionnaire, scientiste et utopiste, et elle confinait à un amour pseudo mystique. Chez les non-communistes, elle reposait sur la reconnaissance au vainqueur des armées nazies – le charme universel de Stalingrad –, sur une certaine fascination pour l'idée révolutionnaire et sa violence inhérente, et aussi, plus trivialement, sur les impératifs de la *Realpolitik*.

Chez tous, elle devait beaucoup à une formidable propagande : Staline avait en effet pris soin personnellement, dès les années 1930, de réécrire l'histoire de la révolution bolchevique afin de s'y attribuer le premier rôle, n'hésitant pas, pour rendre la chose plus crédible, à faire disparaître, d'abord symboliquement dans les bibliothèques et sur les photos, puis physiquement lors des purges et procès à grand spectacle, les principaux acteurs et témoins de cette histoire.

Pourtant, dès 1935, Boris Souvarine publiait la première et remarquable biographie de Staline, où il retraçait le parcours du Géorgien vers le pouvoir absolu. En 1939, préparant une réédition, il développa le portrait de Staline comme l'un des grands criminels de l'histoire, dénonçant sa « terreur autocratique sans exemple présent à la mémoire humaine[9] ».

Ce portrait a été depuis largement complété, en particulier par les ouvrages de Robert Conquest[10] et d'Alexandre Soljenitsyne. Plus récemment, dans le *Livre noir du communisme*, Nicolas Werth a présenté une remarquable synthèse de la dimension criminelle du communisme soviétique, tant sous Lénine que sous Staline[11].

Grâce à l'exploitation de plus en plus active des archives soviétiques et d'Europe de l'Est, on saisit mieux aujourd'hui les contours de cette gigantesque terreur de masse, scandée par quelques événements majeurs.

Et d'abord la guerre contre la paysannerie qui accompagna la collectivisation forcée des années 1929-1933, avec le slogan lancé par Staline : « Liquidons les koulaks en tant que classe ». Le « koulak » désignait celui qui manifestait la moindre opposition à la collectivisation, forme modernisée du servage. En 1930-1931, environ 30 000 « koulaks » furent fusillés, 1 680 000 déportés avec leurs familles, pendant que 1 million d'autres fuyaient leur village et que 2 millions étaient exilés dans d'autres régions. Puis de l'été 1932 au printemps 1933, ce fut la grande famine organisée contre la paysannerie ukrainienne ; en décrétant la réquisition par l'Etat de l'ensemble des récoltes, en envoyant des dizaines de milliers de commandos communistes s'emparer par la force de l'ultime ravitaillement des récalcitrants, Staline a provoqué un véritable génocide de classe et d'ethnie, entraînant la mort de 5 à 6 millions de personnes en neuf mois[12].

Après l'assassinat de Kirov le 1er décembre 1934, Staline commença à programmer la Grande Terreur, inaugurée à l'été 1936 par le premier des trois Grands Procès de Moscou. A cet effet, il nomma à la tête du NKVD l'un de ses affidés les plus proches, Nikolaï Iejov[13]. En dehors de toute procédure judiciaire digne de ce nom et dans des délais déterminés, Iejov fut chargé de « traiter » des populations d'« ennemis du peuple », selon des quotas fixés à l'avance, et des modalités ne comprenant que deux catégories : la 1re – fusillés – et la seconde – déportés. Désormais, les ordres opérationnels du NKVD, directement inspirés par Staline, scandèrent les quatorze mois qui courent du 30 juillet 1937 au 1er novembre 1938 :

• ordre opérationnel n° 00447 du 30 juillet 1937 visant les « koulaks » ayant terminé leur peine ou évadés du Goulag, les religieux et croyants, les ex-membres des partis non-communistes, les criminels et en général les « gens du passé », autorisant l'arrestation de 767 397 personnes, dont 386 798 fusillées.

• ordre opérationnel n° 00486 du 15 août 1937, défini par le Bureau politique le 5 juillet 1937, autorisant l'arrestation de plus de 18 000 femmes d'« ennemis du peuple » et de 25 000 enfants de plus de quinze ans.

• ordre opérationnel n° 00439 du 25 juillet 1937 visant les Allemands travaillant en URSS et les Soviétiques ayant eu des relations avec l'Allemagne, soit au total 68 000 personnes arrêtées dont 42 000 furent exécutées.

• ordre opérationnel n° 00485 du 11 août 1937 visant tous les Soviétiques ayant eu des relations avec la Pologne ou des Polonais en URSS, soit au total 144 00 personnes arrêtées dont 110 000 furent exécutées, y compris la plupart des dirigeants et cadres du Parti communiste polonais réfugiés en URSS et dont le parti fut officiellement dissous par le Komintern en août 1938.

• ordre opérationnel n° 00593 du 20 septembre 1937 visant les Soviétiques originaires de Harbin revenus de Mandchourie en URSS après le règlement de la question du chemin de fer de l'Est chinois en 1935 avec le Japon. 25 000 personnes furent arrêtées.

• d'août à octobre 1937, le NKVD déporta des frontières d'Extrême-Orient au Kazakhstan plus de 170 000 Coréens.

Le 31 janvier 1938, le Bureau politique autorisa le NKVD à étendre son action aux opérations lettone, estonienne, grecque, iranienne, roumaine, finlandaise, chinoise, bulgare et macédonienne. Le 1er août 1938, le Bureau politique autorisa le NKVD à étendre ses activités à l'opération afghane. Le total des victimes de ces « opérations nationales » se monte à 350 000 personnes arrêtées dont 247 157 exécutées.

Le 19 septembre 1937, le Bureau politique autorisa le NKVD à intervenir en Mongolie extérieure, ce qui aboutit en quatre mois à l'arrestation de 10 728 « conspirateurs » dont 7 814 lamas, 322 propriétaires féodaux, 300 officiers ministériels, 180 responsables militaires, dont 6 311 étaient déjà fusillés au 31 mars 1938.

Parallèlement, Staline signa personnellement 383 listes transmises par Iejov, concernant plus de 44 000 membres du Parti communiste et de l'appareil d'Etat, dont 39 000 furent exécutés et les autres déportés.

Au total, du 1er octobre 1936 au 1er novembre 1938, 1 565 000 personnes furent arrêtées – 365 805 pour les « opérations nationales » et 767 397 en vertu de l'ordre n° 00447, dont 668 305 furent exécutées et 668 558 envoyées en camp de concentration. Encore ces chiffres sont-ils sous-estimés et le nombre d'exécutés se monte-t-il à plus de 700 000. C'est ainsi que Staline mit en œuvre la « solution finale » au problème des « éléments anti-soviétiques »[14]. Il fut personnellement responsable de la Grande Terreur, trop souvent mise sur le compte du seul Iejov – d'où le terme de *Iejovshina* – alors qu'en 1937-1938, le chef du NKVD fut reçu 278 fois par Staline au Kremlin – « en moyenne tous les deux jours et demi ! –, à peine moins que Molotov, le bras droit du tyran.

Les accords Molotov-Ribbentrop du 23 août et du 28 septembre 1939, en provoquant la conquête par l'Armée rouge de la partie orientale de la Pologne, puis en juin 1940 des Etats baltes, de la Bessarabie et de la Bukovine du nord, entraînèrent de nouvelles vagues de terreur contre ces nations immédiatement soviétisés.

En Pologne, les Soviétiques firent en quelques jours environ 230 000 prisonniers de guerre dont la moitié – considérés comme Biélorusses et Ukrainiens – fut rapidement libérée. Mais 30 000 autres furent envoyés au Goulag et beaucoup d'autres incorporés de force dans l'Armée rouge comme nouveaux « citoyens soviétiques ». Et surtout, le 5 mars 1940, sur rapport de Beria, Staline et le Politburo décidèrent de faire assassiner 25 700 Polonais internés, dont 14 587 officiers prisonniers de guerre – au moins 4 243 d'entre eux furent tués d'une balle dans la tête à Katyn. Précisons que le 2 mars 1940, Staline donna suite à la demande de Nikita Khrouchtchev, Premier secrétaire du PC d'Ukraine,

qui sollicitait l'autorisation de déporter les 22 000 à
25 000 familles des hommes condamnés à mort trois
jours plus tard par le Politburo[15] !

Parallèlement, le NKVD lança quatre grandes opérations
de déportation visant en priorité les couches dirigeantes
polonaises : le 10 février 1940 (140 000 personnes), le
13 avril 1940 (61 000), le 29 juillet 1940 (75 000) et
en juin 1941 ; l'ensemble toucha 330 000 personnes –
dont un tiers d'enfants de moins de 14 ans – selon les
chiffres actuellement disponibles du NKVD, et 800 000
selon les chiffres du gouvernement polonais en exil pendant la guerre[16]. En outre, après le 22 juin 1941, le
NKVD massacra sur place ou lors de transferts plusieurs
dizaines de milliers de prisonniers polonais. Au total, le
régime soviétique fit – morts et déportés – plus de
440 000 victimes en Pologne orientale du 17 septembre
1939 au 22 juin 1941, sur une population de 12 millions d'habitants. Massacres et déportations reprirent en
1944-1945 lors du retour de l'Armée rouge dans ces territoires occupés en 1939 et lors de son entrée dans les
autres territoires appartenant en principe à la Pologne
indépendante reconnue par Moscou.

L'invasion de l'Estonie par l'Armée rouge le 12 juin
1940, entraîna dans ce pays une vague de terreur
communiste : de juin 1940 à juin 1941, plus de
2 200 personnes assassinées (dont 800 officiers, la
moitié de ce corps !), 12 500 soldats et plus de 10 000
civils déportés en URSS ; puis à nouveau lors du
retour de l'Armée rouge dans l'hiver 1944-1945 :
75 000 personnes arrêtées dont au moins 25 000
furent fusillées ou moururent dans les camps, et
75 000 exilés dont environ 6 000 furent tués en chemin
par les Soviétiques ; en mars 1949, une nouvelle vague
de déportation envoya plus de 22 000 personnes au
Goulag. En outre, de 1944 à 1953, plus de
2 000 résistants maquisards furent tués au combat,

1 500 assassinés et 10 000 arrêtés. Au total, ce sont environ 175 000 Estoniens qui ont été victimes de la terreur soviétique, soit 17,5 % de la population – ce qui rapporté à la population française correspondrait à 10,5 millions de personnes[17] !

Les mêmes méthodes furent pratiquées en Lituanie et en Lettonie, ainsi qu'en Bessarabie et en Bukovine du Nord.

La guerre fut l'occasion pour Staline de poursuivre ses opérations génocidaires avec la déportation de près de 900 000 Allemands de la Volga à l'automne 1941, de 93 000 Kalmouks du 27 au 30 décembre 1943, de 521 000 Tchétchènes et Ingouches du 23 au 28 février 1944, de 180 000 Tatars de Crimée du 18 au 20 mai 1944, auxquels s'ajoutent les Grecs, les Bulgares et les Arméniens de Crimée, ainsi que les Turcs, les Kurdes et les Klemchines du Caucase.

Après guerre, la terreur de masse continua et fut exportée dans les pays d'Europe de l'Est récemment conquis, s'accompagnant d'innombrables actes de barbarie.

Reste à comprendre les raisons profondes de cette orgie de crimes. Nombre d'auteurs ont mis en avant la paranoïa de Staline, et chacun d'insister sur telle ou telle explication du comportement violent de celui-ci : son père – violent et alcoolique –, ses complexes – sa petite taille, son visage grêlé de marques de petite vérole, son bras gauche atrophié, son provincialisme –, sa méfiance maladive, voire sur sa cruauté et son plaisir de la vengeance ; il est vrai qu'en 1926, Staline confiait à un proche : « Choisir la victime, préparer minutieusement le coup, assouvir une vengeance implacable et ensuite aller se coucher... Il n'y a rien de plus doux au monde. »

Staline fut souvent comparé au tsar Ivan le Terrible et, l'un des premiers, Trotski insista sur la personnalité paranoïaque et policière de celui qui allait le faire assassiner.

Paradoxalement, il fut suivi dans cette analyse par Nikita Khrouchtchev qui, lors de son « Rapport secret » au XXe congrès du PCUS en février 1956, multiplia les allusions psychiatriques à propos de Staline, dénonçant chez celui-ci un caractère « maladivement soupçonneux », sa « nervosité », son « hystérie », « sa folie de la persécution qui atteignit des proportions incroyables » et sa « folie des grandeurs »[18].

Cette vision paranoïde s'est accompagnée d'une vision idiotique ; pour Trotski, le secrétaire général était un personnage de troisième ordre, « la plus brillante médiocrité du Parti », un petit apparatchik qui n'était « ni un penseur, ni un écrivain, ni un orateur », et qui, par l'intrigue et l'absence de scrupule, s'était hissé au faîte du pouvoir. Il alla jusqu'à écrire que Staline était « parvenu au pouvoir par usurpation du droit à jouer un rôle aussi exceptionnel[19] ». Et Khrouchtchev d'emboîter le pas trente ans plus tard en expliquant sans rire que Staline menait les opérations militaires de la Seconde Guerre mondiale sur une mappemonde.

Staline a aussi souvent été présenté comme un bambocheur alcoolique passant son temps à visionner des films sans intérêt. Ce portrait est parfois complété par l'idée qu'il aurait été un paniquard, un « terroriste terrorisé », réagissant à l'assassinat de Kirov par la fuite en avant, ou à l'attaque allemande du 22 juin 1941 par la dépression. Enfin, *last but not least*, revient de manière récurrente la rumeur selon laquelle Staline aurait été un agent de l'Okhrana, la police politique du tsar, au même titre que le fameux Roman Malinovski, l'un des préférés de Lénine, véritable agent provocateur démasqué en 1917 et fusillé.

Ces explications psychologisantes, si elles recèlent une part de vérité, reposent souvent sur des rumeurs qui s'avèrent aujourd'hui non fondées : cet homme aux nerfs d'acier n'a jamais tremblé, n'a connu aucun effondrement psychologique en juin 1941, et a pendant trente-cinq ans travaillé quinze heures par jour.

En outre, ces explications, qui font appel au registre de la monstruosité, renvoient à la fois à un jugement moral et à une approche relevant du mystérieux et de l'inexplicable. Dans un article publié dans *Le Monde* du 12 juin 2002, la regrettée Françoise Giroud privilégiait cette approche à propos de Hitler, soulignant « le caractère systématique et gratuit » de la Shoah et rappelant que jusque-là « jamais l'homme n'avait exterminé méthodiquement d'autres hommes sans raison, par caprice en quelque sorte ».

De la même manière, l'une des chefs de file de l'école révisionniste américaine sur l'histoire de l'URSS, Sheila Fitzpatrick, dans un ouvrage récemment traduit en français, écrit à propos de la Grande Terreur : « Il semble impossible, du moins à des esprits formés selon les principes des Lumières, qu'une chose aussi extraordinaire, aussi monstrueusement étrangère à l'expérience normale, puisse se produire "par hasard". Les gens pensent que de tels événements doivent avoir une explication, et pourtant ceux-ci apparaissent fondamentalement irrationnels, absurdes, sans rapport avec les intérêts de qui que ce soit[20]. » Et, à l'en croire, la Grande Terreur serait restée « un mystère », tant aux yeux des Soviétiques instruits qu'à ceux de la base.

On comprend que, face à de tels massacres, l'esprit humain se refuse à envisager les « raisons », bonnes ou mauvaises, qui ont pu les provoquer. Et pourtant, ces massacres ont été commandés par des hommes dont la conduite répondait à une démarche rationnelle que l'historien se doit d'élucider, sous peine de se voir assimilé à un conteur de village

En 1959, dans ses *Mémoires de guerre*, le général de Gaulle, remarquable observateur des hommes de pouvoir, et qui avait été personnellement confronté au dictateur de Moscou en décembre 1944, écartait les faux-semblants de l'éloge dithyrambique, de la critique diabolisante ou de la stigmatisation psychiatrique, pour aborder la question au fond :

> « Staline était possédé de la volonté de puissance. Rompu par une vie de complot à masquer ses traits et son âme, à se passer d'illusions, de pitié, de sincérité, à voir en chaque homme un obstacle ou un danger, tout chez lui était manœuvre, méfiance et obstination. La révolution, le parti, l'Etat, la guerre lui avaient offert les occasions et les moyens de dominer. Il y était parvenu, usant à fond des détours de l'exégèse marxiste et des rigueurs totalitaires, mettant au jeu une audace et une astuce surhumaines, subjuguant ou liquidant les autres[21]. »

Beaucoup des traits relevés dans ce portrait sont profondément exacts, mais le général se trompait quand, cherchant à définir « les buts du despote », il estimait que ceux-ci visaient à satisfaire « les rêves de la patrie », et que Staline « aima la Russie à sa manière », une Russie dont il aurait été « le champion rusé et implacable ». Il est vrai que de Gaulle n'a jamais cru à la vitalité historique des systèmes idéologiques, et que soixante-quatorze ans après le 7 novembre 1917, l'histoire lui a donné raison : le système communiste s'est effondré comme un château de cartes.

Il n'en reste pas moins que, dans la phase de fondation du système de 1917 à 1953, c'est bien l'idéologie qui a commandé la conduite de Lénine puis de Staline. Une idéologie révolutionnaire et communiste constituée en doctrine par Lénine et en vulgate par Staline, mais une idéologie qui, dans chaque conjoncture, a pesé sur les choix dans le sens de la « dictature du prolétariat » et d'un projet totalitaire de plus en plus affirmé, et contre la légitimité traditionnelle, et contre la légitimité démocratique.

Car, on l'oublie trop, Staline était un authentique bolchevique élevé à l'école du léninisme. Révolutionnaire professionnel dès 1900, à l'âge de 22 ans, il rencontra Lénine en 1905. Dès 1907, il s'occupa d'organiser des hold-up pour alimenter les caisses du Parti bolchevique, ce qui le faisait qualifier de « merveilleux Géorgien » par le chef du parti qui, en 1912, le coopta au Comité central, alors composé de treize membres.

Au printemps 1917, il fut élu en troisième position au Comité central ; et en juillet-août 1917, alors que Lénine avait à nouveau plongé dans la clandestinité et que Trotski n'avait pas encore rejoint les bolcheviks, Staline fut presque seul à diriger le parti ; il eut dès ce moment un rôle capital dans l'appareil.

En 1919, il était l'un des cinq membres du Politburo, seul à être également membre du Bureau d'organisation ; en 1922 il fut nommé secrétaire général du Comité central, c'est-à-dire chef de l'appareil d'un parti qui s'était emparé de l'un des plus puissants Etats du monde et qui se transformait rapidement en parti-Etat.

Staline n'était donc pas l'obscur apparatchik décrit par Trotski, mais l'un des collaborateurs directs de Lénine et parmi les plus appréciés pour son soutien sans faille au leader, son sens de la discipline, son sang-froid et sa fermeté de caractère exceptionnels, sa détermination et son absence totale de scrupules et de pitié dans l'action qui furent des atouts majeurs lors de la guerre civile de 1918-1922.

C'est donc tout à fait logiquement que dans son « testament », dicté fin décembre 1922 dans ses derniers moments de lucidité, Lénine désigna Staline comme l'un des deux principaux responsables du parti, avec Trotski.

Dans la bataille de succession, Staline montra infiniment plus de volonté et de sens tactique que ses adversaires. Il joua à la perfection les uns contre les autres, s'alliant d'abord avec Zinoviev et Kamenev pour éliminer du jeu son adversaire le plus dangereux, Trotski, dès la fin de 1923, avant de l'expulser d'URSS en janvier 1929. A peine Trotski écarté, il renversa ses alliances et se rapprocha de Boukharine, Tomski et Rykov pour écarter Zinoviev et Kamenev de la direction, mission remplie en 1925. Désormais assez puissant, il se retourna contre ses alliés de la veille : Boukharine fut exclu du Politburo en novembre 1929, Tomski en juillet 1930, et Rykov démis de ses fonctions le 19 décembre 1930[22].

S'étant emparé du parti, Staline le remodela à sa main, assurant la promotion de millions de jeunes issus des campagnes, au capital scolaire très faible – Iejov n'avait fait qu'une année d'école primaire –, fascinés par les situations qui leur étaient promises, mais contraints de démontrer en actes aussi souvent que nécessaire leur allégeance totale à leurs chefs et au premier d'entre eux, Staline – y compris par leur compromission dans les assassinats de masse. En retour, ce parti formé de jeunes gens frustes, brutaux et grossiers, s'est reconnu dans ce chef issu, comme lui, du petit peuple – à la différence de la plupart des chefs bolcheviques historiques qui étaient des lettrés marxistes issus de la petite noblesse, de la bourgeoisie russe ou des communautés juives des villes.

En six années, Staline s'est imposé comme LE patron – le *vojd*, le guide – à la suite d'une série de manœuvres où il montra toutes ses capacités d'homme de pouvoir, mais surtout une compréhension aiguë de la nature totalitaire du régime qui, déjà sous Lénine, reposait sur le principe du parti unique, de l'autorité incontestée du chef et de l'unité absolue du parti. La bataille avec Trotski porta dès le second semestre 1923, sur deux points majeurs : la nature du pouvoir et celle du processus révolutionnaire.

A la différence de beaucoup d'autres bolcheviks, Staline avait compris que la conquête du pouvoir modifiait la nature du parti qui, de parti-mouvement révolutionnaire devenait un parti-Etat. Le 19 janvier 1924, il fit adopter une résolution dénonçant chez Trotski une « tentative directe de discréditer l'appareil du Parti » qui ne pouvait « objectivement parlant, conduire à rien d'autre qu'à soustraire l'appareil de l'Etat à l'influence du Parti ». Derrière cette querelle se cache l'une des bases du système totalitaire : la prééminence constante du parti sur l'appareil d'Etat, de l'idéologie sur les contraintes de gouvernement, des idéocrates sur les technocrates, des « rouges » sur les « experts ».

C'est d'ailleurs sur ce point que Staline a clos sa conquête du pouvoir absolu ; le 22 septembre 1930, il écrivait à Molotov une lettre lui proposant de démettre Rykov, le chef du gouvernement : « C'est absolument indispensable. Sinon il y aura toujours une coupure entre la direction du parti et la direction de l'Etat. Avec la combinaison que je te propose, nous aurons enfin une parfaite unité des sommets de l'Etat et du parti, ce qui renforcera notre pouvoir[23]. »

L'autre point d'achoppement portait sur les voies et moyens de la révolution bolchevique. En effet, la seconde promesse prononcée par Staline devant le cercueil de Lénine – après celle sur l'unité du parti – avait été de « sauvegarder et d'affermir la dictature du prolétariat », ce qui en clair signifiait de conserver le pouvoir par tous les moyens et de développer la puissance communiste inaugurée en novembre 1917. Là encore, Staline fit preuve d'un grand sens politique et d'une formidable efficacité. Face aux romantiques qui estimaient que la survie du pouvoir bolchevique passait par l'extension de la révolution à l'Europe et en particulier à l'Allemagne, Staline ne croyait pas à la puissance du mouvement ouvrier et révolutionnaire, ni en Europe ni ailleurs, et avait compris dès l'été 1923 que la naissance de l'URSS impliquait une mutation du processus révolutionnaire.

Dès août 1923, il conclut à l'échec de l'insurrection que la direction soviétique et le Komintern préparaient pour octobre en Allemagne, et l'échec du Parti communiste chinois en 1926-1927 le convainquit définitivement que le seul moyen de sauvegarder et de renforcer le pouvoir soviétique reposait sur « la construction du socialisme dans un seul pays », slogan qu'il avait rendu public le 17 décembre 1924. Ce choix stratégique impliquait de reprendre la marche en avant de la révolution communiste, provisoirement gelée par la NEP, ce qui entraîna trois décisions majeures.

La première engagea l'URSS dans une industrialisation accélérée aux objectifs clairement annoncés par Staline en 1925 : « Il nous faut de 15 à 20 millions de prolétaires industriels, l'électrification des principales régions de notre pays, la coopération agricole et une industrie métallurgique hautement évoluée. Alors nous n'aurons plus à craindre aucun danger. Alors nous vaincrons à l'échelle internationale. » Cette industrialisation à marche forcée, placée sous le signe du Premier Plan quinquennal inauguré en 1928, développa une sidérurgie lourde et une industrie automobile et aéronautique, au prix de la surexploitation des ouvriers – leur salaire réel baissa de moitié entre 1928 et 1934. L'objectif de Staline était de doter l'URSS d'une grande armée moderne et mécanisée, qui sera la pierre angulaire de la victoire militaire de 1945 et de l'expansion consécutive du système communiste.

La deuxième décision fut de collectiviser l'agriculture afin d'arracher à la paysannerie le capital indispensable au financement de l'industrialisation – cette « accumulation primitive » chère à Marx finança l'achat à l'étranger de la technologie et de l'outillage –, mais aussi de placer le kolkhozien dans un semi-servage, et surtout de contrôler la production de nourriture, et par là, d'assurer au pouvoir un moyen de pression décisif sur la société.

La troisième décision consista, dès le milieu des années 1930, et bien plus intensément encore à partir de juin 1941, à instrumentaliser le nationalisme grand-russe, en liquidant ou russifiant les minorités et en habillant du terme de « patriotisme soviétique » un chauvinisme ethnique russe dont l'extravagance alla, en 1945, jusqu'à déclarer le peuple russe « peuple-héros », avec pour contrepartie, dès 1943, la montée d'un antisémitisme hypocritement nommé « anti-cosmopolitisme »[24]. Par là, Staline s'est solidement attaché les services des Russes afin de combattre les ferments permanents de désagrégation que représentaient les nationalités du nouvel empire communiste en cours de formation. Dans la mesure du possible, il pratiqua les mêmes méthodes à l'égard des nations conquises à partir de septembre 1939.

Grâce au contrôle du revenu, du logement, du ravitaillement et de la culture, le pouvoir réussit à ramener l'ensemble de la population au degré zéro de l'autonomie, et put désormais reconstruire la « société » comme il l'entendait ; il extermina ou réprima ceux qui voulaient conserver une once de liberté, et il distribua ses prébendes – en ces temps effrayants, un lit avec des draps propres dans une maison chauffée et trois repas par jour étaient un luxe – à ceux qui faisaient tourner la machine totalitaire : le parti, la police politique, l'armée et l'administration.

Car un tel système ne peut fonctionner que grâce à la terreur de masse qui trouve là sa justification « rationnelle ». En effet, dès 1918, Lénine écrivait : « Si la révolution tarde en Allemagne, nous devrons nous mettre à l'école du capitalisme d'Etat des Allemands, l'imiter de toutes nos forces, ne pas craindre les procédés dictatoriaux pour accélérer cette assimilation de la civilisation occidentale par la Russie barbare, ne pas reculer devant les moyens barbares pour combattre la barbarie. »

Ainsi les grandes vagues de terreur des années 1930, 1940 et du début des années 1950 visèrent « rationnellement » à atteindre plusieurs objectifs :

• assurer le pouvoir absolu du chef sur le parti et sur l'administration afin que celui-ci dispose d'un outil parfaitement discipliné ;

• assurer le pouvoir absolu du parti sur l'ensemble de la population afin d'imposer à celle-ci la politique définie par le chef et de réprimer toute résistance en liquidant « les hommes du passé » ;

• se préparer à la guerre en liquidant des catégories de populations définies selon des critères sociaux et/ou nationaux, considérées comme des cinquièmes colonnes potentielles ;

• consolider les conquêtes de 1939-1941 en liquidant les élites nationales des pays ou régions concernées ;

• profiter de la guerre pour affaiblir par des déportations de masse des nations non-russes, traditionnellement rebelles (comme les Tchétchènes) ou fidèles à des traditions culturelles incompatibles avec le communisme ;

• après guerre, neutraliser tous les Soviétiques – prisonniers de guerre, travailleurs forcés enrégimentés par les Allemands ou même combattants – contaminés par les « horreurs » de la prospérité capitaliste ;

• neutraliser d'éventuels héritiers trop pressés ;

• étendre le système de la manière la plus large hors d'URSS.

La terreur était le principal moyen rationnel de gouverner, et l'une des conditions de son efficacité était le secret qui l'entourait.

Dans le domaine de la politique étrangère, Staline montra les mêmes qualités exceptionnelles de prudence et d'audace, de vision stratégique et d'habileté tactique, de dissimulation et d'absence de scrupules, qui, du virage antifasciste du Front populaire en 1934 à celui des pactes germano-soviétiques de 1939, puis à Yalta, lui permirent d'assurer pour longtemps le pouvoir soviétique, de se constituer un empire européen et d'encourager très fortement l'émergence d'autres pôles communistes en Asie, puis en Amérique latine et en Afrique.

Cette terreur et cet expansionnisme ont été, très tôt, masqués par une formidable propagande, élément essentiel de la ruse, de la dissimulation et de la désinformation inhérentes à la politique de Staline, et à laquelle il portait la plus grande attention. Ce couple terreur/propagande est d'ailleurs illustré de manière symbolique par le couple Iejov : quand Nikolaï devint le chef de la Grande Terreur, sa femme était la directrice de la principale revue de propagande soviétique, *L'URSS en construction…*

Il est indispensable de nourrir d'informations l'indignation face aux crimes monstrueux du Secrétaire général et de son père politique Lénine. Mais, le moment est venu – comme cela fut le cas pour le totalitarisme nazi

– d'établir ce qu'Ernst Nolte appelle « le noyau rationnel », de comprendre Staline. Non pas en entrant en intelligence avec lui mais en rendant intelligible sa conduite.

Staline a sans conteste été l'homme politique qui a le plus pesé sur le xxe siècle. Churchill et Lénine n'ont influé sur les affaires mondiales que pendant cinq ans, Hitler et Roosevelt pendant douze ans. De Gaulle, Gandhi et Mao ont surtout marqué le destin de leur pays. Staline, lui, a participé au pouvoir dès 1917 avant de devenir un maître de plus en plus autocratique jusqu'à sa mort en 1953.

Ni rêveur, ni exalté, mais fanatique réaliste, il mesurait au plus près les rapports de force et ne s'engageait qu'à coup sûr, même s'il sut, à l'occasion, faire preuve d'une formidable audace. Il a imposé à l'ensemble du monde communiste un régime qui lui a survécu près de quarante années. Il a hissé au rang de superpuissance une URSS devenue matrice idéologique et politique d'un système communiste mondial.

S'il s'est montré aussi fanatique que Hitler, il a – en professionnel perfectionniste, super-Machiavel et remarquable stratège et tacticien de la politique – largement surclassé son concurrent totalitaire qui, par comparaison, fait figure d'amateur, voire de dilettante.

Staline a été le plus brillant homme de pouvoir du xxe siècle, celui qui a su le mieux mettre en adéquation ses moyens avec ses objectifs.

Bien sûr, un tel système fondé sur la destruction de la propriété privée et l'économie administrée, sur la terreur et le mensonge, et enfin sur la négation de la personne humaine et la prétention à créer un « homme nouveau », relevait du délire, « construction intellectuelle pathologique sans liaison avec le monde réel, et qui s'accompagne d'une conviction absolue ». Il ne pouvait donc, à terme, que s'effondrer. Néanmoins, on ne peut rien comprendre à l'histoire du communisme au XXe siècle et à la pérennité d'un système aussi criminel si l'on néglige les qualités spécifiques de celui qui en hérita et sut en faire le modèle du totalitarisme.

Une Anne Frank au pays de Staline[1]

L'effondrement du communisme soviétique en 1991 a libéré une masse gigantesque d'archives, tenues jusque-là secrètes, qui ont permis de lancer des coups de projecteur dans les profondeurs d'un système totalitaire largement opaque. Cette révolution documentaire a donné accès à d'innombrables documents émanant du sommet de ce pouvoir – le Bureau politique du Parti bolchevique et ses leaders, en particulier Lénine et Staline –, mais aussi de ses succursales à l'étranger.

Un certain nombre de grandes querelles historiques ont ainsi trouvé leur dénouement : la responsabilité soviétique dans l'assassinat des officiers polonais à Katyn au printemps 1940, le processus de la Grande Terreur qui, en 1937-1938, entraîna en URSS l'exécution de plus de 700 000 personnes, ou encore, plus près de nous, les négociations entre le PCF et Otto Abetz, le représentant de Hitler à Paris, durant l'été 1940.

Ces archives recèlent également d'autres types de documents qui, s'ils ne concernent pas la « grande Histoire », n'en sont pas moins révélateurs d'un climat politique et social, d'une époque, d'un régime. Tel est le journal intime de Nina Lougovskaïa, miraculeusement préservé et retrouvé dans les archives du NKVD, ancêtre du tristement fameux KGB.

C'est Irina Ossipova, historienne de l'association russe Memorial – laquelle, depuis 1988 et en dépit de constantes tracasseries, travaille sans relâche à la réhabilitation de la mémoire des victimes du bolchevisme –, qui a retrouvé ce journal en étudiant le dossier de répression de la famille Lougovski.

Le père, de son vrai nom Sergueï Rybine, était né en 1885 dans une famille de paysans. Autodidacte, diplômé de commerce à Moscou, militant socialiste-révolutionnaire (SR), exilé en Sibérie sous le tsar, il fut élu, après la révolution démocratique de mars 1917, dans diverses instances, puis se retrouva, comme la plupart des SR, dans l'opposition aux bolcheviks après le coup d'Etat de Lénine, le 7 novembre 1917.

Autorisé à rentrer à Moscou au début de la NEP – la Nouvelle politique économique lancée par Lénine en 1921, qui limitait l'instauration du communisme et autorisait le retour à des activités privées –, Rybine créa avec d'autres camarades SR une coopérative commerciale qui fut rapidement florissante.

En 1928, considérant que le pouvoir était assez consolidé pour mettre fin à la NEP, Staline relança la révolution communiste, avec le premier plan quinquennal et son industrialisation accélérée, puis la collectivisation forcée des terres, et leur corollaire, la création du Goulag. Ayant refusé de laisser des fonctionnaires communistes prendre la direction de sa coopérative, Rybine fut arrêté en janvier 1929 et condamné à trois ans d'exil dans le Nord. Revenu à Moscou en 1932, il fut interdit de séjour. Arrêté à nouveau en janvier 1937, ramené à Moscou, il fut condamné à dix ans de Goulag comme chef d'une organisation contre-révolutionnaire SR. Ayant survécu, il fut relâché en 1947 et mourut à la fin des années 1950 sans avoir revu sa famille.

Sa femme, Lioubova Vassilievna Samoïlova, née en 1887, était elle aussi originaire de la campagne. Diplômée de l'Institut supérieur de filles de Moscou et enseignante de mathématiques, elle épousa Rybine en 1914 et ils prirent le nom de Lougovski, formé d'après celui de la ville natale de Serguei. Bibliothécaire dans la coopérative de son mari, Lioubova fut licenciée dès l'arrestation de celui-ci en 1929 et, après 1932, resta seule à entretenir la famille. En 1915, les Lougovski avaient eu deux filles jumelles, Olga (Lalia) et Euguenia (Genia). Puis Nina était née à Moscou, le 25 décembre 1918.

Le sort de toute la famille bascula le 4 janvier 1937 quand leur appartement fut perquisitionné et que furent saisis toute la correspondance de Rybine, sa bibliothèque d'ouvrages SR et les deux journaux intimes de Nina et d'Olga. Ayant refusé de collaborer avec le NKVD contre son mari, Lioubova fut condamnée, en même temps que ses trois filles, à cinq ans de Goulag et envoyée dans l'un des plus terribles lieux de déportation, la Kolyma, magnifiquement évoquée par Varlam Chalamov dans ses *Récits de la Kolyma*[2]. Ayant survécu, les quatre femmes furent libérées du Goulag en 1942. Si leur mère mourut à Magadan en 1949 – elle sera « réhabilitée » en 1957 « à titre posthume » –, les filles purent quitter la Kolyma en 1947 pour être transférées dans l'Oural. En 1959, Nina et son mari – Viktor Templin, ex-prisonnier politique et artiste – furent autorisés à s'installer à Vladimir, à 200 kilomètres de Moscou. En 1963, Nina écrivit à Khrouchtchev pour demander sa réhabilitation, et sa sentence fut annulée pour… « manque de preuves ». Artiste peintre, Nina a réalisé une œuvre importante, couronnée par plusieurs expositions. Elle a disparu en 1993, avant que son journal ne soit retrouvé.

Ce journal, commencé en octobre 1932 par une adolescente qui n'avait pas encore quatorze ans, et tenu jusqu'au 3 janvier 1937 par une désormais jeune fille, est un document tout à fait unique dont cette édition traduite du russe présente l'essentiel. Elle se lit sur deux registres paradoxaux.

Le premier est celui d'une vie « normale ». La famille d'abord : le père, souvent absent, mais très présent dans les pensées de sa fille ; la mère, qui travaille jour et nuit pour assurer le quotidien, tout en restant le cœur du foyer et la confidente de ses filles ; les trois sœurs – Lalia, Genia et Nina –, toujours en mouvement, en train de se chamailler et formidablement complices.

Une famille qui bénéficie d'un appartement confortable de quatre pièces – un privilège à l'époque –, chauffé en hiver et où Nina dispose de sa propre chambre. Et qui l'été part à la « datcha », soit chez le père exilé près de Mojaïsk, soit chez un oncle ou une tante. Une famille où l'on mange, semble-t-il, à sa faim en cette période de grande pénurie alimentaire et où l'on a les moyens d'entretenir un chien, le caniche Betka. Lors du réveillon de 1935, on y déguste même des mandarines. Une famille où l'on peut s'habiller correctement, avec manteau, chapeau et cartable – sa mère rapporte à Nina, le 18 janvier 1933, un manteau de fourrure.

Les filles mènent une vie d'adolescentes « petites-bourgeoises ». Les jumelles chantent, dansent, jouent du piano – il y a un piano à la maison –, dessinent, partent en promenade à cheval – avec une veste d'équitation –, vont patiner avec des amies. Nina fréquente le théâtre, où elle croise « la foule bariolée des femmes en robes de soie », et aussi l'Opéra. Des filles cultivées qui lisent Lermontov, Tourgueniev, Tolstoï, Tchekhov, Essenine et même Pokrovski.

Bref, une famille typique de la petite intelligentsia révolutionnaire moscovite, mais non bolchevique, d'avant la Grande Terreur. Nina en est d'ailleurs bien consciente et le note le 8 juillet 1934 quand elle prend le train avec sa mère : « De tous les passagers du wagon, nous étions les seules à appartenir à l'intelligentsia et à aller à la "datcha", et j'en éprouvais une honte affreuse devant ces gens à demi affamés et qui ne connaissaient pas un instant de repos. »

Autre dimension « normale » du journal, Nina elle-même. Une adolescente pleine de vie, de questions, d'angoisses, comme la plupart des filles de son âge. Son leitmotiv : « Je veux vivre ! », « La liberté, la liberté, voilà ce dont mon cœur a soif », « Vis pendant que tu es vivante ». Sa grande préoccupation, les garçons, comme elle le note le 1er mai 1935 : « Je passe ma vie entière à ne penser qu'aux garçons ; tout autre sujet me paraît sans intérêt et sans importance. » Mais une préoccupation dominée par l'angoisse de sa « laideur » – elle est atteinte de strabisme –, qui développe chez elle un complexe, une grande timidité et la pousse même par moments au suicide.

Nina est aussi une écolière moscovite « normale », confrontée aux garçons – les classes sont mixtes –, mais aussi à des professeurs et à une administration qu'elle n'apprécie guère, comme elle le note le 26 novembre 1936 : « Impertinence envers les professeurs, dissimulation et méchanceté. Dans nos rapports avec eux, il n'y a rien qui puisse rappeler ces liens nouveaux et excellents qu'on nomme désormais "rapports soviétiques". » Avec, à la clef, une interrogation lancinante sur son avenir et ses possibilités universitaires réduites en raison de la priorité donnée par le régime aux enfants des cadres du Parti communiste et aux jeunes issus des classes populaires.

Une inquiétude nourrie par sa réflexion sur le statut inférieur de la femme en Russie, même aux yeux d'un révolutionnaire comme son père. Car son second grand problème, c'est son père qu'elle adore et déteste alternativement, selon qu'il est à la maison et la tarabuste de questions, ou qu'il est en exil, voire enfermé à la prison de la Boutyrka où elle pourra, une fois, lui rendre visite.

Et alors, elle déborde d'amour et de respect : « Je l'aime quand il se montre révolutionnaire. J'aime ses idées d'homme, d'homme d'action, d'homme qui conserve ses opinions, qui ne les renie pas en échange de bienfaits dans la vie quotidienne. » Même si elle ne l'indique qu'en passant, il est certain qu'une bonne part de ses réflexions politiques et sociales, qui constituent le second registre de lecture du journal, viennent de son père et de ce qu'elle a retenu des discussions entre ses parents.

Ce second registre est aisément repérable : il a été presque entièrement souligné par l'enquêteur du NKVD chargé de lire cette terrible pièce à conviction qu'était le journal intime d'une fille de quinze ans. Ces soulignements indiquent que le NKVD n'était plus une traditionnelle police politique, mais une police totalitaire, une police de la pensée. Il faut dire que Nina ne reste pas la plume dans l'encrier et qu'on voit peu à peu émerger de son récit, à la surface assez lisse de sa vie « normale », des signaux de plus en plus inquiétants qui révèlent la mise en place du régime totalitaire inauguré par Lénine, et réactivé puis généralisé par Staline à partir de 1928.

Le premier signal apparaît le 1er novembre 1932, avec la perquisition surprise de l'appartement des Lougovski à 23 h 30. Le lendemain, Nina évoque en riant les réactions de sa copine Irina, « terrifiée […] à la seule idée de prononcer le mot "perquisition" ». Mais le 21 janvier 1933, le père d'Irina est arrêté et Nina n'a plus envie de rire : « Ils ont détruit leur bonheur et leur tranquillité, réduit à néant le mode de vie de toute sa famille, leurs habitudes, tout ce qui leur tient à cœur. […] Oh !, les salauds, les ordures ! Comment osent-ils faire des choses pareilles. Ah ! bolcheviks, bolcheviks ! Jusqu'où êtes-vous tombés ? Que faites-vous ? »

Le deuxième signal se situe le 24 mars 1933, lorsque Rybine se voit refuser son passeport. Fin 1932, le régime a instauré un système de passeport intérieur autorisant à résider dans un certain nombre d'agglomérations. Ce système visait à empêcher les paysans ruinés et affamés par la collectivisation forcée de se sauver vers les villes – désormais le kolkhozien est attaché comme un serf à son kolkhoze – et à purger les villes des « éléments indésirables », définis en fonction de leurs opinions oppositionnelles – connues ou supposées – et de leur position sociale. En tant que SR antibolchevique et ex-responsable d'une coopérative privée, le père de Nina était parfaitement ciblé. Ainsi a été inauguré un vaste processus de marginalisation officielle de toute une partie de la population désormais désignée à la vindicte publique. Sergueï Rybine a donc été contraint de quitter son travail et sa famille, de s'installer à plus de cent kilomètres de Moscou, et de revenir clandestinement voir les siens au risque d'être arrêté ou de devoir quitter son domicile en catastrophe quand une rafle s'annonçait dans l'immeuble.

A partir de ce moment, Nina se désintéresse de la vie sociale – même si elle est parfois encore attirée par quelque événement exceptionnel comme lors du sauvetage du *Tcheliouskine*, un navire pris dans les glaces de la banquise –, elle délaisse les manifestations traditionnelles du 7 novembre et du 1er mai, elle est de plus en plus sensible au côté mensonger de la propagande. Lors de l'accident de l'avion géant *Maxime Gorki*, en mai 1935, elle note : « Oh, comme il y en a chez nous, de cette vantardise, de cette volonté de prouver qui nous sommes en dépit du bon sens. Et c'est à cause de ça, de cette vantardise, que nous nous retrouvons tous à souffrir. » Il lui arrive même de passer à l'acte, comme ce 18 mai 1933 où elle arrache l'affiche placardée sur son immeuble, qui clame les mérites d'un nouvel emprunt obligatoire.

Parallèlement, Nina repère la montée de l'endoctrine-ment à l'école, critique le professeur de sociologie qui vante « le renouvellement des cadres et de nombreuses institutions » et la rembarre quand elle s'interroge à haute voix. Elle dénonce l'installation de la délation jusqu'au sein des classes ou encore la transformation d'une blague de potache – la rédaction par les garçons d'un édit émanant de l'empereur Krok II ! – en « organi-sation clandestine contre-révolutionnaire ». Convoquée chez le directeur, elle dresse le portrait du parfait appa-ratchik : « [...] antipathique, sorti du rang grâce à sa carte du Parti, à ses vilenies et à sa capacité à remplir toutes les tâches exigées d'en haut, sans zèle et sans réfléchir. Il donnait l'impression d'avoir, avant ce poste, uniquement évolué parmi les bandits de grand chemin et peut-être les prostituées. Certainement pas au milieu des écoliers. [...] Un sacré dictateur. C'était la première fois de ma vie que je me frottais à ce qu'il est convenu d'appeler "le pouvoir en place". »

Nina en tire les bonnes conclusions : « Il règne en URSS une réaction comme on n'en a encore jamais vue. Terrifiante ! [...] Cependant, je comprends en partie les bolcheviks. Ils sont grossiers et d'une cruauté barbare mais, de leur point de vue, ils ont raison : s'ils n'épou-vantent pas les gens dès l'enfance, ils ne verront pas plus leur pouvoir s'instaurer sur la terre qu'ils ne voient leurs propres oreilles. Par conséquent, ils nous éduquent en vue de faire de nous des esclaves soumis et ils tuent impitoyablement dans l'œuf le plus petit souffle de rébellion. La moindre manifestation d'esprit critique, le plus léger signe d'indépendance ou de liberté de pensée est puni effroyablement. »

Nina constate comment ce climat étouffant et toutes les difficultés quotidiennes changent le comportement des gens. Et d'abord sa mère : « Mon Dieu, pauvre maman. [...] Elle est devenue vieille, malade, apathique. [...] On dirait un cheval qui s'est épuisé au travail mais continue, par inertie, à tirer sa charrette tout au long de la journée alors qu'elle n'a plus de force. » Mais aussi ses sœurs avec qui elle a de violentes algarades, ainsi le 4 juillet 1933 : « Je ne peux pas être d'accord avec mes sœurs. Pour elles, le socialisme est un régime véritable et les horreurs d'aujourd'hui sont dans l'ordre des choses. » Ou encore le 11 décembre 1934 : « Journée épouvantable. [...] Je ne sais pas comment la conversation a roulé sur le sujet le plus dangereux qui soit : le pouvoir soviétique, les bolcheviks et la vie actuelle. Nous nous sommes retrouvées, elles et moi, sur des positions totalement opposées. »

Ces querelles peuvent aussi être provoquées tout simplement par la faim et la promiscuité que Nina expérimente à la campagne en juillet 1933. Elle note très justement comment ces circonstances particulières provoquent un processus de brutalisation jusque dans sa famille : « Nous sommes à couteaux tirés. [...] Il s'est produit des choses incroyables. On n'arrêtait pas de crier l'une sur l'autre. Du matin au soir, l'air retentissait de "Brute !", "Imbécile !", "Idiote !". C'est insensé la brutalité qui peut jaillir de nous ! »

Cette violence, Nina la remarque aussi dans la société, largement provoquée par la dégradation constante de la situation économique depuis 1928-1929. Le 21 août 1933, elle dresse un tableau très réaliste des différents types de magasins moscovites, depuis ceux de la nomenklatura communiste, jusqu'aux coopératives d'Etat, qui connaissent des queues interminables. Relevant les prix, elle s'indigne : « Dans les files d'attente, les gens se disputent et maudissent la vie. Ils sont méchants, affamés, épuisés. Nulle part on n'entend s'élever un mot de défense des bolcheviks haïs. [...] Qu'est-ce que les ouvriers mangeront cet hiver ? » Revenue d'un séjour de vacances en province, elle note :

« Au lieu de la solidarité ouvrière si hautement célébrée, il y régnait un antagonisme viscéral entre les ouvriers locaux et les saisonniers. Querelles et coups de poing dans la gueule étaient monnaie courante. »

Et surtout, elle est particulièrement sensible au sort des paysans – peut-être en souvenir de ses origines familiales et de sa grand-mère, qu'elle voit souvent. En août 1933, elle écrit : « Des choses étranges se passent en Russie. Famine, cannibalisme... Ceux qui arrivent des provinces racontent de drôles de choses. Ils disent qu'ils n'ont pas le temps de ramasser les cadavres dans les rues, que les villes de province sont remplies de paysans en guenilles et affamés. Partout il y a des vols horribles et du banditisme. Et l'Ukraine, ce grenier à blé, qu'en reste-t-il ? On ne la reconnaît plus. » Le 11 décembre 1934, elle envoie à la tête de ses sœurs, lors d'une violente dispute, les « 5 millions de morts en Ukraine ». Et il est exact qu'en 1932-1933, le pouvoir soviétique a organisé, par ses réquisitions forcées et l'interdiction de toute aide aux affamés, une gigantesque famine qui a touché principalement l'Ukraine, faisant autour de 5 millions de victimes[3]. On constate donc qu'en dépit des efforts considérables du pouvoir pour cacher cette tragédie dont il était directement responsable, et de la gigantesque campagne de désinformation et de propagande déclenchée pour en nier l'existence, l'information a transpiré jusque chez une collégienne moscovite dès l'été 1933.

Autant de malheurs, familiaux et généraux, suscitent chez Nina une véritable haine des bolcheviks, et elle n'hésite pas à s'attaquer aux figures sacrées du régime. En novembre 1932, elle a assisté aux obsèques d'Ali-louïeva, la femme de Staline, qui s'est suicidée ; elle remarque qu'il y avait dans la foule « une joie mauvaise » contre cette « bolchevique ». En juin 1933, elle se moque d'une statue de Lénine, une vraie « caricature ». Elle en vient à vouloir la mort des chefs bolcheviques. Lors de l'assassinat de Kirov, le 1er décembre 1934, elle en ressent de la joie : « J'ai regretté de ne pas avoir assisté à cet événement terrible et tonitruant. Il y allait avoir un sacré pétard, maintenant. » Effectivement, quel pétard : les grands procès de Moscou, la Grande Terreur et la suite…

Elle en veut tout particulièrement à Staline, « ce salaud, cette ordure, ce vil Géorgien » qui « mutile la Russie » : « J'en suis venue à la conclusion qu'il faut tuer ces salauds. […] Pendant plusieurs jours, couchée dans mon lit, j'ai rêvé à la façon dont je le tuerais, ce dictateur. […] Je serrais les poings de fureur. Le tuer, et le plus tôt possible. Me venger, et venger papa. Le tuer. » On imagine le choc de l'inspecteur du NKVD à cette lecture…

Néanmoins, le caractère progressif de la mise en place de la terreur par Staline, en particulier à Moscou, est bien souligné par l'insouciance de la dernière notation de Nina, le 3 janvier 1937 : « Trois mots sur le réveillon du Nouvel An. L'atmosphère a été assez joyeuse et animée, mais ça aurait pu être mieux. » Ce sera bien pire que tout ce que Nina pouvait imaginer. Le lendemain, c'est la perquisition et le début de la tragédie pour toute la famille.

Et pourtant, si celle-ci avait été arrêtée après juillet 1937, son sort aurait probablement été pire encore. En effet, par son ordre n° 00447 du 30 juillet 1937 qui inaugura la Grande Terreur, Nikolaï Iejov, le chef du NKVD placé sous les ordres directs de Staline, décidait de condamner en « catégorie n° 1 » – fusillé – ou en « catégorie n° 2 » – déporté au Goulag –, « les ex-membres des partis non communistes, les criminels et, en général, les gens du passé », soit 767 397 personnes, dont 386 798 furent immédiatement fusillées. Nina et sa mère auraient pu également tomber sous le coup de l'ordre n° 00486 du 15 août 1937, défini par le Bureau politique le 5 juillet 1937, autorisant l'arrestation des familles des « ennemis du peuple » déjà arrêtés, soit de plus de 18 000 femmes et de 25 000 enfants (de plus de quinze ans).

Le 28 septembre 1933, Nina notait déjà : « Ce matin, je me suis dit : "Vivement que je grandisse et quitte ce pays de barbares et de sauvages." » Staline l'a expédiée dans un pays encore plus barbare, la Kolyma, mais son journal nous la rend, intacte, authentique, accusatrice. Un grand document qui fait irrésistiblement penser au *Journal* d'Anne Frank, même si les circonstances dans lesquelles ils ont été écrits sont assez différentes. Même lucidité impitoyable dans les yeux de ces deux adolescentes, et même fraîcheur d'écriture. Même témoignage d'une vie palpitante écrasée par un pouvoir totalitaire. N'oublions jamais.

CHAPITRE X

Journaux intimes soviétiques : la psychologie totalitaire[1]

L'ouverture, dans les années 1990, des archives ex-soviétiques à Moscou a déjà permis d'éclairer des pans entiers des périodes léniniste et stalinienne de l'URSS. Un nouveau gisement d'archives est aujourd'hui mis au jour : celui des journaux intimes, tenus par des citoyens soviétiques et rendus publics soit par leur famille, soit par leur découverte dans les archives de la police politique. Cette documentation inédite permet d'opérer une plongée dans les pensées les plus intimes des citoyens du « paradis des travailleurs », loin de la façade propagandiste et des discours convenus de l'idéologie.

Déjà en 2005 a été publié en France le journal de Nina Lougovskaïa, une écolière soviétique d'une famille moscovite de socialistes révolutionnaires[2]. Le 4 janvier 1937, le NKVD – la police politique de Staline – perquisitionne l'appartement des Lougovski et saisit le journal que Nina tient depuis l'âge de 13 ans, en 1932. Or celui-ci se révèle bientôt un terrible élément à charge : à l'été 1933, rendant compte d'un séjour à la campagne où elle a découvert la famine provoquée par le pouvoir contre les paysans ukrainiens qui résistaient à la collectivisation forcée, et ses « cinq millions de morts », Nina a rêvé « de tuer ces salauds », de « tuer le dictateur », Staline.

Ce crime virtuel a valu à la mère et à ses trois filles une déportation au Goulag de la Kolyma, quant au père il disparaîtra dans la tourmente.

S'appuyant sur le même type de documents – des journaux intimes –, Jochen Hellbeck, historien à la Rutgers University, nous propose dans *Revolution on my mind. Writing a diary under Stalin*[3], une tout autre plongée dans les pensées intimes de quatre communistes, activistes de la période stalinienne.

La première est Zinaïda Denisevskaïa. Cette enseignante en sciences vit dans une grande solitude affective, moniale laïque fortement mélancolique. Agée de trente ans à la prise du pouvoir par les bolcheviks, elle condamne leur idéologie et leurs meurtres. Cependant, salariée dans une ferme expérimentale, elle délaisse peu à peu son individualisme radical, attirée par la promesse d'une nouvelle vie collective, et retrouve l'éthique classique de l'intelligentsia russe d'avant 1917, tournée vers le service de la société

A la fin des années 1920, le régime engage une violente campagne contre les « spécialistes bourgeois » – l'élite formée avant 1917 – et Denisevskaïa redoute cette menace qui frappe jusque dans son entourage. C'est alors que son aspiration à participer à une vie plus collective rencontre ses désirs les plus secrets : elle tombe amoureuse d'un de ses élèves, Aliocha, de quinze ans son cadet, qui devient pour elle à la fois le premier amant tant espéré et le symbole de la nouvelle intelligentsia soviétique, le modèle de « l'homme nouveau ». Désormais, la professeur cultivée va se soumettre à « l'éducation de classe » de son élève, et épouser en ce mari un partenaire idéologique. La première rencontre physique est rude, mais cette déception d'un amour personnel se transfigure en un amour « collectiviste » : Denisevskaïa se jette dans la lecture de Marx !

Mais elle est bientôt rattrapée par Staline qui lance la collectivisation forcée des campagnes et la « liquidation des koulaks », ces exploitants individuels pour lesquels les agronomes expérimentaient de nouvelles techniques. Or, alors que la répression frappe son directeur et ses collègues, Denisevskaïa s'enthousiasme pour la collectivisation et finit par se convaincre que la famine ainsi provoquée est le résultat du sabotage des « spécialistes bourgeois » ! Face aux terribles pressions subies, elle capitule : ayant participé au défilé du 1er Mai, elle écrit : « Je me suis pour la première fois conçue comme un être humain, un membre de la société », ou encore : « Nous tous, nous étions un. [...] J'étais une goutte dans la mer ». Elle se considère désormais comme une *reborn*, qui renaît à la vie dans la grande famille soviétique. Elle n'en profitera guère et mourra d'un cancer en mars 1933.

Le second cas exploré par Jochen Heelbeck est celui de Stepan Pidlubny, un fils de paysans ukrainiens, né en 1914. Lors de la campagne de « liquidation des koulaks » de 1929-1930, la minuscule ferme de ses parents est confisquée, le père déporté au Goulag, la mère et le fils jetés à la rue. Avec de faux papiers indiquant qu'il est d'origine ouvrière, Stepan s'enfuit à Moscou où il réussit à entrer en apprentissage à l'imprimerie de... la *Pravda*. Bien décidé à s'en sortir et à s'intégrer au nouveau régime, Stepan devient un activiste du Komsomol – les jeunesses communistes –, chef d'une brigade de travailleurs et bientôt rédacteur d'un journal mural. En contrepartie, il adopte les normes soviétiques et dénonce publiquement les « déviants ». Pourtant, alors qu'il rêve de devenir écrivain et de renaître dans la nouvelle vie soviétique, il est torturé par la conscience d'être « un fils de koulak » et la crainte d'être démasqué comme « ennemi de classe ». Son seul ami est son journal, inauguré en 1931, à qui il confie ses angoisses et qui nous révèle la schizophrénie dans laquelle il vit. Il espère pourtant que sa fréquentation quotidienne du prolétariat – à la *Pravda* ! – pourrait le purifier de son « essence koulak » et lui faire acquérir l'idéologie prolétarienne. Contraint de contrôler en permanence son comportement, Stepan copie en tout le secrétaire du Komsomol afin de mieux démontrer une conformité indispensable à sa survie sociale.

Ironie de l'histoire, son application le fait repérer du NKVD qui l'oblige à devenir un informateur. Dès lors, sa tension psychologique est extrême en raison de l'opposition totale entre ses pensées intimes et son comportement social : « Mon secret quotidien et le secret de ma vie intérieure ne me permettent pas de devenir une personne au caractère indépendant. Je ne peux pas m'exprimer ouvertement et nettement, ni avec aucune pensée libre. »

Son dégoût de lui-même, sa haine de soi sont accrus lorsqu'en décembre 1932 le pouvoir instaure des passeports intérieurs qui seuls permettent de séjourner à Moscou : des dizaines de voisins de Stepan sont expulsés. Celui-ci est en train de craquer et il adhère désormais avec sincérité au régime, ce qui le rend heureux. Et quand ses neveux, restés au village en Ukraine, lui envoient une lettre où ils crient famine et supplient pour qu'on les aide à survivre, Stepan souligne dans son journal qu'il a reçu la supplique avec un « calme » bolchevique.

Ce bonheur est gâché en octobre 1934 : le NKVD a découvert sa véritable origine sociale, mais ne lui en tient pas rigueur à condition qu'il continue de travailler pour « les organes ». Sa réaction relève du syndrome de Stockholm, l'amour du bourreau : « La pensée que j'ai été fait citoyen de la famille commune de l'URSS comme n'importe qui d'autre m'oblige à répondre avec amour à ceux qui m'ont fait ainsi. Je ne fais désormais plus partie des ennemis. » Les gratifications pleuvent : une amélioration de son logement, l'autorisation d'engager des études médicales.

Mais, début 1936, il est publiquement dénoncé comme fils de koulak, exclu du Komsomol et de l'université. A ces nouvelles, Stepan réagit en dressant l'arbre généalogique de sa famille paternelle depuis le XVIIIe siècle. Finalement, sa mère en décembre 1937, lui-même en octobre 1939 sont arrêtés et déportés au Goulag. Y ayant survécu, le père, la mère et le fils se retrouveront à Moscou après guerre.

Le journal intime de Leonid Potemkine révèle le cas fort différent d'un garçon né en 1914 et possédé d'une véritable volonté de puissance, d'une aspiration forcenée à devenir un « chef ». Or, à ce type d'hommes, le système soviétique offrait d'énormes potentialités et d'immenses satisfactions narcissiques – sans oublier les gratifications matérielles et symboliques. Entré au Komsomol en 1934, responsable syndical, puis agitateur politique en 1936, il devient un spécialiste de marxisme-léninisme tout en poursuivant des études de géologie. En 1947, il découvre un énorme gisement de nickel qui va assurer sa fortune politique et le propulser dans la haute nomenklatura, d'abord secrétaire du parti du district de Moscou en 1956, puis vice-ministre des recherches minières en 1965.

Chez lui, l'appartenance au parti signifie expression de sa volonté de puissance et donc liberté. Dans la vision héroïque et romantique qu'il entretient du communiste, il se voit en artiste et même en démiurge. Et chez cet activiste qui consacre son temps à démasquer les ennemis cachés du parti, l'amour du pouvoir soviétique a remplacé l'amour de la personne. Il a totalement intériorisé les valeurs staliniennes et n'exprime, *in fine*, ni regrets ni remords.

Alexander Afinogenov est né en 1904. Dès l'âge de 13 ans, en 1917, il est élu secrétaire de l'union locale des étudiants communistes, près de Riazan, et se vante d'être allé en classe « en effrayant les professeurs avec mon attitude dominatrice et le revolver à la ceinture ». Admis au Parti bolchevique à 17 ans, il s'installe en 1927 à Moscou et devient l'un des leaders de l'organisation radicale nommée Association russe des écrivains prolétariens (la RAPP). Sa première pièce de style « réaliste prolétarien » – *L'Excentrique* – est présentée devant Staline qui la recommande aux membres du Comité central. Sa pièce la plus connue – *Peur* – oppose une jeune communiste enthousiaste à un professeur de la vieille intelligentsia russe qu'elle pousse à rejoindre la construction du socialisme. Lorsqu'en octobre 1932 Staline réunit des intellectuels et les incite à soutenir à la campagne d'industrialisation du pays et à devenir « des ingénieurs des âmes », Afinogenov fait partie des invités. Et il est coorganisateur du congrès de fondation de l'Union des écrivains, qui deviendra la structure unique et obligatoire des intellectuels.

Ces promotions s'accompagnent de fortes gratifications : appartement de quatre pièces confortablement aménagé, salaire très élevé, accès aux magasins spéciaux, autorisation de voyager à l'étranger et d'en rapporter une automobile, mise à disposition d'une datcha. Bref, Afinogenov appartient à la nouvelle élite du régime qu'il est prêt à servir sans se poser de questions. D'ailleurs, son journal intime, tenu depuis 1926, ne recèle aucune angoisse métaphysique sur la collectivisation forcée, la grande famine ukrainienne de 1932-1933 ou l'instauration du Goulag. Il est vrai que notre écrivain fréquente assidûment la datcha de Iagoda, le tout-puissant chef du NKVD...

Pourtant, en 1933, quand Afinogenov écrit une pièce intitulée *Mensonge*, où il met en scène les doutes d'une jeune communiste qui s'interroge sur la pertinence de « la ligne générale » du parti et sur l'indifférence aux hommes qui accompagne la construction du socialisme, Staline critique vertement « ce baragouin ennuyeux » ; l'auteur est contraint de décommander par télégrammes sa pièce auprès des trois cents théâtres ! Le coup de semonce a été si rude qu'Afinogenov s'interroge : n'est-il pas en train de sombrer dans le parasitisme ? Il décide donc d'utiliser son journal pour reconstituer son moi communiste, pour retrouver sa foi dans le sens de l'histoire, l'enthousiasme nécessaire à transformer en littérature les directives du parti. Staline estime sans doute ne pas l'avoir suffisamment malaxé et, en 1936, il fait interdire toutes les pièces d'Afinogenov, ce qui n'empêche pas celui-ci de se féliciter dans son journal de la formidable purge engagée par son persécuteur pour purifier le parti, et qui lui apparaît comme une chance de montrer qu'il est un véritable bolchevik.

Mais la purge le rejoint : le 4 avril 1937, la *Pravda* annonce l'arrestation de Iagoda. Toute l'ancienne direction de la RAPP est visée, son chef ayant épousé la sœur de Iagoda… Contraint à une autocritique publique, Afinogenov reconnaît que, à la fois comme personne, écrivain et communiste, il a « dégénéré », ce qui nécessite « une intervention chirurgicale » ; au cours d'une séance de plus de quatre jours, trente écrivains viennent le dénoncer. Il est bientôt exclu du parti et chassé de son appartement, tandis que plusieurs de ses « complices » – qui ont refusé l'autocritique – sont exécutés.

Réfugié dans sa datcha, Afinogenov se confie à son journal : alors qu'il se considère innocent des crimes qu'on lui impute, il tente désespérément de donner un sens à son existence et pense être victime d'un vaste complot « fasciste » visant à détruire les artistes soviétiques les plus talentueux. Il est déchiré entre deux sentiments : dans la crainte permanente de l'arrestation, il médite sur Cervantes et Dostoïevski, et rêve d'une existence loin de ce monde de bruit et de fureur ; mais en même temps, il rêve d'être réintégré au parti. « Je commence à avoir peur de perdre l'esprit » écrit-il. Au point de rédiger son propre interrogatoire imaginaire à un officier du NKVD à qui il propose une « évaluation politico-morale » approfondie pour vérifier la pureté de sa conscience de communiste !

Finalement, dans une sorte d'extase quasi religieuse, il se félicite d'un « miracle » : l'autocritique a provoqué la mort de son vieux « moi » et l'a fait renaître en « homme nouveau » soviétique. Désormais l'épanouissement de sa personnalité doit passer par l'adoption de l'identité sociale voulue par le régime. Afinogenov a tué en lui ce qui restait de l'ethos traditionnel de l'intelligentsia russe. Il se soumet à la purge qui « purifie » et il justifie le fait qu'elle puisse le broyer, ultime service à rendre au parti – confirmant ainsi les analyses d'Arthur Koestler[4]. Il se considère désormais comme « l'encrier » du génial Staline qui s'exprime à travers lui. Il a pourtant sous les yeux l'exemple de son voisin de datcha, Boris Pasternak, qui, détaché des circonstances tragiques du moment, écrit *Le Docteur Jivago* sans se soucier des menaces.

En décembre 1937, convaincu que le « miracle » lui a rendu toute sa pureté communiste, Afinogenov demande sa réintégration au parti, qu'il obtient dès janvier 1938, bénéficiant de la résolution du Comité central qui regrette que trop de bons communistes aient été épurés. Ce qu'Annie Kriegel, dans une analyse pénétrante, nommait la « pédagogie infernale[5] » de la terreur a parfaitement fonctionné : au lieu de s'interroger sur les ressorts inquisitoriaux de la purge, Afinogenov n'a pas de mots assez forts pour remercier Staline et le NKVD qui, dans leur grande sagesse – leur « humaine sensibilité » [*sic*] –, ont su lui faire confiance, ce qu'ils ne regretteront pas.

A peine réhabilité, l'écrivain se lance dans la campagne de purge contre les « opportunistes » qui ont dénoncé les « bons communistes ». Et pour le Nouvel An 1939, son bonheur est à son comble : il reçoit un mot adressé au « camarade Afinogenov », où Staline s'excuse de ne pas avoir le temps de lire le manuscrit que l'auteur lui a envoyé. Néanmoins, il reste au Purgatoire : sa nouvelle pièce n'est pas mise au répertoire. Mais la guerre va l'envoyer au Paradis socialiste : le 29 octobre 1941, alors qu'il se trouve au siège du Comité central, une bombe allemande le tue net et en fait un martyr du fascisme. La fin de l'histoire reflète à la perfection la morale communiste de cette époque : le 29 octobre 1946, pour le cinquième anniversaire de sa mort, la Maison des écrivains de Moscou lui consacre une soirée présidée par... celui-là même qui avait été le premier à le dénoncer en 1937.

Les journaux présentés par Jochen Hellbeck[6] montrent par quels processus intimes un citoyen soviétique pouvait, sous Staline, devenir un activiste communiste : volonté de pouvoir sur les autres, recherche de gratifications matérielles et symboliques, mais aussi crainte permanente d'être désigné comme « ennemi de classe » et de tomber sous le hachoir. Dès lors, le persécuté-persécuteur[7] était contraint d'intérioriser les valeurs du parti unique et de proclamer son adhésion à l'idéologie communiste qui, seule, lui permettait de justifier sa participation à un régime de terreur. Ainsi, non content d'avoir mis en œuvre une ingénierie sociétale – en déportant ou exterminant des groupes sociaux ou nationaux entiers –, Staline avait également mis au point une ingénierie mentale et psychologique assurant la participation d'une partie des citoyens à la grande machinerie totalitaire.

CHAPITRE XI

Staline et les Juifs

La question des relations historiques entre le monde juif et la révolution communiste – depuis Karl Marx jusqu'à Trotski, Zinoviev et Kamenev, les lieutenants de Lénine – n'a cessé, depuis un siècle et demi, d'être au centre de violentes polémiques, réactivées fortement lors de la dénonciation par les nazis du « judéo-bolchevisme ». Dans son livre Staline et les Juifs[1]*, dont il m'avait confié la préface, Arkadi Vaksberg, journaliste et écrivain qui a très bien connu toute la période soviétique, revenait sur les évolutions et la continuité de l'antisémitisme dans la Russie tsariste, en URSS et dans la Russie postcommuniste. Depuis, Alexandre Soljenitsyne a publié son grand ouvrage* Deux siècles ensemble[2] *qui donne un point de vue russe sur la question.*

L'histoire des relations entre les Juifs et la Russie tsariste a été marquée au sceau de la discrimination – les Juifs étant confinés à une « zone de résidence » à l'ouest de l'Empire et soumis à des interdictions professionnelles – et, trop souvent, à une tragique persécution émaillée de violents pogroms. L'antisémitisme était alors une politique d'Etat revendiquée hautement par une faction ultranationaliste et réactionnaire. La révolution de février 1917 vint tout soudain libérer les Juifs de cette oppression. Nombre d'entre eux s'engagèrent à fond dans les mouvements tant démocratiques que révolutionnaires. La guerre civile déclenchée par la prise de pouvoir des bolcheviks, le 7 novembre 1917, donna lieu à une nouvelle vague de pogroms, tant du côté des « Blancs » que des nationalistes ukrainiens ou de l'Armée rouge. Les bolcheviks une fois solidement installés au pouvoir, la situation des Juifs de la nouvelle URSS sembla s'améliorer notablement. Ils s'investirent en nombre dans les instances du nouveau régime, affluant dans les grandes villes qui, jusque-là, leur étaient interdites. Au début des années 1930, Moscou comptait ainsi plus de 250 000 Juifs sur une population juive soviétique d'environ 3 millions de personnes. Ce monde yiddishophone connut alors une sorte « d'âge d'or » culturel, à travers journaux, théâtres, groupes musicaux, clubs de toutes sortes.

Pourtant, des nuages s'amoncelaient, sous la houlette du nouveau chef absolu du parti, Joseph Staline. L'URSS était en principe une république fédérative respectueuse de chacune des républiques nationales qui la composaient. En outre, Staline avait été le premier commissaire du peuple aux Nationalités, ce qui aurait dû le rendre plus sensible que d'autres à ce principe. Or, très tôt, on vit qu'il n'en serait rien. Ayant lancé en 1929 la collectivisation forcée de l'agriculture, Staline se trouva rapidement confronté à une résistance générale, particulièrement forte en Ukraine où la relation entre la paysannerie et le sentiment national était intense. Il lança alors le fameux slogan « Liquidons les koulaks en tant que classe », déportant des millions de paysans, fusillant les plus récalcitrants, et organisant, à l'été 1932, une gigantesque famine destinée à détruire définitivement toute existence sociale et nationale de la paysannerie ukrainienne. Cet acte génocidaire aboutit en neuf mois à la mort de faim d'environ 5 millions de personnes. En

1938, Nikita Khrouchtchev, homme lige de Staline, fut nommé à la tête de l'Ukraine où, par une répression féroce, il écrasa toute possibilité d'indépendance à l'égard du pouvoir de Moscou.

Fort de ces premiers résultats spectaculaires, et ayant imposé son pouvoir absolu sur le parti, et du parti sur le pays, Staline entreprit d'assurer ses arrières. Craignant qu'en cas de guerre – avec l'Allemagne, la Pologne, le Japon ou tout autre – les minorités frontalières se transforment en Cinquièmes colonnes, il ordonna dès 1935 de déporter massivement de l'ouest les Polonais, Finnois, Allemands, et de l'est les Coréens.

En 1937, le « grand timonier » décida d'accélérer encore ce processus en déclenchant la Grande Terreur. En quatorze mois de 1937-1938, furent organisées de « grandes opérations terroristes secrètes », planifiées, centralisées et mises au point par Staline personnellement. Celles-ci suivirent d'une part une « ligne koulak » dont la cible était « les gens du passé » – aristocrates, prêtres, bourgeois, paysans qui avaient jusque-là échappé à la terreur de classe – et d'autre part une ligne « nationale » visant les minorités nationales implantées à proximité des frontières (Polonais, Allemands, Finnois, Coréens etc.). Au total plus de 700 000 fusillés et des millions de déportés.

C'est donc sur cette tragique toile de fond qu'Arkadi Vaksberg, qui a connu intimement cette histoire, a pu accéder à nombre de documents inédits et a recueilli des témoignages confidentiels, retrace le cheminement tortueux conduisant à la réactivation de la persécution antisémite en URSS.

Pendant la première moitié des années 1930, les Juifs furent plutôt épargnés par la répression. Certes, en 1932, Staline imposa aux habitants des villes un passeport intérieur sur lequel la case n° 5 indiquait impérativement l'origine ethnique : en l'occurrence « Juif ».

Certes, en mai 1934, Staline décida de créer la région autonome juive du Birobidjan, au fond de l'Asie centrale, qui visait sans doute à drainer loin des capitales une partie de la population juive, mais qui ne rencontra qu'un très médiocre succès. Certes, lors du premier des Grands Procès de Moscou, à l'été 1936, onze accusés sur seize étaient des Juifs, mais cela ne faisait que refléter leur présence importante parmi la vieille génération bolchevique que Staline avait entrepris d'exterminer.

En contrepartie, le 12 janvier 1931, celui-ci avait déclaré *urbi et orbi*, dans une interview à l'Agence télégraphique juive, que les communistes étaient « les ennemis farouches et irréductibles de l'antisémitisme, forme extrême du cannibalisme ». De très nombreux Juifs gravitaient dans les sphères du pouvoir, au point qu'en 1936 près de 40 % des hauts cadres de la police politique étaient des Juifs. Et deux des hommes les plus proches du « petit père des peuples », Kaganovitch et Mekhlis, étaient juifs.

Comme toujours, ce stratège rusé et sans scrupule qu'était Staline jouait simultanément plusieurs parties et tenait des discours pluriels. Il continuait vis-à-vis de l'extérieur – guerre d'Espagne oblige – à développer le traditionnel discours internationaliste des bolcheviks et le nouveau discours antifasciste inauguré en 1934. Mais en interne il accélérait le retour aux signes formels du nationalisme russe, voire tsariste, faisant publier dans la *Pravda* du 15 janvier 1937 un éditorial à la gloire du « Grand peuple russe ».

Engagé au printemps 1939 dans une audacieuse manœuvre diplomatique entre Hitler et les démocraties, Staline, qui proposait sa neutralité au plus offrant, décida début mai d'opter pour la proposition hitlérienne et joua la carte juive : le 4 mai, il débarqua son ministre des Affaires étrangères, Maxime Litvinov – un Juif, de son vrai nom Wallach-Finkelstein – ainsi que la plupart de ses collaborateurs juifs, signal très net en direction de l'Allemagne nazie. Dès que furent signés les deux traités germano-soviétiques du 23 août et du 28 septembre 1939, le discours antinazi – et donc la dénonciation de l'antisémitisme et de la persécution des Juifs en Allemagne et dans les pays occupés par les nazis – disparut brusquement de toute la propagande communiste, en URSS et dans toute l'Internationale communiste, et ce jusqu'en juin 1941.

Entre septembre 1939 et juin 1940, Staline toucha les dividendes de son alliance avec les nazis et l'Armée rouge put envahir sans coup férir la partie orientale de la Pologne, les Etats baltes et les provinces roumaines de Bessarabie et de Bukovine du nord. Et soudain le problème juif se posa avec acuité. L'URSS, qui comptait environ 3 millions de Juifs, en « récupérait » 2 millions supplémentaires – 1 270 000 de Pologne, 250 000 des Etats baltes et 375 000 de Roumanie. Certes, ils furent « soviétisés » comme le reste des populations, mais, n'appartenant la plupart du temps ni aux élites autochtones ni à la paysannerie, ils eurent moins à souffrir de la terreur qui accompagna la conquête ; pourtant, plus de 250 000 Juifs polonais, qui ne voulaient ni retourner dans la zone d'occupation allemande ni adopter la nationalité soviétique, furent déportés au Goulag, de même qu'environ 25 000 Juifs de Lettonie.

Parallèlement, les nazis, s'ils n'avaient pas encore engagé la « solution finale » de la question juive, s'étaient lancés dans d'énormes opérations de discrimination et de persécution dans la partie occidentale de la Pologne. Cela sembla laisser Staline de marbre. S'il accepta d'accueillir, entre octobre 1939 et juin 1941, 300 000 Juifs fuyant la Pologne occidentale, ce fut uniquement ceux, surtout des jeunes, qui acceptèrent d'aller travailler sur les chantiers du grand nord ou de Sibérie ; les autres, par dizaines de milliers, furent refoulés dans la zone d'occupation allemande. Pour complaire à Hitler, Staline remit même aux nazis plus de 4 000 antifascistes allemands, dont de nombreux Juifs. Surtout, chose peu connue, il adressa une fin de non-recevoir à deux lettres de l'Office pour l'émigration des Juifs, de Berlin et de Vienne, qui, début 1940, proposait au gouvernement soviétique d'accueillir au Birobidjan tous les Juifs du Reich, soit plus de 350 000, et la plupart des Juifs de la Pologne occidentale, soit près de 1 800 000[3].

L'attaque allemande modifia provisoirement la place des Juifs dans la politique de Staline. En effet, peu après avoir pénétré en territoire soviétique, les nazis firent entrer en action les *Einsatzgruppen* chargés de l'extermination systématique des hommes juifs, puis, très rapidement, de toute la population juive, massacres symbolisés par celui de Babi Yar où furent assassinés plus de 30 000 Juifs le 29 septembre 1941. Informé de ces opérations d'extermination, Staline autorisa, dès le 24 août 1941 à Moscou, un grand meeting dirigé par les principales personnalités juives soviétiques qui lancèrent à la radio un appel « A nos frères juifs dans le monde entier », où était clairement dénoncée la mise en œuvre par les nazis de l'extermination du « peuple juif »[4]. Et le 7 novembre 1941, seule et unique fois pendant et après la guerre, Staline fit dans un discours une allusion à la persécution spécifique des Juifs.

En 1942, Staline décida de jouer à nouveau la carte juive, mais cette fois-ci pour mieux manœuvrer ses alliés anglais et américains, et autorisa la création du Comité antifasciste juif (CAJ). Celui-ci, sous la haute autorité du chef de la police politique, Beria, fut chargé d'une tournée aux Etats-Unis, destinée à la fois à renforcer la propagande prosoviétique, à recueillir des fonds importants pour l'URSS et, accessoirement, à faciliter le travail des « espions atomistes » de Moscou sur le territoire américain. Le soutien officiel apporté au CAJ en 1942-1943, donna beaucoup d'espoirs à ses dirigeants, jusqu'à leur faire croire que le moment était venu de relancer l'idée de la création d'une république juive autonome ; c'est ce que par lettre en date du 21 février 1944 ils proposèrent à la direction du Parti communiste d'Union soviétique.

Mais les temps étaient déjà en train de changer, ou plutôt de revenir à la normale stalinienne. En effet, certain désormais de gagner la guerre, Staline avait entrepris de terminer le travail engagé pendant la Grande Terreur pour liquider, à travers de nouvelles « grandes opérations terroristes secrètes », des « minorités » frontalières, non russes et traditionnellement turbulentes, voire rebelles. Du 27 au 30 décembre 1943, il fit déporter 93 000 Kalmouks, puis 521 000 Tchétchènes et Ingouches du 23 au 28 février 1944, 180 000 Tatars de Crimée du 18 au 20 mai 1944, et enfin des dizaines de milliers de Grecs, Bulgares, Arméniens, Turcs, Kurdes du Caucase. Lors du toast de la victoire, le 24 mai 1945, Staline désigna le peuple russe comme « le peuple dirigeant » et s'orienta plus nettement vers un national-communisme.

Dès lors, les Juifs et le CAJ apparurent de plus en plus comme les prochaines victimes. Un antisémitisme d'Etat commença à se faire jour : les Juifs étaient écartés des postes de responsabilité, voire même privés de travail. Le 19 novembre 1946, un jeune apparatchik montant, Mikhaïl Souslov, adressa au secrétariat du parti une lettre où il dénonçait le danger nationaliste représenté par le CAJ ; et simultanément, Staline interdisait la publication du *Livre noir sur l'extermination des Juifs d'URSS*, ensemble de témoignages recueillis et mis en forme par deux des écrivains juifs les plus connus, Ilya Ehrenbourg et Vassili Grossman[5]. Fin 1947, Staline donna personnellement son feu vert pour la liquidation, maquillée en accident, de Solomon Mikhoels, acteur juif très connu, qui avait été la figure de proue du CAJ ; Mikhoels fut assassiné le 12 janvier 1948.

Si en politique intérieure Staline jouait ouvertement la carte antisémite au bénéfice de la ligne nationale-communiste, sur le plan extérieur il n'avait pas épuisé les avantages de sa carte philosémite. En particulier, il soutint fortement la création de l'Etat d'Israël, autorisant même des milliers de militaires juifs soviétiques à aider le jeune Etat dans sa guerre initiale contre les pays arabes, en mai 1948. Il espérait le contrôler et disposer ainsi d'une carte maîtresse au Moyen-Orient, à la fois contre les Anglais et les Américains[6].

Dès qu'il comprit que ces espoirs seraient déçus, les sionistes tenant solidement la situation en main, il abandonna définitivement cette carte pour aligner son attitude vers l'extérieur – sous la dénomination d'« antisionisme » – sur son attitude intérieure ouvertement antisémite. Le 20 novembre 1948, ordre fut donné de dissoudre le CAJ et, dès 1949, commençait en URSS une violente campagne contre les Juifs qui, après avoir été accusés de nationalisme sioniste, devenaient désormais des « cosmopolites apatrides ». L'antisémitisme d'Etat se montra dès lors sans fard, discriminant moralement et matériellement les Juifs et créant dans l'opinion un climat favorable à une persécution de grande ampleur. Ainsi s'enchaînèrent en 1952 le procès secret des dirigeants du CAJ – avec en tête Lozovski[7] –, puis en mars l'ouverture d'une nouvelle instruction impliquant plus de deux cents personnalités juives, et enfin en janvier 1953 la mise en route du « complot des blouses blanches » qui, selon les informations livrées par Arkadi Vaksberg, devait déboucher sur une grande opération de déportation des Juifs.

La mort de Staline mit brusquement fin à ces projets, mais, après la chute de Nikita Khrouchtchev, au milieu des années 1960, la politique antisémite réapparut sous la houlette de l'inusable Souslov – qui, rappelons-le, était la plus haute personnalité soviétique présente aux obsèques de Maurice Thorez, le dirigeant historique du PCF, en 1964 !

Aujourd'hui, plus de dix ans après la chute du régime soviétique, le retour en force des communistes s'accompagne, sous prétexte de patriotisme russe, de fortes manifestations publiques d'antisémitisme. Au printemps 2001, alors que Vladimir Poutine était déjà président de la République de Russie, près du tiers des députés de la Douma ont refusé d'observer une minute de silence à la mémoire des Juifs d'URSS assassinés par les nazis. C'est donc à travers les méandres tortueux de cette histoire troublée et tragique que nous conduit, avec compétence et maestria, Arkadi Vaksberg.

Reste une question grave et, par certains côtés, tragique : quelle part des Juifs ont-ils pris dans la révolution bolchevique et dans l'instauration du système totalitaire communiste ? Car si les Juifs d'URSS furent massivement des persécutés – exterminés par les nazis et discriminés par le régime après 1945 –, ils furent aussi, très minoritairement il est vrai, du côté des persécuteurs, dans les instances du Parti communiste, de la police politique et de l'Armée rouge. Il serait à l'honneur d'un Juif, russe de surcroît, d'aborder cette délicate question afin que soit établie ce que Paul Ricœur nomme la « juste mémoire ».

CHAPITRE XII

La terreur peut être « douce »

La publication du Livre noir du communisme *dans la plupart des ex-« démocraties populaires » et régions annexées à l'URSS et soviétisées, m'a entraîné dans des tournées de conférences et de débats publics dans ces pays. J'ai pu, à ces occasions, rencontrer de nombreux témoins et mieux toucher du doigt la nature de l'oppression dont ils avaient été victimes sous les régimes communistes. Or, en dehors des périodes paroxystiques de la prise du pouvoir par les communistes et de la période stalinienne – où était mise en œuvre une terreur de haute intensité –, ces citoyens ont eu, la plupart du temps, à subir une terreur de faible intensité – la terreur « douce » – mais qui n'en était pas moins efficace sur la longue durée[1].*

Depuis la publication en 1997 du *Livre noir du communisme*, nombre d'historiens ont mis l'accent sur le rôle fondamental de la terreur dans les régimes communistes, moyen à la fois de conquête, de conservation et de gestion du pouvoir. Cependant, les épisodes éminemment tragiques – assassinats de masse, déportations collectives, système concentrationnaire – qui frappent l'imagination par la cruauté des bourreaux et le nombre de victimes qui se comptent par centaines de mille, voire par millions, ne doivent pas occulter la terreur de basse intensité criminelle, moyen privilégié d'instiller la peur dans la société afin de mieux la désagréger et donc la contrôler.

Cette « terreur douce », qui ne provoque pas directement de mort physique, adopte les formes classiques d'un Etat policier, mais renvoie aussi à des pratiques plus inattendues et plus pernicieuses qui atteignent les personnes jusque dans leur vie quotidienne, voire dans leur intimité.

Les régimes communistes ont établi un réseau très dense de surveillance de la société, véritable quadrillage – par immeuble, par pâté de maison, par entreprise, etc. – qui repose sur la police politique et le parti communiste, mais aussi sur les organisations « sociales » auxquelles l'adhésion est obligatoire ou fortement recommandée – syndicats, mouvements de jeunesse, etc. Les méthodes utilisées sont celles de toutes les polices du monde ; cependant, au lieu d'être réservées à la lutte contre les milieux criminels, elles sont ici étendues à toute la population considérée comme globalement « suspecte ». Elles sont mises en œuvre avec des moyens matériels et humains considérables et bénéficient de l'absence totale de protection juridique du citoyen face au pouvoir.

Le fichage, préconisé par Lénine dès 1917, est général et répond à la nécessité de tout régime totalitaire de préserver ses monopoles politique et idéologique. Toute personne qui émet une critique, voire un simple doute ou une moquerie, sur le parti unique et ses dirigeants, ou qui manifeste des idées divergentes de l'orthodoxie marxiste-léniniste – ou maoïste, ou castriste... –, ou encore qui n'est pas issue d'une « bonne origine de classe » – enfants d'aristocrates, de « bourgeois », de « koulaks » – a droit à l'ouverture d'un dossier. En RDA, où ce système a été poussé à l'extrême, avec un membre de la Stasi pour 180 habitants, ce fichier concernait

4 millions de citoyens sur une population de 17 millions d'habitants.

« Nourris » d'informations très diverses, ces dossiers ont suscité la mise en place d'un énorme dispositif de surveillance, utilisant des moyens variés : ouverture du courrier, écoutes téléphoniques, installations clandestines de « sonorisation » des appartements, filatures (clandestines ou ostensibles) et, surtout, réseau d'informateurs disposés autour de la « cible » et recrutés dans son milieu professionnel, dans son environnement, voire dans sa famille – mari ou femme espionnant son conjoint, enfant surveillant ses parents. Ce type de surveillance, rapidement transformé en harcèlement moral et psychologique et étendu à toute la société, désagrège les liens sociaux les plus élémentaires, personne ne sachant qui espionne qui, mais chacun sachant qu'il est à la merci d'un délateur.

Cette chape de plomb a été rendue avec force par le jeune réalisateur allemand Florian Henckel von Donnersmark dans son film récent *La Vie des autres*, oscar américain du meilleur film étranger en 2007. C'est l'histoire banale d'un officier de la Stasi chargé de surveiller un auteur de théâtre, jusque-là chéri du régime, mais qui s'est cru autorisé à conquérir un peu d'autonomie et dont la femme est convoitée par un responsable du parti. Si le récit rend parfaitement les techniques et tactiques de la police politique, il se fait parabole quand il raconte comment émerge peu à peu chez l'officier la conscience du caractère abominable de son travail. En effet, on ne connaît pas de cas d'officier ayant trahi son institution pour sauver ses victimes désignées.

Il n'est pas indifférent que cet officier soit incarné par un acteur remarquable, Ulrich Mühe, lui-même ex-citoyen de la RDA, qui, après 1989, a consulté son dossier de la Stasi, et en a tiré la conclusion que sa première femme travaillait pour la police politique. Un procès les a alors

opposés et elle est morte avant d'être lavée de ces accusations, tandis que lui-même s'éteignait d'un cancer en
juillet 2007 à l'âge de 54 ans. On comprend mieux
comment ce climat de délation a pu mener à des
conflits interpersonnels destructeurs, y compris au sein
des couples.

Ce fichage général, ce réseau omniprésent de déla-
teurs et cette surveillance constante n'ont pas été les
seuls supports de la « terreur douce ». Tous les régimes
communistes ont instauré une économie administrée et
planifiée centralement par le parti-Etat qui s'est ainsi
emparé des monopoles de la propriété, de la production
et de la distribution des biens matériels. Si ce système a
fortement appauvri les pays qui y ont été soumis – voire
les a ruinés comme au Cambodge –, il a assuré au pouvoir une formidable position dominante sur la société,
par le biais du ravitaillement, des biens de consommation de base (vêtements, souliers, etc.) et du logement.
La gestion discrétionnaire de la pénurie a contribué à
porter la terreur au cœur de la vie quotidienne.

Dès 1917, Lénine a décrété : « Qui ne travaille pas ne
mange pas. » Or, quand le parti-Etat interdit le salariat
privé et s'empare du monopole de l'emploi, la survie du
citoyen dépend du bon vouloir du pouvoir. La survie alimentaire est ainsi devenue un formidable moyen de
pression du pouvoir sur le citoyen. Il a été assez aisé
d'appliquer ces principes aux villes.

Par contre, il a été bien plus difficile de les imposer
aux paysans qui assuraient leur autosuffisance alimentaire. C'est l'une des raisons qui a poussé Staline, et à sa
suite la plupart des autres régimes communistes, à collectiviser l'agriculture, afin de prendre le contrôle des
récoltes, mais aussi des basses-cours, des potagers et
des vergers. Cette collectivisation a mené à de grandes
tragédies, comme la famine organisée en Ukraine en
1932-1933 ou celle du Grand Bond en avant maoïste en

1959-1961. La faim a donc été une arme terrible aux mains des pouvoirs communistes et si elle n'a pas toujours abouti à ces drames, elle n'en est pas moins restée une menace constante.

Les pénuries chroniques de biens de consommation de base, communes à tous les régimes communistes, y ont engendré le phénomène caractéristique de la « queue ». Pour se procurer une demi-douzaine d'œufs, une paire de chaussure ou un costume neuf, le citoyen ordinaire devait faire la queue pendant des heures, sans d'ailleurs avoir la garantie qu'une fois arrivé au guichet l'objet convoité serait encore disponible. Le temps ainsi perdu, après les heures de travail ou lors des temps de congé, a été un moyen de pression sur les populations, créant un climat d'incertitude, de convoitise et de violente hostilité entre citoyens.

Autre moyen parmi les plus efficaces de la « terreur douce » : le logement. Avec le pouvoir, la nomenklatura du parti-État s'est emparée des palais, des villas et des appartements des anciennes élites mises en état d'arrestation puis exterminées. Par la suite, les personnes arrêtées ont été expulsées de leur logement sans autre forme de procès ; et nombre de dénonciations n'ont été motivées que par le désir du délateur de s'emparer du logement de sa victime.

Quant au citoyen ordinaire, il était contraint de vivre dans des conditions de logement désastreuses – cabanes, caves, baraques. S'il avait la chance d'habiter un appartement, il devait le partager avec plusieurs familles dans des conditions de promiscuité qui favorisaient jalousies, agressivité, conflits et délation, et contribuaient à la dissolution des solidarités naturelles de voisinage.

Autre forme de « terreur douce », celle qui a touché à l'espace et au paysage, afin de détruire certains des symboles les plus marquants de la société « bourgeoise » ou « féodale ». Dès les années 1930, Staline avait ordonné la destruction de milliers d'églises, allant jusqu'à faire dynamiter la cathédrale orthodoxe de Moscou.

Dans les années 1980, Ceausescu ayant décidé de construire un gigantesque et grotesque « Palais du Peuple », a fait démolir un quartier entier de Bucarest, rasant au passage pas moins de dix-huit églises et monastères et tout un ensemble d'immeubles hauss-manniens. Au point qu'à l'initiative d'Eugène Ionesco, quinze personnalités françaises – membres de l'Acadé-mie française et du Collège de France – ont organisé, le 15 février 1988, une conférence de presse pour dénon-cer « le vandalisme » culturel de Ceausescu et la menace de destruction imminente de la cathédrale du patriarcat de Roumanie à Bucarest.

Cette « terreur douce » pouvait aller jusqu'à chercher à modifier totalement le cadre de vie des populations pour mieux les contrôler. En Roumanie dans les années 1980, Ceausescu a imposé la « villagisation », obligeant les paysans à quitter leur ferme pour s'installer dans des sortes de HLM. En Chine aujourd'hui le pouvoir cherche à imposer par tous les moyens l'urbanisation forcée, et donc la sédentarisation, de plus de 700 000 bergers tibétains des hauts plateaux, sous prétexte de les « civi-liser ».

La « terreur douce » s'impose jusque dans les domaines les plus intimes. En Roumanie à partir de 1966, Ceausescu a exigé, pour raisons « patriotiques », que les femmes aient plusieurs enfants. Il a donc inter-dit la contraception et l'avortement, et les femmes en âge de procréer ont été placées sous surveillance gyné-cologique forcée. Cette politique a provoqué d'innom-brables avortements illégaux et l'abandon de dizaines de milliers d'enfants regroupés dans de tristes orpheli-nats d'Etat. En outre, les femmes qui, à la suite d'un avortement, étaient contraintes d'aller se faire soigner à l'hôpital, ne recevaient de soins qu'à condition de dénoncer aux agents de la Securitate, la police politique, le nom de leurs « complices ». Le film du jeune réalisateur roumain, Christian Mungiu, *4 mois, 3 semaines, 2 jours* – palme d'or du festival de Cannes 2007 – est le récit du traumatisme provoqué chez une jeune femme par un avortement sous l'ère Ceausescu, et témoigne des cicatrices que, vingt ans après, cette pratique inhumaine a laissées dans la société roumaine.

En Chine, la politique de l'enfant unique continue de provoquer de violentes réactions des populations face aux méthodes inquisitoriales, voire terroristes, des services du « planning familial ».

Si le pouvoir terrorisait en s'immisçant dans la part la plus intime de chaque individu, il s'attaquait également à la société tout entière avec un moyen d'une simplicité biblique : il fermait hermétiquement ses frontières, non pas pour empêcher l'invasion de quelques intrus, mais pour interdire à ses citoyens de fuir « le paradis des travailleurs ». Les passeports permettant de voyager en dehors du « camp socialiste » n'étaient distribués qu'au compte-gouttes et à des personnes ayant donné toutes les garanties – qu'elles fussent des membres de la nomenklatura ou que le pouvoir détînt des gages (famille gardée en « otage » ou engagement signé avec la police politique).

Toute tentative de fuite impliquait de très gros risques, soit en traversant des frontières terrestres – 190 fuyards ont été tués sur le mur de Berlin –, soit en prenant le large par la mer comme l'ont fait les *boat people* vietnamiens ou le font encore aujourd'hui les *balseros* cubains – au risque du naufrage, des requins et des pirates.

Cette quasi-impossibilité de fuir a été l'un des principaux ressorts psychologiques de la « terreur douce » : l'idée que l'on serait contraint de vivre jusqu'à la fin de ses jours dans ce système auquel il était impossible d'échapper, a fortement contribué à détruire la volonté de résistance et a conduit, y compris les personnes les plus déterminées, à s'accommoder du régime, soit en se réfugiant dans une sorte d'exil intérieur, soit en sombrant dans l'apathie sociale ou la dépression (alcool, suicide, etc.), soit en faisant semblant de participer au consensus apparent – sorte de schizophrénie collective. Et ce n'est pas par hasard si, dans les régimes communistes, la statistique des suicides était un secret bien gardé.

La démonstration *a contrario* la plus spectaculaire est intervenue en novembre 1956 quand, après l'écrasement de la révolution hongroise par l'Armée rouge, près de 200 000 Hongrois – sur une population de 8 millions – n'ont pas supporté l'idée de devoir se soumettre à nouveau au régime fantoche mis en place par les Soviétiques et ont fui leur pays en quelques semaines. Cet exemple rappelle d'ailleurs avec éclat que si règne la « terreur douce », elle n'est jamais éloignée de la terreur homicide qui revient en force dès que la dictature totalitaire se sent menacée par la liberté.

La révolution documentaire provoquée par la chute des régimes communistes a permis d'établir les circonstances et le bilan de la plupart de leurs crimes de sang et de masse[2]. La terreur « douce », elle, a touché toute la population et a laissé dans la psychologie collective de profondes cicatrices que seul un puissant et continu travail d'histoire et de mémoire permettra de gommer peu à peu.

Si en Allemagne des lois ont préservé les archives de la police politique, ont réglementé l'accès des citoyens à leur dossier individuel et ont instauré la « lustration[3] » – l'interdiction d'accéder à des fonctions publiques pour ceux qui ont travaillé dans ou avec cette police –, en Roumanie[4] ou en Russie, les communistes se sont maintenus au pouvoir et ont conservé la haute main sur les archives de la police politique.

En Pologne, où la sortie de communisme a été le résultat d'un compromis entre communistes et opposants, cette mémoire douloureuse s'est aujourd'hui installée au cœur du débat public, avec les lois de lustration et de « déconspiration » – consistant à rendre public le nom des collaborateurs secrets de la police politique – qui obligent près de 700 000 personnes à certifier qu'elles n'ont pas collaboré avec la police politique. L'eurodéputé et historien Bronislaw Geremek l'a refusé en avril 2007, dénonçant une forme de « ministère de la Vérité et de Police de la Mémoire [qui] désarme le citoyen en face de campagnes de calomnies ». Mais Lech Walesa, le leader de Solidarnosc et premier président polonais post-communiste, a, au contraire, rendu public son dossier de surveillance[5].

Quelle que soit la position spécifique de chaque gouvernement postcommuniste face à la question de la décommunisation et des archives, ces sociétés n'ont pas fini de ressentir les effets de la terreur au quotidien qu'elles ont dû supporter durant plusieurs décennies.

CHAPITRE XIII

Le Komintern :
une élite de type nouveau

Dans la mesure où l'idéologie marxiste se prétendait universaliste, Lénine développa un projet de révolution prolétarienne mondiale qu'il inaugura dès 1919, avec la création de l'Internationale communiste. En dépit de son choix tactique, en 1924, de « la construction du socialisme dans un seul pays », Staline n'abandonna en rien le projet de révolution mondiale. Il utilisa donc l'Internationale communiste comme un vivier et une école de formation des équipes révolutionnaires destinées à instaurer le communisme dans leur pays d'origine. Il fallait pour cela que les conjonctures nationales et surtout internationales permettent à l'URSS – matrice et moteur du système communiste mondial – de relancer l'offensive de la révolution communiste. Cette conjoncture se présenta d'abord avec l'alliance germano-soviétique de 1939-1941, puis ensuite avec la victoire de l'URSS sur l'Allemagne nazie en 1945, et avec la défaite du Japon. Ainsi, des équipes communistes, soigneusement sélectionnées et formées durant l'entre-deux-guerres, purent, au moment voulu, s'emparer du pouvoir, y instaurer des régimes totalitaires et s'y maintenir jusqu'à l'effondrement du système communiste mondial en 1991[1].

Une élite

Les élites sont traditionnellement d'ordre sociétal – économiques, culturelles, sociales ou religieuses – et étatique – politiques, diplomatiques, militaires et administratives. Or, celles qui seront évoquées ici sont d'un ordre tout différent ; elles émanent d'une organisation créée en Russie en 1919, l'Internationale communiste, ou IIIᵉ Internationale ou encore Komintern, qui ne relève ni de l'ordre des sociétés – au sens traditionnel des sociétés civiles –, ni de l'ordre des Etats, du moins à l'origine, mais de ce que l'on pourrait nommer un « ordre mondial de la révolution ».

En effet, le Komintern a été une organisation au caractère très largement inédit, lui-même lié à la nature complètement nouvelle du bolchevisme au pouvoir. Lorsqu'il rentre en Russie en avril 1917, Lénine dirige un groupe marxiste et révolutionnaire affilié jusqu'en 1914 à l'Internationale ouvrière de Kautsky et de Jaurès, même si les bolcheviks y ont tenu une place assez marginale, en raison de leur extrémisme et de leur mode d'action lié à une stricte clandestinité induite par le caractère policier du régime tsariste. En s'emparant du pouvoir le 7 novembre 1917, ce groupe change brusquement de nature : alors que Lénine avait déjà inventé « le parti révolutionnaire de type nouveau » dans son *Que faire ?* de 1902, il invente en novembre 1917 le premier parti révolutionnaire au pouvoir, pensé comme parti « communiste » – le parti bolchevique adopte ce nom emblématique en mars 1918 –, animé de la volonté farouche de mettre en œuvre immédiatement la doctrine communiste, y compris en éliminant physiquement tous ceux qui ne s'y rallient pas avec enthousiasme ; mais il est également pensé comme avant-garde sur le sol russe de ce que Lénine appelait du nom pompeux de « grande révolution prolétarienne mondiale ».

Un nouvel ordre révolutionnaire

Ces trois mots – révolution, prolétarienne, mondiale – indiquaient bien le caractère novateur de la chose. « Révolution » signifiait qu'il ne resterait pas pierre sur pierre du « vieux monde bourgeois » et que, *ipso facto*, les élites traditionnelles étaient d'emblée récusées et « condamnées par l'Histoire », ce qui advint presque immédiatement en Russie : la noblesse, le corps des officiers, la bourgeoisie, l'intelligentsia et le clergé devinrent la cible favorite du nouveau pouvoir et des passions qu'il attisait dans les profondeurs du peuple. Ces élites russes traditionnelles furent soit exterminées, soit contraintes à la fuite à l'étranger (ou même expulsées de force[2]), soit intégrées au nouveau régime si elles acceptaient de s'y soumettre totalement et donc de perdre leur autonomie d'élite traditionnelle[3]. « Prolétarienne » indiquait que les nouvelles élites seraient issues soit des classes populaires – y compris la lie de la population –, soit des groupes révolutionnaires formés de gens d'origine très hétéroclite, souvent des déclassés et des marginaux : Lénine et Dzerjinski étaient des fils de la petite noblesse russe ou polonaise en rupture de ban ; Trotski était fils d'un gros fermier juif : Staline était en rupture de séminaire et de société depuis son adolescence. « Mondiale » exprimait bien l'idée que, pour Lénine, tout ce qui était expérimenté en Russie était destiné à être étendu au monde entier à l'occasion d'une gigantesque guerre civile nationale et internationale.

Pour porter cette guerre civile à travers les cinq continents, le chef bolchevique imagina une organisation *ad hoc*, le Komintern. Créé formellement en mars 1919, celui-ci était destiné à marquer symboliquement, face à la vieille Internationale socialiste, l'existence d'une nouvelle Internationale révolutionnaire, communiste[4]. Mais très vite, dès son IIe congrès à Moscou en juillet 1920, et en raison même du triomphe des bolcheviks qui étaient parvenus à se maintenir au pouvoir, le Komintern devint le lieu de ralliement de tous ceux qui récusaient les formules du socialisme d'avant 1914 et souhaitaient appliquer celles de Lénine. L'état-major bolchevique, alors entièrement tourné vers l'idée d'une révolution imminente en Europe, conçut son Internationale non plus comme une fédération des divers groupes se réclamant du communisme, forum où chacun pourrait s'exprimer, mais comme une structure où seraient unifiés de manière organique tous ceux, groupes et hommes, reconnus à titre de communistes par la direction bolchevique. De fait, les fameuses 21 conditions d'adhésion édictées par le IIe congrès du Komintern firent de celui-ci un parti communiste mondial dont chaque parti national n'était qu'une section soumise à la discipline du centre. D'ailleurs, jusqu'en 1943, date de dissolution du Komintern par Staline, le Parti communiste français porta le nom de SFIC : Section française de l'Internationale communiste[5].

L'histoire du Komintern a pendant des décennies été nimbée de la réputation sulfureuse de tout mouvement révolutionnaire et clandestin, encore renforcée par « le bruit et la fureur » de la période stalinienne. Mais le secret avait été bien gardé et l'on ignorait l'essentiel de son histoire, seulement ponctuée par les grand-messes des congrès mondiaux – du Ier jusqu'au Ve entre 1919 et 1924, le VIe en 1928 et le VIIe en 1935 –, et dont on ne percevait que quelques pans à travers sa presse centrale – le mensuel *L'Internationale Communiste* et le bi-hebdomadaire *La Correspondance Internationale* –, à l'occasion d'un scandale – quand la police mettait la main sur un clandestin – ou des révélations d'un « renégat » – Boris Souvarine, Charles Plisnier, Jacques Doriot, Walter Krivitski ou Artur Koestler. Encore ces révélations étaient-elles bien modestes, soit que, en raison du cloisonnement clandestin et de la manie du secret, le témoin n'ait pas perçu grand-chose de l'organisation, soit que la culture de ce que les Russes appellent la *konspiratzia* – le travail conspiratif – et/ou l'honneur révolutionnaire interdisent de divulguer certains des aspects les plus secrets, susceptibles d'aider par trop les « forces de la bourgeoisie ». Jusqu'à la fin des années 1980, seuls quelques chercheurs présentant toutes les garanties politiques du point de vue soviétique avaient pu accéder à des archives internes et avaient été autorisés à en publier des extraits dans une optique éminemment manipulatoire : il s'agissait de démontrer à quel point le Komintern ou le parti communiste concerné avait eu raison à tel ou tel moment[6].

Ce n'est donc que récemment, en 1992, qu'à la suite de l'implosion du système communiste à Moscou les chercheurs ont pu accéder aux archives internes du Komintern et commencer à percevoir toute l'ampleur de son action et toute la complexité de son organisation. Ces archives sont admirables ; parfaitement conservées et classées, elles sont communiquées dans des conditions dont on ne peut que remercier les archivistes russes qui travaillent pourtant dans un cadre difficile. Les chercheurs sont donc confrontés à une « révolution documentaire » qui concerne le monde entier, chaque pays ayant « bénéficié » de « son » parti communiste dont les archives, du moins pour la période 1919-1945, sont déposées à Moscou[7]. Regrettons seulement qu'un certain nombre de chercheurs continuent de publier sur le Komintern ou les partis communistes de l'entre-deux-guerres sans se référer systématiquement à ces archives, ou sans en tirer les conclusions qui s'imposent[8].

Des élites de « type nouveau »

Le groupe que nous évoquons constitue indubitablement une élite dans la mesure où le Komintern a été une organisation de cadres politiques, un corps d'élite du communisme international. Dès 1924-1925, suivant le mouvement par lequel Staline et son clan achevaient de façonner le Parti bolchevique en parti-Etat totalitaire, le Komintern fut soumis, sous la pression des leaders soviétiques, à la « bolchevisation » qui visait à combattre tout ce qui pouvait rappeler les vieux partis socialistes. En effet, si les communistes condamnaient sans rémission les élites « bourgeoises », ils poursuivaient aussi de leur vindicte les élites traditionnelles du mouvement socialiste et ouvrier : sociales – intellectuels, enseignants, avocats, médecins, journalistes, mais aussi leaders syndicaux et responsables de Bourses du travail et de coopératives – et politiques – les élus ; elles furent remplacées par de nouvelles élites sociales – le mythique prolétaire[9], et plus précisément le métallo, le mineur et le cheminot – et politiques – les cadres communistes agréés par Moscou. Ils récusaient également les anciennes structures largement calquées sur les circonscriptions électorales, et en imposaient de nouvelles : la cellule d'usine, la fraction communiste.

Au sein même du système communiste mondial, ces communistes du Komintern sont considérés comme une sorte de corps consacré, d'une nature différente de la masse, des « hommes d'une étoffe à part » comme Staline qualifiait les bolcheviks, des hommes prêts à tout pour la Cause : aussi bien à trahir leur pays ou leur famille, qu'à se sacrifier ou à sacrifier les autres. Et cette élite de type nouveau était mondiale ; en furent membres la plupart des dirigeants historiques des partis communistes : en France, Thorez, Duclos, Marty, Frachon, Jean Jérome, etc. ; en Europe, le Bulgare Georges Dimitrov, l'Italien Palmiro Togliatti, l'Espagnole Dolorès Ibarruri, le Tchèque Klement Gottwald, le Hongrois Matyas Rakosi, la Roumaine Ana Pauker, le Yougoslave Tito, l'Allemand Walter Ulbricht, etc. ; et dans le monde, l'Indochinois Hô Chi Minh, le Chinois Chou En lai, l'Américain Earl Browder.

Cette élite des « kominterniens » – terme remis à l'honneur depuis l'ouverture des archives – a donc été créée *ex nihilo* ; pourtant, très vite, elle a été opérationnelle et performante. Les raisons de ce succès tiennent à la fois aux structures, aux hommes et au mode de fonctionnement.

Les structures

En tant qu'état-major de la révolution mondiale, le Komintern a fonctionné très tôt sur un modèle d'organisation militarisée, calquée sur le Parti bolchevique tel qu'il s'est transformé une fois au pouvoir, d'abord sous la férule de Lénine, puis sous la poigne absolutiste et réaliste de Staline qui, dès 1928, a fait du Komintern un instrument de sa politique mondiale, au même titre que sa diplomatie, son armée ou ses services secrets.

La structure était à la fois extrêmement rigide dans son commandement et diversifiée dans son action. Le Komintern a été dès sa naissance dominé par la section russe et ses leaders, Lénine, Trotski, Zinoviev (premier président du Komintern), Boukharine (second président), Molotov (troisième président) et Staline. Dès 1925, ce dernier manœuvra pour écarter des postes de commande les hommes de Trotski, puis de Zinoviev, puis de Boukharine, pour placer ses obligés, son principal homme de confiance étant, jusqu'en 1943, Dimitri Manouilski[10]. A partir de 1937, l'ensemble du dispositif était verrouillé par un de ses principaux affidés, Andreï Jdanov, dont on vient seulement de découvrir les fonctions grâce aux archives[11].

Le Komintern était dirigé par un Comité exécutif, composé en 1935 de dix secrétaires à la tête de différents secrétariats, commissions et départements, soit d'ordre géographique, par pays ou groupe de pays – par exemple, le Secrétariat latin comprenait les pays européens de langue latine (France, Italie, Espagne, Portugal, Suisse romande, Belgique et colonies françaises, belges et portugaises) –, soit d'ordre fonctionnel – la section des cadres, celle de la propagande et des organisations de masse, celle du service secret (OMS), celle des services administratifs, celle des traductions etc.[12]. Chaque secrétaire du Comité exécutif était en charge de plusieurs sections géographiques ou fonctionnelles. S'y ajoutaient les filiales du Komintern : le Profintern, ou Internationale syndicale rouge ; le Krestintern, ou Internationale paysanne communiste ; l'Internationale communiste de la jeunesse (dirigée par le français Raymond Guyot) ; le Sportintern, une internationale tentant d'organiser un mouvement sportif communiste ; le Secours rouge international consacré à la solidarité avec les révolutionnaires persécutés, etc. Chaque parti communiste avait un ou plusieurs représentants permanents à Moscou auprès du Comité exécutif qui, lui-même, était habilité à envoyer des instructeurs ou des représentants, souvent avec tous pouvoirs, auprès de n'importe quel parti communiste.

Cet énorme ensemble, qui touchait le monde entier et comptait des milliers de membres, était soudé par une puissante unité idéologique et doctrinale, mais ne pouvait fonctionner que grâce à une sévère discipline politique, doublée d'une discipline d'organisation propre aux fonctionnements illégaux et clandestins, ce qui était le cas pour la plupart des kominterniens. Ces facteurs de contrôle furent encore renforcés quand, à partir de 1928, Staline contrôla le Komintern ; dès le début des années 1930, plus aucune décision de quelque importance n'était adoptée sans que Manouilski, bientôt accompagné de Georges Dimitrov[13], ait obtenu le feu vert personnel de Staline. Et aucune décision de quelque importance – et souvent sans importance – n'était prise par un parti communiste sans que le Komintern ait donné son accord.

Les hommes

Cette organisation ne pouvait fonctionner qu'avec des hommes portés par la passion, la croyance dans le mythe de la révolution mondiale, très puissant après la Première Guerre mondiale et symbolisé par ce que François Furet a appelé « le charme universel d'Octobre[14] ». Charme encore renforcé à partir de 1928-1929 par le mythe de « la construction du socialisme » en URSS – plans quinquennaux, collectivisation de l'agriculture, etc. – et confirmé par la puissance de l'Etat soviétique dont la réintégration progressive dans le concert international venait légitimer l'ensemble de l'action.

Le choix de ces hommes a été le fruit d'une sélection de plus en plus sévère au fil des ans. Si, dans les années léninistes, celle-ci reposait d'abord sur des critères idéologiques, doctrinaux et politiques d'adhésion proclamée à la théorie et à l'action des communistes russes – nettement définies par les 21 conditions de 1920 (la 22e, réservée à la France et interdisant l'adhésion à un autre type d'élite, la franc-maçonnerie, était secrète) –, sous Staline la sélection ajouta d'autres critères, privilégiant la fidélité personnelle à Staline et à ses hommes, l'obéissance absolue et sans condition, y compris pour des actions que non seulement la morale ordinaire, mais aussi la morale révolutionnaire eussent condamnées avant 1924.

Cette sélection était mise en œuvre par la Section des cadres, commandée par un communiste soviétique appartenant à la section des cadres du PC soviétique et à la police politique soviétique ; ce fut pendant des années, et jusqu'à sa purge en 1938, Meir Trilisser dit Moskvine, membre du Comité exécutif. Ce service des cadres, qui détenait les dossiers personnels des cadres communistes du monde entier – plusieurs milliers de dossiers rien que pour le PCF – était habilité à donner son avis sur tout ce qui concernait un kominternien : sélection, recrutement dans l'appareil du Komintern, formation, affectation, promotion, entrée et sortie d'URSS, etc.

Cette sélection a permis au Komintern d'imposer aux partis communistes des procédures de dépistage, de mise à l'épreuve et de formation des hommes « nouveaux » capables de faire fonctionner un système opposé à celui de la culture socialiste et syndicaliste d'avant 1914. Ces procédures impliquaient une sorte de parcours initiatique au cours duquel chacun devait dépouiller le « vieil homme », abandonner toute référence à sa vie ancienne. Le Komintern ne se contentait plus de contrôler la politique, les structures et le fonctionnement des partis communistes ; il voulait aussi en contrôler les hommes, collectivement et individuellement. Pour atteindre cet objectif, il a mis en œuvre de classiques moyens de police, les rapports de chacun sur chacun étant devenus la règle, et la délation, sous prétexte de contrôle politique, étant l'un des principaux critères de recrutement sous Staline ; ces rapports venaient nourrir le dossier personnel de chaque responsable communiste, géré par la section des cadres à Moscou, et dont le noyau central était constitué par la « biographie », la « bio ».

L'ouverture des archives a permis d'accéder à ces documents fondamentaux et d'en tirer de premiers enseignements. La « bio » est souvent formée de deux éléments. D'une part un questionnaire, parfois très détaillé (74 questions dans le PCF des années 1930), qui cherche à cerner le profil du militant – origines sociales, formation scolaire, lectures, capacités militaires, activités militantes, etc. –, permet de repérer des aptitudes particulières – celui qui parle telle langue pourra être affecté dans tel pays, celui qui a eu à l'armée une formation radio pourra servir un poste émetteur, etc. – ou de dépister des éléments infiltrés. D'autre part une autobiographie manuscrite, datée et signée, parfois longue de dix ou quinze pages, permet de saisir le profil psychologique du militant, mais surtout de mesurer son aptitude à se remettre entièrement entre les mains du parti et du Komintern. En effet, il n'est pas rare que le militant soit amené à confier ses secrets les plus cachés et les plus personnels : ce n'est que dans son autobiographie que Jacques Duclos dévoile son traumatisme le plus profond – son père, mort alcoolique et fou, a jeté sa famille dans la misère – et Eugen Fried sa faille la plus cachée – il a eu en 1932 avec une kominternienne une fille qui n'a eu la confirmation de cette paternité qu'en 1992 quand elle a pu lire la fameuse « bio » de son père[15].

Cependant, si la discipline et la soumission devaient être absolues, elles n'étaient pas aveugles. Totalitarisme ne rime pas forcément avec crétinisme. Par rapport à ses objectifs, Staline sut déployer des trésors d'intelligence politique. Le fait qu'il se soit parfois lourdement trompé ne doit pas occulter ses formidables capacités d'homme de pouvoir, sa volonté de vaincre à tout prix.

En politicien retors, il savait s'entourer de fidèles, et de fidèles compétents. Manouilski, Togliatti, Dimitrov, Thorez, Tito – pour ne citer qu'eux – ont montré des dons politiques largement au-dessus de la moyenne. Certes, dans le cadre de leur travail quotidien, consistant à élaborer et appliquer concrètement une politique, ils prenaient des décisions en l'absence de directives précises de Staline, même s'ils restaient sous le contrôle de ses divers services. Cependant, pour toute décision importante, il fallait le visa, voire la directive, du « boss ». Ce fut le cas pour le PCF en juin-août 1940[16], ou lors des rencontres en tête à tête entre Thorez et Staline le 19 novembre 1944 et le 18 novembre 1947[17]. Le fait qu'il existe un degré d'interaction entre Staline et la direction du Komintern n'annule en rien l'insertion de l'ensemble du processus de prise de décision dans les cadres du régime totalitaire.

Ces hommes étaient soigneusement sélectionnés, et ils étaient aussi formés, soit à travers d'innombrables réunions, rapports, séances de critique et d'autocritique où étaient passés au crible tous les aspects de leur action, soit dans des écoles du Komintern, ordinaires – formation politique et idéologique – ou « spéciales » – apprentissage de l'utilisation des postes émetteurs-récepteurs, des faux papiers, des filatures et contre-filatures, du fonctionnement clandestin, des sabotages. Ces écoles pouvaient être internationales – à Moscou où, par exemple, Waldeck Rochet, futur secrétaire général du PCF, fut élève en 1931 à l'Ecole léniniste – ou nationales – Duclos fut élève de la première école de cadres communistes à Bobigny en 1924, et Gérard Belloin, qui fut directeur de l'Ecole centrale du PCF dans les années 1960, a donné à ce propos un témoignage évocateur[18].

L'homogénéité idéologique et politique de cette élite kominternienne, renforcée par le passage dans les écoles, était entretenue par les grandes cérémonies du régime aux dates anniversaires – 1er mai, 7 novembre, etc. – et symbolisée par le haut lieu de leur séjour à Moscou qu'était l'Hôtel Lux, immeuble situé sur la Tversakaïa, la grande avenue qui monte depuis le Kremlin, où, dans les années 1920, se retrouvaient les kominterniens du monde entier ; à partir de 1935, elle devint le lieu des arrestations nocturnes et des lourdes suspicions[19].

Le mode de fonctionnement

Les hommes du Komintern étaient appelés à remplir des missions spécifiques. A un bout de la chaîne, ils constituaient l'appareil des partis communistes ; le terme « appareil », qui se généralise en URSS à partir de 1922-1923, désigne les militants appointés par l'organisation. A l'autre bout se tenait le Comité exécutif et ses services. Les directions internationale et nationales se rencontraient lors des congrès, des réunions plénières du Comité exécutif ou à tout autre occasion exigée par la situation. Thorez, Duclos, Marty, mais aussi Togliatti, Gottwald, Fried, etc. ont fait de très nombreux séjours à Moscou, parfois fort longs : Thorez est resté en URSS de novembre 1939 à novembre 1944 et encore de novembre 1950 à avril 1953.

Les deux bouts de la chaîne étaient reliés en permanence par une intense circulation d'agents de liaison, d'instructeurs spécialisés et de représentants plénipotentiaires. Les agents de liaison transportaient les rapports des différents partis vers le Centre – désignation de Moscou, en interne – et les directives du Centre vers la périphérie. Tous ces documents étant considérés comme secrets, les agents étaient la plupart du temps illégaux, munis de faux papiers, et opérant selon les modalités de la clandestinité ; s'ils étaient des militants connus, ils mémorisaient les principales directives. Ces courriers pouvaient être chargés de missions lointaines. Ainsi le communiste français Joseph Ducroux, sélectionné entre autres pour sa connaissance de l'anglais, fut chargé entre 1926 et 1931 de plusieurs missions en Chine[20], à Hong-Kong puis à Singapour, où il fut arrêté par la police britannique.

Les instructeurs étaient envoyés dans un pays pour renforcer l'activité du parti dans tel ou tel secteur. Il y avait des spécialistes de l'agitation syndicale et des grèves, d'autres chargés de la formation idéologique, d'autres encore spécialisés dans les mouvements de jeunesse, d'autres enfin aidant à mettre en place des appareils militaires ou paramilitaires. Il pouvait y avoir simultanément plusieurs instructeurs dans un même pays, chacun cherchant à valoriser ses résultats auprès du Centre, dont dépendait soit la poursuite de la mission – et donc son financement –, soit une promotion dans l'appareil central, soit, dans les années 1930, le rappel à Moscou et la purge[21].

Les représentants du Comité exécutif étaient sans doute les plus importants des kominterniens en circulation. Affectés à un parti communiste, ils devaient y appliquer la politique du Centre, y compris en modifiant d'autorité la composition de la direction, et en imposant des orientations politiques ou des modes de fonctionnement et d'organisation. Bref, ils avaient quasiment tous pouvoirs avec, en contrepartie, le devoir de tenir le Centre étroitement informé des moindres détails, y compris par des rapports sur le comportement de chaque responsable.

L'un des exemples les mieux connus est celui d'Eugen Fried qui fut, de 1930 à 1939, le représentant du Komintern en France[22]. C'est largement lui qui, en 1931, sélectionna la direction « historique » du PCF – Thorez, Duclos, Frachon, Marty, Guyot – ; c'est lui encore qui créa en 1932 la section des cadres du PCF, service de la « gestion des ressources humaines » et police politique du parti pendant cinquante ans, responsable de toutes les nominations et parallèlement de toutes les purges ; c'est Fried enfin qui intervint de manière décisive dans la politique du PCF, en particulier au printemps 1934 avec le tournant vers le Front populaire, en mai 1936 avec le refus de participer au gouvernement de Léon Blum, et en septembre 1939 avec l'obligation d'appliquer le virage politique consécutif aux pactes germano-soviétiques. Maurice Thorez ne prenait aucune décision, durant cette période, sans en référer préalablement à Fried, et souvent il se contentait d'obéir aux directives de ce denier.

Des communistes français furent, eux aussi, des représentants du Komintern : Jacques Duclos en Espagne en 1930 puis en Allemagne en 1932 ; Jean Cremet, secrétaire du PCF, à Shanghaï en 1930[23] ; André Marty fut de 1936 à 1939 le chef des Brigades internationales, organisation militaire strictement contrôlée par le Komintern – tous les dossiers individuels des interbrigadistes se trouvent d'ailleurs dans les archives du Komintern. Dès 1973, Branko Lazitch a publié son *Biographical dictionary of the Comintern*, et l'ouverture des archives dégage dans ce domaine des perspectives quasi illimitées.

Ajoutons à cela que le même militant pouvait remplir consécutivement les fonctions que nous venons de décrire. Fried en fut un bon exemple : courrier communiste durant la révolution hongroise de 1919, puis militant au sein du Parti communiste tchécoslovaque, il devint en 1929 secrétaire du PCT avant de passer dans l'appareil international en 1930, puis d'être affecté comme représentant en France fin 1930, et de devenir le responsable du Komintern pour l'Europe occidentale en septembre 1939.

Quelle circulation ?

Il n'y eut sans doute pas, au xxe siècle, d'organisation dont le personnel fût plus amené à circuler que le Komintern, et ce dans une période où les déplacements à longue distance n'avaient pas la banalité et la facilité acquises aujourd'hui. Les kominterniens – y compris les chefs comme Manouilski – avaient pris l'habitude de se déplacer dans le monde entier et de traverser les frontières sans même s'en apercevoir. Le monde était leur champ d'action.

Cette circulation géographique s'accompagnait souvent d'une circulation fonctionnelle, le kominternien pouvant passer de la direction d'un parti communiste à un service du Komintern à Moscou ou à une mission spéciale au bout du monde.

La circulation hiérarchique au sein même du système kominternien et communiste n'était pas absente. Circulation descendante en cas de purge – on retiendra en France les cas de Barbé, Celor, Doriot, Marty, Tillon, Lecœur, Servin, Casanova, Garaudy, Fiszbin et de beaucoup d'autres moins connus –, mais aussi ascendante pour nombre de militants de base devenus chefs.

Cependant, la circulation la plus intense était d'ordre social. En effet, la plupart des kominterniens étaient, de par leur origine populaire – ouvriers et paysans – et/ou culturelle – juifs, immigrés –, destinés à un itinéraire très modeste dans les sociétés largement figées de l'Europe de l'entre-deux-guerres. L'entrée au Komintern leur permettait de connaître une promotion spectaculaire dans un autre cursus, avec certes des risques importants – la répression « bourgeoise » et surtout stalinienne – mais aussi des gratifications considérables, tant matérielles que symboliques. D'abord en URSS même où les kominterniens participaient des privilèges du pouvoir totalitaire – ils étaient logés, nourris, chauffés et autorisés à voyager à l'étranger –, puis dans les pays où les communistes s'emparèrent du pouvoir avec la présence décisive, directe ou indirecte, de l'Armée rouge. Ces élites ex-kominterniennes se transformèrent sur le modèle de la *nomenklatura* soviétique et mirent en coupe réglée les populations dont elles étaient les « gauleiter » soviétiques. Sans le Komintern, le menuisier Gottwald ne serait jamais devenu président de la République populaire de Tchécoslovaquie, Ulbricht président de la RDA, les aventuriers Tito et Rakosi respectivement présidents de la Yougoslavie et de la Hongrie communistes. Le plus étonnant est que, après 1989-1991 et l'effondrement du système communiste, une partie de ces élites « issues de kominterniens » sont parvenues à se reconvertir en profitant soit de leurs positions à la tête de l'économie pour s'approprier une partie de la richesse nationale et devenir les nouveaux capitalistes, soit de leurs positions dans les arcanes du pouvoir pour se maintenir à la tête d'un régime désormais démocratique – le ministre roumain Petre Roman, fils de kominternien, est tout à fait représentatif de ce dernier cas de figure.

Même là où elles ne prirent pas le pouvoir, les élites kominterniennes réussirent souvent, grâce au poids croissant de l'URSS, à s'imposer parmi les puissants et les dominants dans leur société. Sans le Komintern, le mineur et « fils du peuple[24] » Thorez ne serait jamais devenu vice-président du Conseil, ministre d'Etat et ami de Picasso et d'Aragon. Sans le Komintern, l'ouvrier pâtissier Duclos ne serait jamais devenu vice-président de la Chambre des députés, sénateur et candidat à la Présidence de la République. Sans le Komintern, le métallo Frachon ne serait jamais devenu le chef tout-puissant d'une CGT qui pouvait à tout moment arrêter les trains, les ports et l'électricité, autant de moyens de pression qui valaient bien les pouvoirs d'un ministre. N'étant pour la plupart issus ni des élites bourgeoises, ni des élites socialistes traditionnelles, n'ayant souvent pas eu l'opportunité de bénéficier de l'ascenseur social de l'école républicaine, c'est précisément à cause de leur proximité avec le monde ouvrier et populaire – et d'une bonne dose de démagogie spécifique – que ces élites kominterniennes surent attirer la sympathie d'une partie de ce monde et faire du PCF ou du PCI (Parti communiste italien) de grands mouvements populistes.

Cette intense circulation de l'élite kominternienne – géographique, fonctionnelle, sociale ascendante – était à tout moment susceptible d'amener une rupture avec les principes et l'identité du communisme léniniste-stalinien, et l'on vit plus d'un kominternien disparaître avec les fonds et/ou les secrets à lui confiés, ou profiter, comme Doriot, de la notoriété acquise grâce au Komintern pour faire de la politique à leur propre compte. Elle devait donc être contrôlée en permanence afin que soient combattus tous les dangers de dispersion, de diversité et de contamination par le monde « bourgeois », et que soient au contraire renforcées l'homogénéité idéologique et la fidélité d'adhésion. Le pari fut réussi puisque les kominterniens formés dans les années 1920-1930, et en dépit des inévitables déperditions, constituèrent jusque dans les années 1970 et 1980 la colonne vertébrale du mouvement communiste international contrôlé par Moscou. Ainsi, nichés discrètement au cœur du PCF jusque dans les années 1980, Jean Jérôme et Georges Gosnat[25] ont contrôlé les relations financières du parti avec Moscou, tandis que Gaston Plissonnier[26] était en charge des cadres, et que Duclos, Waldeck Rochet ou Raymond Guyot assuraient le maintien de l'orthodoxie politico-idéologique. Face à la diversité sociétale qui caractérise chaque pays, les kominterniens ont assuré dans chaque parti communiste, et bien après la dissolution du Komintern, la prééminence de la dimension téléologique du communisme, faite du respect de la doctrine, de l'application du modèle d'organisation léniniste et de la soumission aux impératifs de la stratégie soviétique.

Néanmoins, l'implosion du système communiste mondial entre 1989 et 1991, à laquelle se sont ajoutés les effets de l'âge, semble avoir mis un terme quasi définitif au fonctionnement de l'élite kominternienne, qui apparaît aujourd'hui aussi désuète et anachronique que le musée du Komintern qui végète à Oufa, au fond des steppes de l'Asie centrale.

CHAPITRE XIV

Le système communiste mondial, critère d'évaluation du totalitarisme

La fin des années 1970 a été marquée au sceau de l'expansion maximale atteinte par le communisme en 1979, avec l'invasion de l'Afghanistan par l'Armée rouge. Le communisme soviétique semblait alors tout-puissant dans ses frontières de 1940-1941 – issues des pactes germano-soviétiques et entérinées par les Occidentaux à Yalta. Il était solidement implanté en Europe centrale et orientale, disposait de puissants relais en France et en Italie, et avait pris pied en Amérique latine – à Cuba et au Nicaragua – ainsi qu'en Afrique – dans les anciennes colonies portugaises et en Ethiopie. Et il entretenait de bonnes relations avec nombre de régimes d'Afrique du Nord ou du Moyen-Orient tout en ayant des relations anciennes et privilégiées avec le Vietnam communiste – et donc le Laos, voire le Cambodge. Parallèlement, la Chine communiste, après l'épisode maoïste délirant et désastreux de la Révolution culturelle, semblait abandonner le conflit contre le « révisionnisme soviétique » et revenir dans le giron d'un communisme plus traditionnel.

C'est sur ce tableau d'un communisme en expansion qu'au début des années 1980 s'engagea une controverse d'abord feutrée, puis plus ouverte, entre les deux grandes dames des études françaises sur le communisme. Hélène Carrère d'Encausse, spécialiste de l'URSS, avait ouvert le débat en 1978 avec son ouvrage L'empire éclaté, *qui envisageait l'URSS comme la continuité et l'expansion, depuis les tsars, d'un phénomène spécifiquement russe.*

Pionnière des études sur le communisme dans l'Université française, Annie Kriegel lui répondait en publiant en 1984 Le système communiste mondial, *où elle proposait une analyse systémique : s'il émanait d'une matrice située en Russie et commandée par l'URSS, le communisme était fondamentalement un système mondial, élaboré par Lénine et pérennisé par Staline.*

Ce système reposait sur trois sous-systèmes distincts mais fortement articulés :

• le sous-système du parti-Etat soviétique, créé à partir du 7 novembre 1917 et appelé à la fois à étendre son territoire (en 1939-1941, en 1944-1945) et à présider à l'apparition d'autres partis-Etats issus de la prise de pouvoir par certains partis communistes ;

• le sous-système des partis communistes, organisés dès 1919-1920 par Lénine au sein de l'Internationale communiste comme sections nationales d'un parti communiste mondial et devant former les équipes communistes destinées à devenir partis-Etats ;

• enfin, le sous-système des alliances permettant aux deux premiers sous-systèmes de démultiplier leurs forces selon trois axes de la bataille idéologique : l'alliance sur le thème de la paix – contre la « guerre impérialiste » – si profitable à Lénine en 1917 et régulièrement réactivée en direction de milieux pacifistes (sous le Front populaire, au début de la Guerre froide contre la bombe atomique américaine, dans les années 1980 encore contre les euromissiles), l'alliance sur le thème de la solidarité ouvrière à travers des organisations syndicales internationales (l'Internationale syndicale rouge dans les années 1920-1930, puis la Fédération syndicale mondiale de 1945 jusqu'à la chute de l'URSS), et enfin l'alliance avec les

mouvements anticoloniaux et de libération nationale, particulièrement bénéfique à partir des années 1950.

C'est à l'analyse de la pertinence de ce concept de système communiste mondial pour la compréhension des évolutions et de l'effondrement du monde communiste qu'est consacré le texte ci-après[1].

Un large consensus est aujourd'hui établi pour définir la phase stalinienne du pouvoir soviétique comme « totalitaire », et même, selon François Furet, comme « maturité totalitaire[2] » pour la période 1945-1953. Nous ne reviendrons pas ici, faute de place, sur une description détaillée du phénomène totalitaire, mais nous pouvons, dans une approche suffisante à notre propos, le caractériser comme un pouvoir qui vise à une domination totale sur la société grâce à l'établissement de trois monopoles. Le plus fondamental est le monopole politique qui permet à un parti unique de soumettre la volonté des individus, après avoir détruit l'Etat de droit, fusionné l'exécutif, le législatif et le judiciaire sous l'autorité du parti, et privatisé l'Etat, en faisant un Etat partisan dont les institutions ne sont plus que les bras administratif et armé du parti. Le deuxième monopole, celui de la pensée, assure au parti-Etat la soumission des esprits grâce à la mainmise sur tous les moyens de formation et d'information, en s'appuyant sur un formidable réseau de propagande et d'endoctrinement, qui assure la domination d'une idéologie unique et obligatoire. Le dernier monopole, propre au totalitarisme communiste, est le monopole économique qui, après une destruction du principe de la propriété privée des moyens de production et des mécanismes du marché, procure au pouvoir le contrôle d'une part de plus en plus large de la production et de la distribution, et lui assure la soumission des corps.

La conquête puis le maintien au pouvoir des mouvements totalitaires reposent sur deux moyens complémentaires : la séduction – à travers la propagande, les mobilisations de masse, le culte du chef, l'enthousiasme organisé, la fascination de la force procurée par une discipline absolue et les privilèges accordés aux partisans du pouvoir – et la répression des opposants, voire des indifférents, qui peut aller de la simple stigmatisation et marginalisation d'individus ou de groupes sociaux, jusqu'à la terreur de masse, aux crimes contre l'humanité et aux génocides – de race ou de classe –, en passant par la « pédagogie infernale » des procès truqués et l'enfermement de peuples entiers dans des frontières infranchissables.

Certes, ces caractéristiques ont été d'abord et avant tout celles du cœur du phénomène communiste, l'URSS fondée par Lénine et remarquablement développée par Staline. Mais elles ont aussi concerné l'ensemble du communisme européen qui fut le centre d'un système mondial.

C'est en 1984 qu'Annie Kriegel publia un ouvrage intitulé *Le système communiste mondial*[3], qui réunissait plusieurs articles des années 1978-1979, fruit de quarante ans d'observation – participante puis critique – du phénomène communiste. Cette réflexion approfondie a été très vite couverte par le tintamarre suscité par la *glasnost* et la *perestroïka* inaugurées par Mikhaïl Gorbatchev en 1985, puis par le tohu-bohu provoqué en 1989 par la chute du mur de Berlin et des « démocraties populaires », et enfin par le fracas de l'effondrement de l'URSS à l'automne 1991. Annie Kriegel n'en avait pas moins établi une analyse structurelle du phénomène communiste à son apogée qui demeure un excellent point de repère pour apprécier l'évolution de la nature du communisme européen – soviétique compris.

Pour Annie Kriegel, ce système n'était pas « en lui-même exclusivement territorial et bien moins encore purement étatique », mais se déployait « dans une pluralité de champs : le champ théorique, le champ stratégique, le champ politique et le champ institutionnel ». Une telle approche permettait, à ses yeux, de « recentrer le système tout entier sur ce qui est le lieu de sa véritable vitalité : une vitalité qui n'est pas le propre d'un Etat, mais qui découle du fait qu'à l'origine il y a un *projet* communiste en cours de réalisation[4] ».

L'appartenance au système communiste mondial : critère du degré de totalitarisme

A la mort de Staline, le système communiste, qui avait connu, entre 1939 et 1949, une formidable phase d'expansion en Europe et dans le monde, s'était stabilisé et avait atteint sa pleine maturité et efficacité. Il était né d'une matrice symbolisée par l'URSS mais incarnée en réalité par le Parti communiste d'Union soviétique, dénomination que s'était donnée le Parti bolchevique, installé au pouvoir en Russie depuis le 7 novembre 1917. A partir de ce centre, à la fois modèle et moteur, le système communiste mondial s'est décliné selon trois sous-systèmes : celui des partis communistes, celui des partis-Etats communistes et celui des alliances.

Au cœur du système était le Parti bolchevique, « parti révolutionnaire de type nouveau » inventé et défini en théorie par Lénine dans son *Que faire ?* de 1902 et dont l'organisation et l'action furent inaugurées dès 1903 par la création de la fraction bolchevique au sein de la social-démocratie russe. Dès avant sa prise de pouvoir, ce parti fonctionnait selon un certain nombre d'invariants : une doctrine – le marxisme, relu par Lénine et mâtiné de l'utopisme de Tchernychevski et du nihilisme révolutionnaire de Netchaïev –, qui fonde un projet visant à la destruction radicale non seulement du régime tsariste mais de la société existante, et au passage immédiat au socialisme ; un modèle d'organisation reposant sur le « centralisme démocratique » – « une discipline de fer confinant à la discipline militaire » (12ᵉ des 21 conditions) – et un dédoublement de la structure en formations légale et clandestine (3ᵉ des 21 conditions) ; une stratégie et une tactique politiques s'appuyant principalement sur l'insurrection et le déclenchement d'une guerre civile nationale et internationale.

Dès 1919, Lénine formalisa ce sous-système des partis en créant l'Internationale communiste à laquelle, en 1920 et à travers les 21 conditions d'adhésion à cette Internationale, il imposa comme modèle la téléologie bolchevique. Celle-ci repose sur une doctrine marxiste intangible devenue sous Staline le marxisme-léninisme, sur un modèle organisationnel – celui du parti de révolutionnaires professionnels ultra-hiérarchisé et discipliné – et enfin sur la soumission à la stratégie et la tactique des bolcheviks en charge de la révolution mondiale. La bolchevisation inaugurée en 1924, puis la stalinisation à la fin des années 1920, permirent au PCUS de renforcer son emprise sur ces partis, jusqu'à en faire des copies conformes au modèle.

Ce modèle, le Parti bolchevique, ne révéla sa véritable nature qu'au cours de l'année 1917, où il enregistra une double mutation. En quelques mois, le groupuscule révolutionnaire de mars 1917 se transforma en prototype du mouvement totalitaire, devenant un parti de masse grâce à sa démagogie, à sa capacité de mobilisation de la populace – au sens arendtien du terme : le regroupement des déclassés de toutes les couches sociales –, et en s'appuyant sur ce que Boris Pasternak a nommé dans *Le Docteur Jivago* « une révolution soldatesque », pour combattre par tous les moyens l'émergence de courants favorables à un Etat de droit et à une représentation démocratique[5].

A partir du 7 novembre 1917, le Parti bolchevique connut sa seconde mutation : le mouvement totalitaire s'étant emparé de l'Etat se transforma en parti-Etat et instaura un régime totalitaire, formation politique inédite dans l'Histoire. Toutes les bases en furent solidement établies sous Lénine, puis consolidées et élargies sous Staline, d'abord en 1939-1941 où, grâce aux accords germano-soviétiques, le sous-système du parti-Etat connut une première expansion par la conquête de la Pologne orientale, de la Carélie finlandaise, des Etats Baltes, de la Bessarabie et de la Bucovine du Nord. Puis, entre 1944 et 1948, quand il bénéficia d'une deuxième et formidable progression avec la création de huit « démocraties populaires » où des partis communistes – très minoritaires jusque-là dans leur pays, à l'exception de la Tchécoslovaquie – se transformèrent rapidement en partis-Etats sur le modèle soviétique, étant sous tutelle permanente des instances soviétiques.

Or tous ces partis communistes européens, qu'ils demeurent simples mouvements – comme les partis d'Europe de l'Ouest – ou qu'ils soient devenus partis-Etats – comme en Europe centrale et orientale – avaient été longuement façonnés durant l'entre-deux-guerres au sein de l'Internationale communiste. Leurs noyaux dirigeants, leurs « cadres » y avaient été soigneusement sélectionnés et formés à la psychologie et à la doctrine totalitaires soviétiques. Leur organisation avait été strictement calquée sur celle du PCUS et était étroitement contrôlée par les services de celui-ci. Et, bien entendu, ils suivaient à la lettre les directives politiques reçues de Moscou, tant par documents transmis par des émissaires secrets que par ordres oraux donnés à leurs dirigeants à

Moscou même, voire par radio-télégrammes – à partir de 1934 pour le PCF.

Dès avant la guerre, ces partis étaient devenus des mouvements totalitaires, à vocation de parti-Etat totalitaire, et attachés organiquement à la matrice totalitaire par l'adhésion officielle à l'Internationale communiste et par l'intermédiaire officieux des réseaux secrets du communisme international. Ainsi, avant même qu'il n'apparaisse au grand jour dans les « démocraties populaires » en 1944-1945, le système communiste mondial, en particulier son secteur européen, était en place et démontrait, sur le plan de l'action, la perfection conceptuelle du dispositif imaginé par Lénine pour assurer la domination totale de son mouvement sur la société non seulement russe et européenne, mais mondiale.

Bien avant la guerre, l'appartenance à ce système – déjà contraignant du temps de Lénine et devenu implacable sous Staline – induisait la participation à la dimension totalitaire du communisme. A partir de 1947 et la création du Kominform, cette appartenance a été officialisée dans un organisme qui regroupait tant les partis-Etats des « démocraties populaires » que les partis-mouvements (partis communistes français et italien). Cette cohabitation indique bien que, aux yeux de Staline, le degré – et l'obligation – d'appartenance au système totalitaire était le même pour ces deux types de partis, en dépit de leurs fonctions différentes au sein du dispositif général.

Parallèlement et dès 1917, Lénine développa un troisième sous-système, celui des alliances, selon trois axes plus ou moins accentués en fonction des conjonctures : l'alliance sur le thème de la paix – de très grande actualité en 1917-1918 –, l'alliance de la classe ouvrière internationale – avec à la clef la création de l'Internationale syndicale rouge, branche spécialisée de l'Internationale communiste –, et enfin l'alliance avec les mouvements anticoloniaux et de libération nationale, symbolisée par le fameux congrès de Bakou en 1920. En fidèle disciple, Staline renforça ces alliances dans les années 1930 et, avec sa tactique de front populaire, sur les thèmes de la paix antifasciste et de l'unité ouvrière. Après l'attaque allemande contre l'URSS, il se focalisa sur le thème de la libération nationale, ce qui permit aux différents partis communistes d'acquérir une audience largement accrue auprès des populations et de connaître, en 1945-1946, leur apogée en Europe.

Après son triple échec de 1948 – celui du blocus de Berlin, de la dissidence représentée par Tito, puis de la défaite des communistes dans la guerre civile grecque –, Staline comprit que l'expansion du système communiste était provisoirement contrariée en Europe par une présence de plus en plus active des Américains. Il a alors réorienté son expansion sur le terrain asiatique, soutenant activement l'installation du pouvoir communiste en Chine et en Corée du Nord, puis l'attaque de la Corée du Nord contre son voisin du sud, et enfin la lutte du Vietminh contre la présence française dans toute l'Indochine, aboutissant après 1949 à la formation de plusieurs nouveaux partis-Etats en Asie.

Jamais le système communiste n'avait connu une telle expansion territoriale, tout en mettant activement en œuvre son *projet*, grâce à la pratique d'un totalitarisme de haute intensité dont tous les signes extérieurs étaient à leur acmé : terreur de masse, préparation en URSS d'une vaste purge antisémite, organisation par le KGB de « procès de Moscou » dans toutes les « démocraties populaires », exacerbation du culte de la personnalité des chefs, propagande omniprésente, délires pseudo-scientifiques de Lyssenko et du lyssenkisme, développement intense des fabrications militaires, etc. Les différentes équipes communistes au pouvoir, en particulier dans les pays d'Europe centrale et orientale occupés par l'Armée rouge, étaient étroitement dirigées et contrôlées par le PCUS, derrière les façades pseudo-étatiques du Pacte de Varsovie et du Comecon.

A la suite d'Annie Kriegel, on peut estimer qu'à la veille de la mort de Staline, le degré d'approfondissement du processus de communisation du système en Europe était très avancé, en fonction des trois paramètres permettant de mesurer son degré de conformité au modèle bolchevique : le système de pouvoir interne des différents partis-Etats communistes, leur politique étrangère et le degré de fiabilité satisfaisant de leur contribution au fonctionnement et à l'expansion du système communiste mondial.

Ainsi Staline avait-il réussi avec, il faut le reconnaître, une formidable maestria, à développer et stabiliser un système mondial, en particulier européen, qui apparaissait largement conforme au modèle central. La Deuxième Guerre mondiale, après quelques « péripéties » initiales, avait abouti au résultat qu'il avait pronostiqué devant Georges Dimitrov, au Kremlin le 7 septembre 1939 : l'expansion du communisme en Europe[6] – même si, lors de sa rencontre avec Maurice Thorez le 18 novembre 1947, Staline regretta que le débarquement allié en Normandie l'ait empêché d'aller jusqu'à Paris[7]. Le triomphe aurait alors été complet. Néanmoins, l'URSS émergeait de la guerre en deuxième superpuissance mondiale. Et le système communiste, imaginé par Lénine et développé par Staline, assurait en 1953 une domination totalitaire qui allait de la ligne Oder-Neisse jusqu'à l'océan Pacifique et étendait ses ramifications jusqu'à l'Atlantique et à la Méditerranée.

Déstalinisation, décommunisation, détotalitarisation

Il est communément admis – et c'est aussi le point de vue de Hannah Arendt[8] et, à sa suite, de Krzystof Pomian[9] – qu'après la mort de Staline, le caractère totalitaire du système communiste disparut, en particulier en URSS et dans les « démocraties populaires ». Et il est vrai que, dès le printemps 1953, fut initiée à Moscou une première déstalinisation destinée à la fois à mettre définitivement en sécurité la couche dirigeante qui avait échappé aux purges staliniennes, et aussi à gommer les aspects les plus caricaturaux et les plus terrifiants du totalitarisme de haute intensité, qui commençaient à présenter pour le système un coût excessif. Coût financier du Goulag – qui coûtait désormais beaucoup plus qu'il ne rapportait –, coût politique d'une terreur de masse dont la propagande ne parvenait plus à masquer la réalité qui, à cause de la guerre, avait allégrement franchi les frontières jusque-là presque hermétiquement closes de l'URSS.

La première déstalinisation mit donc l'accent sur la critique du culte de la personnalité et le respect du principe de la direction collective, amorça la réhabilitation de dirigeants réprimés sous Staline et la sanction de certains responsables par trop impliqués dans l'appareil de terreur, et même promulgua une grande amnistie libérant du Goulag des centaines de milliers de zek[10].

Cependant, ces quelques signes d'évolution intervenaient dans une situation matérielle catastrophique, en particulier pour les milieux ouvriers censés être les bénéficiaires du régime. Les tensions finirent par exploser, d'abord en Tchécoslovaquie où eut lieu, du 1er au 5 juin 1953, la première grande révolte ouvrière, avec 129 entreprises en grève et, à Plzen, une énorme manifestation de rue antigouvernementale, durement réprimée par la police et la troupe[11]. Le 17 juin 1953, ce fut le soulèvement ouvrier à Berlin-Est et dans toute la RDA, écrasé par les chars soviétiques et faisant plus de cinquante morts. S'il était disposé à relâcher quelque peu la pression sur les populations, le pouvoir communiste n'était pas prêt à abandonner la terreur comme moyen de gouvernement et à sacrifier son projet communiste au bien-être des populations.

En 1955, le PCUS reconnut officiellement les torts de Staline vis-à-vis de Tito et se réconcilia avec celui-ci, contredisant ainsi le principe jusque-là intangible de l'infaillibilité du chef. Ce principe fut largement remis en cause quand, en février 1956, Nikita Khrouchtchev présenta son « Rapport secret » où il critiquait violemment Staline, le chargeant de tous les maux pour mieux vanter les mérites de la figure tutélaire de Lénine[12]. Ce rapport s'inspirait des travaux de la Commission Pospelov qui, en janvier 1956, avait dressé le bilan de la répression en Russie depuis le temps des tsars jusqu'à 1952[13]. Or, à la suite d'une séance du Politburo où les avis étaient très partagés, Khrouchtchev décida de ne porter le projecteur que sur certaines victimes communistes, soit une infime partie de l'ensemble. Fut ainsi inaugurée la deuxième déstalinisation qui mena au fameux « dégel » soviétique[14].

Cette évolution entraîna plusieurs conséquences susceptibles de modifier la nature totalitaire du système communiste mondial. Sur le plan doctrinal et stratégique, Khrouchtchev mit à l'honneur la thèse de la coexistence pacifique entre pays à régime social différent et plaça le conflit avec le système capitaliste sur le terrain de la science, de la technologie et de la production, où le socialisme était censé démontrer sa supériorité. Sur le plan organisationnel, il décida de dissoudre le Kominform, symbole de la phase la plus dure de la

Guerre froide, et instaura un fonctionnement reposant sur des relations bilatérales régulières entre « partis-frères » – le PCUS conservant les prérogatives du « grand frère » – et leur réunion périodique lors de conférences internationales. Ceci ne modifia pas substantiellement la relation de la plupart des partis à Moscou, comme le démontra, *a contrario*, la condamnation générale des communistes chinois à la suite de la rupture sino-soviétique – grave entorse à l'unité générale du système.

Il y avait là d'incontestables signaux de l'abandon par le Centre des méthodes terroristes. Or ces signaux furent interprétés différemment par les diverses composantes du système, qui n'étaient pas parvenues au même degré d'approfondissement d'un processus de communisation coïncidant avec la mise en œuvre des principes totalitaires. Et l'état d'avancement de ce processus dépendait largement de la résistance opposée par la société.

La communauté soviétique, inaugurée en 1922 à la suite d'une terrible guerre civile, élargie entre 1939 et 1944, connaissait le plus haut degré d'aboutissement du pouvoir communiste, celle où la résistance de la société et des nationalités avait été écrasée, où la logique étatique traditionnelle avait été le plus complètement remplacée par la logique partisane, où la destruction de la propriété privée et de la société civile était la plus aboutie, où la terreur et l'endoctrinement avaient été poussés le plus loin et le plus longtemps. Formidablement soulagée de voir s'éloigner le spectre des années 1930 et 1940, la société se satisfit largement d'un simple « dégel », induisant par ailleurs la faiblesse du mouvement dissident.

Par contre, dans certaines « démocraties populaires » qui disposaient avant guerre d'une société civile puissante et d'une forte tradition étatique, la société avait été moins détruite qu'en URSS et avait mieux résisté au processus de communisation ; elle interpréta donc les signaux khrouchtchéviens comme une opportunité majeure de se débarrasser simultanément des contraintes soviétiques et totalitaires. A l'été 1956, la Pologne entra en ébullition, suivie de la Hongrie qui, en novembre, connut une véritable révolution antisoviétique, anticommuniste et antitotalitaire[15].

A ce propos, Annie Kriegel s'interrogeait en 1980 sur « le formidable accroc par lequel Khrouchtchev et le khrouchtchévisme prirent, consciemment ou non, le risque de déchirer la logique communiste, cette sorte de dérapage généralisé qui aurait pu, en effet, mener le système communiste à sa perte[16] ». Selon elle, le Premier Secrétaire avait dû « oublier ou du moins minimiser le principe initial selon lequel l'Union soviétique ne tire sa vocation, ses obligations et ses pouvoirs spécifiques que de ce qu'elle remplit une fonction à la fois particulière et centrale dans le système communiste mondial[17] ». L'URSS retrouva *in extremis* sa fonction centrale quand Khrouchtchev envoya l'Armée rouge écraser la révolution hongroise. Ce qui n'empêcha pas, en 1964, ses collègues de le démissionner, estimant qu'il était trop peu fiable pour assurer la survie du système.

Ainsi, dix ans après le « Rapport secret », que restait-il des velléités khrouchtchéviennes ? Certes le culte de la personnalité était moins délirant que sous Staline, mais le principe du chef resta fortement enraciné, en URSS avec Brejnev, comme en Hongrie avec Kadar, en Pologne avec Gomulka, en RDA avec Ulbricht puis Honecker, en Roumanie avec le couple Ceausescu, en Bulgarie avec Jivkov, sans oublier Tito en Yougoslavie et Enver Hodja en Albanie.

Certes, la mort de Staline a marqué – du moins en URSS et dans les « démocraties populaires » – la fin de ce que Nicolas Werth a nommé « les grandes opérations terroristes secrètes » – la Grande Terreur de 1937-1938, la déportation des « peuples punis » en 1943-1944, etc. –, ainsi que la fin de la liquidation physique des concurrents lors des luttes internes au sein du parti communiste. Encore faut-il noter que ces deux types de terreur continuèrent d'être pratiqués dans d'autres composantes du système, tant antisoviétiques (Albanie, Chine, Cambodge) que prosoviétiques (Cuba, Angola, Ethiopie).

Cependant, si la terreur n'était plus quotidiennement à l'ordre du jour, en particulier pour la masse des membres du parti communiste et leurs dirigeants – à l'exception de l'Albanie pro-chinoise où l'on s'entretuait jusqu'au Bureau politique[18] –, elle fut pratiquée ponctuellement à grande échelle en Hongrie en 1956, puis sous forme de menace directe en Tchécoslovaquie en 1968, servant ainsi de leçon et d'avertissement aux autres composantes du système. La répression fut désormais ciblée contre les dissidents, entretenant au sein des populations un sentiment permanent de peur et laissant penser que la terreur pouvait être réactivée à tout moment, les organes chargés de la mettre en œuvre étant toujours actifs.

En effet, les institutions qui avaient assuré sous Staline l'essentiel de la puissance totalitaire – le parti, la police politique, l'armée – sont demeurées en place. Les hommes mêmes qui dirigeaient ces instances – comme Souslov à l'idéologie, Ponomarev aux relations avec les « partis-frères », Gromyko aux Affaires étrangères, Serov au KGB – se sont maintenus au pouvoir. Certains ont même accédé au pouvoir suprême : rappelons qu'en tant que chef communiste de Moscou au temps de la Grande Terreur, puis de l'Ukraine en 1938-1947, Khrouchtchev a ordonné l'exécution ou l'envoi au Goulag de dizaines de milliers de personnes ; et Iouri Andropov, secrétaire général du PCUS de 1982 à 1984, après avoir orchestré l'écrasement de la Hongrie comme ambassadeur soviétique à Budapest en 1956, a été chef du KGB de 1967 à 1982. Tout comme Staline à partir de 1941, Khrouchtchev, Brejnev et Andropov ont été chacun à la fois secrétaire général du parti et président du Soviet suprême ou du gouvernement, symbolisant la persistance fondamentale de la forme parti-Etat.

Ajoutons à cela que la terreur de masse n'est pas une donnée obligatoire du régime totalitaire une fois que celui-ci est bien installé au pouvoir, comme l'a montré Emilio Gentile dans le cas du fascisme italien[19]. En effet, la caractéristique du totalitarisme est d'abord la recherche d'une domination totale qui peut être instaurée par l'intériorisation généralisée de la peur – à la suite d'une phase terroriste intense –, complétée par l'encadrement rigoureux de la population à travers le maillage étroit d'organisations de masse spécifiques – de jeunes, de femmes, etc. –, et doublée par un strict quadrillage policier – qui prit dans l'URSS de la fin des années 1960 l'appellation euphémisée de « méthodes prophylactiques »[20].

S'il y a donc bien eu un tournant dans l'histoire de l'URSS et de la part européenne du système communiste après la mort de Staline, celui-ci ne semble pas avoir conduit du totalitarisme à l'autoritarisme. Il semble plutôt avoir assuré le passage d'une phase de totalitarisme de haute intensité à une phase de basse intensité caractérisée par une résignation des populations à subir ce type de régime, en échange, de la part du pouvoir, d'une baisse sensible du niveau de la terreur et d'un affaiblissement de la mobilisation et de l'endoctrinement. Mais le *projet* communiste n'en était pas abandonné pour autant.

Le système communiste a été confronté à l'éternel dilemme des régimes totalitaires qui, pour atteindre à la domination totale, ne disposent que de trois moyens : la violence pour éliminer les opposants et faire taire les mécontents, la captation des esprits par des dispositifs sophistiqués allant de la propagande la plus grossière à l'endoctrinement le plus subtil, et enfin la satisfaction des besoins matériels de la population.

Les communistes n'ont guère pu utiliser ce dernier moyen, leur doctrine menant systématiquement à la faillite de la production et à la misère des masses. L'exemple le plus probant semble en avoir été la Pologne qui, au tournant des années 1970 et sous l'impulsion de Gierek, se crut capable, en accueillant les crédits occidentaux mais en refusant l'économie de marché – et ce qui va avec : l'Etat de droit –, de faire décoller une économie « socialiste » ; la faillite fut retentissante et le pays paya longtemps le remboursement de ses dettes.

Le deuxième moyen – l'idéologie – avait perdu, dès la fin des années 1960, une partie de sa superbe, de cette formidable force de propulsion qui, de 1917 à 1945 en passant par 1936, avait fait de l'idée révolutionnaire et de l'idée antifasciste les moteurs principaux de l'adhésion au communisme. Cependant, la déstalinisation de l'idéologie par Khrouchtchev a rétabli une *doxa* léniniste stricte, tout en masquant soigneusement tout ce qui chez Lénine annonçait trop clairement Staline – en particulier dans ses *Œuvres* les passages ouvertement criminogènes[21]. Annie Kriegel écrivait à ce propos : « L'idéologie, ridiculisée, dégradée, loqueteuse, affalée sur elle-même comme une prostituée, ridée et desséchée comme une vieillarde, serait bien incapable de réchauffer la foi et la fidélité des militants comme à inspirer le respect des non-partisans. L'incroyance aurait donc triomphé : ce ne serait plus que la contrainte qui maintiendrait les peuples conquis dans une soumission taciturne. Est-ce bien sûr ? La croyance dispose comme l'histoire de bien des ruses[22]. »

En effet, si les capacités de séduction et de mobilisation de l'idéologie communiste ont été affaiblies dans les « démocraties populaires » les plus contestataires – Pologne, Hongrie, Tchécoslovaquie –, elles ont conservé une grande part de leur efficacité dans celles qui étaient les plus alignées sur Moscou et en URSS même. Dans toutes les universités du « camp socialiste », les épreuves de marxisme-léninisme étaient obligatoires – et éventuellement éliminatoires. Et même les dissidents – soviétiques, mais aussi tchèques de 1968 – restaient souvent enfermés dans le cercle magique du mythe communiste.

On a, certes, pu noter un « désenchantement » de ce mythe, une laïcisation de cette religion séculière, mais leurs thèmes principaux ont continué de façonner la pensée générale : la visée révolutionnaire commandée par la lutte des classes, l'avancée vers une société sans classe, la stigmatisation automatique d'ennemis rituels – le capitalisme, l'impérialisme (nécessairement américain), « les fascistes » etc. –, la solidarité obligatoire avec « le camp du progrès » (nécessairement soviétique et communiste).

Mieux, à partir des années 1960, cette idéologie s'est répandue très largement dans le tiers-monde ; elle a facilité les alliances du système communiste avec les mouvements dits « de libération nationale », aboutissant à d'étonnantes convergences, comme en Iran où, à l'image de l'alliance de fait des nazis et des communistes contre la république de Weimar, mollahs intégristes et étudiants marxistes conjuguèrent leurs forces pour abattre le régime de modernisation autoritaire de Reza Pahlavi.

En outre, cette idéologie a été fortement réactivée en Europe occidentale à travers les mouvements estudiantins du milieu des années 1960, avec des retombées jusqu'à aujourd'hui – par exemple la présence de trois candidats trotskistes recueillant plus de 10 % des suffrages au premier tour de l'élection présidentielle française de 2002, et la persistance d'une idéologie philo-révolutionnaire dans une partie de l'intelligentsia française[23].

Quoi qu'il en soit, la déstalinisation et les quelques velléités khrouchtchéviennes de réformes n'ont en rien affaibli le système communiste mondial. A travers le pacte de Varsovie, le Comecon et le contrôle étroit des équipes dirigeantes – à l'exception de la Roumanie –, l'URSS a conservé son pouvoir sur l'Europe centrale et orientale. En Hongrie, la reprise en main par Kadar après la révolution de 1956 a été particulièrement sévère, facilitée en outre par l'exil quasi immédiat de près de 200 000 Hongrois sur 8 millions – par définition les personnes les plus disposées à résister au régime. La RDA a été tenue d'une poigne de fer, avec une population enfermée derrière un mur à Berlin et derrière une frontière militarisée[24]. Là encore, les répressions de masse menées par les Soviétiques entre 1945 et 1949, puis la fuite vers l'ouest de millions d'Allemands, le quadrillage étroit de la population et l'infiltration des milieux dissidents – voire leur création par la Stasi à titre de provocation préventive – ont annihilé toute velléité sérieuse d'opposition. La Tchécoslovaquie a été « normalisée » après 1968 et les membres de la Charte 77 ont été jetés soit en exil – Karel Bartosek – soit en prison – Vaclav Havel. En Bulgarie, Jivkov a inventé la « bulgarisation » forcée des populations turques, accompagnée de l'assassinat des dissidents réfugiés à l'Ouest – Markov, empoisonné à Londres d'un coup de « parapluie bulgare » fabriqué en réalité à Moscou. Quant à la Roumanie, si sous la férule délirante du « Conducator » et de son épouse, elle a adopté une certaine autonomie par rapport à Moscou, elle a été maintenue sous un régime strictement communiste.

Le système a conservé une forte pression sur l'Europe occidentale, grâce à deux puissants partis communistes. Le Parti communiste français, sous l'autorité absolue de Maurice Thorez, avait bien résisté à la première déstalinisation – conclue par l'expulsion du n° 3 du parti,

Auguste Lecœur en 1954 – puis aux révélations du
« rapport attribué » à Khrouchtchev en 1956. Il a fallu
attendre la disparition de Thorez, en 1964, pour que ce
parti désapprouve, très timidement, l'invasion de la
Tchécoslovaquie en 1968, et rejette, en 1976, la notion
de « dictature du prolétariat ». En dépit de querelles
liées à la politique d'Union de la gauche des années
1970, le PCF est resté jusqu'en 1991 un très fidèle élève
du PCUS.

Le Parti communiste italien, sous la houlette de l'éminent stalinien Togliatti, puis d'Enrico Berlinguer, a su
mieux profiter des signaux khrouchtchéviens pour
s'adapter à une société en pleine évolution. Il n'en est
pas moins resté inscrit dans le cadre communiste traditionnel jusqu'à sa mutation en Parti de la gauche démocratique en 1991. Et les quelques informations obtenues
lors de l'embryon de procès engagé à Moscou contre le
PCUS en 1992-1993 nous ont appris que le PCF et le
PCI avaient bénéficié jusqu'en 1991 des subsides versés
par le canal du 1er Département du KGB, institution
totalitaire s'il en fut[25]. Quant aux partis communistes
portugais et grec, ils sont demeurés largement staliniens
jusqu'aux années 1990. Tous les partis communistes
ouest-européens se sont mobilisés dans les grandes opérations de propagande lancées depuis Moscou : contre
la présence des Américains au Vietnam, contre la Communauté européenne, contre les euromissiles.

Parallèlement le système communiste a connu une
forte extension dans le reste du monde, ce qui
démontre que la « coexistence pacifique » et la
« détente » n'étaient que des mesures tactiques facilitant
l'expansion du système. D'abord en Asie – après 1975,
avec le Vietnam « réunifié », sa « colonie » laotienne, et,
dans un premier temps, le Cambodge de Pol Pot –, puis
en Afrique – avec l'Angola, le Mozambique, l'Ethiopie –
et en Amérique latine – avec Cuba depuis 1959, puis le

Nicaragua –, tout en multipliant les alliances avec des régimes « socialisants » – en particulier en Algérie et au Moyen-Orient, jusqu'à ce qu'il trébuche, à partir de 1979, sur l'invasion de l'Afghanistan.

Ainsi, toutes les composantes du système installées au pouvoir ont maintenu ou introduit les bases fondamentales du totalitarisme communiste : les monopoles du parti unique, de la pensée, des moyens de production et de distribution. Et dans l'ensemble du système ont été réaffirmées les bases doctrinales, organisationnelles, stratégiques et tactiques de la téléologie bolchevique.

C'est, par exemple, à l'automne 1979 que le secrétaire général du Parti communiste français, Georges Marchais, a écarté de leurs fonctions les dirigeants de la fédération communiste de Paris – accusés d'opportunisme – et approuvé l'invasion de l'Afghanistan par l'Armée rouge. En quelques semaines étaient ainsi proclamée la fidélité maintenue à la doctrine, au centralisme démocratique et à la politique de l'URSS[26].

Ainsi, à la fin des années 1970, si l'ensemble du système communiste d'obédience soviétique avait connu – en particulier en Europe – une déstalinisation certaine, on ne pouvait relever que de faibles traces de détotalitarisation des partis communistes, au pouvoir ou dans l'opposition – à l'exception de la terreur de masse, la plupart des principes totalitaires avaient toujours cours –, et aucune trace de décommunisation.

D'un totalitarisme de basse intensité à l'effondrement du système

En 1978, Annie Kriegel s'interrogeait sur l'endroit « où placer ses instruments d'observation des capacités de persistance et de résistance du système collectiviste de type communiste », et répondait ainsi : « C'est dans la sphère du parti qu'il faut les placer, du Parti en tant que celui-ci est un infatigable mécanisme de refoulement de l'instance sociale et un non moins infatigable mécanisme d'absorption de l'instance administrative de la figure de l'Etat[27]. » Or si, globalement, après 1953, peu de choses ont bougé dans ce domaine, il n'en était plus de même à partir de 1982-1983 et surtout 1985.

En effet, le mécanisme d'absorption de l'instance administrative à figure étatique a fonctionné de plus en plus mal, en particulier au cœur du système, en URSS même, en raison de l'émergence d'une nouvelle technocratie – militaro-industrielle, scientifique et technique, diplomatique – moins préoccupée d'idéologie que de compétence, en particulier face au défi américain dans tous les domaines.

Le refoulement de l'instance nationale devint à son tour de plus en plus difficile, tant dans des pays annexés à l'URSS par la force sous Lénine puis sous Staline – Ukraine orientale, Géorgie, Tchétchénie, Azerbaïdjan, puis Ukraine occidentale, Estonie, Lituanie, Lettonie, Moldavie – et jusque-là contraints de fonctionner sous le régime de la communauté soviétique, que dans les « démocraties populaires » intégrées au « camp socialiste ».

De même, le mécanisme de refoulement de l'instance sociale a atteint un haut degré de blocage, comme l'a montré avec éclat d'un côté la « stagnation » brejnévienne et, de l'autre, l'irruption sur la scène polonaise du syndicat libre Solidarnosc. Dans l'incapacité croissante de refouler cette instance, le PCUS a tenté de l'utiliser pour redynamiser son pouvoir, à travers la *glasnost*, la *perestroïka* et l'organisation d'élections qu'il pensait contrôler.

Krzysztof Pomian s'interroge sur les voies de sortie du totalitarisme et rappelle la voie « classique », celle de la défaite militaire qui fut le cas pour l'Allemagne nazie et l'Italie fasciste. Et il avance une autre voie qui aurait été celle des régimes communistes européens : la transformation préalable, quoique peu visible, du régime totalitaire en régime autoritaire[28]. Je ne suis guère convaincu par cette hypothèse, certes séduisante et logique par certains aspects, mais qui ne rend pas compte du phénomène fondamental : l'effondrement quasi simultané d'un type de régime et d'un système mondial. Leur survie a été radicalement compromise par la politique aventureuse de Gorbatchev, un leader trop naïf et inexpérimenté pour rééditer les manœuvres de grand style, de camouflage de la terreur et de légitimation du *projet* communiste, menées à bien par Staline en 1934-1939 avec l'antifascisme de « front populaire », ou en 1944-1948 avec la création des « démocraties populaires », et encore par Khrouchtchev avec le « dégel » et la « coexistence pacifique ».

Au début des années 1980, Iouri Andropov avait compris que le communisme était en train de perdre la bataille sur deux terrains majeurs : celui de la science et de la technologie qui connut une formidable poussée avec le développement de l'informatique et de la cybernétique, et celui de l'image dans un monde qui, en raison de l'explosion des moyens de communication, devenait un « village planétaire » où des leaders occidentaux experts en communications – comme le président Reagan ou le pape Jean-Paul II – surent retourner contre le communisme les armes médiatiques qui avaient jusque-là assuré son succès.

Initiée par Andropov, la manœuvre fut poursuivie par Gorbatchev qui s'engagea dans une nouvelle phase de « détente » destinée à la fois à améliorer l'image du « socialisme réel » fortement atteinte sous le brejnévisme crépusculaire – avec l'enlisement en Afghanistan, l'état de guerre en Pologne, le caractère gérontocratique du pouvoir, etc. –, et à profiter de la technologie et des crédits occidentaux – en particulier européens –, grâce à l'opération *glasnost* et *perestroïka* et au projet de « maison commune européenne ».

Cependant, au cours de cette manœuvre, et quelles qu'en aient été les raisons, Gorbatchev a violé deux principes majeurs du pouvoir totalitaire. Il y eut d'abord le retrait de l'Armée rouge d'Afghanistan, achevé le 15 février 1989. C'était la première fois, depuis leur défaite en Pologne en 1920, que les militaires soviétiques recevaient l'ordre d'abandonner un territoire conquis et contrôlé par l'URSS. Gorbatchev ne respectait pas l'obligation, jusque-là intangible, de la « solidarité internationaliste » qui obligeait tout parti communiste à voler au secours d'un parti-frère en danger de perdre le pouvoir. C'était, explicitement, l'abandon du principe de gouvernement par la terreur – au niveau national et international –, sur lequel reposait le système.

Ce message majeur, reçu tant par les diverses sociétés soumises à l'empire soviétique que par les partis communistes des « démocraties populaires », soulignait à la fois l'incapacité militaire et l'impossibilité politique de l'URSS à utiliser la force et la violence, voire la terreur, pour maintenir la cohésion du système communiste mondial.

Ce retrait fut concomitant de la violation d'un second principe majeur : la reconnaissance de l'existence légale d'une opposition réelle. En organisant, le 26 mars 1989 – et pour la première fois depuis l'automne 1917 – des élections où seulement 1 500 députés sur 2 250 étaient élus librement, Gorbatchev crut pouvoir contrôler le processus tout en renouvelant la légitimité et l'image du pouvoir. C'était oublier la nature du régime de parti unique : des élections, même en partie libres, contredisaient radicalement le principe du monopole du pouvoir. Ce n'est évidemment pas par hasard que le 18 janvier 1918, Lénine avait mis tout son poids dans la balance pour que soient détruits l'Assemblée constituante et le principe du suffrage universel. Et ce qui devait arriver arriva : pour la première fois depuis cette date, une opposition réelle et légale émergea, dans certaines républiques baltes, mais surtout à Moscou avec le triomphe de Boris Eltsine. Le PCUS perdit son monopole politique et culturel – la campagne électorale ayant impliqué une liberté d'expression inédite.

La Pologne emboîta le pas : le pouvoir communiste fut contraint d'engager les tractations secrètes de la Table ronde entre février et mars 1989, puis d'accepter la légalisation de Solidarnosc le 17 avril et de l'Eglise catholique le 17 mai. Sans doute les dirigeants du POUP espéraient-ils à la fois contrôler cette opposition et la compromettre auprès de ses mandants, afin de désamorcer la crise sociétale. Et ils se sentaient assez forts pour contrôler le processus. Organisées le 18 juin, les élections marquèrent la déroute du POUP, aboutissant, le 24 août, à la nomination d'un Premier ministre non communiste qui annonçait sa volonté d'aller vers l'Etat de droit et l'économie de marché. Pour la première fois depuis le 7 novembre 1917, dans un pays où il s'était emparé du pouvoir, le parti communiste non seulement perdait la direction du gouvernement, mais était contraint d'abandonner le cœur de sa doctrine – le collectivisme – et de sa puissance – le monopole de la production et de la distribution.

Une secousse aussi spectaculaire, et à laquelle Moscou n'avait ni pu ni su s'opposer, eut tôt fait de provoquer la chute des dominos les un après les autres, en dépit de la tentative désespérée de changer *in extremis* les équipes dirigeantes, comme en RDA où Gorbatchev vint en personne donner, le 7 octobre 1989, le « baiser de la mort » à Erich Honecker, ce qui n'empêcha pas le mur de tomber le 9 novembre.

Le dernier domino – le centre du système – tomba en août 1991. Après l'échec de son coup d'Etat, le PCUS fut interdit dans l'armée et dans tous les organismes d'Etat, puis, le 29 août, ses activités furent suspendues sur tout le territoire de l'URSS. Ainsi était mis fin au principe du parti-Etat, liquidation confirmée le 11 octobre par la dissolution du KGB, principal instrument de la violence partisane et totalitaire. Et le 8 décembre ce fut la fin de l'URSS elle-même, après que quinze républiques soviétiques eurent proclamé leur indépendance.

De juillet 1920 – date du IIe congrès de l'Internationale communiste et de sa fondation effective – jusqu'en août 1991, le parti créé par Lénine a réussi à construire et à pérenniser un système communiste mondial, dont il était le modèle et le moteur et qui était son cadre de fonctionnement et son principal vecteur de domination et d'expansion. L'ensemble des partis communistes européens ont été organiquement liés à ce système, pour la plupart jusqu'en 1991. En dépit des innombrables crises internes qui ont affecté ces partis et le système lui-même, celui-ci a été pendant des décennies le facteur fondamental qui déterminait leur caractère totalitaire. Et seule son implosion finale, à la suite de l'effondrement du PCUS puis de l'URSS, a marqué la fin de la dimension totalitaire de ces partis, même si, au sein d'un certain nombre d'entre eux, quelques fractions nostalgiques des périodes de haute intensité tentent de perpétuer une pensée communiste totalitaire.

TROISIÈME PARTIE

COMMUNISME, CRIME CONTRE L'HUMANITE, GENOCIDE

CHAPITRE XV

Le Livre noir et le travail historien sur le communisme

Outre une vaste polémique de caractère idéologique, la publication du Livre noir du communisme, *en novembre 1997, a provoqué un effet de sidération dans le milieu universitaire, en particulier parmi les spécialistes du communisme. Après plusieurs mois d'un silence pesant, a été organisé à Sciences Po, au printemps 1998, un premier séminaire de débat – limité à une quinzaine de personnes – sur le livre, et en particulier sur mon chapitre d'introduction. De ce séminaire est sorti un numéro spécial de la revue* Communisme *dont l'avantage premier était d'abandonner le terrain de la polémique pour aborder celui de la discussion intellectuelle[1]. J'y publiai le texte ci-après dont, certes, le ton était encore assez rude – quoique bien modéré eu égard aux attaques* ad hominem *dont j'avais été l'objet – mais qui, à mes yeux, présente encore aujourd'hui un intérêt indéniable : il constitue un point de repère, une butte témoin sur l'état du débat général, à ce moment-là, concernant la dimension criminelle des régimes communistes. Depuis, la connaissance historique a formidablement progressé et de très nombreux travaux sont venus compléter et confirmer le* Livre noir.

En remettant cent fois sur le métier l'ouvrage auquel il travaille dans le calme et la sérénité, l'historien ne peut prédire – et d'ailleurs il n'y songe guère – comment son œuvre sera accueillie par les collègues, les médias et le grand public : une indifférence absolue, une curiosité de bon aloi ou le bruit et la fureur.

Pour sa part, *Le Livre noir du communisme* a provoqué des effets inattendus. D'abord par l'accueil que lui a réservé le public : le livre a rencontré d'emblée un formidable écho. Le premier tirage a été épuisé en quelques jours pour atteindre, deux ans après, près de deux cent mille exemplaires, toutes éditions confondues. Dès février 1998, paraissaient à l'étranger les premières traductions (Espagne, Italie, Roumanie, Allemagne) et la sortie du livre dans les pays d'Europe de l'Est a été un événement éditorial et intellectuel. Il est aujourd'hui traduit dans seize pays et presque autant d'autres éditions étrangères sont programmées. Symboliquement, il vient d'être publié à Moscou et aux Etats-Unis (aux Presses de l'Université de Harvard). Plus de sept cent mille exemplaires sont d'ores et déjà dans les mains des lecteurs[2].

Autre motif d'étonnement : la part prise par des femmes à cette publication dans des pays où elle était susceptible de se heurter à divers obstacles. Au Portugal, où le parti communiste est encore puissant, c'est une femme, ancien membre du Bureau politique du PCP et victime d'un « procès de Moscou à Lisbonne », qui a publié le livre avec un succès inespéré. En Slovaquie, en Bulgarie, il a été porté par deux éditrices remarquables. En Bosnie, c'est une jeune femme qui a traduit seule les 850 pages et a encore trouvé l'énergie d'organiser à Sarajevo une passionnante conférence en présence d'ex-prisonniers politiques du régime titiste et du président de la République. Quand on sait dans quel état se trouve aujourd'hui Sarajevo et la Bosnie, on mesure mieux l'attente à laquelle a répondu ce livre. Sans que ses auteurs en aient eu le moindre pressentiment au cours de leur travail de rédaction, *Le Livre noir* est devenu un livre « mondial », ce qui renvoie moins à la mondialisation du commerce qu'à l'existence du phénomène communiste comme réalité internationale et question universelle sur lesquelles toute la planète s'interroge.

Certaines modalités de cette interrogation ont suscité la deuxième grande surprise : la virulence des réactions et le déchaînement des passions. Pas plus que mes coauteurs, je n'avais songé un instant que cette publication pourrait provoquer un tel tohu-bohu, des polémiques d'une rare violence, allant souvent jusqu'aux attaques *ad hominem*. Sans doute victime d'une certaine naïveté, j'étais dans les mêmes sentiments que ceux dont témoigne Anne Applebaum pour l'Europe de l'Est :

> « Avec l'effondrement des régimes communistes en Europe de l'Est, j'ai cru, comme beaucoup d'autres, que l'ère de la confusion morale et du rejet des vérités gênantes était révolue. Je pensais que notre façon de voir et de juger l'Union soviétique allait disparaître aussi vite que le mur de Berlin, que "l'anticommunisme" ne survivrait pas à la dissolution du Pacte de Varsovie. Dorénavant, libérés des contraintes idéologiques, des séquelles du maccarthysme, des souvenirs d'une alliance militaire avec un Etat défunt, et nous appuyant sur les archives enfin ouvertes et les témoignages des survivants, nous serions enfin à même de penser et d'écrire ce qui s'est passé en Europe de l'Est avec une certaine objectivité et en nous efforçant de comprendre l'ampleur de l'expérience que le communisme y a tentée sur la nature humaine, et les horreurs qu'elle a produites. Je me trompais [...][3]. »

L'ouverture, plus ou moins large, des archives en Europe de l'Est et à Moscou aurait dû appeler une certaine sérénité dans les recherches, avec un détachement bien marqué par rapport à un objet historique longtemps brûlant et soudain devenu froid. Mais ce refroidissement n'a pas été instantané, il a réclamé la durée, et si le Mur est tombé à Berlin en novembre 1989, il n'est pas encore tombé dans toutes les têtes : le deuil du communisme exigera de longues années.

Le Livre noir est donc venu à son heure, car au moins deux raisons l'auraient rendu improbable voilà encore dix ans. La première est technique : si les archives du communisme n'avaient pas commencé à s'ouvrir en 1990-1991, ce livre n'aurait été, au mieux, qu'une synthèse des témoignages et travaux existants. L'accès, même limité, aux archives russes et d'Europe de l'Est a permis que ce livre appartienne à la nouvelle phase du travail historien sur le communisme. Même si, comme cela a été indiqué dans son introduction, la qualité documentaire reste très inégale en raison de l'absence totale d'archives pour certains pays.

La seconde raison est plus décisive : elle tient au climat intellectuel dans lequel s'effectuait la recherche sur le communisme avant 1989-1991. L'URSS était alors l'autre super-puissance mondiale, à la tête de ce qu'Annie Kriegel a nommé le « système communiste mondial », comprenant son centre et ses périphéries : l'URSS, les pays socialistes, les partis communistes, le système des alliances (syndicales, pacifistes, de libération nationale)[4]. Cette puissance politique contribuait à nourrir une formidable puissance idéologique, portée par un dispositif propagandiste parfaitement rodé depuis la fin des années 1920[5], et relayé dans l'ensemble de l'opinion publique, y compris universitaire. La puissance communiste ou philo-communiste se manifestait aussi dans le champ de la recherche historique. Bref, les communistes étaient parvenus à créer dans le champ intellectuel, en particulier dans celui de l'histoire contemporaine, un rapport de force qui leur était largement favorable. L'une des plus belles illustrations en avait été le premier colloque universitaire sur « Le PCF des années sombres », organisé en 1983 par l'Institut d'histoire du temps présent, que les nombreux historiens et militants communistes présents avaient tenté de placer sous leur contrôle quasi physique.

Ce climat, qui se répercutait sur la conduite des recherches, a perdu son support objectif en 1991 ; et pourtant, il a continué à faire sentir ses effets. J'en avais d'ailleurs annoncé le caractère inéluctable et les modalités dans un article du *Débat* dès 1993, la mémoire communiste et la mémoire du communisme dans une partie de l'opinion – à gauche comme à droite – opposant une forte résistance au travail de l'historien[6]. Et faire comme si ce contexte, particulier à ce domaine historique, n'existait pas relève soit de l'aveuglement ou de la mauvaise foi militante, soit plus simplement de la bonne foi naïve de chercheurs qui n'ont pas été confrontés, dans d'autres champs historiques, à de telles contraintes. Mais ce n'est pas en ignorant ces contraintes que l'on peut le mieux y échapper et il n'est pas impossible que, une fois passé le vacarme, la publication du *Livre noir* serve de catharsis et permette d'entrer, enfin, dans une démarche plus sereine dont ce numéro de *Communisme* apparaît comme un signe encourageant.

De la critique du *Livre noir* en général

L'un des symptômes les plus manifestes de l'immaturité française face au problème du communisme a été la nature du débat qui a suivi la publication du *Livre noir*. Loin de déboucher, comme par exemple en Allemagne, sur un débat de presse de haute tenue et sur une réflexion nourrie par les meilleurs universitaires[7], en France la discussion s'est résumée à une violente polémique d'ordre politique et idéologique qui visait en priorité à couvrir de sa rumeur l'information sur les crimes du communisme et qui, à ce titre, devra figurer en bonne place au débit de « l'exception française ». Pierre Rigoulot et Ilios Yannakakis ont déjà écrit sur ce point quelques pages éclairantes[8].

Comme le remarque justement Marc Lazar, *Le Livre noir* n'a pas donné lieu, en France, à un compte rendu détaillé[9]. Néanmoins, des critiques se sont exprimées qui portent à la fois sur ce qu'est ce livre et, aussi, sur ce qu'on aurait souhaité qu'il fût. En effet, assez étonnante est la propension de certains à discourir non pas sur l'objet qui leur est soumis mais sur le livre qu'ils auraient voulu voir paraître, sans que l'idée leur soit venue de s'atteler à la tâche qu'ils proposent à d'autres de remplir.

Une critique plus fondée nous reproche l'absence ou la faiblesse d'une mise en contexte, y compris pour des parties aussi élaborées que celle de Nicolas Werth. Or, le parti pris de notre ouvrage était annoncé dès l'Introduction : le livre ne portait *que* sur les assassinats de masse. C'est en toute connaissance de cause que nous ne nous sommes pas engagés dans une mise en perspective de l'ensemble des processus de répression, et moins encore dans une mise en contexte plus globale, ce qui aurait exigé un travail différent. Le commentaire du chapitre du *Livre noir* consacré à l'Amérique latine, donné ici par Gilles Bataillon, pour passionnant qu'il soit, est assez éloigné de notre sujet[10].

Autre lacune signalée : l'absence de référence au terrorisme des Brigades rouges italiennes et de la Fraction armée rouge allemande. Certes, ces mouvements étaient à la périphérie idéologique et organisationnelle du système communiste mondial, et ont pratiqué un terrorisme très « sélectif » – policiers, magistrats, patrons –, sans rapport avec la terreur de masse. Pourtant, la chute du Mur a permis d'apprendre que la RDA servait de base de repli à certains membres de la RAF, elle-même devenue un appendice militaro-terroriste des services est-allemands. L'« oubli » est donc incontestable.

Plus curieuse est la contestation, par Marc Lazar, de la présence du Sentier lumineux péruvien, considérée comme une « incongruité »[11], dans la partie sur l'Amérique latine. A la différence des BR et de la RAF, le Sentier lumineux se réclamait, lui, et continue de se réclamer, de la pensée et de la stratégie du Président Mao. Il est un authentique mouvement communiste révolutionnaire qui n'hésite pas à pratiquer la terreur contre les populations.

Plus généralement, plusieurs collègues regrettent l'absence d'un « sérieux approfondissement des attendus du projet de recherche » (Marc Lazar), d'une comparaison générale des systèmes de répression des nombreux régimes communistes (Marc Lazar) ou encore d'une typologie des divers régimes communistes (Jean-Jacques Becker) ou même d'une comparaison des pays étudiés[12]. Ils nous prêtent par là des ambitions scientifiques dépassant de beaucoup notre projet qui, de nature plus modeste, visait à vérifier une hypothèse : dans quelle mesure le crime de masse a-t-il été une dimension présente dans tous les régimes communistes ? La vérification a demandé des recherches et un travail collectif qui ont permis de dresser un constat, un état des lieux, une première recension globale de la dimension criminelle dans le système communiste, et d'ouvrir ainsi des perspectives de recherche.

Un véritable projet de recherche, ne serait-ce que sur la comparaison des crimes de masse en régimes communistes, aurait impliqué que plusieurs conditions soient remplies, ce qui n'était pas le cas. La connaissance historique du système de répression dans chaque régime communiste n'est pas assez avancée pour autoriser une comparaison terme à terme, en dehors des res-

semblances et des différentes les plus apparentes qui
ressortent de la lecture du *Livre noir*. Que savons nous,
par exemple, du fonctionnement des différentes polices
politiques : NKVD soviétique, Stasi est-allemande, Securitate roumaine, NSW polonais etc. ? L'état d'avancement – ou plutôt de retard – du travail est lié aux
carences de la documentation – archives inaccessibles
pour la Chine, la Corée du Nord etc. ; archives spécifiques de la direction (Staline) et de la répression (de la
Tcheka au KGB) quasi fermées pour l'URSS. Dans beaucoup de cas, nous n'en sommes encore qu'à dresser
l'état des lieux. Nous ne disposons pas d'études appro-
fondies sur le fonctionnement d'ensemble de ces
régimes et nous sommes loin, en conséquence, de pouvoir en établir une typologie, ce qui, d'ailleurs, n'était
en rien l'objet de notre ouvrage. Enfin, il faudra
attendre un développement beaucoup plus net des
recherches sur la dimension psychologique du crime de
masse en régime communiste : et pour en saisir les ressorts chez les tenants du pouvoir, et pour en mesurer
les effets chez les victimes et l'ensemble de la population. Ce travail a commencé en France, que l'on se
réfère à l'ouvrage de Jacques André sur *La Révolution
fratricide*[13] qui s'interroge sur les ressorts psychanaly-
tiques du phénomène révolutionnaire chez les Jacobins,
ou à l'ouvrage d'Irena Talaban sur *Terreur communiste
et résistance culturelle*[14], ou encore à la thèse récente de
Radu Clit[15]. Mais on est encore loin de compte.

Nous en venons par là aux critiques concernant le
contenu du *Livre noir*. L'une des principales, relevée par
Marc Lazar, nous reproche d'avoir résumé le communisme à un principe unique, sans tenir compte de « la
tension fondamentale et permanente » entre « une tendance déterminante à l'unicité » et « la diversité des réa-
lisations communistes ». Et le critique de conclure :
« Insister sur son unité fondamentale gomme ses dispa-

rités, souligner à l'excès sa diversité occulte l'ensemble de ses traits communs[16]. » Si on ne peut qu'adhérer à cette position de principe, il est pourtant indispensable de privilégier l'unité du phénomène, sous peine de se retrouver face à un communisme si diversifié en ses particularités spatiales et temporelles qu'il n'existerait plus comme objet historique. Or, au-delà de tous les témoignages recueillis depuis 1917 et de tous les indices observables dans les publications et l'action communistes, les archives de Moscou montrent que, de 1917 jusqu'à la fin des années 1950, chaque parti ou parti-Etat était relié au centre, à Moscou, où étaient déterminées la doctrine, l'organisation et la politique. Même si dans les années 1960 les Chinois sont sortis du contrôle soviétique, ils n'ont en rien abandonné le modèle général et ont même tenté un retour à sa phase paroxystique. La formidable unité du phénomène a perduré jusqu'à sa chute et il n'est donc pas illégitime d'avoir, dans *Le Livre noir* et à travers un état des lieux de la terreur, dégagé l'un des principes essentiels d'unité du système – le crime de masse – même si, comme la lecture l'indique suffisamment, celui-ci a été pratiqué dans des conditions parfois fort différentes.

Elargissant le propos, rappelons qu'il y a déjà une quinzaine d'années, avec Denis Peschanski puis avec Marc Lazar, nous avions établi un schéma interprétatif du Parti communiste français permettant de rendre compte à la fois de l'appartenance du PCF à un système dominé par l'URSS, et de sa pénétration réussie dans la société française. Cette interprétation du communisme repose sur deux dimensions : téléologique (doctrine, organisation, stratégie et tactique politiques imposées depuis Moscou) et sociétale (tout ce qui renvoie à la diversité de la société d'implantation). Largement applicable à l'ensemble du communisme en Europe de l'Ouest, cette grille pourrait être élargie aux partis-Etats.

En effet, on y retrouve, jusqu'à la prise du pouvoir, les trois éléments téléologiques ; après la prise du pouvoir, s'ils changent en partie de fonction par leur capacité à imposer à l'ensemble de la société – et non plus aux seuls membres du parti – leurs potentialités totalitaires, ces partis-Etats n'en conservent pas moins les éléments téléologiques – doctrine, organisation, politique intérieure et internationale totalement ou partiellement soumises à celles de Moscou. La circulation de « conseillers » est à cet égard fort instructive, en particulier dans les domaines de la police et donc des méthodes de répression.

Parti de la même réflexion sur la diversité insurmontable du communisme, Jean-Jacques Becker porte plus loin cette critique : il serait scientifiquement non pertinent d'avoir rapproché dans une même dimension criminelle des régimes qui, sous ce point de vue, seraient sans rapport, par exemple la Tchécoslovaquie de Gottwald et le Cambodge de Pol Pot. Sont posées là deux questions de fond. Est-il pertinent, sous prétexte qu'ils sont « communistes », de placer dans le même ouvrage, et donc sur le même plan, des régimes qui relèvent de contextes très différents et où, en outre, la terreur a provoqué un nombre de victimes sans commune mesure ? Les régimes communistes européens des années 1980-1991 étaient-ils de même nature que ceux qui, selon les cas, avaient pratiqué la terreur de masse des années 1920 aux années 1950 ?

Cette seconde question n'a pas concerné les auteurs du *Livre noir* : ils ont traité de ces régimes dans leur phase de terreur de masse et n'ont donc pas eu à s'interroger sur l'évolution des régimes après ces périodes paroxystiques. Sur la première question, le sentiment des auteurs du *Livre noir* n'a pas varié tout au long de l'important travail collectif auquel ils se sont livrés : il existe d'incontestables différences entre les partis ou partis-Etats, qui peuvent être d'échelle – avec la Chine et son immense population – ou de degré – avec le Cambodge de Pol Pot où l'expérience communiste semble avoir atteint son paroxysme dans le crime –, mais pas de nature.

Cependant, la critique va parfois plus loin. Ainsi, J.-J. Becker écrit-il que « là où l'histoire ne trouve plus son compte et est même dévoyée, c'est de considérer qu'il ne s'est pas agi seulement d'analyser un trait du communisme, mais qu'avec l'étude de ses crimes on a prétendu étudier *tout* le communisme [...]¹⁷ ». Nous sommes là au bord du procès d'intention ; en effet, dès la troisième page de l'ouvrage, il est bien précisé, à deux reprises, que « l'histoire des régimes et des partis communistes [...] ne se résume pas à cette dimension criminelle, ni même à une dimension de terreur et de répression », et encore que nous considérons « la dimension criminelle comme l'*une* des dimensions propres à l'ensemble du système communiste » ; en outre, J.-J. Becker est trop spécialiste d'histoire contemporaine et participe depuis trop longtemps à la vie de *Communisme* pour ignorer les autres travaux des coauteurs du *Livre noir* sur le communisme, qui ne traitent souvent en rien de la dimension criminelle de celui-ci.

Telles sont donc les principales critiques portées contre le livre dans son ensemble. Par contre, l'essentiel de la polémique a porté sur le chapitre d'introduction.

Polémiques autour du chapitre d'introduction

La polémique est partie de la contestation de l'introduction par deux des coauteurs du *Livre noir*, relayée par des journaux comme *Le Monde* ou *L'Humanité*¹⁸. Henry Rousso, qui ne fut pas étranger à la manière dont N. Werth et J.-L. Margolin ont contesté *in extremis* ce chapitre d'introduction, la résume en la reprenant à son compte : « [...] un des auteurs, Stéphane Courtois, a transformé une entreprise scientifique légitime, déjà sérieusement menacée par les appétits de l'éditeur, en une entreprise idéologique qui lui a certes assuré un grand succès commercial mais a laissé planer un doute sur le travail accompli sur un sujet qui méritait un autre traitement[19]. »

Affirmation pour le moins abrupte que son auteur n'argumente à aucun moment : idéologique en quoi ? Compter les victimes du communisme, évoquer une comparaison nazisme-communisme, rappeler le caractère de crime contre l'humanité des agissements de la plupart des régimes communistes, est-ce une démarche « idéologique » ? Cette volonté de stigmatisation par « l'idéologique », par opposition à « l'historique », rappelle des méthodes polémiques d'une autre époque. Mais surtout, à travers cet « idéologique », Henry Rousso semble refuser à l'historien le droit de se référer à des valeurs. Or, comme l'écrit François Bédarida dans une réflexion sur la fonction de l'historien, « [...] sans l'exigence de vérité [...] sur quelle assise pourrait reposer la notion de responsabilité ? Il est vrai qu'à ce stade on entre dans le domaine des valeurs et qu'une connexion s'établit entre histoire et éthique. Mais là encore une cloison étanche peut-elle séparer éthique et responsabilité[20] ? »

Précisons d'emblée les conditions de rédaction de ce chapitre introductif qui a connu quatre moutures successives, soumises entre mai et août 1997, aux auteurs principaux – Bartosek, Margolin, Panné et Werth – qui, de février à septembre, ont effectué un important travail collectif (dix-sept réunions). Chacun a pu apporter ses critiques et ses remarques, y compris par écrit, et elles ont pour la plupart été intégrées après discussion. Si ce texte est donc de ma responsabilité, certains coauteurs ne peuvent laisser entendre soit qu'ils n'en avaient pas connaissance, soit qu'il leur aurait été imposé. Ils ont longuement participé à son élaboration et à son amélioration.

Ce chapitre d'introduction au *Livre noir* a suscité, y compris dans les rangs universitaires, une critique beaucoup plus polémique que celle adressée au livre considéré dans son ensemble. L'un des plus critiques a été Henry Rousso selon qui j'aurais « énoncé un présupposé qui a fait couler beaucoup d'encre, à savoir que les crimes respectifs du nazisme et du communisme "se valent" [...][21] ». Et de citer la phrase : « Le génocide "de classe" rejoint le "génocide de race" : la mort de faim d'un enfant de koulak ukrainien délibérément acculé à la famine par le régime stalinien "vaut" la mort de faim d'un enfant juif du ghetto de Varsovie acculé à la famine par le régime nazi[22]. » Or, cette présentation est doublement erronée. En premier lieu, la citation est tronquée : elle commence par « Ici, le génocide... » et vient conclure un développement sur la famine ukrainienne de 1932-1933 ; « ici » indique donc à quelle réalité historique précise s'applique la qualification de génocide de classe. D'autre part, cette phrase est le seul passage où j'utilise l'expression « vaut », signalée entre guillemets, soulignant que l'usage que j'en fais est exceptionnel et peu ordinaire pour un historien puisqu'il renvoie à une dimension morale. D'un verbe et d'une phrase sortis de leur contexte et généralisés à l'ensemble de l'Introduction, Henry Rousso travestit ma pensée pour mieux conclure que ce texte a une visée de « provocation » et que pour moi « tous les systèmes s'équivalent ». Histoire de faire bon poids, il ajoute : « La comparaison historique entre ces deux systèmes [nazi et communiste] n'entre aucunement dans son champ d'analyse [du *Livre noir*]. En revanche elle a constitué un argument polémique, un levier commercial et un chiffon rouge médiatique[23]. » Rousso souligne enfin que le chapitre d'introduction marquerait « un engagement politique qui se situe quelque part… à droite du centre droit » : appréciation politique paradoxale de la part d'un collègue qui, quelques lignes plus haut, taxe votre travail « d'entreprise idéologique ».

Or chacun conviendra qu'un livre de 850 pages consacré exclusivement aux crimes du communisme, dont l'introduction n'aurait pas fait la moindre allusion aux crimes nazis, aurait pu passer à juste titre pour un ouvrage du pire négationnisme d'extrême droite. « L'argument polémique » ne semble avoir provoqué aucune réticence chez les historiens du contemporain spécialistes du communisme et du fascisme, de Pierre Milza à Marc Lazar, et de Jean-Luc Domenach à François Fejtö, ce dernier ayant même souligné expressément son accord avec la fameuse phrase incriminée sur le génocide de classe[24].

Quant à l'argument sur « le levier commercial », qui renvoie à ce que Henry Rousso appelle ailleurs « les appétits de l'éditeur »[25], il est diffamatoire à l'égard d'un éditeur qui, parallèlement à une littérature destinée au grand public, a publié François Furet, Vladimir Boukovski, Robert Conquest, Pin Yathai et, encore tout récemment, une histoire de la dissidence russe par Cécile Vaissié[26].

Jean-Jacques Becker abonde dans le sens d'Henry Rousso en écrivant que « le coordinateur de l'ouvrage cherche une histoire efficace, c'est-à-dire une histoire militante – une conception de l'histoire qui ressemble beaucoup (même si elle entend le combattre) à celle que produisaient les régimes communistes[27] ». J'ignore où J.-J. Becker a pu relever que j'étais un tenant d'une histoire « militante ». Militante pour qui ? Pour quoi ? Mystère puisque cette affirmation n'est ni explicitée, ni référencée. Plus surprenante encore est l'idée que l'histoire faite dans *Le Livre noir* relèverait de la même conception que celles produites sous Staline ou sous Mao : le propre de celles-ci était le mensonge systématique pour la gloire du dictateur et de son système, celle du *Livre noir* repose sur la recherche scrupuleuse de la vérité se basant, chaque fois que possible, sur une documentation que chacun peut vérifier.

Ces réflexions de J.-J. Becker s'éclairent, cependant, à considérer le trait qui, à ses yeux, devrait définir le communisme européen : « [...] c'est bien davantage le mélange d'une propagande de tous les instants visant à la mise en condition des esprits et interdisant d'essayer d'y échapper, l'absence totale de liberté et la répression au quotidien. [...] parce que davantage que le crime elle a été inséparable du système soviétique[28] ». Que la propagande, telle que la définit J.-J. Becker dans ses effets, ait été l'une des caractéristiques majeures des régimes totalitaires, j'en conviens sans difficulté. Mais l'existence d'une propagande omniprésente dans l'URSS des années 1930 ne peut en rien compenser, masquer ou occulter l'importance des crimes de masse perpétrés au même moment. Si la propagande est un marqueur nécessaire dans la définition de ces régimes, elle n'est pas suffisante. Mussolini pratiquait une propagande intensive et pourtant les massacres de masse ont été absents de sa pratique du pouvoir – à condition de considérer que les massacres des Ethiopiens par les militaires italiens relevaient plus des atrocités liées aux conquêtes coloniales. C'est précisément pour cette raison que la plupart des auteurs contemporains estiment que le régime mussolinien, en dépit de sa revendication « totalitaire », ne peut pas être assimilé aux deux autres formes radicales de totalitarisme que sont le communisme et le nazisme.

Cependant, comment une tentative de « mise en condition des esprits » aurait-elle pu durer si longtemps si elle n'avait d'abord reposé sur la peur permanente et générale suscitée par la terreur de masse, régulièrement réactivée par une police politique omniprésente ? Comment ces régimes se seraient-ils seulement maintenus au pouvoir sans cette menace ? Dès que celle-ci a été levée – et en dépit d'une propagande toujours aussi obsédante –, ils se sont effondrés en quelques mois. Dès que le peuple de RDA a compris que les Soviétiques n'interviendraient pas et que la police ne tirerait pas, le Mur est tombé. En URSS, il a suffi que Gorbatchev autorise des élections dont seulement deux tiers des candidatures étaient libres, pour que son régime se désagrège.

Il est un autre point sur lequel la polémique a beaucoup trop souvent remplacé la critique : la question du décompte des victimes. Henry Rousso écrit ainsi que la question de la violence politique « doit être abordée en ne s'arrêtant pas aux ressemblances superficielles : la mise en équation du nombre respectif de victimes, si elle impose un respect égal pour la souffrance vécue des deux bords, ne permet en rien de comprendre la nature des processus politiques, sociaux, culturels mis en œuvre[29] ». Marc Lazar, pour sa part, me reproche de « mettre sur un pied d'égalité les deux génocides et les répressions communistes et nazies[30] ». Je n'ai pas « mis en équation » le nombre respectif des victimes ; je me suis contenté de souligner dans le système communiste une proportion de victimes qui, rapportée à celle du système nazi, devait « au moins inciter à une réflexion comparative sur la similitude entre le régime qui fut considéré à partir de 1945 comme le régime le plus criminel du siècle, et un système communiste qui a conservé jusqu'en 1991, toute sa légitimité internationale [...][31] ».

Ce qu'admet finalement Marc Lazar qui, cependant, critique la « façon cavalière » dont je l'ai fait, remarquant, en particulier, que mes chiffrages ne coïncident pas avec ceux de Werth, Bartosek et Paczkowski. Cela relève des différences d'appréciation entre les auteurs – même si J.-L. Margolin estime qu'il s'agit là « de points somme toute secondaires[32] » –, mais ne modifie en rien les ordres de grandeur. Concernant l'URSS, Nicolas Werth n'a retenu que les chiffres susceptibles d'être prouvés par la documentation disponible, ce qui est parfaitement légitime ; or, la fermeture actuelle des archives de la répression en Russie et les circonstances de l'époque font que de nombreuses victimes ne peuvent encore être recensées et que d'autres ne le seront sans doute jamais : personnes décédées pendant les transports en déportation, assassinats commis par les troupes du NKVD pour empêcher tout recul ou même toute contestation des combattants du front – 13 000 fusillés en quatre mois rien que pendant la bataille de Stalingrad[33] –, ex-prisonniers de guerre soviétiques assassinés avant même leur retour en URSS – par exemple les cosaques ou les *vlassov* remis par les Anglais à l'Armée rouge en 1945 –, résistants nationalistes traqués après 1945, etc. Rappelons que les auteurs les plus sérieux ont avancé des chiffres bien supérieurs aux nôtres : Conquest 40 millions de morts, Volkogonov 35 millions, Panine 60 millions, Soljenitsyne 66 millions, Kourganov 66 millions. Un complément de cinq millions de victimes est donc extrêmement raisonnable.

En ce qui concerne les chiffres pour l'Europe de l'Est – à l'exception de la Pologne –, les investigations les plus récentes dans tous ces pays indiquent des chiffres à la hausse ; nous avons fortement sous-estimé les crimes du régime de Tito, que ce soit en Bosnie, en Slovénie ou à Trieste ; dans ces deux dernières régions, des fosses communes sont régulièrement mises à jour. Pour la RDA, nous avons ignoré la période où cette partie de l'Allemagne était une zone d'occupation où l'Armée rouge et le NKVD ont pratiqué une répression massive portant sur des dizaines de milliers de victimes[34]. Pour ce qui touche à la Pologne, Andrzej Paczkowski a estimé, sur la base d'archives du NKVD, à environ 130 000 le nombre des victimes de l'occupation soviétique de septembre 1939 à juin 1941 ; à ceux-là s'ajoutent, selon Alexandra Viatteau, les déportés polonais qui n'ont jamais rejoint la Pologne ou sont décédés en déportation, soit plusieurs centaines de milliers de personnes[35]. Au total, ces estimations, forcément approximatives dans les conditions de la recherche actuelle, approchent le million pour l'ensemble de l'Europe de l'Est.

Néanmoins, ces critiques et remarques, souvent fort polémiques de la part de Jean-Jacques Becker ou d'Henry Rousso, sont intéressantes en ce qu'elles indiquent un état de l'opinion, universitaire mais aussi publique, qui ne semble pas avoir pris la vraie mesure de la tragédie vécue par les populations soumises aux régimes communistes, ce qui explique en partie leur vive réaction au chapitre d'introduction. En effet, autant la conclusion du *Livre noir* a été rédigée sur un ton serein, autant l'introduction a été conçue comme un texte de sensibilisation destiné à une opinion largement ignorante et indifférente aux tragédies provoquées par le communisme.

De l'écart entre idéal et réalité communistes

L'une des critiques majeures de mes coauteurs Werth et Margolin est d'avoir confondu idéal communiste et réalité stalinienne, et même d'avoir conclu que la doctrine communiste – en l'occurrence léniniste puis marxiste-léniniste – était l'une des causes principales de l'apparition d'une dimension criminelle dans le communisme au XXe siècle[36]. Ainsi, dans un entretien donné à la revue *L'Histoire*, Nicolas Werth déclare : « Ce que je pense au fond, c'est qu'il y a une profonde similitude, une sorte de noyau dur des totalitarismes, qui leur est commun. Mais aussi qu'à l'origine du communisme, tout de même, il y avait un idéal, qui a été dévoyé. Il y a de ce fait une tension extrême dans le communisme, et constante, entre les déçus du régime et leurs camarades "orthodoxes". On n'a jamais vu des repentis du nazisme, d'anciens militants nazis qui critiquaient ou tentaient de réformer le système de l'intérieur. Le nazisme, au contraire, c'est l'adéquation totale de la doctrine et de la réalité. Le communisme c'est le décalage entre la doctrine et la réalité[37]. » J.-J. Becker ajoute : « [...] on est ainsi passé à côté de l'essentiel que les méthodes de réalisation d'un projet généreux ont conduit toujours à la *répression*, souvent au *crime*[38]. »

Comment l'auteur qui a donné au *Livre noir* sa partie la plus documentée, la plus construite, et qui a longuement exposé combien Lénine était à l'origine de la terreur, peut-il parler d'un « idéal dévoyé » ? Quel idéal ? Humaniste, démocratique, « généreux » comme dirait J.-J. Becker ? Tous ces termes auraient bien fait rire Lénine et Trotski, et Boukharine, et plus encore Staline. Quel « décalage » peut-il y avoir entre l'homme qui fonde la doctrine, celui qui fonde le parti, celui qui fonde le régime et celui qui fonde la terreur, quand il s'agit du même homme ? Faut-il penser que Lénine avait imaginé un « bon idéal » et qu'il l'a lui-même mis en œuvre d'une manière totalement dévoyée ?

Qu'il y ait eu des déçus du bolchevisme au pouvoir, c'est indéniable, mais cela prouve seulement qu'ils n'avaient pas bien saisi la nature du parti dans lequel ils militaient ; peut-être porteurs d'un idéal humaniste, ils se sont aperçus trop tard qu'ils s'étaient trompés de parti. Quant à affirmer qu'il n'y a pas eu de déçus du nazisme, les faits sont trop nombreux qui le contredisent, à commencer par les crises ouvertes ou secrètes – ponctuées de crimes – qui ont secoué ce régime depuis la Nuit des longs couteaux jusqu'aux dernières années, Himmler lui-même devenant un opposant à la ligne hit-lérienne, en passant par le Front noir antihitlérien des frères Strasser actif jusqu'en 1939. Et on ne dispose pas sur Lénine ou sur Staline d'un témoignage et d'une réflexion de la qualité de ceux du « repenti nazi » Her-mann Rauschning et de ses deux livres – *Hitler m'a dit* et *La Révolution du nihilisme* –, écrits avant la guerre mais alors que leur auteur était déjà sorti de l'univers nazi. Trotski, lui, n'est pas sorti de l'univers bolchevique quand il écrit sur la révolution d'Octobre ou sur l'URSS stalinienne. Souvarine lui-même, dans son *Staline* de 1935, reste encore attaché à l'image mythique de Lénine.

Depuis, Nicolas Werth a publié un document qui éclaire d'un jour inédit la tension entre idéal humaniste et réalité criminelle : la dernière lettre de Boukharine à Staline, datée du 10 décembre 1937, avant le troisième grand procès de Moscou qui allait s'ouvrir le 2 mars 1938 et se conclure sur dix-neuf condamnations à mort. Ce document, d'un grand intérêt, mérite qu'on s'y attarde un peu longuement. Il émane d'un des princi-paux chef du parti, qui connaissait bien Staline et avait une idée du sort qui l'attendait, et qui par ailleurs a été présenté depuis des dizaines d'années comme le sym-bole même de l'idéalisme communiste face au dévoie-ment stalinien. Boukharine commence par rassurer Staline sur ses intentions :

> « Pour qu'il n'y ait pas de malentendus, je veux te dire que pour le monde extérieur (la société).
>
> 1. Je ne retirerai rien – publiquement – de ce que j'ai écrit durant l'instruction.

2. Je ne te demanderai rien concernant <u>ceci</u>, et tout ce qui en découle, je ne t'implorerai en rien qui puisse faire dérailler l'affaire, qui suit son cours. Mais c'est pour ton information <u>personnelle</u> que je t'écris. Je ne peux quitter cette vie sans t'avoir écrit ces quelques dernières lignes car je suis tourmenté par plusieurs choses que tu dois savoir :

1) Etant au bord du gouffre d'où il n'y a pas de retour, je te donne ma parle d'honneur que je suis innocent des crimes que j'ai reconnus durant l'instruction. [...]

3) Je n'avais pas d'autre "solution" que de confirmer les accusations et les témoignages des autres et de les développer : autrement, on aurait pu penser que je "ne jetais pas les armes"[39]. »

Boukharine revendique donc ouvertement le principe d'une double vérité : celle du monde interne au groupe révolutionnaire, le seul qui compte – le parti –, et celle du monde extérieur, profane et sans importance – la société nationale et internationale –, sauf pour ce qui touche à l'image du parti, c'est-à-dire à la propagande. Mais il va plus loin en acceptant et justifiant le principe de la purge et en en soulignant le caractère rationnel au regard des circonstances et des objectifs du parti :

« Il y a <u>la grande et audacieuse idée</u> de purge générale

a) en relation avec la menace de guerre, b) en relation avec le passage à la démocratie. Cette purge touche a) les coupables, b) les éléments douteux, c) les potentiellement douteux. [...] de cette manière, la direction du Parti ne prend aucun risque, se dote d'une <u>garantie totale</u>.

Je t'en prie, ne pense pas qu'en raisonnant ainsi avec moi-même, je t'adresse quelque reproche. J'ai mûri, je comprends que les <u>grands</u> plans, les <u>grandes</u> idées, les grands intérêts sont plus importants que tout, que ce serait mesquin de mettre la question de ma misérable personne sur le même plan que ces intérêts <u>d'importance mondiale et historique</u>, qui reposent avant tout sur tes épaules[40]. »

Cette approbation de la purge comme moyen de faire aboutir les intérêts généraux du parti, va de pair, chez Boukharine, avec un fort sentiment de culpabilité créé par le parti chez tous ses membres :

> « Je considère que je dois expier pour ces années durant lesquelles j'ai réellement mené un combat d'opposition contre la Ligne du Parti. Tu sais, ce qui me tourmente le plus en ce moment, c'est un épisode que tu as peut-être même oublié. Un jour [...] j'étais chez toi et tu m'as dit : sais-tu pourquoi je suis ton ami – parce que tu es incapabe d'intriguer contre qui que ce soit. J'acquiesce. Et, juste après, je cours chez Kamenev [...]. C'est cet épisode qui me tourmente, c'est le péché originel, c'est le péché de Judas. [...] Et maintenant, j'expie pour tout ceci au prix de mon honneur et de ma vie. Pour ceci, pardonne-moi Koba [surnom que ses camarades les plus proches donnaient à Staline]. [...] je ne peux pas me taire, sans te demander une dernière fois pardon. C'est pourquoi je ne suis en colère contre personne, ni contre la direction du Parti, ni contre les instructeurs, et je te demande encore une fois pardon, bien que je sois puni de telle sorte que tout n'est plus que ténèbres...[41] »

Mais ce sentiment de culpabilité s'accompagne d'une forte volonté de rachat par les services que Boukharine s'offre de rendre encore au parti :

> « Si jamais ma vie était épargnée, j'aimerais [...]
> — soit être exilé en Amérique pour x années. Arguments pour : je ferais campagne sur <u>les procès</u>, je mènerais une lutte à mort contre Trostki, je ramènerais à nous de larges couches de l'intelligentsia, je serais pratiquement l'anti-Trotski et je mènerais toute l'affaire avec un formidable enthousiasme. Vous pourriez envoyer avec moi un tchékiste expérimenté, et, comme garantie supplémentaire, vous pourriez garder en URSS ma femme en otage pour six mois,

le temps que je démontre, dans les faits, comment je casse la gueule à Trotski et C°, etc. [...]

— si tu as ne serait-ce qu'un atome de doute concernant cette variante, exile-moi pour 25 ans à Petchora ou à la Kolyma, dans un camp. J'y organiserais une université, un musée, une station technique, des instituts, une galerie d'art, un musée d'ethnographie, un musée zoologique, un journal du camp. En un mot, j'y mènerais un travail de pionnier de base, jusqu'à la fin de mes jours, avec ma famille[42]. »

Boukharine reste enfermé dans son projet utopique et dans son fanatisme idéologique. Il nourrit toujours le combat politique de paroles homicides – « une lutte *à mort* contre Trotski » – qui ne sont pas sans conséquences comme le montrera l'assassinat de Trotski, précisément par « un tchékiste expérimenté ». Il croit toujours que les camps sont des lieux de rééducation par le travail et la culture, comme l'expose à longueur de journée la propagande du régime. Il va plus loin encore, proclamant son amour pour Staline. Nicolas Werth rappelle que lors de sa dernière rencontre avec Fiodor Dan, dirigeant menchevique en exil, au printemps 1936, Boukharine avait déclaré à propos de Staline : « [...] ce n'est pas à lui que nous faisons confiance, c'est à l'homme auquel le Parti fait confiance. Je ne sais comment c'est arrivé, mais c'est ainsi. Il est devenu le symbole du Parti[43]. » Phrase à rapprocher de la fameuse déclaration de Trotski au XIIIe congrès du Parti bolchevique en 1924 : « Aucun d'entre nous ne peut avoir raison contre son parti. En dernier ressort, le Parti a toujours raison. [...] Qu'il ait tort ou raison, c'est mon parti ». Le « Parti » demeure le seul horizon de ces hommes formés au *Que faire ?* de Lénine ; et c'est précisément la fonction du parti que de réduire à rien l'écart entre l'idéal et la réalité, sauf que, une fois au pouvoir, le parti instaure une réalité qu'il impose comme l'idéal que tout communiste doit à chaque instant approuver et promouvoir.

Cette lettre de Boukharine touche au plus profond de la mentalité communiste quand son auteur en vient à proclamer son respect et son amour pour Staline :

> « Tout au long des dernières années, j'ai suivi honnêtement et sincèrement la Ligne du Parti et j'ai appris, avec mon esprit, à te respecter et t'aimer. [...] Quand je pense aux heures que nous avons passées à discuter ensemble... Mon Dieu, pourquoi n'existe-t-il pas d'appareil qui te permette de voir mon âme déchirée, déchiquetée par des becs d'oiseau ! Si seulement tu pouvais voir comme je suis attaché intérieurement à toi [...]. Bon, allez, pardonne-moi pour toute cette "psychologie". Il n'y a plus d'Ange qui puisse détourner le glaive d'Abraham ! Que le Destin s'accomplisse[44] ! »

Et il termine ainsi :

> « Iossif Vissarianovitch ! Tu as perdu en moi un de tes généraux les plus capables et les plus dévoués. [...] Je me prépare intérieurement à quitter cette vie, et je ne ressens, envers vous tous, envers le Parti, envers notre Cause, rien d'autre qu'un sentiment d'immense amour sans bornes. [...] Ma conscience est pure devant toi, Koba. Je te demande une dernière fois pardon (un pardon spirituel). Je te serre dans mes bras, en pensée. Adieu pour les siècles des siècles et ne garde pas rancune au malheureux que je suis[45]. »

Cette lettre montre l'un des principaux dirigeants bolcheviques et soviétiques, « le plus précieux et le plus fort théoricien du Parti » (Lénine), bien incapable, vingt ans après la prise du pouvoir de novembre 1917, de comprendre le caractère fondamentalement anti-humain du système qu'il a largement contribué à mettre en place et dont il va être la victime. Pire, il adhère à ce système, à son projet (« notre Cause »), à sa logique (« la grande et audacieuse idée de purge générale »), y compris au prix de sa vie – et aussi de celle de sa femme qu'il est disposé à laisser « en otage » ! Si, par-delà les déviations du stalinisme, Boukharine est considéré par beaucoup comme la pure figure de l'idée communiste, cela prouve simplement que cette idée coïncide à la pratique stalinienne. Comme l'avait déjà montré Koestler dans *Le Zéro et l'Infini*, Boukharine est bien cette figure tragique de l'intellectuel bolchevique, brisé, repentant et rendant, par son mensonge, son déshonneur et sa mort, un dernier service au parti et un dernier hommage à l'infaillibilité de celui-ci.

De la comparaison nazisme-communisme

Ce n'est pas le lieu, ici, de dresser l'historique de la comparaison entre nazisme et communisme qui, à la suite de l'invention du terme « totalitarisme » comme concept et dès les années 1930, était largement répandue parmi les spécialistes des régimes soviétique, nazi et fasciste. Elle ne semblait pas, en 1972, susciter l'émoi, y compris chez le chroniqueur du *Monde* qui rendait compte du livre d'Hannah Arendt, *Le Système totalitaire* : « Le parallèle entre l'Allemagne nazie et la Russie stalinienne est fondé. Les deux régimes ne sont pas identiques en tous points, mais leurs ressemblances sont telles que le même terme de totalitarisme peut être employé en parlant d'eux ». Et la terreur totalitaire paraissait alors l'un des éléments principaux de la comparaison : « Elle vise à retrancher de la société, puis à exterminer, des catégories entières de la population définies par leur statut social (les paysans en Russie lors de la collectivisation forcée), par leur appartenance à un groupe désigné comme l'ennemi (les Juifs en Allemagne et, à la veille de la mort de Staline, en Russie, telle ou telle nationalité – Tatars, Allemands de la Volga

– dans ce pays[46]. » Et en dehors d'une mouvance communiste et gauchiste qui refuse le principe même de cette comparaison, la plupart des chercheurs la considèrent comme légitime.

Cependant, un courant historiographique récent soutient que la comparaison analysée en particulier par Arendt, et soulignée préalablement ou reprise ultérieurement par de nombreux auteurs, n'est que théorique et donc « limitée et superficielle ». Ainsi Henry Rousso se propose-t-il de « mettre en évidence les différences réelles derrière les ressemblances apparentes[47] ». Ian Kershaw va beaucoup plus loin, pour qui « le concept de totalitarisme a une valeur heuristique majeure, mais paradoxale : au-delà des ressemblances de son objet commun que sont stalinisme et nazisme – terreur d'Etat, parti unique, dynamique révolutionnaire du régime, culte du chef –, il aide, contre la propre volonté de la plupart de ses utilisateurs, à marquer les différences radicales qui existent entre ces deux régimes[48]. » Des « différences réelles », on passe donc aux « différences radicales » qui récusent *a priori* toute légitimité à la comparaison.

Ce choix d'orientation de la recherche n'est pas neutre. On vient en effet d'un monde où, depuis les années 1930, nazisme et communisme se sont présentés comme deux phénomènes radicalement étrangers, opposés comme l'eau et le feu. S'il est donc d'excellente méthode de bien distinguer ressemblances et différences entre ces régimes, il ne faut jamais perdre de vue la question fondamentale : appartiennent-ils à un genre commun ? Peuvent-ils être pensés ensemble ? L'analyse de leurs similitudes éclaire-t-elle plus l'histoire du XXe siècle que celle de leurs différences ? Et si l'on peut souscrire à la démarche proposée par Henry Rousso, pourquoi ne pas la compléter en proposant « de mettre

en évidence les ressemblances réelles derrière les différences apparentes » ?

Dans *Le Passé d'une illusion*, François Furet a déjà
insisté sur l'importance de ces ressemblances, dans leur
commune opposition à la démocratie représentative, à
l'Etat de droit, à l'individu. Je limiterai ici le propos à la
question de la terreur de masse. Dans ce domaine, les
ressemblances de forme et de fonction sont incontestables. Dans son beau livre *Le Malheur du siècle*, Alain
Besançon a pointé les cinq étapes de la destruction des
Juifs d'Europe : expropriation, concentration, « opérations mobiles de tuerie », déportation, centres de mise à
mort. Il commente : « En suivant le même canevas, on
constate que la destruction communiste connaît les
quatre premiers moyens, quoiqu'avec des variantes qui
tiennent à sa nature et à son projet. Elle a omis le cinquième. Elle en a ajouté deux autres dont le nazisme
n'a pas eu besoin : l'exécution judiciaire et la famine[49]. »

Cette analyse appelle quelques précisions. L'expropriation, la concentration – ou mise en camps de
concentration – et la déportation ont été pratiquées par
le régime bolchevique dès ses premières années. Les
« opérations mobiles de tuerie », symbolisées du côté
nazi par l'action des *Einsatzgruppen*, sont apparues dans
le système communiste dès les années 1930 : la purge
et ses quotas – les 700 000 assassinés de 1937-1938 –,
et la liquidation des élites dans les pays occupés – par
exemple les 25 700 Polonais promis à l'exécution par
ordre du Bureau politique du 5 mars 1940, dont les
4 400 officiers de Katyn. Comme la Tcheka des années
de guerre civile, puis comme le NKVD, les *Einsatzgruppen* ont exterminé par balle et de manière artisa-
nale plus d'un million de Juifs des territoires soviétiques
occupés.

Par contre je ne suivrai pas Alain Besançon sur les
centres de mise à mort et la famine. Les régimes

communistes aussi ont connu des centres de mise à mort. La Loubianka, en plein centre de Moscou, en fut un où ont péri des milliers de personnes. La prison de Tuol Sleng à Pnomh Penh a vu entrer plus de 15 000 prisonniers : presque aucun n'en est sorti vivant. La forêt de Katyn a été un centre de mise à mort, celles de Vinnitsa et de Kouropatki également. Et nous ne sommes qu'au début de la découverte de ces fosses communes gigantesques qui étaient le réceptacle de centres de mise à mort voisins. La différence principale tient à ce que ces mises à mort n'étaient pas industrielles – par les gaz – mais « traditionnelles », par balle, et que les corps n'étaient pas brûlés (ce qui a permis aux nazis de faire disparaître l'essentiel des traces). Je ne suivrai donc pas plus Marc Lazar quand il écrit que « le génocide de race aboutit à l'établissement de camps d'extermination, et pas le génocide de classe[50] ». Staline et Pol Pot ont prouvé qu'il n'y avait pas besoin de camps spécialisés pour exterminer y compris des populations de plusieurs millions de personnes.

En ce qui concerne la famine, rappelons que des centaines de milliers de Juifs sont morts de faim – de froid et de maladie, ce qui en général va de pair – dans les grands ghettos de l'Est, mort provoquée par une politique délibérée de restriction de plus en plus drastique des ressources alimentaires. Là encore, les communistes ont été les premiers à pratiquer cette méthode, et de la même manière. En 1933, les paysans ukrainiens qui fuyaient leurs villages pour trouver secours en ville étaient impitoyablement ramassés par la milice et le NKVD et ramenés nuitamment dans les régions de famine. Dix ans plus tard, les nazis n'ont pas opéré autrement : ils ont concentré dans le ghetto de Varsovie plus de 500 000 Juifs et ont empêché quiconque d'y entrer ou d'en sortir, sous peine de mort. Simplement, Staline s'attaquait à une population paysanne nettement localisée qu'il n'avait pas besoin de chercher aux quatre coins de l'Union soviétique, il suffisait d'affamer à mort les habitants sur leurs lieux mêmes d'habitation. En dehors des territoires soviétiques occupés, où ils assassinaient sur place, les nazis ont décidé d'aller chercher les Juifs là où ils étaient, dans toute l'Europe ; et ce pour une raison fondamentale : l'extermination des Juifs devait rester secrète, on ne pouvait donc les assassiner au vu et au su de tous en France, en Belgique, en Hollande etc. Il était indispensable de les emmener dans des lieux de tuerie cachés et secrets.

A cet égard, Marc Lazar considère que mon analyse comparative reposerait sur « un principe fonctionnaliste qui établit que les régimes disposant de caractéristiques semblables sont nécessairement identiques dans leur essence ». Je ne comprends pas bien ce que signifie « identiques dans leur essence ». Y a-t-il une essence du communisme ? Y a-t-il, comme cela m'a été attribué, une « essence criminelle » du communisme ? En tant qu'historien, je me contente de répondre qu'il y a dans le communisme une dimension criminelle. Relève-t-elle d'une « essence » ? Un philosophe pourrait peut-être apporter une réponse. Je n'utilise le terme « totalitarisme » que comme idéal-type et n'y perçois aucune « essence », admettant d'ailleurs qu'on l'utilise au pluriel comme Bernard Bruneteau dans son récent ouvrage sur *Les Totalitarismes*[51]. De surcroît, je n'ai jamais écrit ou pensé que les deux systèmes, nazi et communiste, étaient identiques, ce qui est évidemment absurde pour un phénomène historique, singulier par définition.

Pour conclure sur ce point, Marc Lazar avance que j'aurais commis dans la comparaison « une erreur fondamentale [qui] consiste à avoir privilégié les homologies, qui dans la réalité sont rarissimes, au lieu d'établir des analogies, "c'est-à-dire discerner ce que des phénomènes globalement distincts peuvent avoir de commun"[52] ». Il tire des conclusions bien péremptoires des deux pages que j'ai consacrées au rapprochement du nazisme et du communisme, et qui n'étaient qu'une évocation de la question. Les homologies entre les deux systèmes sont effectivement fort nombreuses – je viens d'en rappeler quelques-unes – et n'en sont donc que plus significatives, permettant ainsi de nourrir la réflexion analogique. Car démarches homologique et analogique ne sont nullement contradictoires et je constate avec satisfaction que ce double travail est désormais amorcé avec succès par Nicolas Werth et Philippe Burrin qui s'attachent à examiner, sous un angle comparatif, le rôle du dictateur, les logiques de violence et les relations entre pouvoir et société dans les deux systèmes[53].

S'ils admettent la légitimité de la comparaison, certains de nos collègues veulent la limiter à deux objets très précis, l'Allemagne hitlérienne et l'Union soviétique stalinienne, récusant l'idée que l'Allemagne de Hitler et l'URSS de Khrouchtchev ou de Brejnev aient des points communs[54]. Or, si le régime soviétique n'a plus été massivement meurtrier après la mort de Staline, l'Allemagne hitlérienne n'a pas été massivement meurtrière avant le début du deuxième conflit mondial. Et dans l'Allemagne de 1935-1936, alors que le régime n'avait engagé ni son expansion militaire ni son œuvre meurtrière contre les Juifs et tous les *Untermenschen*, la dimension criminelle n'était pas plus développée que dans l'URSS khrouchtchevienne de 1956 – qui écrasait dans le sang la révolte hongroise – ou l'URSS brejnevienne de 1968 – qui traitait Dubcek et la Tchécoslovaquie à peu près comme Hitler avait traité Hacha et cette même Tchécoslovaquie en mars 1939.

Si elle ne me paraît donc pas pertinente, cette volonté de limiter étroitement la comparaison amène néanmoins une question de fond : les régimes communistes encore en place en 1989-1991 avaient-ils quelque chose à voir avec ceux qui avaient pratiqué la terreur de masse quelques décennies auparavant ? Pour Krzysztof Pomian, ils auraient progressivement et imperceptiblement changé de nature, au point que de totalitaires ils seraient devenus autoritaires, dans le sens où on l'entend pour les régimes de Franco ou de Salazar[55]. Je ne suis pas convaincu par la réflexion de K. Pomian, qui cependant cherche à rendre compte d'une réalité : le régime de Khrouchtchev ou de Brejnev n'était pas celui de Staline. Et pourtant, ces régimes se sont perpétués dans une surprenante continuité des élites, des structures et, en partie, des modes de fonctionnement. Ils ont donc bien une nature « génétique » commune, même si certains de leurs éléments constitutifs ont fonctionné de manière atténuée par rapport aux moments paroxystiques de la phase stalinienne. Certes, la terreur sous Khrouchtchev et Brejnev était sans commune mesure avec celle pratiquée sous Staline, et pourtant elle était toujours là, sous forme de mémoire et de menace, et susceptible d'être réactivée à tout moment, même si elle s'était progressivement muée en une simple peur. Il semble donc préférable de parler de régime totalitaire *en expansion* ou *en stagnation*, de définir des phases selon la manière dont les éléments constitutifs sont mis en œuvre. En effet, communiste ou nazi, ces régimes sont avant tout des systèmes révolutionnaires qui brûlent une très grosse quantité d'énergie (en hommes, en ressources, en armement, en idéologie, en propagande, etc.). Mobilisée par la passion politique et le projet utopique, celle-ci est concentrée, catalysée, portée par un homme : le chef charismatique. Celui-ci disparu, la source d'énergie s'affaiblit progressivement et les successeurs ne sont plus capables de mobiliser l'énergie formidable nécessaire au fonctionnement du système.

Reste enfin un point de différenciation en apparence irréductible entre nazisme et communisme. Marc Lazar, mais aussi Nicolas Werth et Jean-Louis Margolin, pour ne citer qu'eux, soulignent que le contenu des deux idéologies est radicalement différent : l'une serait fondamentalement raciste et inégalitaire, alors que l'autre serait liée à la pensée égalitaire – « le bonheur pour tous » disait Babeuf – et universaliste issue de la Révolution française, point de vue qui est aussi celui de François Furet. Marc Lazar illustre sa position d'une citation de Primo Levi qui écrit : « Ces deux enfers ne poursuivaient pas le même but. Le premier était un massacre entre égaux : il ne se fondait pas sur une prééminence raciale, il ne divisait pas l'humanité en sur-hommes et en sous-hommes[56]. » Comment un homme aussi sensibilisé à la tragédie du XXᵉ siècle a-t-il pu écrire cette phrase ? Comment croire que Staline considérait comme ses égaux les 700 000 personnes qu'il envoya, pour beaucoup nommément, à la mort en 1937-1938 ? Comment croire qu'il considérait comme ses égaux les millions de paysans ukrainiens condamnés à mourir de faim en 1932-1933 ? Pour Staline, ces hommes ne méritaient pas de vivre. Certes, il n'utilisait pas le terme de « sous-homme », mais il en utilisait d'autres dont la signification ne doit pas tromper : « bourgeois », « koulak », « contre-révolutionnaire », « bandit trotskiste », « espion japonais », etc. Ce que Pierre Hassner appelle « l'ennemi total »[57] demeure la figure centrale, aussi bien pour les nazis que pour les communistes. D'ailleurs, n'est-ce pas Boukharine, ce prétendu humaniste, qui en 1925, dans sa polémique contre Karl Kautsky, après avoir décrété que ce dernier n'avait « dans son encrier que de la bave de chien enragé », concluait logiquement : « Quelle déchéance, même pour un renégat ! Et pourtant, Kautsky fut autrefois un homme[58]. » « Autrefois »... S'il ne l'est plus, qu'est-il donc ? Une bête ? Un parasite ? Un vivant déjà mort et qui, par conséquent doit être assassiné afin de faire coïncider sa mort clinique avec sa mort politique proclamée ? Comme Trotski ? Comme Boukharine lui-même en 1938 ?

Certes, en Occident, la pensée communiste a été fortement influencée par la dimension égalitaire et universelle de la démocratie et des droits de l'homme, comme en fait foi le discours communiste français à partir de 1934-1935. Encore faudrait-il distinguer ce qui, dans ce discours, relevait de la tactique de Front populaire et antifasciste, et ce qui renvoyait à la tradition social-démocrate occidentale dont étaient issus la quasi-totalité des partis communistes européens. Mais, est-ce bien à cette tradition démocratique de la Révolution française que se référaient Lénine, Staline, Trotski, et même Boukharine ? Certes non. Ils n'en retenaient que sa phase robespierriste et son moment terroriste. Encore en 1925, Boukharine, à propos de Kautsky, file la comparaison entre « le parti des bolcheviks, parti des "jacobins prolétaires" » et les socio-démocrates, girondins voués à la guillotine[59]. Suivant son maître Lénine, Staline s'est contenté de passer aux actes, jusqu'à ce que Boukharine soit à son tour désigné comme un girondin. Quant au projet communiste, il prétend à l'universalité, mais il se récuse lui-même en excluant de l'humanité, d'emblée et par principe, tous les « ennemis du peuple » qui, l'histoire l'a montré, peuvent devenir le peuple tout entier, y compris les membres du parti.

Derrière cette fausse dissymétrie de l'universel et du particulier, se cachent les véritables rapprochements idéologiques : le rejet radical de la société moderne – avec son individu, son Etat de droit, sa démocratie représentative, sa liberté d'entreprendre dans tous les domaines –, le projet utopique, le scientisme qui fonde la nécessité historique ou biologique de réaliser le pro-

jet, la désignation de la figure de l'ennemi qui fait obstacle à la réalisation du projet et la légitimité de
l'utilisation de la violence ; et tout cela au nom du bonheur des « Germains » ou de « l'Humanité ». Il faudra
d'ailleurs revenir de manière beaucoup plus approfondie sur certains textes « racistes » et « extermination-
nistes » chez les pères du communisme, Marx et Engels,
comme viennent de s'y employer Konrad Loew[60] ou
George Watson[61]. Et il y avait bien dans le marxisme-
léninisme un projet exterminationniste à l'encontre de
la « bourgeoisie » et de toute la « vieille société ».

Le dernier argument utilisé pour démontrer la différence radicale entre les valeurs du nazisme et du communisme est celui de la repentance. Simon Leys, le
grand spécialiste de la Chine de Mao et peu suspect de
sympathie pour le communisme, écrivait pourtant en
1998 : « [...] les amis de *Commentaire* (qui sont aussi
les miens) ont tout naturellement compté quelques
communistes repentis – et je m'en réjouis – ; mais je
doute qu'ils aient jamais inclus beaucoup d'ex-nazis[62] ».
Avec tout le respect dû à Simon Leys pour son œuvre
pionnière, ce type de réflexion relève du vrai-faux bon
sens. Ses « communistes repentis » étaient des militants
de base, aucun d'entre eux n'avait eu de fonction, sauf
subalterne, dans l'appareil du parti. Or, quand il fait
référence aux ex-nazis, Leys renvoie évidemment à
l'archétype du nazi de haut rang. Sa comparaison n'est
donc pas pertinente. A moins que Simon Leys pense que
l'Allemagne d'après-guerre avait été purgée de tous ses
ex-nazis ; or cette Allemagne incontestablement démocratique, qui a depuis condamné et pourchassé le
nazisme, a été largement rebâtie par des « nazis repentis » : certes pas les grands chefs condamnés à Nuremberg, mais ces Allemands de la base qui avaient voté
pour Hitler, avaient adhéré au NSDAP par conviction
nationaliste et/ou par volonté d'exercer leurs talents

professionnels, avaient cru aux victoires et à la puissance retrouvée de leur pays et l'avaient défendu jusqu'à sa défaite finale. A l'inverse, on pourrait souligner que toute l'Europe de l'Est est en train de sortir du communisme alors qu'une part importante de sa classe politique et économique est formée de « communistes non-repentis ».

Cependant, même si l'on admettait le point de vue d'un « bon idéal communiste », resterait la question de Jacques Julliard : « En quoi des criminels se réclamant du bien sont-ils moins condamnables que des criminels se réclamant du mal[63] ? » Question qu'Alain de Benoist précise : « Le raisonnement qui consiste à opposer la "doctrine de haine" du nazisme à l'"idéal d'émancipation humaine" du communisme est parfaitement biaisé. Il revient à opposer une définition du communisme donnée par ses partisans à une définition du nazisme donnée par ses adversaires. [...] Le nazisme, en réalité, ne prétendait pas moins que le communisme faire le "bonheur" de ceux auxquels il s'adressait. Il ne proposait pas moins de perspectives "radieuses" à ses partisans[64]. » Et de conclure : « On ne peut faire comme si le jugement que nous portons sur le nazisme correspondait à celui qu'il portait sur lui-même. Sinon, nous pourrions tout aussi bien dire que le communisme se réclamait, non pas du bien mais du mal, à proportion de l'horreur que peuvent nous inspirer ses idées[65]. »

Terreur et rationalité totalitaire

S'ils ne peuvent contester ces faits, les tenants de l'anti-comparatisme déplacent la question sur un autre terrain. Ainsi, pour Ian Kershaw, la terreur n'était pas dans la nature même du pouvoir soviétique, alors qu'elle le fut dans la mission de purification raciale qui était au cœur du credo nazi. Kershaw écrit en effet : « Si terrible qu'elle l'ait été, l'offensive contre les koulaks n'était pas aussi dénuée de rationalité que l'extermination d'ouvriers juifs qualifiés, alors que l'industrie des armements manquait cruellement de main-d'œuvre, ou que la mobilisation des transports pour acheminer les victimes jusqu'aux chambres à gaz, alors que les trains auraient pu servir au déplacement des troupes[66]. » Or, la prise de connaissance, à travers les archives, des processus de décision staliniens et le réexamen du processus d'extermination des Juifs par les nazis dénotent une forte rationalité des acteurs.

Le livre récent de Christian Guerlach, *Sur la conférence de Wannsee*, revient sur l'enchaînement des décisions qui a mené à l'extermination des Juifs[67]. En dehors des territoires soviétiques occupés – livrés aux *Einsatzgruppen* dès juillet 1941 –, la question juive est entrée dans une nouvelle phase décisionnelle le 28 juillet 1941, quand Goering déclara que les Juifs « n'avaient plus rien à faire dans les territoires sous domination allemande ». Le 31 juillet, il chargea Heydrich « de prendre toutes les dispositions nécessaires […] en vue d'une solution globale de la question juive dans la zone d'influence allemande en Europe[68] ». « Globale » et non pas « finale ».

En août 1941, Heydrich se vit refuser par Hitler un plan de déportation vers l'Est des Juifs du Reich. Et encore en octobre et novembre 1941, les nazis déportèrent des dizaines de milliers de Juifs allemands vers l'Est (Lodz, Minsk) mais sans les assassiner. Le 30 novembre, mille Juifs de Berlin, déportés à Riga, furent fusillés, ce qui provoqua une forte réaction de Himmler exigeant l'arrêt de ces massacres ; ces Juifs furent alors parqués dans des camps improvisés où ils moururent rapidement de faim, de froid et de maladie, exactement comme des dizaines de milliers de koulaks sont morts dans l'improvisation des premières grandes vagues de déportation soviétiques en 1930-1931. Dans le système nazi, comme dans le système communiste, encore en 1941, déportation n'implique pas nécessairement extermination.

Revenant sur la décision de l'anéantissement du judaïsme en Europe, Christian Guerlach affirme qu'elle a été prise entre le 7 et le 14 décembre 1941. En effet, début décembre 1941, deux événements se téléscopent. Le 5 décembre, la contre-offensive soviétique s'engage sous Moscou, infligeant aux Allemands de terribles pertes, et Hitler voit pour la première fois se lever le spectre de la défaite militaire. Le 7 décembre, l'attaque japonaise sur Pearl Harbour entraîne quatre jours plus tard l'entrée en guerre de l'Allemagne contre les Etats-Unis. Le 12 décembre, lors d'une réunion exceptionnelle de toute la direction du parti nazi, Hitler annonce sa décision de faire « table rase » des Juifs.

Cette décision ne semble donc nullement être la réponse à une pulsion non raisonnée, mais être la conséquence logique de la rencontre entre une doctrine politico-idéologique, une nouvelle conjoncture et le constat d'un rapport de forces. Dans son discours au Reichstag du 30 janvier 1939, Hitler avait déclaré : « Si la juiverie financière internationale devait réussir dans et hors d'Europe à propulser encore une fois les peuples dans une guerre mondiale, alors le résultat ne serait pas la bolchevisation de la terre et, par là, la victoire du judaïsme, mais bien l'anéantissement de la race juive en Europe. » Or l'entrée en guerre des Etats-Unis et du Japon est le signe indubitable que l'Allemagne est impliquée dans une guerre désormais mondiale. Par ailleurs, Hitler doit se rendre à l'évidence : l'ennemi bolchevique est plus puissant que prévu et devient plus dangereux encore en raison de sa contre-offensive. Eu égard à sa vision du monde, anticommuniste et antisémite, la décision de Hitler apparaît donc comme parfaitement rationnelle : la « lutte finale » est engagée, c'est une lutte à mort et il a l'opportunité d'exterminer l'un de ses ennemis qui est à sa merci, le Juif. Staline a-t-il raisonné autrement dans sa grande bataille de la collectivisation dont la phase terroriste a duré de 1929 à 1933, et au cours de laquelle il a connu des revers avant de se décider à appliquer ce que l'on pourrait appeler la « solution finale » de la question paysanne en URSS ?

Les motivations de la décision d'extermination sont également éclairantes. Christian Guerlach en restitue les principaux éléments et cite en priorité « les représailles contre la prétendue activité anti-allemande de la "juiverie mondiale" et la supposée responsabilité des Juifs dans le déclenchement du conflit mondial[69] ». On retrouve la motivation des décisions staliniennes de même type : prévenir et réprimer les activités « antisoviétiques » et « contre-révolutionnaires » d'un certain nombre de groupes considérés comme les ennemis du régime et accusés de mettre en œuvre des complots de portée nationale et internationale. Staline avait inauguré ce processus dès 1928-1930 avec le « procès du parti industriel » et le « procès des mencheviks », désignant des coupables dont l'histoire a prouvé qu'ils avaient été inventés de toutes pièces, mais qui, dans la conception du monde de communistes mobilisés à fond dans deux entreprises gigantesques et décisives pour leur survie et pour l'accomplissement du projet communiste – l'industrialisation accélérée et la collectivisation forcée –, apparaissaient comme des « saboteurs ».

Or, le 18 décembre 1941, à la suite d'une rencontre avec Hitler, Himmler note dans son agenda : « Question juive./A exterminer comme partisans[70] ». Christian Guerlach commente : « Le terme de "partisan" semble renvoyer d'abord à l'Union soviétique. Mais le meurtre de tous les Juifs d'Union soviétique est depuis longtemps décidé et bat son plein. Il n'y a pratiquement pas de partisans juifs à cette époque dans les territoires soviétiques occupés. Cela indique que cette note a un autre sens ; il s'agit ici de "partisans" imaginaires, de la prétendue "menace juive". » Cette note de Himmler, aussi lapidaire soit-elle, est fondamentale : les Juifs ne sont pas tués seulement pour ce qu'ils sont, mais pour ce qu'on dit qu'ils sont, en raison de ce qu'ils sont censés avoir fait ou susceptibles de faire ; non seulement parce qu'ils sont Juifs mais parce qu'ils sont « partisans », c'est-à-dire « ennemis » – certes imaginaires –, et même ennemis « communistes », le mot « partisan » désignant spécifiquement à l'époque ceux que les nazis nommaient aussi « terroristes », qui combattaient les armes à la main les occupants allemands dans tous les pays et qui étaient systématiquement assimilés aux « communistes ». Cette vision « partisan-terroriste-communiste » s'appuyait d'ailleurs sur un minimum de réalité puisque, dès la fin juin 1941, le Komintern avait appelé tous les communistes à saboter par tous les moyens la production de guerre allemande et à harceler les troupes allemandes. Mais elle ne pouvait concerner qu'une poignée d'hommes et pas l'ensemble d'une population. C'est pourtant cette population qui fut visée dans sa globalité, incarnant ainsi la figure de l'ennemi, fondamentale dans la mentalité totalitaire.

En outre, la figure du « partisan-saboteur » présente l'avantage de désigner un bouc émissaire pour tous les échecs : inefficacité, d'un point de vue économique, de l'industrialistion accélérée et de la collectivisation forcée ; stupidité stratégique de l'attaque allemande contre l'URSS. Christian Guerlach le souligne : « Eu égard à la détérioration de la situation [en décembre 1941], les Juifs apparaissent à Hitler comme des opposants, des révolutionnaires, des "partisans", des saboteurs ou des espions agissant sur les arrières de l'Allemagne, qui avec l'attaque prévisible des Etats-Unis, s'étendent à l'Europe entière[71]. »

Cette part des circonstances permet aussi de comprendre ce qui pourrait apparaître comme des inconséquences dans la mise en œuvre d'une logique exterminatrice. Ainsi, même un homme comme Viktor Brack, responsable de l'« Aktion Euthanasie » et créateur des premières équipes spécialisées dans le gazage, avança l'idée, dans une lettre aussi tardive que le 23 juin 1942 – alors que la tuerie battait son plein –, que sur dix millions de Juifs européens, il faudrait en garder deux à trois millions pour fournir en main-d'œuvre l'économie de guerre allemande[72]. Dans le cas nazi, la logique exterminatrice – téléologique – coexiste donc avec une logique utilitaire technocratique – le travail forcé – et avec une logique sociétale, la pression de la société (les Eglises, les conjoints aryens, etc.) contraignant le pouvoir à exclure un certain nombre de personnes de la catégorie de l'ennemi (bien entendu, cette logique sociétale n'a jamais pu jouer dans l'URSS stalinienne). Toutes proportions gardées, la situation des Juifs *à ce moment-là*, en automne 1941 – avant la décision de la solution « finale » – présente de fortes analogies avec la collectivisation soviétique : une partie de la paysannerie a été considérée comme acceptable – soumise à la collectivisation – et intégrée de force dans les kolkhozes ; un deuxième groupe, celui des koulaks, a été considéré comme ennemi – opposition réelle ou imaginaire – et déporté au travail ou à la colonisation forcés, et ce dans des conditions d'improvisation qui provoquèrent de lourdes pertes sans que cela n'entraîne le moindre infléchissement de la politique suivie ; un troisième groupe, enfin, caractérisé comme le résidu le plus hostile, fut attaqué directement à l'été-automne 1932 par une armée de fanatiques du parti et des komsomols, qui lui confisqua toutes ses sources de nourriture et le condamna à mourir de faim sur place.

A travers leurs discours, Hitler comme Staline se sont placés dans des logiques exterminatrices – que nous appelons aujourd'hui génocidaires –, annonçant publiquement leur volonté d'éliminer des catégories d'ennemis nommément désignées. C'est sur cette base et au gré des circonstances, qu'ils ont glissé d'une logique à des intentions plus précises avant de passer à l'acte. Comme l'écrit très justement Guerlach : « Le déroulement de l'extermination ne devint imaginable que progressivement, malgré une prédisposition existante très répandue. Le chemin allant de plans utopiques de transplantation et d'extermination vers un programme meurtrier effectivement réalisable fut décisif pour la mise en œuvre du génocide. Par exemple, le plan, datant de 1941, visant à assurer le ravitaillement de l'Europe occupée par les Allemands en forçant environ trente millions de personnes en Union soviétique à mourir de faim, se révéla inapplicable. Il fut alors remplacé à l'automne 1941 par des programmes d'anéantissement de certains groupes de la population, comme les millions de prisonniers de guerre soviétiques "inaptes au travail". Le tournant de décembre 1941 représenta un pas déterminant vers la concrétisation des plans de génocide dirigés contre les Juifs[73]. »

Tout aussi intéressante est la contestation par Guerlach de l'hypothèse de Christopher Browning selon laquelle la décision d'extermination des Juifs aurait été prise par Hitler dans un moment d'euphorie, lors de la victoire initiale sur l'URSS. C'est l'inverse qui est vrai : c'est dans un moment de danger extrême, de sentiment d'impossibilité de faire aboutir un projet décisif – la conquête de l'URSS pour Hitler ; la collectivisation totale pour Staline –, que les deux chefs totalitaires ont été poussés à appliquer des menaces proférées de longue date. Et l'exécution de Heydrich en juin 1942 a pu jouer le même rôle de catalyseur et d'accélérateur que le meurtre de Kirov.

Comment l'historien peut-il analyser les phénomènes totalitaires s'il le fait à l'aune de sa propre idéologie humaniste et démocratique ? Aussi difficile et répugnant que cela soit parfois, il lui est nécessaire de comprendre le point de vue des acteurs historiques – Hitler, Staline – pour tenter de saisir le pourquoi de leurs décisions. Et tout expliquer par la « paranoïa » ou « l'irrationalité » relève de la facilité et, en définitive, de la démission face à la question fondamentale du « pourquoi ? ». Cette attitude est malheureusement plus répandue qu'il n'y paraît ; dans son récent *Auschwitz expliqué à ma fille*, Annette Wieviorka ne va-t-elle pas jusqu'à écrire : « [...] il reste un noyau proprement incompréhensible donc inexplicable : pourquoi les nazis ont-ils voulu supprimer les Juifs de la planète[74] ? » Cette revendication d'une non-capacité et donc d'une non-possibilité-de-comprendre est évidemment à rapprocher de la volonté farouche, chez cette collègue, de proclamer la « singularité de la Shoah » et donc de condamner radicalement toute démarche comparative[75].

Face à ce qu'il faut bien appeler un intégrisme de la mémoire et à la curieuse querelle que me cherche Marc Lazar sur la « singularité » – avec guillemets car ce terme est désormais tellement connoté qu'on ne peut plus en user innocemment[76] –, je distinguerai trois plans. Au niveau moral et juridique, les crimes de masse nazis et communistes sont à mes yeux équivalents dans l'horreur et dans la qualification (crime contre l'humanité et, dans certains cas, génocide). Au niveau des faits historiques, qu'Alain Besançon appelle « les circonstances matérielles », ces crimes présentent de fortes analogies dans les motifs qui y ont présidé et dans les modes de décision qui y ont abouti, et de fortes homo-

logies dans la mise en œuvre ; il faut, certes, tenir
compte de la spécificité technique des camps d'extermination nazis (concentration, sélection, gazage, crémation), mais elle ne peut à elle seule caractériser une
« singularité » du génocide des Juifs dans la mesure où
moins de la moitié d'entre eux ont été assassinés dans
des chambres à gaz. Reste le troisième niveau, celui du
sens à donner à ces pratiques criminelles dont Marc
Lazar rappelle qu'il est le point d'achoppement majeur
entre François Furet et Ernst Nolte[77]. Pierre Rigoulot
résume ce point de vue : « [...] l'entreprise volontaire et
systématique de destruction d'un peuple n'a jamais eu
cette intensité en URSS. Il n'empêche que l'entreprise
de destruction du peuple de la Bible, dont la position
est au cœur de notre civilisation, a une résonance culturelle et même spirituelle telle qu'elle rend délicate cette
comparaison entre deux hécatombes[78]. » Il me semble
que ces crimes ont un sens immédiat, commun aux
deux régimes totalitaires : la place centrale de la figure
de l'ennemi total et la nécessité de la destruction de
celui-ci. Se pose néanmoins, au regard de la persécution
pluriséculaire des Juifs dans l'Europe chrétienne, la
question d'une spécificité du génocide des Juifs.

Par la dernière phrase de son éditorial sur le *Livre
noir*, Jean Daniel a apporté un début de réponse : « Il
n'y a pas de peuple élu dans la souffrance[79] ». Le cardinal Jean-Marie Lustiger lui fait écho : « Certes, les victimes des camps n'étaient pas toutes juives et, au regard
de la conscience universelle, on peut se demander si la
conscience juive est en droit de revendiquer pour la
Shoah une tragique singularité. N'est-ce pas faire
preuve d'un égocentrisme de la douleur ? [...] La Shoah
n'est pas que singularité[80]. » Cependant, le cardinal pro-
longe sa réflexion : « La Shoah vise singulièrement dans
le peuple juif le porteur de la parole divine, de la Loi,
des Commandements dans ce qu'ils ont d'irrécusable

pour les cultures juive et chrétienne. [...] On ne peut comprendre la singularité de la Shoah qu'en référence à la singularité du Sinaï. Sur ce fond culturel, le nazisme se présente comme un reniement, comme une négation des Commandements. » La négation radicale de l'idée de Dieu me semble en effet à la base de la démarche tant nazie que marxiste-léniniste. En dernière analyse, elle seule peut expliquer le comportement d'hommes qui croyaient, par un effet de leur volonté, pouvoir dominer la nature et l'histoire, et qui donc se croyaient délivrés de toute contrainte pour atteindre leurs objectifs. Et, comme Alain Besançon l'a démontré, c'est sans doute au niveau théologique que l'on pourra enfin parler avec pertinence de la « singularité de la Shoa ». Et que les esprits forts ne sourient pas : *nolens volens*, ils sont eux aussi soumis à ces Commandements de la culture judéo-chrétienne qui sont aussi les fondements moraux de la démocratie.

Histoire et mémoire

Si aujourd'hui le système communiste est mort comme mouvement historique, les communistes sont toujours là et, nous n'en avons pas fini avec le communisme. La mémoire de ses méfaits mais aussi de sa puissance, en particulier là où il a été au pouvoir, continue de peser. Et autant on ne peut qu'approuver l'aspiration forte de ces sociétés, traumatisées par des décennies de pouvoir totalitaire, à la paix civile, « valeur primordiale pour les sociétés démocratiques, ou qui tendent à incarner la démocratie[81] », autant, au sortir de cette guerre civile chaude puis froide qu'a imposée le communisme, elles ne peuvent accéder à la « pacification » et à la réconciliation que sous certaines conditions. La première est que soit honorée la mémoire des victimes et que leur soit rendu justice.

Nombre d'auteurs ont souligné le double mouvement d'amnésie et d'amnistie qui préside à la sortie du communisme. Et même si Henry Rousso conteste « la fausse symétrie mise en avant par Alain Besançon entre, d'un côté, l'"hypermnésie" du nazisme dans la conscience publique contemporaine et de l'autre l'"amnésie" du communisme », prétendant que cette affirmation serait « la plupart du temps non étayée »[82], Yves Santamaria fait justice de cette affirmation dans ce numéro de *Communisme*[83]. Cette amnésie à l'égard de la face sombre du communisme est évidemment liée à l'amnistie que les communistes souhaiteraient se voir appliquer.

Se pose donc la question de ce que, en titre d'un entretien avec Krzysztof Pomian, *L'Histoire* appelle « l'impossible procès du communisme ». Vient d'emblée à l'esprit le grand précédent historique du procès de Nuremberg. Un certain nombre de personnalités habilitées à s'exprimer en raison de leur parcours personnel – Pierre Daix, Vladimir Boukovski, etc. – ont évoqué l'idée d'un tel procès proposant de juger à la face du monde l'ensemble des crimes du communisme[84]. Les auteurs du *Livre noir* n'ont, pour leur part, jamais proposé un « Nuremberg du communisme », considérant que les responsables de ces crimes ne relevaient pas d'une instance étatique unifiée, comme dans le cas du nazisme, mais d'un ensemble beaucoup plus complexe, le système communiste mondial, constitué de régimes distincts – dont certains sont encore en place –, où les crimes ont été commis à des périodes différentes, sur les ordres non pas d'un seul dictateur mais de responsables multiples. Il nous semble donc – et j'en parle collectivement car il y a accord total des différents coauteurs du *Livre noir* sur ce point – que si procès il y a, il ne peut être le fait que de chaque peuple qui a eu à souffrir de « son » régime communiste.

En outre, un procès juridique ne peut s'ouvrir qu'avec un accusé en chair et en os à qui le tribunal peut imputer des crimes précis sur la base d'une documentation incontestable. Or, dans les « démocraties populaires » et l'ex-URSS au cours des années 1970 et 1980, le régime pratiquait une répression « ordinaire » très atténuée par rapports aux périodes de terreur paroxystique des années 1930-1950 pour l'URSS, et des années 1945-1953 pour l'Europe de l'Est, même si la violence de masse a connu des moments de regain en Hongrie en 1956, en Tchécoslovaquie en 1968 ou en Pologne en 1980, et si de nouvelles formes de répression plus sophistiquées on été mises en place – hôpitaux psychiatriques en URSS, surveillance généralisée en RDA. Le fait qu'un individu ait appartenu à une organisation dont les dirigeants, à tel ou tel moment, ont commis des crimes de masse, ne peut suffire à l'inculper.

Cependant, ces obstacles relevant de la technique juridique ne me semblent pas essentiels pour expliquer la difficulté à mettre en œuvre un procès du communisme sur le modèle de Nuremberg, ou même un procès des principaux responsables communistes dans chaque pays. Le procès de Nuremberg était une sorte de point final mis à une guerre mondiale, et il n'était possible que parce que les nazis avaient été défaits militairement. Or, le communisme n'a pas été vaincu militairement. Pomian écrit qu'il « est mort de vieillesse ». Cette expression me semble inadéquate car elle laisse entendre que le communisme serait mort de sa belle mort, après avoir rempli sa tâche historique. En réalité, le communisme est mort de son incapacité intrinsèque à adapter son projet utopique aux réalités ; il est mort de la résistance des sociétés soumises à son pouvoir et aussi de la résistance du monde démocratique, en particulier face à la menace d'expansion militaire. Pourtant, au regard des ambitions – et des prétentions – affichées par les régimes et les partis communistes, il y a bien eu défaite du communisme. Après plus de soixante-dix ans d'expérimentation dans une quinzaine de pays, ce système a démontré, par son implosion même, son incapacité à créer un nouveau modèle de gouvernement, d'économie et de société.

Voici le grand paradoxe : au cours d'une Guerre froide qui aura duré des décennies, le communisme a été défait en rase campagne par le capitalisme et la démocratie. Mais cette vérité de première importance, il est interdit de l'exprimer sous peine de passer pour un butor, voire pour un « anticommuniste ». Et de fait, dans toute l'Europe de l'Est, dans l'ex-URSS, mais aussi en France, les communistes se sont comportés comme s'ils n'avaient pas enregistré une défaite historique. A l'Est, beaucoup d'*apparatchiks*, voyant venir la débâcle, se sont repliés en bon ordre pour sauver leurs moyens financiers et leurs positions de pouvoir. En France même, nos communistes, à les en croire, n'auraient eu que des relations vagues et sans conséquence avec le pouvoir soviétique. Bref, peu de communistes sont prêts à assumer leur défaite historique et donc leurs responsabilités. Dans ces conditions, l'amnésie et l'amnistie l'emportent assez largement sur la mémoire, sur le jugement et sur l'histoire.

S'il n'est pas étonnant que ce point de vue soit encore assez répandu en Europe de l'Est, il est plus surprenant de le voir relayé chez nous. Ainsi dans *La Grande conversion*, Georges Mink et Jean-Charles Szurek publient les témoignages d'ex-responsables communistes polonais, tchèques et hongrois, mais les présentent dans une telle proximité avec le discours autojustificatif des acteurs qu'ils en deviennent complaisants[85]. Comment prendre pour argent comptant les rodomontades d'un général Jaruzelski qui, après avoir instauré l'état de siège, se vante d'avoir été le fondateur de la nouvelle démocratie polonaise ? Il n'a été que le syndic de faillite de son propre pouvoir et la victime de sa manœuvre qui, à travers la Table ronde, visait à assurer le maintien du contrôle des communistes sur le pouvoir.

Dans un autre style, Alexandra Laignel-Lavastine s'est fait une spécialité de la critique systématique de toute tentative de comparaison entre nazisme et communisme[86]. Son article dans *Stalinisme et nazisme* porte un sérieux coup à la crédibilité d'un ouvrage au demeurant excellent, en dressant un procès d'intention en antisémitisme aux rares intellectuels roumains qui œuvrent à une réflexion sur le communisme ; ainsi d'Ana Blandiana, fondatrice du Memorial de Sighet (voir Chapitre XXII), et de Gabriel Liiceanu, responsable de l'une des principales maisons d'édition non communiste, Humanitas, qui publie, entre autres, une collection intitulée « Procès du communisme » où l'on trouve pour la première fois en roumain Orwell, Conquest, Souvarine, Milosz, Pipes... et même *Le Livre noir du communisme*. Les articles publiés dans ce numéro de *Communisme* sur l'association Memorial de Moscou[87], sur le Memorial de Sighet en Roumanie[88] ou sur le travail de la Commission Gauck en Allemagne[89] font un sort à ces dérisoires tentatives qui, au nom du vieil « antifascisme » et de la « singularité d'Auschwitz », et dans des formes pseudo-savantes, font fi des souffrances bien réelles imposées aux peuples par le communisme et veulent l'exonérer de ses responsabilités.

Car l'impossibilité pratique d'organiser un Nuremberg du communisme n'invalide en rien l'idée qu'un tel procès eût été légitime, eu égard à la nature et à l'ampleur des crimes commis. Et si un Nuremberg est à exclure, faut-il conclure à « l'impossible procès » ? A cet égard, une réflexion de Henry Rousso me semble très symptomatique : « Alors que les historiens du nazisme tentent depuis Nuremberg de sortir de la logique juridique pour promouvoir une logique historienne, voilà cette grille de lecture appliquée, sans autre précaution, à un phénomène d'une autre nature, inscrit dans un autre contexte et à des pays qui n'ont rien à voir les uns avec les autres, et encore moins avec l'Allemagne nazie[90]. » A ses yeux, « ce texte introductif [du *Livre noir*] recrée de manière artificielle un cadre juridique dont la seule fonction est de formuler un jugement et un verdict qui auraient toutes les apparences fallacieuses non seulement de la morale, mais aussi du droit. Il répond bien ainsi au besoin de notre époque qui souhaite que la narration historique soit enserrée dans des catégories simples, celles qui permettent d'identifier sans hésiter victimes et bourreaux, innocents et coupables[91] ».

D'une part, l'utilisation, à propos des crimes du communisme, des catégories juridiques définies par le Tribunal de Nuremberg n'avaient pas pour fonction « de formuler un jugement et un verdict », mais de caractériser aussi précisément que possible des actes criminels. Et de ce point de vue, je voudrais qu'on m'explique pourquoi l'historien devrait se priver des outils de définition des crimes mis au point par les juristes. Tout historien qui travaille sur la criminalité dans la société française du XIXe siècle utilise les catégories de crimes définies par le Code pénal. Pourquoi l'historien de la criminalité communiste devrait-il se priver de tels outils ?

D'autre part, la réflexion générale sur les crimes du communisme ne pourra pas échapper à une phase de définition claire des victimes et des bourreaux. En effet, un discours dominant imposé par la puissance du système communiste mondial a longtemps fait passer les victimes (du communisme) pour les bourreaux (contre-révolutionnaires), et les bourreaux (communistes) pour les victimes (de la contre-révolution). C'est le petit

Pavel Morozov, assassiné par sa famille pour avoir dénoncé ses parents comme koulaks, qui était promu au rang de victime et de héros révolutionnaire, donné en exemple à toute la jeunesse soviétique et communiste. Le « Rapport secret » de Khrouchtchev au XXe congrès n'a pas changé grand-chose à cette perception, tant il ne concernait que les communistes victimes de Staline – et dont il ne venait à l'idée de personne de dire qu'ils avaient été des bourreaux avant de tomber à leur tour sous le hachoir. La confusion va si loin qu'à Moscou, les familles de Beria et d'Abakoumov, grands criminels devant l'Histoire, réclament et obtiennent la réhabilitation de leur parent condamné et fusillé sous de fausses accusations à la mort de Staline.

Enfin, refuser l'approche en termes juridiques, c'est ignorer l'émergence puissante, en particulier à l'occasion de la parution du *Livre noir du communisme*, d'une mémoire de la souffrance provoquée par les pouvoirs communistes, émergence que j'ai pu constater « en direct » au cours de très nombreuses réunions publiques en France et à l'étranger. Autant je suis absolument partisan de laisser la justice aux juges et l'histoire aux historiens, autant les historiens ne peuvent pas faire comme si la question du jugement n'existait pas ou était dépassée en raison des événements. En dépit du climat qui préside à la disparition du communisme, et qui est extraordinairement différent de la fin du nazisme, les processus de justice, de mémoire et d'histoire suivront, dans ce cas, les mêmes voies que dans le cas du nazisme. Tout simplement parce qu'aucune société ne peut vivre sans justice, sans mémoire et sans histoire.

Finalement, toutes ces critiques du *Livre noir du communisme*, même si elles glissent parfois dans une polémique peu digne du débat historique, sont le signe qu'un grand chantier historique, ouvert à la fin des années 1940 par Arendt, Aron, Camus, Rousset et quelques autres[92], et précipitamment refermé sous la pression communiste, est définitivement réouvert. Et, disons-le sans forfanterie, *Le Livre noir* n'y est pas pour rien. Ce sera son moindre mérite. Comme l'écrit fort justement François Bédarida : « L'histoire, bien plutôt que des réponses, produit surtout des questions[93]. » *Le Livre noir* a pu produire des questions indispensables à la sortie mentale et intellectuelle de ce terrible XXe siècle marqué au sceau du totalitarisme.

CHAPITRE XVI

Les crimes du communisme

La publication du Livre noir du communisme *a non seulement contribué à orienter le projecteur de la recherche sur la dimension fondamentalement criminelle des régimes communistes, mais il m'a incité à engager une réflexion approfondie sur la nature de cette dimension, entre simple répression, crimes contre l'humanité et génocide. Néanmoins, étant donné la chape de plomb longtemps imposée par la propagande communiste pour taire ces crimes et faire taire ceux qui les évoquaient, je me suis d'abord attaché à faire connaître la réalité historique de la tragédie en préparant, pour* L'Histoire *– revue de chevet des enseignants d'histoire – un numéro spécial sur « Les crimes du communisme[1] ». Le texte suivant en était l'article introductif.*

Qu'est-ce que le communisme ?

Le communisme, compris comme société égalitaire et harmonieuse, a d'abord existé en tant que philosophie sociale et politique très ancienne, remontant même à Platon, et a ouvert le champ à d'innombrables utopies qui considéraient souvent l'abolition de la propriété privée des moyens de production, mais aussi des biens personnels, comme la clé du bonheur et de la fraternité.

Le mot est apparu à la fin du XVIIIe siècle sous la plume de Restif de La Bretonne, mais c'est à partir des années 1840 qu'il devient d'usage courant. On le trouve sous la plume d'Etienne Cabet et de Pierre Leroux. Il se réfère notamment au « babouvisme », c'est-à-dire à la conjuration des Egaux fomentée par Gracchus Babeuf, en 1795. Véritable acte de naissance du communisme moderne qui articule le projet d'une société idéale, égalitaire, assurant le « bonheur pour tous » et un mouvement révolutionnaire enraciné dans le social et le politique.

Mais le mot prendra tout son sens avec Marx et Engels, auteurs du *Manifeste du parti communiste*, datant de 1848. « Communisme » et « communiste » deviennent alors synonymes de « marxisme » et « marxiste ».

Le mot « socialisme », lui, est un peu antérieur dans l'usage ; il se répand au début des années 1830. Cependant, tout au long du XIXe siècle, la confusion est constante entre « socialisme » et « communisme », le premier étant souvent considéré comme une étape permettant d'accéder au second. En effet, les partis socialistes d'Europe, appelés aussi social-démocrates, et organisés à partir de 1889 dans la IIe Internationale, se réclamaient pour la plupart du marxisme.

Ainsi, en France, l'unification du mouvement socialiste, réalisée en 1905, s'est faite sur la base théorique du marxisme, Jules Guesde, soutenu par les Allemands, ayant pu l'imposer à Jaurès. Officiellement donc, le mouvement socialiste d'avant 1914 est marxiste, révolutionnaire, et aspire à la société sans classes, c'est-à-dire au communisme. Jaurès, du reste, emploie indifféremment les mots « communisme », « collectivisme », « socialisme ».

Mais, dans les faits, les grands partis marxistes de l'Internationale étaient devenus réformistes, rejetant aux calendes grecques l'idée de la révolution prolétarienne. Les actions de l'Internationale pour empêcher la guerre de 1914 se révélèrent vaines, et les partis socialistes allemand et français participèrent à l'effort de guerre national : la crise de l'internationalisme était ouverte. Cependant deux partis socialistes avaient refusé toute compromission avec le patriotisme bourgeois : le Parti socialiste italien et le Parti social-démocrate bolchevique de Lénine. C'est lui, Lénine, après la révolution d'Octobre, qui a véritablement établi la ligne de partage entre le communisme et le socialisme démocratique.

Pourtant, dès les années 1890, Emile Durkheim, un des fondateurs de la sociologie et ami de Jaurès, avait clairement identifié dans le communisme et le socialisme deux philosophies politiques radicalement distinctes, l'une reposant sur l'attribution égalitaire des richesses, l'autre sur une amélioration constante des processus de production amenant un accroissement continu des richesses et une élévation générale du niveau de vie[2].

Mais c'est Lénine qui, avec le cynisme d'un politicien professionnel et le messianisme d'un prophète, a créé le communisme comme mouvement politique spécifique. Rompant définitivement avec le socialisme démocratique, il appela à une guerre civile générale et au déclenchement d'une révolution prolétarienne mondiale. Cette rupture politique fut marquée, en mars 918, au VIIIe congrès du parti bolchevique, par une rupture sémantique : après d'âpres discussions, Lénine imposa le changement de nom de son parti qui de « social-démocrate » devint « communiste ». Immédiatement fut associée à ce nom une doctrine radicale, bien résumée dans un petit catéchisme révolutionnaire rédigé par Boukharine et Preobrajenski, l'*ABC du communisme*.

Sur la base de cette doctrine et de la politique des bolcheviks au pouvoir en Russie fut créée en 1919 une organisation mondiale, l'Internationale « *communiste* » ou Komintern. Regroupant tous les révolutionnaires qui souhaitaient rompre avec le socialisme traditionnel et démocratique, elle leur imposa une discipline très stricte, quasi militaire, et opéra une sévère sélection de ses cadres. Tous les partis affiliés devinrent des sections nationales de cette Internationale « *communiste* ». Dès ce moment, le communisme, jusque-là philosophie sociale, repose sur une doctrine, une organisation internationale et une stratégie mondiale très fortement unifiées à Moscou.

Il devient ce qu'Annie Kriegel a nommé un « système communiste mondial » qui, au gré des conjonctures favorables, se structura en trois cercles concentriques[3] : 1) celui des partis-Etats formé des pays où les communistes avaient pris le pouvoir (URSS en 1917, « démocraties populaires » en 1945-1948, Chine en 1949, etc.) ; 2) celui des partis, composé de l'ensemble des partis communistes organisés dans le Komintern puis, après 1943, dans un système de relations bilatérales avec l'URSS et de conférences internationales (plus de 80 partis dans le monde) ; 3) enfin le sous-système des alliances du mouvement communiste avec d'autres forces anticapitalistes et anti-impérialistes (le mouvement syndical à travers l'Internationale syndicale rouge dans les années 1920-1930 puis la Fédération syndicale mondiale après 1945 ; le Mouvement de la paix, encore très actif en Europe dans les années 1980 pour empêcher l'installation des fusées Pershing américaines alors que les Soviétiques avaient installé depuis des années leurs SS20 ; le mouvement de décolonisation et de libération nationale dans les pays du tiers-monde).

C'est la formidable unité de ce mouvement qui justifie l'usage du terme générique de « communisme » pour désigner et définir des réalités au premier abord aussi différentes que l'expérience bolchevique menée en Russie sous Lénine (1917-1923) puis sous Staline (1928-1953), la révolution maoïste en Chine, la prise du pouvoir par les communistes dans les prétendues « démocraties populaires », le communisme asiatique – de la Corée du Nord de Kim Il-sung au Vietnam de Ho Chi Minh en passant par l'enfer de Pol Pot –, ou encore les coups d'Etat transformés en régime communisé de Castro à Cuba, de Mengistu en Ethiopie ou de Dos Santos en Angola.

Quel est le bilan de ces régimes communistes ?

Certes, chaque pays a fait l'expérience du communisme dans une conjoncture spécifique, l'a supporté à sa manière, y a résisté selon sa culture propre. Néanmoins, tous ces partis, tous ces régimes, tous leurs chefs et leurs cadres ont ce point commun d'avoir adhéré à la doctrine marxiste-léniniste, d'avoir considéré l'expérience léniniste comme fondatrice d'une « lutte finale » entre le communisme et le capitalisme impérialiste, d'avoir appliqué les mêmes modèles d'organisation et de fonctionnement du pouvoir, et d'avoir pour beaucoup d'entre eux (Mao, Ho Chi Minh, tous les dirigeants des « démocraties populaires », tous les chefs des grands partis communistes occidentaux des années 1920-1970) été, peu ou prou, sélectionnés, formés, nommés et contrôlés dans le cadre de l'Internationale communiste dirigée par Staline, comme nous le démontrent un peu plus chaque jour les archives désormais accessibles à Moscou et en Europe de l'Est.

La tragédie communiste peut s'apprécier à plusieurs niveaux. Sur le plan économique, le désastre a été général ; l'ex-URSS, l'un des pays les plus riches en matières premières, a connu le fiasco que l'on sait et dont les conséquences continuent et continueront encore long-temps de peser sur les populations[4]. Les pays de l'Est ont pris, après 1945, un retard très net sur l'Europe occidentale, avec parfois des conséquences dramatiques, comme pour l'Albanie qui a sombré dans l'anarchie et le règne généralisé des mafias, ou la Roumanie où les communistes ont été de fait au pouvoir jusqu'en 1996 et ont ruiné l'économie. Plusieurs d'entre eux font un effort important pour accéder à l'Union européenne mais sont malheureusement encore loin du compte : le temps perdu ne se rattrapera pas en quelques années.

Le communisme a laissé le Cambodge, la Corée du Nord et l'Ethiopie exsangues. Le Vietnam et Cuba sont en situation de faillite permanente. Quant à la Chine, elle doit faire face à la reconversion d'une production entièrement administrée en une économie de marché, à un gigantesque chômage et aux explosions sociales qui s'ensuivent.

Le désastre a été également culturel avec la fermeture au monde pendant des décennies, l'abrutissement inévitable, conséquence du matraquage idéologique, la répression systématique d'une intelligentsia, d'une presse, d'éditions libres. A cela s'ajoute la destruction de civilisations, à travers le saccage systématique des églises en ex-URSS, des objets d'art en Chine au temps de la Révolution nommée par antiphrase « culturelle », d'ensembles architecturaux d'une valeur historique et esthétique inestimable dans la Roumanie de Ceausescu et, aujourd'hui encore, l'annihilation de la civilisation tibétaine par les Chinois.

Sans oublier les catastrophes écologiques telles celle de l'explosion de la centrale nucléaire de Tchernobyl en 1986 et celle de l'assèchement de la mer d'Aral lié aux travaux d'irrigation massive en ex-URSS.

Cependant, ces désastres ne sont que la toile de fond sur laquelle se déploie la tragédie humaine. D'abord celle de l'exil, largement oubliée parce que cachée et silencieuse. Dès 1920, Berlin comptait plusieurs centaines de milliers de Russes dits « blancs », en fait contraints de fuir la révolution pour échapper au châtiment réservé aux aristocrates, aux bourgeois et autres « contre-révolutionnaires ». Depuis des décennies, on a vu les *boat people* tenter de s'enfuir du Vietnam, puis les *balseros* de Cuba ; plus de 190 Allemands ont été tués en essayant de franchir le mur de Berlin. Des dizaines de milliers de ces fuyards ont été repris ou ont perdu la vie dans leur tentative. De même, les Européens de l'Est, les Baltes et les Ukrainiens constituent en Europe occidentale et aux Amériques une considérable diaspora.

Ensuite, celle de la mort. Le communisme au pouvoir a en effet prémédité et organisé le massacre de millions d'individus, selon trois modalités principales.

1) L'exécution pure et simple

Au moment de la prise du pouvoir et dans la période d'installation du régime – soit parfois pendant plusieurs dizaines d'années, comme en URSS –, les communistes ont instauré la terreur à la fois comme moyen immédiat de conserver leur mainmise sur le pays et comme solution à plus long terme pour promouvoir la révolution communiste, en exterminant tous ceux qui pouvaient constituer un pôle de résistance, si minime soit-il.

Furent ainsi liquidés les militaires, les policiers, les juges, les grands propriétaires, les industriels, les prêtres, les intellectuels. Parmi les massacres les plus significatifs, notons celui de la famille impériale des Romanov sur ordre de Lénine le 16 juillet 1918, celui des 50 000 soldats blancs faits prisonniers en Crimée en 1920, celui des dizaines de milliers de paysans révoltés traités aux gaz de combat par l'Armée rouge dans la région de Tambov en 1920, celui des 700 000 personnes exécutées durant la Grande Terreur soviétique en 1937-1938 – y compris sur la base de listes visées personnellement par Staline et d'autres dirigeants soviétiques –, des 25 700 responsables polonais assassinés sur ordre du Bureau politique du PC soviétique en date du 5 mars 1940 – parmi lesquels les 4 400 officiers de Katyn –, en Chine l'assassinat systématique des propriétaires fonciers au cours d'abominables séances collectives dans les villages ; ou encore la liquidation systématique dans le Cambodge de Pol Pot de tous ceux qui portaient lunettes et stylo, soupçonnés d'être des intellectuels, donc irrécupérables.

Et aussi en Slovénie, la liquidation par les partisans de Tito de 15 000 hommes, femmes, enfants et vieillards, réfugiés dans la zone d'occupation des Britanniques en Autriche et « rendus » à leur allié, et dont on a découvert les fosses communes à l'été 1999. La liste de ces crimes est infinie et commence seulement à être dressée de manière rigoureuse.

2) La déportation et l'enfermement en camp de travail forcé

La déportation de masse – arracher des populations entières à leur lieu d'origine, leur mode de vie, leurs coutumes – a été inaugurée par les communistes soviétiques lors de la collectivisation forcée de 1929-1932, et appliquée à certains peuples du Caucase, dont les Tchétchènes, en 1943-1944. Elle a été utilisée à nouveau de manière spectaculaire par Pol Pot qui, en quelques jours, a vidé les villes cambodgiennes de leur population pour les « rééduquer » par le travail manuel à la campagne – il ne faisait que copier la méthode maoïste de rééducation des intellectuels et des jeunes urbains, appliquée lors de la Révolution culturelle.

Dans les premiers camps de concentration soviétiques, créés à l'été 1918, une forte majorité des détenus, souvent des otages, étaient condamnés à une mort rapide, tout comme dans le bagne des îles Solovki (monastères de la mer Blanche qui furent les premiers bagnes de déportation créés par les bolcheviks) ou, en 1920, dans les camps d'internement des Cosaques du Don, qualifiés par le gouvernement lui-même de « camps de la mort ».

A partir de 1928-1929, le régime soviétique invente le Goulag, qui sera généralisé à l'ensemble des régimes communistes, les experts du KGB poussant même la sollicitude jusqu'à former leurs collègues chinois à l'encadrement de ce système concentrationnaire après 1949.

Officiellement, le Goulag est un système de rééducation par le travail. En réalité, c'est un système de destruction psychologique et physique des individus. Le caractère sauvage de cet univers est aggravé par le fait que, s'ils se trouvent bien sous l'autorité de la police politique, les camps sont en fait gérés au quotidien par des condamnés de droit commun qui y font régner une seconde terreur. Dans les camps chinois et vietnamiens, le travail de rééducation était pris au sérieux et aboutissait à un véritable « lavage de cerveau » bien décrit par le témoignage de Jean Pasqualini[5].

En Roumanie, le pouvoir avait entre 1949 et 1952 inventé une méthode encore plus inhumaine, si possible : dans la prison de Pitesti, un grand nombre d'étudiants, en général nationalistes et chrétiens, ont été impliqués dans un processus de rééducation de groupe où chacun était contraint, lors de séances collectives, de torturer les autres, afin de les obliger à « se démasquer », en dénonçant leurs proches et en « avouant » leurs propres « fautes » évidemment imaginaires (viol de leur sœur, relations incestueuses avec leur mère, etc.)[6].

Une méthode assez proche fut pratiquée dans la prison centrale de Phnom Penh, Tuol Sleng, où 15 000 prisonniers furent contraints sous la torture de rédiger des autobiographies où ils « avouaient » nombre de crimes imaginaires au nom desquels ils étaient condamnés : pas un n'en est sorti vivant.

3) La famine

Le monopole de la production et de la distribution de la nourriture a été, dès l'origine, un moyen puissant mis en œuvre par le pouvoir communiste pour contrôler et réprimer les populations. Dès septembre 1917, avant même la prise du pouvoir, Lénine avait vanté les mérites du rationnement du ravitaillement, à appliquer selon le slogan « Qui ne travaille pas ne mange pas » – passablement inquiétant dans un régime où c'est le pouvoir qui attribue les emplois...

Ce contrôle absolu des approvisionnements a été commun à tous les régimes communistes car étroitement lié au dogme de la collectivisation des moyens de production, dont la terre était le principal dans des pays encore largement agraires comme la Russie de 1917 ou la Chine de 1949. Il a à plusieurs reprises abouti à la famine, avec cette caractéristique extraordinaire que, sauf exception (au Cambodge), ce sont les populations paysannes, productrices de la nourriture, qui en ont été les victimes.

Il est arrivé que ces famines soient aussi le résultat d'une politique aberrante du pouvoir communiste, comme en URSS en 1921 ou en Chine en 1959-1961. L'homicide n'est pas, alors, volontaire, mais il laisse indifférent un pouvoir qui, souvent, ne tient pas à demander à l'étranger une aide susceptible de révéler la tragédie et de contredire l'image radieuse que diffuse la propagande. C'est ce qui s'est passé lors de la terrible famine chinoise provoquée par le Grand Bond en avant, et aussi ces dernières années en Corée du Nord où des dizaines de milliers de personnes, en particulier des enfants, sont morts de sous-alimentation.

Il est arrivé enfin que la faim soit utilisée comme une arme contre des populations rebelles ou soupçonnées de l'être. Cette famine programmée peut être assimilée à un génocide, tuant en priorité les enfants, les malades et les vieillards, comme en Ukraine en 1932-1933 (4 à 5 millions de morts de faim en dix mois), ou au Cambodge (environ 800 000 morts de faim en trois ans, entre 1975 et 1978). Volontaires ou fruits de politiques absurdes, ces famines fournissent la grande majorité des victimes du communisme : 10 à 12 millions de morts en URSS, 30 à 40 millions au moins en Chine, 800 000 au Cambodge...

Si l'on additionne les victimes provoquées directement, sous tous ces régimes (l'URSS, la Chine, le Cambodge, la Corée du Nord, l'Afrique, l'Europe de l'Est, l'Afghanistan et le Vietnam), par les exécutions, la déportation, le travail forcé et les famines – et sans compter les morts de la guerre –, le total avoisine les 100 millions, même si les chiffres font encore l'objet de débats et de recherches[7].

Une tragédie d'une telle ampleur appelle un véritable travail d'histoire pour prendre la mesure de ces massacres, grâce aux archives ouvertes depuis l'effondrement de la plupart de ces régimes. Il débouche sur un triple travail de mémoire :

1. il aide à réveiller les souvenirs chez les survivants ;
2. il permet de rendre hommage aux millions de victimes le plus souvent anonymes ;
3. il facilite chez les nations traumatisées le travail de deuil qui seul leur permettra de retrouver identité, sérénité et équilibre.

Qui étaient les bourreaux ?

Ces pratiques criminelles n'ont pu se développer que dans certaines conditions. La première est la croyance idéologique : au nom du « sens de l'histoire » et de la « nécessité historique », les chefs communistes se sont crus autorisés à tuer des personnes désignées comme l'« ennemi ». C'est ce fanatisme idéologique qui, chez des individus ayant bénéficié d'une éducation familiale, d'une formation intellectuelle bien au-dessus de la moyenne, comme Lénine ou Trotski, a provoqué la levée des interdits moraux élémentaires au nom d'une « autre morale », celle de la nécessité révolutionnaire.

Trotski, l'un des leaders bolcheviques les plus frottés au socialisme européen des grandes capitales comme Berlin, Vienne ou Paris, ne s'est pas détaché de cet ancrage fondamental : il titra l'un de ses derniers ouvrages, publié en 1939, *Leur morale et la nôtre*, opposant la morale « bourgeoise » à la morale « prolétarienne », revendiquant le principe que la fin justifie les moyens et confirmant, à vingt ans de distance, ses appels à la guerre civile[8].

La seconde motivation des pratiques criminelles, beaucoup plus triviale, a été la crainte, chez ces révolutionnaires, de perdre le pouvoir qui, bien souvent, leur était échu comme une « divine surprise ». Ce qui aurait été à la fois perdre le moyen d'expérimenter la théorie – appliquer la « dictature du prolétariat », mettre en œuvre le collectivisme dans l'industrie et l'agriculture –, mais aussi abandonner les avantages et privilèges bien réels d'un pouvoir absolu.

Le messianique et le trivial se sont donc conjugués pour nourrir le fanatisme, interdire tout retour en arrière et alimenter la radicalisation des régimes. En 1918, Lénine préféra brûler ses vaisseaux plutôt qu'admettre qu'il s'était trompé. Il dispersa l'Assemblée constituante – la première assemblée élue au suffrage universel dans l'histoire russe –, fit massacrer les manifestants qui la soutenaient, abandonna la Russie occidentale aux Empires centraux, provoqua la ruine de toute l'industrie, suscita la révolte d'une grande partie de la paysannerie, plutôt que de reconnaître qu'il avait fourvoyé le pays.

En 1929, Staline préféra déclencher une véritable guerre contre les paysans – la collectivisation forcée avec son cortège de tragédies – plutôt que d'admettre que le système n'était pas viable.

En 1958, Mao lança le Grand Bond en avant qui, vaticinait-il, allait permettre à la Chine de rejoindre les pays occidentaux en dix ans, provoquant un désastre économique qu'il refusa de reconnaître et qui entraîna la grande famine. Ce qui n'empêcha pas Pol Pot, quinze ans plus tard, de considérer que le Cambodge pouvait en une nuit passer au communisme : on sait la catastrophe que cela produisit.

Cette mégalomanie paranoïaque des dirigeants relève moins, à notre sens, d'un dérèglement psychologique que de l'adoption d'une philosophie strictement matérialiste et historiciste, selon laquelle les masses ne sont qu'une pâte que l'on peut travailler à volonté. Mais qui étaient les bourreaux ordinaires du communisme ?

On commence seulement, grâce à l'ouverture des archives, à mieux les connaître : des hommes jeunes, issus du peuple, sélectionnés et recrutés pour leur fidélité à un système où l'organisation du crime de masse était un élément de la carrière dans un corps, la police politique, considéré comme particulièrement prestigieux.

Dans un tel contexte, où la chasse aux « ennemis du peuple » était une tâche d'« honneur », il était inévitable que la machine répressive s'emballe, soit que l'on assiste à toutes sortes de règlements de comptes personnels, soit que des « stakhanovistes » de la terreur exigent que le pouvoir leur accorde des quotas supplémentaires de fusillades afin de montrer leur zèle, comme ce fut le cas en URSS dans les années 1930.

Mais, souvent, c'est l'impéritie et le mépris de la vie qui, du sommet à la base, étaient responsables de catastrophes humaines ; ainsi, en URSS, lors des grandes vagues de déportation, il n'était pas rare que des milliers de personnes soient abandonnées en pleine nature, taïga de Sibérie ou steppes du Kazakhstan, où elles mourraient à petit feu. Parfois, comme dans le cas des convois des 29 et 30 avril 1933, des déportés, débarqués sur l'île de Nazino, ont été contraints de pratiquer le cannibalisme pour survivre ; sur 6 700, 2 200 seulement étaient encore en vie trois mois plus tard.

Le système de délation généralisé était lui-même un facteur d'emballement : ne pas dénoncer un ennemi du peuple vous désignait comme ennemi du peuple, et tenter d'échapper à la purge impliquait que l'on devienne un délateur. Cependant, la pratique des « aveux », l'irruption des Grands Procès truqués, le phénomène récurrent de la purge, ne concernaient principalement que les cadres du parti et du régime. Or, la très grande majorité des victimes n'appartenait pas à cette sphère du pouvoir, mais au petit peuple, ouvrier et paysan.

Enfin, les emballements ponctuels de la machine ne doivent pas nous faire oublier que celle-ci était étroitement contrôlée et dirigée par les chefs du parti communiste. Tous les dirigeants des services de sécurité leur obéissaient : Dzerjinski à Lénine, Iagoda, Iejov et Beria à Staline, Kang Sheng à Mao et Duch à Pol Pot. Les chefs du parti donnaient l'impulsion des grandes vagues de répression ou des purges et souvent les dirigeaient dans le détail, approuvant les listes de victimes, précisant les modalités d'exécution, vérifiant les résultats.

Peut-on comparer les crimes communistes et les crimes nazis ?

Le crime de masse, en ce XXe siècle, n'aura pas été l'apanage des pouvoirs communistes. Dès 1915, les Jeunes Turcs avaient montré la voie avec le génocide des Arméniens. On a connu plus récemment des massacres de grande ampleur et de même type en Indonésie, en 1966 et plus récemment, où un fanatisme musulman a dressé des populations pauvres contre la communauté chinoise commerçante, au prétexte qu'elle serait communiste, faisant plus de 600 000 morts. Au Rwanda où l'ethnie hutu a cru le moment venu d'en finir avec son éternelle rivale tutsi, faisant là aussi plus de 700 000 morts.

Mais ce sont les crimes de masse perpétrés par les nazis qui ont surtout mobilisé l'attention de l'opinion et des chercheurs. Et à juste titre : par leur ampleur (25 millions de victimes civiles), par leur férocité (incendies de villages entiers comme à Oradour-sur-Glane), par leur caractère en apparence irrationnel (comme dans l'assassinat de masse des Juifs et des Tziganes), par leur côté industriel (avec l'invention de l'ensemble déportation/chambre à gaz/crémation), ces crimes ont dépassé toute mesure humaine, et sont apparus d'autant plus graves qu'ils étaient perpétrés par les ressortissants d'un peuple « civilisé ».

Si les crimes communistes peuvent se comparer aux crimes nazis, tant par leur ampleur que par leur férocité, certains observateurs estiment que la comparaison s'arrête là, le nazisme se distinguant du communisme sur deux points essentiels : le caractère racial du crime, et sa méthode industrielle.

Or, l'assassinat industriel, dont le camp d'Auschwitz est devenu emblématique, s'il frappe les imaginations et s'il est extraordinairement symbolique, ne recouvre qu'en partie la réalité ; le système sélection/gazage/ crémation a été inventé pour exterminer d'abord plus de 70 000 Allemands « aryens » (malades mentaux et vieillards) entre l'automne 1939 et le printemps 1941. Les chambres à gaz n'ont commencé à fonctionner pour les Juifs qu'à partir du début 1942 ; jusque-là, les nazis avaient massacré au revolver, au fusil et à la mitrailleuse, sans oublier la faim, le froid et la maladie dans les ghettos – toutes méthodes pratiquées depuis déjà plus de deux décennies par les communistes soviétiques.

L'ensemble des Juifs de l'ex-URSS occupée exterminés par les nazis le furent par ces méthodes qui, pour être « artisanales », n'en étaient pas moins terriblement meurtrières. Dans le Cambodge de Pol Pot, bon nombre de victimes furent tuées d'un simple coup de bâton ou de pelle derrière la tête. Et la déportation massive par train était déjà pratiquées par Staline depuis 1930 dans le cadre de l'« extermination des koulaks en tant que classe ».

L'utilisation de la chambre à gaz pour l'extermination systématique des Juifs et des Tziganes à partir de 1942 n'a pas d'équivalent dans l'histoire. Mais elle ne suffit pas, à mon sens, à faire de ce génocide un événement qui interdit toute comparaison avec les autres génocides ou crimes de masse. Les observateurs opposés à la comparaison avancent alors un argument de plus de poids : les crimes de Hitler, par leur caractère racial, et en particulier par la fixation homicide sur les Juifs, sont le fait d'un malade mental et ne relèvent d'aucune justification rationnelle.

A l'inverse, les crimes commis par Lénine, Trotski, Staline et les autres répondaient à la logique d'une lutte politique pour la mise en œuvre et la défense d'une société plus juste ; la lutte contre les « ennemis du peuple » et les « contre-révolutionnaires » serait légitime et aurait été justifiée par le combat contre le nazisme.

Cette distinction, selon moi, relève d'une erreur méthodologique et mérite d'être discutée.

L'antisémitisme n'était pas le seul moteur de Hitler : l'ultra-nationalisme et la peur/haine du bolchevisme étaient chez lui au moins aussi importants et se mêlaient étroitement, comme l'indique sa hantise du « judéo-bolchevisme »[9].

D'autre part, Hitler eut d'abord pour objectif de débarrasser l'Allemagne des Juifs, mais pas forcément de les exterminer. Ce n'est qu'en juin 1941 que commença le massacre systématique par les *Einsatzgruppen* dans l'URSS occupée, et en décembre que Hitler donna l'ordre de la « Solution finale »[10].

Quant aux bolcheviks, s'ils ont dès leurs premières semaines de pouvoir prétendu que la terreur n'était qu'une action préventive et d'autodéfense contre la réaction bourgeoise, ils n'en avaient pas moins proclamé depuis 1916 la nécessité d'exterminer la bourgeoisie « en tant que classe », ce qu'ils mirent immédiatement en pratique, le terme de « bourgeoisie » étant bientôt étendu à l'ensemble de ceux qui n'acceptaient pas leur politique.

Venons-en maintenant à l'erreur méthodologique : condamner les crimes abominables des nazis ne dispense pas d'analyser le mécanisme interne qui a amené au crime en fonction des valeurs des bourreaux.

Or, partant d'une philosophie tout aussi matérialiste que les nazis (non pas biologique et raciale, mais socio-historique), les communistes ont agi au nom des mêmes valeurs antidémocratiques, antimorales et antihumaines.

C'est cette convergence qui a permis à de très nombreux auteurs, dès les années 1930 – citons en France Elie Halévy, Boris Souvarine ou Jacques Maritain –, d'engager une comparaison entre les deux phénomènes et de les désigner sous le terme de totalitarisme.

Il nous paraît aberrant que Hitler ait pu conclure de la défaite de novembre 1918 et des mouvements révolutionnaires de 1919 que l'Allemagne était victime d'un complot du « judéo-bolchevisme ». Mais la pensée de Staline n'est-elle pas tout aussi aberrante, quand, confronté à l'échec de l'étatisation économique, il y voit d'abord le complot des « koulaks » dont il décrète qu'ils doivent être « exterminés en tant que classe », puis le complot des « bandits hitléro-trotskistes » qui justifie la Grande Terreur ?

Ces deux systèmes de pensée et de pouvoir, nazi et communiste, plaçaient bien au centre de leur vision du monde l'image de « l'ennemi ». Un ennemi qui n'avait rien à voir avec l'adversaire politique traditionnel : un ennemi absolu, irréductible, qu'il faut exterminer pour survivre. C'est, chez Hitler, le « judéo-bolchevik » qui, après la liquidation des communistes en 1933-1934, deviendra le seul Juif ; chez Lénine et ses successeurs, le « capitaliste » ou le « koulak », bref le « bourgeois » dont la haine a été, comme l'a très bien montré François Furet, l'un des moteurs essentiels des mouvements totalitaires[11].

Cinquante-cinq ans après la défaite et la disparition de Hitler, les crimes du nazisme continuent de hanter l'Europe et le monde. Neuf ans après la chute du communisme à Moscou, et alors que plus d'un milliard d'hommes continuent de vivre sous ce type de régime, les crimes du communisme semblent être tombés dans quelque poubelle de l'histoire.

Le mouvement communiste qui s'est emparé du pouvoir en novembre 1917 est mort en 1991, mais les communistes sont toujours là, reconvertis en socio-démocrates, en socio-libéraux ou en ultra-nationalistes. Aucun processus juridique sérieux n'a été engagé pour condamner les bourreaux. Viachteslav Molotov, bras droit de Staline et personnellement responsable de centaines de milliers d'assassinats, est mort tranquillement dans son lit en 1986, à l'âge de quatre-vingt-seize ans. Nikita Khrouchtchev, présenté comme le dénonciateur de Staline, fut sous les ordres de ce même Staline le bourreau de l'Ukraine – il y fut chargé de la Grande Terreur en 1938 (plus de 100 000 arrestations et exécutions en 1938 et 3 survivants sur les 200 membres du Comité central du parti communiste d'Ukraine) ; il s'attaqua ensuite aux nationalistes ukrainiens dont les dernières guérillas furent exterminées au début des années 1950.

Comme l'a montré Alain Besançon dans son beau livre, *Le Malheur du siècle*, à l'hypermnésie des crimes nazis correspond une amnésie des crimes communistes. Sans doute faut-il y voir l'effet de la pression persistante des communistes en ex-URSS, en Europe de l'Est, en Chine et jusque dans notre gouvernement. Mais il est indéniable que pèse aussi, en France, le prestige de l'idée de révolution qui demeure constitutive de notre histoire nationale et de la fondation de la République.

Notre tranquillité démocratique d'Européens de l'Ouest, notre prospérité économique, notre bien-être social ont été directement payés de l'abandon à Staline de toute une part de l'Europe. La réunification, qui est en route, de la grande aire culturelle et de civilisation que fut l'Europe, de l'Atlantique à l'Oural, avant 1917, ne pourra se faire que si nous reconnaissons l'immense tragédie vécue à l'Est.

Il faut pour cela avoir le courage intellectuel, moral et politique de regarder en face les crimes du communisme.

CHAPITRE XVII

Le loyal bourreau de Staline :
le commissaire du peuple Nicolaï Iejov

L'une des pires périodes de l'histoire soviétique fut celle de la Grande Terreur qui, en quatorze mois de 1937-1938, vit arrêter plus d'un million et demi de personnes dont plus de 700 000 furent fusillées sans procès. Ce gigantesque massacre fut surnommé la *iejovshina*, du nom de son principal responsable, Iejov. Or, depuis soixante ans, on ne savait à peu près rien de ce Nicolaï Iejov, l'un des principaux criminels contre l'humanité du XXe siècle.

A la suite de l'effondrement de l'URSS en 1991 et de l'ouverture des archives ex-soviétiques, on découvre enfin ce terrifiant personnage, grâce au travail courageux et méticuleux de deux historiens, Marc Jansen, spécialiste d'histoire russe à l'Université d'Amsterdam, et Nikita Petrov, vice-président du Centre de recherche scientifique de Memorial – l'association russe attelée, depuis une quinzaine d'années, à un véritable travail d'histoire et de mémoire de la tragédie soviétique, face à un pouvoir, dirigé par les anciens du KGB dont le lieutenant-colonel Poutine, qui lui est largement hostile –, qui viennent de publier la première biographie de Iejov[1].

Nicolaï Iejov est né en 1895, un 1er mai – ça ne s'invente pas pour un fanatique communiste –, dans une petite ville de Lituanie, alors intégrée à l'empire tsariste.

Après avoir exercé plusieurs métiers, son père avait ouvert un salon de thé qui faisait également office de bordel. Après seulement deux ans d'école primaire, le petit Nicolaï, âgé de onze ans, commença à travailler comme apprenti tailleur, puis comme ouvrier dans la métallurgie à Saint-Pétersbourg.

A vingt ans, en 1915, il fut mobilisé dans l'infanterie et blessé sur le front, avant d'être versé dans un régiment de garnison à l'arrière. C'est là qu'il participa activement à la révolution démocratique de Février 1917 puis au coup d'Etat bolchevique d'Octobre. Mobilisé en 1919 dans l'Armée rouge, il y devint rapidement instructeur puis commissaire politique d'une école de radio-télégraphistes. Dès ce moment, il fit preuve de beaucoup de zèle et fut remarqué tant pour son respect de la discipline – la fameuse « discipline de fer » des bolcheviks – que pour sa diligence et sa fiabilité dans l'exécution des ordres.

Ajoutées à sa « bonne origine sociale » et à son fanatisme, ces caractéristiques lui valurent une rapide promotion, dès avril 1921, comme responsable de l'agitation et propagande – l'« agit-prop », l'une des grandes forces des mouvements totalitaires dont le Parti bolchevique, dirigé par Lénine, était le pionnier – dans un district de la région de Kazan, puis au niveau d'une province. Démobilisé, il fut propulsé à la tête du pouvoir communiste de la République soviétique tatare.

Dès ce moment, Iejov avait été repéré par Lazare Kaganovitch, l'un des principaux affidés du clan de Staline – avec Molotov, Vorochilov et Ordjonikidze –, toujours à la recherche d'hommes de confiance à promouvoir au sein de l'appareil du parti. En effet, s'il avait de grosses capacités de travail, Iejov était de constitution fragile et sujet à de fréquentes affections. Or, alors qu'il était malade en 1922, il fut, sur recommandation du Comité central – c'est-à-dire de l'appareil de

Staline – soigné à l'hôpital du Kremlin, signe que l'on plaçait en lui de grands espoirs.

A peine rétabli, Iejov poursuivit son ascension fulgurante. D'abord comme secrétaire du Comité du parti dans la province de Mari, puis comme secrétaire du parti de la République du Kazakhstan. Dès mai 1924, il fut désigné comme délégué au XIIIe congrès du Parti bolchevique, puis au XIVe congrès en 1925. Il fut alors sélectionné et envoyé pour un an à l'Académie communiste où étaient formés les futurs cadres communistes, pour suivre les cours de marxisme-léninisme et devenir un fanatique endoctriné idéologiquement.

A peine sorti de cette école, il poursuivit son ascension et fut nommé instructeur au Département d'organisation du Comité central, l'un des secteurs clefs du dispositif bolchevique, contrôlé depuis déjà de longues années par Staline, ce qui avait permis à celui-ci, par le jeu des nominations et des mutations bureaucratiques, de placer ses hommes dans les postes stratégiques, d'en écarter ses opposants – modérés (les « droitiers »), comme radicaux (les « trotskistes ») – et de contrôler peu à peu l'ensemble des réseaux de pouvoir du parti et de l'administration d'Etat. En novembre 1927, Iejov devint le chef de ce département chargé de sélectionner et de désigner, au niveau de toute l'URSS, les cadres inscrits sur la fameuse *nomenklatura*, la liste de la nouvelle « aristocratie bolchevique » bénéficiaire des prébendes du pouvoir dans un pays terriblement appauvri par la révolution communiste.

Dès 1929, Iejov se fit remarquer par des articles radicaux, critiquant violemment les « droitiers ». Le régime traversait alors une passe difficile, déchiré entre deux logiques. La NEP avait été inaugurée par Lénine en 1921, alors que le pouvoir bolchevique, au bord de l'effondrement, était confronté à une gigantesque famine provoquée par son incurie et ses réquisitions forcées chez les paysans, suscitant parallèlement d'innombrables soulèvements paysans. Cette politique économique, qui autorisait la renaissance du commerce libre, en particulier de la production agricole, était encouragée par nombre de dirigeants, mais elle montra rapidement ses limites : le paysan n'était pas prêt à vendre son blé, pour des prix dérisoires, à un Etat incapable de lui fournir les produits de première nécessité (outils agricoles, pétrole, etc.). En outre, la NEP impliquait la renaissance inéluctable des relations marchandes non contrôlées entre villes et campagnes – c'est-à-dire du capitalisme.

Face à la crise qui s'annonçait entre la paysannerie et le pouvoir, Staline décida de forcer la situation. Il imposa en 1928 le plan quinquennal, destiné à doter l'URSS, dans des délais ultra rapides, d'une industrie lourde, et imagina de faire financer ce plan par une expropriation générale de la paysannerie, en lançant en 1929 la collectivisation forcée des terres et l'enrégimentement des paysans dans les kolkhozes où ils allaient être soumis à une sorte de servage moderne.

La manœuvre de Staline, très audacieuse, risquait de provoquer à nouveau un soulèvement général des paysans, et suscitait donc de fortes oppositions au sein du pouvoir. C'est dans ces conditions que Iejov, considéré comme un homme sûr et comme un « dur », fut nommé, en décembre 1929, adjoint au commissaire du peuple à l'Agriculture, chargé de la sélection du personnel qui allait devoir imposer la collectivisation.

Il y donna satisfaction au « patron » – le *vojd*, surnom attribué à Staline – et, en novembre 1930, il fut rappelé dans l'appareil central pour prendre la direction d'un nouveau département chargé de contrôler la sélection et l'affectation des cadres du parti pour toute l'URSS. Le 21 novembre, il fut pour la première fois reçu au Kremlin par Staline, autorisé à assister aux réunions du

Bureau politique et à prendre connaissance de tous les documents adressés aux membres du Comité central... alors qu'il n'était même pas officiellement membre de cette instance. On comprend mieux, avec cet exemple, comment Staline, depuis déjà un bon moment, doublait les instances officielles du parti avec son réseau personnel.

En ce début des années 1930, Iejov apparaît comme un garçon sympathique, modeste, attentif, agréable compagnon de distraction, chantant bien et seulement affecté de la manie de porter des chemises de satin bleu. C'était l'époque où l'un de ses mentors, Ivan Moskvine, chantait ses louanges : « Je ne connais pas un fonctionnaire plus idéal que Iejov. D'ailleurs il est moins un fonctionnaire qu'un exécuteur. Après l'avoir chargé d'une tâche, vous n'avez pas à le surveiller : il accomplira la mission. Iejov n'a qu'un seul défaut, mais essentiel, il ne sait pas où s'arrêter... Parfois vous devez faire attention à l'arrêter à temps. » Or bientôt, Staline allait justement avoir besoin de quelqu'un qui « ne sache pas s'arrêter ».

En avril 1933, il engagea une vaste épuration des membres du parti communiste – comme cela avait d'ailleurs été fait en 1921, sous Lénine, puis en 1929 – et Iejov en fut l'un des responsables. Lors du XVIIe congrès, surnommé par Staline le « congrès des vainqueurs – les vainqueurs de la collectivisation qui avait présidé à la création du Goulag, à la déportation au travail forcé de millions de paysans et à la mort de faim de 4 à 5 millions d'entre eux dans la grande famine organisée par le pouvoir contre l'Ukraine en 1932-1933 –, Iejov connut la consécration : il fut nommé membre du Comité central, membre de l'Orgburo et chef de la commission autorisant les déplacements à l'étranger. Il était l'étoile montante dans l'entourage de Staline, celui en qui le *vojd* plaçait toute sa confiance.

En février 1934, Iejov participa à sa première réunion du Bureau politique, où fut décidé de réorganiser tout l'appareil de sécurité et de créer le tristement fameux Commissariat aux Affaires intérieures, le NKVD, ancêtre du KGB. Mais pendant tous ces mois, Iejov s'était surmené, sa santé était défaillante et le Bureau politique décida de l'envoyer se soigner à l'étranger. Il rejoignit donc un sanatorium à Vienne, en Autriche – alors même que le mouvement socialiste autrichien était écrasé militairement par la police du chancelier Dollfuss – et ne rentra à Moscou qu'en octobre, quelques semaines avant le coup de tonnerre qui allait provoquer la Grande Terreur.

Le 1er décembre 1934, l'un des principaux chefs du régime, Serge Kirov, était assassiné, à Leningrad, par un communiste déséquilibré. Staline se saisit immédiatement de cette mort comme prétexte pour lancer une gigantesque purge. Il fit d'abord adopter un décret autorisant une procédure expéditive à l'encontre de toute personne soupçonnée de terrorisme, avec à la clef une mise à mort quasi automatique. Puis il partit pour Leningrad, accompagné de plusieurs des principaux chefs bolcheviques, dont Iejov qui fut chargé de superviser l'enquête sur place et devint une sorte d'œil de Staline au sein du NKVD, au grand dam du chef officiel de celui-ci, Genrikh Iagoda.

En réalité, fidèle à son principe selon lequel ses réseaux personnels doublaient les instances officielles, Staline se servit de Iejov pour imposer au NKVD les conclusions de « son » enquête : le meurtre de Kirov était le fait d'un complot d'oppositionnels partisans de Zinoviev et Kamenev, des leaders depuis longtemps marginalisés. De fait, Iejov était devenu le véritable patron, quoique non officiel, de la police politique.

En récompense des services rendus – et des services espérés –, Iejov devint l'un des cinq secrétaire du

Comité central, le 1ᵉʳ février 1935, en compagnie de Staline, Kaganovitch, Jdanov et Andreev. Il était alors au cœur du système de pouvoir, dans le cercle très fermé des intimes de Staline, et profitait des plus grasses prébendes du régime (datcha luxueuse, voiture, etc). Peu après, il fut nommé à la tête d'un nouveau département – Staline modifiait en permanence les structures pour mieux les contrôler – chargé de gérer le personnel du parti. On lui confia également le soin de purger le Komsomol – l'organisation des Jeunesses communistes – et de superviser la direction du NKVD.

Le 13 mai 1935, le Bureau politique créa, secrètement et à l'insu du NKVD, une commission spéciale pour la Sécurité d'Etat, dirigée par Staline avec pour adjoint Iejov, dont l'objet était de préparer la liquidation des « ennemis du peuple », en vérifiant la conduite politique de chaque membre du parti. Désormais, tout communiste qui ne s'était pas montré un fidèle stalinien passait de la catégorie de l'opposition interne au parti à celle de contre-révolutionnaire. On commença à « monter » des « affaires » où d'ex-zinoviévistes, trotskistes, droitiers etc. étaient accusés d'avoir voulu assassiner Staline. Toute opposition interne devenait une action criminelle susceptible d'être liée à des activités terroristes visant la direction bolchevique.

Staline ayant besoin de « preuves » pour convaincre ses affidés de la nécessité d'appliquer la terreur non seulement aux « ennemis » extérieurs au parti, mais également aux « ennemis de l'intérieur », Iejov fut chargé de « monter » une affaire contre Enoukidze, qui n'était rien moins que secrétaire du Comité central exécutif de l'URSS. Le 6 juin 1935, Iejov prononça son premier discours devant le Comité central : une charge violente contre les hauts responsables – en premier lieu, Enoukidze – qui, par « myopie politique », avaient laissé faire les « terroristes » zinoviévistes/trotskistes/etc. qui voulaient assassiner Staline. Dans la foulée, Enoukidze fut exclu du parti. Un nouveau pas était franchi dans la marche à la Grande Terreur : désormais, même un stalinien bon teint et membre des sommets du pouvoir pouvait être qualifié de contre-révolutionnaire et traité comme tel. Au 1er décembre 1935, la purge avait déjà entraîné l'expulsion du parti de 177 000 personnes – 9,1 % du total des membres –, dont 15 218 avaient été arrêtées.

Parallèlement, Staline avait chargé Iejov de lutter contre les influences étrangères en URSS. A cette fin, il le fit « élire » au Comité exécutif du Komintern, lors du VIIe et dernier congrès de l'Internationale communiste, qui regroupait tous les partis communistes. Une photo inédite, publiée par Jansen et Petrov, montre d'ailleurs Iejov en grande et souriante conversation, lors de ce congrès, avec les chefs du Komintern, le Bulgare Georges Dimitrov et le Soviétique Dimitri Manouilski, qui étaient eux-mêmes les chefs directs du communiste français Maurice Thorez. Quelques semaines plus tard, Iejov dénonça à Staline la présence au sein du Komintern de nombreux éléments louches – Polonais, Roumains, Allemands, Tchèques, Finlandais – qui espionnaient sans doute pour leur pays d'origine ! Le 19 janvier 1936, Manouilski, en vieux renard au fait des mœurs du sérail, demanda à être reçu par Iejov et commença à dénoncer ses camarades du Komintern, donnant ainsi le coup d'envoi de la purge au sein de cette organisation, qui aboutit à l'arrestation puis à l'exécution de centaines de communistes et révolutionnaires étrangers, antifascistes réfugiés en URSS.

Au printemps 1936, Staline décida de franchir un pas de plus vers la Grande Terreur et ordonna à Iejov d'organiser le premier des Grands Procès de Moscou, qui se déroula du 19 au 24 août 1936 et aboutit à la condamnation à mort des seize accusés, dont Zinoviev et Kamenev, deux des principaux leaders du Parti bolchevique sous Lénine. Le procès était entièrement truqué : les accusés avaient été contraints, sous la torture, « d'avouer » des crimes imaginaires et de « réciter » leur texte lors des audiences publiques. L'idée de Staline était, par la multiplication de ces procès à tous les échelons, de mettre en œuvre ce qu'Annie Kriegel a appelé « une pédagogie infernale[2] » destinée à terroriser les élites et à faire croire au peuple que sa situation dramatique était le fait des « traîtres » et des « saboteurs ».

Après ce brillant succès, Staline fit nommer Iejov chef du NKVD et le chargea d'organiser le second grand procès, tenu du 23 au 30 janvier 1937, et de purger le NKVD de l'équipe de Iagoda, puis l'Armée rouge.

Ce processus en apparence insensé, correspondait chez Staline à l'idée que, pour préparer la guerre qui s'annonçait, il lui fallait tenir absolument en main l'URSS grâce à l'épuration et à la terreur. C'est alors que le dictateur se décida à lancer la phase décisive de la Grande Terreur qui allait frapper d'une part les sphères dirigeantes du parti et de l'administration, et d'autre part des catégories spécifiques de la population.

En dehors de toute procédure judiciaire, Iejov fut chargé de « traiter » des populations d'« ennemis du peuple », selon des quotas fixés à l'avance, et des modalités ne comprenant que deux catégories : la 1re – fusillé – et la seconde – déporté. Désormais, les ordres opérationnels du NKVD, directement inspirés par Staline, scandèrent les quatorze mois qui courent du 30 juillet 1937 au 1er novembre 1938 :

• ordre opérationnel n° 00447 du 30 juillet 1937 visant les « koulaks » ayant terminé leur peine ou évadés du Goulag, les religieux et croyants, les ex-membres des partis non-communistes, les criminels et en général les « gens du passé », autorisant l'arrestation de 767 397 personnes, dont 386 798 fusillées.

• ordre opérationnel n° 00486 du 15 août 1937, défini par le Bureau politique le 5 juillet 1937, autorisant l'arrestation de plus de 18 000 femmes d'« ennemis du peuple » et de 25 000 enfants de plus de quinze ans.

• ordre opérationnel n° 00439 du 25 juillet 1937 visant les Allemands travaillant en URSS et les Soviétiques ayant eu des relations avec l'Allemagne, soit au total 68 000 personnes arrêtées dont 42 000 furent exécutées.

• ordre opérationnel n° 00485 du 11 août 1937 visant tous les Soviétiques ayant eu des relations avec la Pologne ou des Polonais en URSS, soit au total 144 000 personnes arrêtées dont 110 000 furent exécutées, y compris la plupart des dirigeants et cadres du Parti communiste polonais réfugiés en URSS et dont le parti fut officiellement dissous par le Komintern en août 1938.

• ordre opérationnel n° 00593 du 20 septembre 1937 visant les Soviétiques originaires de Harbin revenus de Mandchourie en URSS après le règlement de la question du chemin de fer de l'Est chinois en 1935 avec le Japon. 25 000 personnes furent arrêtées.

• d'août à octobre 1937, le NKVD déporta des frontières d'Extrême Orient au Kazakhstan plus de 170 000 Coréens.

Le 31 janvier 1938, le Bureau politique autorisa le NKVD à étendre son action aux opérations lettone, estonienne, grecque, iranienne, roumaine, finlandaise, chinoise, bulgare et macédonienne, puis, le 1er août 1938, à l'opération afghane. Le total des victimes de ces « opérations nationales » se monte à 350 000 personnes arrêtées dont 247 157 exécutées.

Le 19 septembre 1937, le Bureau politique autorisa le NKVD à intervenir en Mongolie extérieure, ce qui aboutit en quatre mois à l'arrestation de 10 728 « conspirateurs » dont 7 814 lamas, 322 propriétaires féodaux,

300 officiers ministériels, 180 responsables militaires, dont 6 311 étaient déjà fusillés au 31 mars 1938.

Parallèlement, Staline signa personnellement 383 listes que lui avait transmises Iejov, concernant plus de 44 000 membres du Parti communiste et de l'appareil d'Etat, dont 39 000 furent exécutés et les autres déportés.

Au total, du 1er octobre 1936 au 1er novembre 1938, 1 565 000 personnes furent arrêtées – 365 805 pour les « opérations nationales » et 767 397 en vertu de l'ordre n° 00447, dont 668 305 furent exécutées et 668 558 envoyées en camp de concentration. Encore ces chiffres sont-ils sous-estimés et le nombre d'exécutés se monte-t-il à plus de 700 000. C'est ainsi que Staline mit en œuvre la « solution finale » au problème des « éléments antisoviétiques ». Il fut personnellement responsable de la Grande Terreur, trop souvent mise sur le compte du seul Iejov, alors qu'en 1937-1938, le chef du NKVD fut reçu 278 fois par Staline au Kremlin – « en moyenne tous les deux jours et demi ! –, à peine moins que Molotov, le bras droit du tyran.

Avec la Grande Terreur, Iejov devint l'homme le plus puissant du monde communiste, après Staline. On imagine le sentiment de mégalomanie qui a pu s'emparer de ce petit homme de 151 centimètres, semi illettré jusqu'à ses vingt ans, ignorant dans tous les domaines, sauf celui de l'extermination. Emporté par cette espèce de folie criminelle qui lui faisait envoyer quotidiennement à la mort ou au Goulag des milliers d'hommes innocents et qui le poussait à participer personnellement à des séances de torture, Iejov devint insomniaque. Il se mit à boire jusqu'à en être régulièrement ivre mort et à avoir un comportement sexuel frénétique, tant avec les hommes qu'avec les femmes.

Sa femme, Evgueniia Solomonovna, ne menait pas une vie moins dissolue. Elle était rédactrice en chef de

L'URSS en construction, une luxueuse revue de propagande qui chantait les triomphes du régime. Etaient ainsi réunis au sein du même couple deux des ressorts principaux du totalitarisme : propagande et terreur. Solomonovna s'entichait de littérature et avait créé une sorte de salon littéraire où se retrouvaient les écrivains les plus encensés par le régime, parmi lesquels elle choisissait ses amants dont Cholokhov, l'auteur présumé du *Don paisible*, et surtout Isaac Babel, l'auteur fameux de *Cavalerie rouge*, qui paiera de sa vie son intimité avec elle.

Pour le lecteur qui souhaiterait approcher le climat très particulier dans lequel vivait le cercle dirigeant du Kremlin, on recommandera la lecture du livre de Simon Sebag Montefiore qui donne une description minutieuse et fort bien informée du comportement de ces grands apparatchiks qui, venus de rien, s'étaient servis de la révolution pour se hisser au pouvoir absolu et devenir des satrapes[3]. Dans l'euphorie de leur sentiment de toute-puissance et dans l'ivresse de la construction utopique du communisme, ils donnaient libre cours à leurs passions. Beuveries, orgies, tueries, rien ne manque à ce tableau dont la plus noire des pièces de Shakespeare ne rendrait qu'une bien pâle image. Dans ce climat de frénésie révolutionnaire et de totale amoralité, Staline nouait et dénouait les intrigues et les destins, seul maître à bord, fascinant et terrorisant ses plus proches acolytes par ses nerfs d'acier, sa cruauté, son fanatisme radical mais aussi ses exceptionnelles capacités politiques mises au service du renforcement et de l'expansion du régime totalitaire. C'est ainsi que Iejov, soupçonnant la liaison entre sa femme et Cholokhov, fit mettre sur écoute la chambre de l'écrivain à l'hôtel National. L'ayant appris, Cholokhov se plaignit à Staline qui, en pleine réunion du Bureau politique, contraignit Iejov à présenter ses excuses à l'amant de sa femme.

Alors que la terreur battait son plein, Staline estima que ses principaux objectifs étaient atteints et décida d'y mettre fin aussi soudainement qu'il l'avait initiée. Ce fut pour Iejov le début d'une rapide descente aux enfers. Le 29 septembre 1938, il se vit soudain flanqué d'un adjoint qui cosignait tous ses décrets, Lavrenti Beria. Le 23 novembre 1938, lors d'une réunion avec Molotov et Vorochilov, Staline accusa Iejov d'en avoir trop fait – il n'avait pas su s'arrêter –, ce que celui-ci admit humblement. Il fut débarqué de la direction du NKVD et nommé responsable des voies navigables, tout en conservant ses fonctions de secrétaire du Comité central et président de la Commission de contrôle du parti. Ce fut la dernière fois qu'il fut autorisé à rencontrer Staline.

Iejov fut remplacé à la tête du NKVD par Beria, un Géorgien – comme Staline – qui avait fait ses preuves en mettant à feu et à sang la Géorgie. Homme encore plus cruel et pervers mais beaucoup plus intelligent que Iejov, Beria s'acharna immédiatement à détruire celui-ci, avec, bien entendu, les encouragements de Staline. Il attaqua d'abord Solomonovna et fit arrêter tout son entourage. Se sentant perdue, la femme de Iejov sombra dans une dépression et fut hospitalisée. C'est alors que son mari, pour se débarrasser d'une relation compromettante et tenter de sauver sa peau, demanda le divorce et la poussa au suicide, après lui avoir discrètement transmis du poison.

Iejov était de plus en plus isolé, tous ses adjoints du NKVD étant arrêtés les uns après les autres. Le 21 janvier 1939, il apparut pour la dernière fois en public, au Bolchoï. Le 29, il assista à sa dernière réunion du Bureau politique. En février, il ne fut pas désigné comme délégué au XVIIIe congrès du parti. Le 6 mars, son nom apparut pour la dernière fois dans la presse soviétique. Le 9 avril, il signa ses derniers ordres et fut arrêté le lendemain.

Ne supportant pas la torture – qu'il avait pourtant fait infliger à des centaines de milliers d'autres –, il signa tout ce qu'on voulut lui faire avouer. Il était accusé d'avoir espionné depuis des années au profit de l'Angleterre, de la Pologne et du Japon – rien de moins ! Lors de son procès secret, 2 février 1940, il rejeta toutes les accusations. Il fut condamné à mort mais son adoration pour Staline était telle qu'il demanda, *in fine*, que soit rapporté au dictateur qu'« il mourrait avec son nom sur les lèvres ». Il n'en fut rien. L'exécution eut lieu le soir même et, face à la mort, Iejov s'effondra ; les gardes durent le traîner sur le sol jusqu'au lieu d'exécution. Ainsi mourut pitoyablement, de la main même de son maître, l'un des principaux bourreaux du système totalitaire communiste. Que son nom soit connu de tout le monde.

Mais comme, décidément, le délire communiste continuera encore longtemps de hanter nos sociétés et notre mémoire, on ne peut pas clore le chapitre Iejov sans rapporter la morale de cette histoire. Iejov et sa femme n'ayant pas eu d'enfant, ils avaient adopté une petite fille, Natacha. En dépit d'un destin tourmenté, elle était restée fidèle à son père adoptif qui avait été particulièrement affectueux avec elle – alors qu'il envoyait des dizaines de milliers d'enfants d'« ennemis du peuple » à la mort. En 1998, Natacha demanda aux nouvelles autorités judiciaires russes que Iejov, qui avait été condamné à tort pour espionnage, soit réhabilité. La requête fut rejetée. Ironie de l'histoire…

CHAPITRE XVIII

De Babeuf à Lemkin :
génocide et modernité

En tant que spécialiste du communisme, je fréquentais depuis de très longues années les écrits de Gracchus Babeuf, considéré comme le fondateur du communisme moderne à travers sa conjuration des Egaux de 1796. Mais ce n'est que beaucoup plus récemment, à l'occasion du bicentenaire de la Révolution française, que j'ai pris connaissance de la brochure de Babeuf sur la guerre de Vendée. Il est vrai que ce texte, iconoclaste du point de vue révolutionnaire communiste, avait été soigneusement occulté par les « babouvologues », pour la plupart communistes ou communisants. Or, avec une acuité remarquable, Babeuf y met en lumière la relation forte entre dictature révolutionnaire et massacres de masse qu'il cherche à nommer – mais le mot « génocide » ne sera inventé qu'en 1944 par le juriste polonais Rafaël Lemkin[1].

Il y a soixante ans, le 9 décembre 1948, l'Assemblée générale de l'Organisation des Nations unies approuvait une « Convention pour la prévention et la répression du crime de génocide ». Si elle était la réaction naturelle aux innombrables actes de barbarie commis par les nazis contre des populations civiles, au cours de la Deuxième Guerre mondiale, cette convention était surtout le fruit du labeur inlassable d'un homme, Rafaël Lemkin.

Ce Polonais d'origine juive, de formation juridique et philologique, s'était engagé depuis la fin des années 1920 dans le grand débat qui, après la Première Guerre mondiale, se focalisa sur la définition des crimes de guerre. Devenu dans son pays un juriste renommé, Lemkin présenta en 1933, lors d'une conférence internationale de juristes à Madrid, un rapport visant à définir des violations des droits de l'homme et des actes d'extermination susceptibles d'être condamnés sur le plan international. Mais ses propositions restèrent lettre morte.

A l'automne 1939, Lemkin réussit à échapper à la double occupation de la Pologne par la Wehrmacht et par l'Armée rouge, et se réfugia aux Etats-Unis. Là, il consacra toute son énergie à réunir une énorme documentation sur les objectifs poursuivis par les nazis dans les pays occupés, et sur les méthodes qu'ils y mettaient en œuvre. Cette recherche aboutit en 1944 à la publication de son ouvrage majeur, *Axis Rule in Occupied Europe*[2].

C'est là que, pour la première fois, Lemkin proposa l'usage d'un terme nouveau, le « génocide » – du grec *genos* (race) et du latin *cide* (qui tue) –, et de son concept juridique inédit : « D'une manière générale, le génocide ne signifie pas nécessairement la destruction immédiate d'une nation, sauf quand il est accompli par un massacre de tous ses membres. Il signifie plutôt la mise en œuvre de différentes actions coordonnées qui visent à la destruction des fondements essentiels de la vie de groupes nationaux, en vue de leur anéantissement[3]. »

Dans un article publié en 1946 en France, Lemkin rappelait d'ailleurs que ce type d'extermination n'était nullement inédit dans l'histoire, depuis la destruction de

Carthage par les Romains jusqu'au massacre des Arméniens par les Turcs. Mais à aucun moment Lemkin ne cita le sort réservé par la Convention à la Vendée en 1793-1794. Et pour cause : les républicains puis les républiques avaient depuis plus d'un siècle inauguré ce que Reynald Secher nomme le mémoricide. Et, d'évidence, Lemkin ne pouvait avoir aucune connaissance du texte publié en décembre 1794 par Gracchus Babeuf sur *La Guerre de la Vendée et le système de dépopulation*, alors totalement ignoré. Il est donc remarquable qu'un siècle et demi plus tard, l'inventeur du mot « génocide » ait fondé sa réflexion sur un même constat, défini par le même terme. En effet, dans son ouvrage de 1944, Lemkin écrit à propos de l'occupation de certains pays européens par les nazis : « Les pays des "ressortissants non apparentés par le sang" [aux Germains] voient se poursuivre une politique de dépopulation[4]. »

Babeuf avait inventé les termes « populicide », « plébéicide » et même « nationicide » pour désigner la politique d'extermination des Vendéens, votée par la Convention le 1er août et le 1er octobre 1793. Mais ce « populicide », soigneusement occulté, est demeuré une affaire franco-française. Il n'en a pas été de même pour le « génocide », inventé par Lemkin « pour désigner une vieille pratique dans sa forme moderne[5] », et qui, sur ses instances, a été cité dans l'acte d'accusation du Tribunal militaire international de Nuremberg chargé de juger les principaux chefs nazis. Encore que, il s'en fallut de peu : en effet, la délégation britannique à Nuremberg refusa dans un premier temps l'usage de « génocide » sous prétexte que le mot ne figurait pas dans l'*Oxford Dictionary*[6].

Ainsi, d'emblée, Babeuf a été frappé par la volonté d'extermination qui avait caractérisé les événements de Vendée, qu'il s'agisse de la phase de guerre civile active – de mars à décembre 1793 – ou de la phase plus spéci-

fiquement génocidaire qui court d'avril 1794 à la chute
de Robespierre. Et il ne manque pas d'imagination lexi-
cale pour la désigner : « un si grand amoncelage de
crimes », « immolations féroces de milliers de vos
frères », « des peuplades entières effacées du nombre
des vivants », « l'égorgerie de nos frères », « colosse du
crime », « le grand hachis », « tuerie générale », « exé-
crations nationicides », « massacrerie », « boucherie hor-
rible », « système de destruction », « système pratique
d'égorgement », « extrême barbarie ».

Babeuf ne se contente pas de recenser des massacres
de masse dus à quelque hasard ; il conclut, au contraire,
que « les crimes de la Vendée [...] paraissent tenir à un
système d'extermination générale[7] » dont il accuse le
Comité de salut public qui a décidé de « tourner la faux
de la mort sur la totalité de cette race vendéenne[8] ».
C'est la dimension volontaire et planifiée du massacre
par les diverses instances du pouvoir étatique – Comité
de salut public, Convention, armée de l'Ouest, etc. – et
le fait qu'il vise l'ensemble d'une population civile qui
caractérisent l'entreprise génocidaire.

Le futur « tribun du peuple » n'était certes pas le juriste
de haut niveau international que fut Lemkin. Il n'en a pas
moins saisi la plupart des ressorts qui sous-tendaient la
logique génocidaire inaugurée en Vendée. Et bien avant
les grands désastres totalitaires du XXᵉ siècle, il a souligné
la relation entre les causes et les effets : comment des
ambitieux, maniant de « détestables sophismes politiques », s'étaient emparés d'un gouvernement révolutionnaire et avaient fait qu'une révolution « commencée
par la sagesse et la vertu du peuple » aboutît à un « système d'où sont sorties les laideurs cadavéreuses qui le
caractérisent[9] ».

A l'origine de cette dérive révolutionnaire, Babeuf
place l'instauration de ce qu'il nomme « les vices-rois
départementaux avec leurs pouvoirs sans bornes et

jusques y compris le droit de vie et de mort[10] », allusion à l'adoption par la Convention, le 4 décembre 1793, des propositions de Billaud-Varennes d'envoyer des représentants en mission dans les districts et les communes, de leur permettre d'épurer les autorités civiles et d'obliger les ministères et les administrations à rendre compte au Comité de salut public : « La république devait voir, dès lors, les départements livrés aux caprices de l'arbitraire et à toutes les passions de quelques hommes qui ne manqueraient point de s'enivrer du dépôt de la toute-puissance réunie en entier dans leurs mains. Elle devait voir la royauté travestie et déguisée seulement en costume tricolore, qui, loin des regards du Sénat [la Convention], se permettrait tout ce que peut inspirer le délire éblouissant d'une domination illimitée, qu'on avait jamais dû s'attendre d'être en situation d'exercer[11]. »

Babeuf qualifie cette « toute-puissance » et cette « domination illimitée » de « parfaite tyrannie, autant parfaite que jamais il en put exister » ; s'il raisonne encore dans les termes de la philosophie politique traditionnelle, il montre néanmoins, en évoquant « la tyrannie la plus parfaite », qu'il a senti qu'émergeait un phénomène nouveau, inédit, ce que Hannah Arendt, un siècle et demi plus tard, nommera « une volonté de domination totale » : le totalitarisme.

Il pressent d'ailleurs fort bien la source de cette tyrannie moderne quand il écrit : « Que l'on cesse donc d'attacher au caractère de mandataire du peuple ce prestige idolâtre, ce fanatisme esclave, cette fausse idée d'infaillibilité ou, tout au moins, de capacité supérieure à celle des autres citoyens[12]. » Or c'est bien la prétention à la supériorité et à l'infaillibilité de leurs chefs qui a mené les régimes totalitaires, tant communistes que nazi, à mettre en œuvre des logiques génocidaires.

Et, tout républicain qu'il est, Babeuf n'hésite pas à critiquer durement la manière dont la République a voulu s'imposer aux populations vendéennes : « On convient généralement que […] si la religion du républicanisme leur eût été portée et présentée comme elle devait l'être, il aurait été facile de faire tomber de devant les yeux de ces peuplades égarées le bandeau qui les offusquait. Mais peut-on reconnaître que le dessein qu'on eut sur ces malheureuses contrées fut d'opérer leur conversion, quand on y voit prêchée la foi démocratique, exactement comme jadis celle du Christ le fut au Mexique. Qu'un Raynal vienne faire la comparaison de la conduite de ces féroces Espagnols envers les Péruviens, et de celle de nos forcenés Français envers leurs frères de la Vendée, quelle différence trouvera-t-il ? Barbare atrocité d'un côté, et atroce barbarie de l'autre[13]. »

Mais Babeuf va plus loin et met le doigt sur un point décisif : « Ici, la cocarde nationale d'une main et le fer aussi de l'autre, ceux qui oncques n'avaient pu se former d'idées de la liberté étaient apparemment admonestés par cette courte formule : "Crois aux trois couleurs ou je te poignarde". […] On n'avait point chez nous l'alternative de sauver sa vie en adorant ce qu'on ne connaissait pas. […] Il n'était point dit de recevoir à conversion, d'admettre au giron de la République quiconque aurait mis bas les armes et serait venu s'y présenter. Non, il était prescrit de tout tuer, tout brûler. Personne n'était plus censé, ne pouvait plus être cru, fidèle ou capable de se le rendre, dans ce pays déclaré en rébellion[14]. » On est là dans la définition même du génocide : les gens sont assassinés non pas pour ce qu'ils ont fait – qui pourrait cesser – ou pour ce qu'ils croient – qui pourrait changer à travers une conversion –, mais pour ce qu'ils sont, du simple fait qu'ils existent.

Est ainsi né ce que Lemkin a nommé « le droit à l'existence ».

Babeuf a saisi d'emblée la dimension extraordinairement moderne de l'extermination des Vendéens, en soulignant le côté mécanique – sinon déjà industriel – qui sera la marque des génocides du XXe siècle. En écrivant que « dans la démonstration de toute machine, il faut toujours remonter au chef ressort pour bien faire apprécier l'emploi de chaque rouage[15] », Babeuf vise le Comité de salut public, qu'il affuble d'autres qualificatifs évocateurs : « aristocratie meurtrière », « Comité d'assassinats publics », « Comité d'égorgerie »[16] ou encore « autocratie comitatoriale »[17].

Et il insiste sur ce point quand il évoque Carrier : « On reconnaît déjà que Carrier [...] ne fut qu'un instrument, qu'un ressort subordonné et même postérieur à beaucoup d'autres ressorts ; mais on voit déjà [...] que ce rouage exterminateur avait vu marcher avant lui une infinité d'autres rouages non moins meurtriers, dont il avait reçu le mouvement d'impulsion, presque autant que de l'action immédiate de la force placée au centre de la machine politique [...][18]. » Le « rouage exterminateur » : remarquable vision de la politique totalitaire comme une machine, comme une mécanique qui, une fois remontée, ne peut plus être arrêtée et dont les acteurs sont agis par la machinerie ; prémonition des grandes bureaucraties exterminatrices des régimes totalitaires.

Babeuf décrit longuement toutes les atrocités commises en Vendée, que l'on « assassine militairement » ou que l'on « assassine révolutionnairement »[19] : arrestations arbitraires, exécutions sommaires des rebelles pris les armes à la main ou blessés, mais aussi de ceux qui se sont rendus, et encore des populations civiles, femmes et enfants compris. Autant de préfigurations des crimes de masse inaugurés par le régime de Lénine puis de Staline en Russie, et dupliqués par les nazis pendant la Deuxième Guerre mondiale puis par les régimes communistes instaurés après celle-ci.

On retrouve y compris, sous la plume de Babeuf, l'un des moyens de génocide mis en œuvre par Staline contre les paysans ukrainiens lors de la collectivisation en 1932-1933, par les nazis avec l'instauration des ghettos juifs ou par Pol Pot contre la partie « impure » du peuple cambodgien entre 1975 et 1979 : l'arme de la faim. Babeuf cite la lettre de Carrier au général Haxo, du 15 décembre 1793 : « Il entre dans mes projets, et ce sont les ordres de la Convention nationale, d'enlever toutes les subsistances, les denrées, les fourrages, tout en un mot de ce maudit pays, de livrer aux flammes tous les bâtiments [...]. Oppose-toi de toutes tes forces à ce que la Vendée prenne ou garde un seul grain. [...] En un mot, ne laisse rien dans ce pays de proscription. Que les subsistances, denrées, fourrages, tout, absolument tout, se transporte à Nantes. » Et il conclut : « La famine est aussi un mode d'assassinat. Carrier l'organise[20]. »

Face à tant d'atrocités, Babeuf reste perplexe. En bon émule des Lumières, il cherche à expliquer rationnellement le fait que la Convention ait non seulement ordonné d'exterminer l'ensemble des Vendéens, y compris les bons républicains, mais encore qu'elle ait laissé massacrer d'innombrables troupes républicaines envoyées sans précautions dans une région en révolte. Il y voit un plan ourdi avec soin dont il croit avoir découvert le secret : la mise en œuvre d'un « système de dépopulation » par Robespierre qui aurait considéré que le territoire français ne pouvait pas nourrir l'ensemble de sa population et qu'il fallait donc, par le biais de la Vendée, se débarrasser de sa part excédentaire. Hypothèse farfelue, mais qui contient sa part de vérité totalitaire : déjà en 1793-1794, un gouvernement révolutionnaire estimait que sa population comprenait « des hommes en trop », des hommes « superflus » qu'il était légitime d'exterminer. Logique génocidaire qui, bientôt nourrie d'idéologie scientiste – racialiste ou marxiste-léniniste – et portée par des partis de révolutionnaires professionnels encore dans les limbes sous la Révolution française[21], aboutira aux grands désastres du XXᵉ siècle.

En abordant, dans la dernière partie de sa brochure, le procès du Comité révolutionnaire de Nantes puis de Carrier[22], Babeuf nous instruit de la manière dont les bourreaux et assassins, responsables d'actes de génocide, inaugurent leurs moyens de défense devant les instances judiciaires mais aussi devant le tribunal de l'Histoire. Moyens qui seront repris avec exactitude par leurs émules du XXᵉ siècle. Il cite le discours de Goullin, l'un des adjoints de Carrier :

> « L'homme qui électrisa nos têtes, guida nos mouvements, despotisa nos opinions, dirigea nos démarches, contemple paisiblement nos alarmes […] Il importe à notre cause que Carrier paraisse au tribunal ; les juges, le peuple enfin doivent apprendre que nous ne fûmes que les instruments passifs de ses ordres et de ses fureurs. Qu'on interpelle tout Nantes, tous vous diront que Carrier seul provoqua, prêcha, commanda toutes les mesures révolutionnaires. […] Carrier seul donna enfin cette impulsion terrible, qui jeta hors des bornes des patriotes ardents, mais égarés. Citoyens jurés, vous dont le maintien calme annonce l'impartialité, vous ne prononcerez pas sur le sort de tant de victimes égarées, sans avoir entendu l'auteur de tous nos maux et de toutes nos fautes. Que Carrier paraisse ; qu'il vienne justifier ses malheureux agents ou qu'il ait la grandeur de s'avouer seul coupable[23]. »

Moyen de défense qui deviendra classique, tant chez les nazis que chez les communistes : les bourreaux n'ont fait qu'appliquer les ordres, ils sont eux-mêmes victimes du seul coupable qui est le chef.

Carrier applique la même tactique, arguant de son obéissance aux deux décrets de la Convention qui ordonnaient d'incendier et d'exterminer toute la Vendée : « Il se couvrit de l'égide de ses pouvoirs illimités. Il se mit sous celle de la Convention [...] puisqu'elle avait approuvé, commandé par des décrets toutes les mesures prises par les députés en mission[24]. »

En outre, « il s'efforça d'écarter l'inculpation des noyades et fusillades [...] en mettant au défi qu'on puisse lui opposer aucun ordre écrit[25] ». Ce fut là encore, un siècle et demi plus tard, une pratique courante des chefs totalitaires que de ne donner qu'oralement les ordres d'extermination. Ainsi les historiens n'ont retrouvé aucun papier signé de la main de Hitler ordonnant le génocide des Juifs, pas plus que de la main de Pol Pot dans le cas Cambodgien. Lénine et Staline étaient plus francs – ou plus assurés de leur impunité – qui n'hésitaient pas à coucher ces ordres par écrit, mais en prenant en général la précaution d'y associer les autres membres du Bureau politique.

Le dénouement même du procès Carrier préfigure la stratégie de défense de grands criminels d'Etat du xxe siècle. En effet, le 14 décembre 1794, Carrier et deux autres membres du Comité révolutionnaire de Nantes étaient condamnés à mort tandis que trente autres accusés, tout aussi coupables, étaient acquittés. La Convention tentait ainsi d'échapper à ses responsabilités en désignant à la vindicte publique trois boucs émissaires promptement guillotinés afin de les rendre définitivement muets. Ainsi, le procès de Carrier fut couronné de succès, permettant à de nombreux conventionnels terroristes de poursuivre une carrière politique sous le Consulat et sous l'Empire, à commencer par le fameux

Fouché, commanditaire intéressé de la brochure de Babeuf[26].

Consciemment ou non, cette leçon sera retenue, cent soixante ans plus tard, par les chefs soviétiques dont la manœuvre s'opéra en deux temps. D'abord, peu après la mort de Staline en mars 1953, ils abattirent le bourreau en chef, patron du KGB, Lavrenti Beria, à la fois parce qu'ils le craignaient et parce qu'il savait tout de leurs responsabilités dans les crimes de masse. Puis, le 25 février 1956, Nikita Khrouchtchev présenta devant le XXe congrès du Parti communiste d'Union soviétique son fameux « Rapport secret » où, à l'instar de Goullin, il prétendit que Staline était seul coupable et que tous les autres dirigeants n'avaient fait qu'obéir à ses ordres, sous peine de mort. Le « Rapport secret » permit à l'ensemble de la nomenklatura soviétique, y compris celle du KGB, de poursuivre sa carrière et de jouir de ses privilèges. Les pires assassins – Molotov, Kaganovitch, Khrouchtchev, Serov – moururent dans leur lit à un âge avancé et couverts de médailles. Ainsi était rééditée une manœuvre éprouvée destinée à assurer l'amnistie à toute une classe politique et à imposer l'amnésie à l'ensemble de la société[27].

Bien avant la querelle sur le nombre de Juifs disparus dans la Shoah ou la polémique provoquée par la publication du *Livre noir du communisme* à propos des victimes du communisme, Babeuf a eu le souci de dénombrer, estimant les victimes vendéennes à « un million peut-être », ce qui n'aurait pas manqué de lui attirer les foudres des censeurs si l'on s'en tient au chiffre de 117 000 avancé récemment par Reynald Secher[28]. Mais l'ampleur du chiffre annoncé – le million – était destiné à frapper les imaginations et à faire sentir que la Vendée avait été victime d'autre chose que d'un simple massacre. D'ailleurs Babeuf ne manque pas de remarquer que, dans son rapport du 1er avril 1794, le représentant Lequinio a utilisé un euphémisme pour qualifier le génocide : « des mesures de rigueur qui ont été employées sans discernement[29] ». Le même type d'euphémisme par lequel les assassins totalitaires ont cherché à masquer leurs crimes : « solution finale du problème juif » chez les nazis », « la mesure punitive la plus élevée » chez Staline envoyant à la mort plus de vingt-cinq mille officiers et notables polonais faits prisonniers par l'Armée rouge en septembre 1939[30].

Par là, Babeuf aborde l'un des points les plus troublants de l'histoire des génocides modernes. A propos des crimes de la Vendée, il écrit : « On n'y croirait pas si nous ne les confirmions par des faits précis et authentiques[31] » ; ou encore : « Il est d'autres faits si étrangement atroces que nous avons glissé rapidement à leur égard, parce que l'imagination se refuse presque à les croire, malgré que, par l'analogie, rien ne doive plus paraître incroyable, d'après la certitude des actes forcenés que nous avons été dans la position de décrire[32]. »

Il soulève ainsi la question fondamentale d'une certaine impossibilité, voire d'un refus, de l'esprit humain à appréhender, à connaître et à comprendre des actes d'une telle inhumanité. Trouble auquel ont été confrontés y compris les penseurs les plus fameux du totalitarisme au XXe siècle. Raymond Aron en témoigne dans ses *Mémoires* : « Le génocide, qu'en savions-nous à Londres ? Au niveau de la conscience claire, ma perception était à peu près la suivante : les camps de concentration étaient cruels, dirigés par des gardes-chiourmes recrutés non parmi les politiques mais parmi les criminels de droit commun ; la mortalité y était forte, mais les chambres à gaz, l'assassinat industriel d'êtres humains, non, je l'avoue, je ne les ai pas imaginés, et parce que je ne pouvais les imaginer, je ne les ai pas sus[33]. »

Et Hannah Arendt confirme cette difficulté à laquelle se heurte l'esprit. Ayant pris connaissance de la « Déclaration » du 17 décembre 1942 par laquelle onze gouvernements alliés et la France libre dénonçaient le processus d'extermination des Juifs engagé par les nazis, elle témoigne en 1964 de sa réaction d'alors : « Tout d'abord, nous n'y avons pas cru, bien qu'à vrai dire, mon mari et moi-même estimions ces assassins capables de tout. Mais cela, nous n'y avons pas cru, en partie aussi parce que cela allait à l'encontre de toute nécessité, de tout besoin militaire. Mon mari [...] m'a dit : Ne prête pas foi à ces racontars, ils ne peuvent aller jusque-là ! Et cependant, nous avons dû y croire six mois plus tard lorsque nous en avons eu la preuve. [...] C'était vraiment comme si l'abîme s'ouvrait devant nous[34]. »

Contemporain des événements, informé de première main grâce aux révélations suscitées par les crimes de Vendée après la chute de Robespierre, Babeuf aurait pu taire ce qui apparaît comme une tache indélébile dans le cours de sa chère Révolution. Au contraire, il a tenu à témoigner et à condamner. Il a analysé avec finesse la tentative révolutionnaire d'exterminer la Vendée, préfiguration des génocides modernes. Lui, homme de la Raison et des Lumières, et à ce titre exempt de tout préjugé, il avoue avec une certaine naïveté : « c'est que je suis encore, sur le chapitre de l'extermination, homme à préjugés[35] ». Très ancien préjugé, tout à son honneur, et qui s'énonce simplement : « Tu ne tueras point ».

CHAPITRE XIX

Rafaël Lemkin et la question du génocide en régime communiste

Déjà lors de la phase de rédaction du Livre noir du communisme, *les chapitres de N. Werth sur l'URSS et de J.-L. Margolin sur le Cambodge des khmers rouges soulignaient l'ampleur immense des massacres de masse et posaient la question de leur nature. J'avais donc, dès ce moment, évoqué la notion de génocide et, plus précisément, de génocide de classe, qui fit fortement polémique, nombre de collègues en étant resté à l'idée « d'unicité de la Shoah ». A la demande d'André Kaspi et dans le cadre du séminaire qu'il animait à la Sorbonne sur la Shoah, j'ai développé une première fois le thème du génocide de classe en 2001[1]. Après la publication du premier ouvrage en français sur Rafaël Lemkin[2] et à l'occasion d'un colloque international organisé à Varsovie, en 2008, par l'Institut polonais des Affaires internationales « En mémoire de Rafaël Lemkin pour le 60ᵉ anniversaire de l'adoption de la Convention sur la prévention et la punition du crime de génocide », je suis revenu de manière plus approfondie sur ce problème complexe[3].*

L'effondrement du régime des khmers rouges de Pol Pot en 1979, puis celui de l'URSS en 1991 ont permis à l'opinion publique de prendre conscience des gigantesques massacres opérés par ces pouvoirs communistes

sur leurs populations civiles. Pourtant, si de plus en plus
d'historiens et d'autres spécialistes reconnaissent la relation forte entre régimes communistes et terreur, peu
encore estiment que cette dimension criminelle ait pu
mener à des génocides. En novembre 1997, dans le chapitre d'introduction du *Livre noir du communisme*[4], évoquant la comparaison entre nazisme et communisme,
j'écrivais à propos de la famine organisée par Staline
contre la paysannerie ukrainienne en 1932-1933 : « Ici,
le génocide de classe rejoint le génocide de race[5]. »
Quelques années plus tard, j'ai entamé une réflexion
plus approfondie sur cette notion de « génocide de
classe[6] ». Je voudrais ici m'interroger sur sa pertinence
au regard de la conception du génocide chez Rafaël
Lemkin.

Une conception ouverte du génocide

Dans son livre fameux et fondateur, *Axis Rule in occupied Europe*, Lemkin a donné pour la première fois une
définition du génocide comme volonté de détruire en
tout ou en partie « une nation ou un groupe ethnique »,
précisant plus loin que les critères retenus par les
auteurs du génocide pour désigner le groupe-cible à
détruire étaient raciaux, ethniques et religieux. C'était là
le fruit de son gigantesque travail sur la législation et
les pratiques des nazis dans les pays qu'ils occupaient.

Or, dans son rapport présenté à la conférence de
Madrid d'octobre 1933 sur l'unification du droit pénal,
où il avançait déjà l'idée d'une législation internationale
définissant et condamnant les « actes de barbarie » et
les « actes de vandalisme », Lemkin évoquait « les
actions *exterminatrices* dirigées contre les collectivités
ethniques, confessionnelles *ou sociales*, quels qu'en
soient les motifs (*politiques*, religieux, etc.), tels les

massacres, les pogroms, les actions entreprises en vue de *ruiner l'existence économique* des membres d'une collectivité[7] ». Aucun gouvernement n'était nommément désigné, mais on peut se demander si cette réflexion ne visait pas déjà les mesures discriminatoires des nazis contre les Juifs, et surtout la destruction des autres partis politiques et des diverses catégories de propriétaires par le pouvoir bolchevique, en particulier dans le cadre de la famine ukrainienne de 1932-1933 dont les Polonais étaient, à cette date, les mieux informés.

Lemkin avait repris cette réflexion dans *Axis Rule in Occupied Europe*, son attention étant attirée par la dimension sociale du génocide perpétré par les nazis : « La *structure sociale* d'une nation étant vitale pour son développement national, l'occupant s'efforce également d'accomplir des changements qui ont pour effet d'affaiblir les ressources spirituelles nationales. Le point central de l'agression s'est focalisé sur l'*intelligentsia*, parce que ce *groupe* fournit en grande partie les *dirigeants* nationaux et organise la résistance à la nazification[8]. » Il soulignait ainsi le rôle de l'extermination préalable des élites du groupe-cible dans tout processus génocidaire.

En septembre 1946, dans la brochure consacrée au génocide qu'il publia en France, Lemkin citait le passage de l'Acte d'accusation des principaux criminels de guerre à Nuremberg et y soulignait le critère social dans la désignation d'un groupe-cible : « Les accusés se sont rendu coupables de génocide délibéré et systématique, c'est-à-dire l'extermination de groupes raciaux et nationaux, contre la population civile de certains territoires occupés, en vue de détruire des races *et des classes* déterminées, et des groupes nationaux, raciaux et religieux, plus spécialement des Juifs, des Polonais, des Tziganes et d'autres encore[9]. »

Et, en décembre 1946, à la suite de sa première campagne en faveur d'une Résolution de l'ONU sur le génocide, Lemkin réussit à faire voter un premier projet qui se proposait de « prévenir la destruction des groupes raciaux, nationaux, linguistiques, religieux *et politiques*[10] ». Il est donc clair que si la conception du génocide développée par Lemkin était fondamentalement centrée sur des critères nationaux, ethniques, raciaux et religieux, elle était également ouverte à d'autres critères, en particulier sociaux et politiques.

Cependant, nommé en 1947 expert de la commission de l'ONU chargée de rédiger le projet de Convention sur le génocide, Lemkin entra en débat avec ses deux autres collègues, le Français Henri Donnedieu de Vabre et le Roumain Vespasian Pella, qui souhaitaient conserver dans la définition les groupes politiques. Réfléchissant de manière plus générale et historique sur le phénomène génocidaire, Lemkin leur répondit que l'histoire avait montré depuis l'Antiquité que les groupes victimes des génocides étaient de nature raciale, nationale et religieuse, alors que les groupes politiques avaient un caractère beaucoup plus éphémère[11].

A ce moment, Lemkin n'envisageait pas d'inclure les groupes sociaux dans la définition du génocide et était très réticent à l'égard des groupes politiques. Or nous savons aujourd'hui que la totalité des critères de définition du génocide établis par Lemkin dès 1944, y compris ce qu'il nomma « les différentes techniques de génocide », avait été mise en œuvre en URSS par le pouvoir bolchevique dès 1918 et avaient pris, sous Staline, une dimension systématique et de masse. On peut donc se demander pourquoi, au moment même où il épuisait ses forces à imposer la Convention sur le génocide, Lemkin a semblé s'intéresser si peu aux grands massacres soviétiques et en particulier à leur caractère social.

Les raisons avancées peuvent être multiples. La première serait que Lemkin était, en toute logique, focalisé sur ses recherches pour *Axis Rule in Occupied Europe* et donc sur des cas raciaux et nationaux comme ceux des Juifs et des Polonais. D'autre part, au sortir de la guerre et du procès de Nuremberg, l'ennemi par excellence était le nazi, et le génocidaire ne pouvait être que nazi ; il était psychologiquement très difficile alors d'engager une réflexion comparative qui aurait placé sur un même plan génocidaire l'ennemi nazi et l'allié soviétique qui avait joué un rôle si important dans la victoire et payé un si lourd tribut en populations civiles, elles-mêmes victimes du génocide nazi. Enfin, rappelons que la dimension criminelle du régime soviétique était alors mal connue, et les quelques voix qui s'élevaient ici ou là pour l'évoquer étaient écrasées par le formidable tintamarre de la propagande soviétique, relayée par les partis communistes dans le monde entier et confortée par l'immense prestige de l'URSS et de l'Armée rouge, en particulier en Europe occidentale et aux Etats-Unis.

On peut même se demander si Lemkin – dont le frère avait été sauvé de l'extermination par une visite à Moscou interrompue par l'attaque allemande de juin 1941 – n'était pas victime du syndrome de « refus d'imagination » qu'il avait lui-même rapporté dans *Axis Rule* : « Les informations et témoignages qui passent les frontières des pays occupés sont très souvent considérées comme des histoires atroces et douteuses, car ils sont si horribles que les gens refusent simplement de les croire[12]. » Une incapacité à imaginer déjà présente à propos du génocide des Juifs chez des personnalités aussi sensibilisées au problème et aussi compétentes dans l'analyse des régimes totalitaires que Raymond Aron ou Hannah Arendt[13].

Mais, en l'occurrence, il semble que ce soit surtout une préoccupation tactique qui ait commandé l'attitude de Lemkin. En effet, dès qu'il engagea sa campagne pour le vote d'une résolution sur le génocide, il se heurta à l'opposition résolue de l'URSS et en particulier du tristement célèbre Andreï Vychinski, le procureur des Grands Procès de Moscou, qui avait, dans les années 1930, préfacé une brochure intitulée « L'intervention contre-révolutionnaire à travers le droit criminel[14] ». Il y attaquait violemment Lemkin, accusé d'avoir voulu mêler « les capitalistes » aux affaires intérieures de l'URSS en proposant, en 1933, lors du congrès de Madrid, de faire condamner sur le plan international les actes de barbarie contre les populations civiles en temps de paix.

Certes, à la suite d'une brillante manœuvre et en usant des services de Jan Masaryk, Lemkin réussit à inverser la position soviétique et à faire que l'URSS votât, le 11 décembre 1946, le projet de Résolution sur le génocide, qui comprenait les groupes politiques. Néanmoins, il comprit rapidement que l'intégration de ces groupes dans la définition du génocide, imposée *in extremis* par les Britanniques, était en réalité une manœuvre destinée à couler définitivement le projet de Convention. En effet, radicalement opposée à ce projet, la Grande-Bretagne pensait qu'en y intégrant les groupes politiques, elle provoquerait inévitablement son rejet par l'URSS et par ses régimes satellites, ainsi que par d'autres Etats, en particulier latino-américains, qui estimaient alors que jamais chez eux la violence politique ne pourrait atteindre le niveau du massacre. Ainsi, tout comme il abandonna la dimension du génocide culturel plutôt que de risquer un rejet de l'essentiel du projet de Convention, Lemkin laissa provisoirement de côté la dimension sociale du génocide.

En 1951-1952, ses relations avec ses soutiens traditionnels – le Comité américain pour une Convention sur le génocide et le Comité juif américain – s'étant distendues, Rafaël Lemkin chercha de nouveaux alliés du côté des groupes d'immigrés d'Europe de l'Est qui avaient fui l'occupation soviétique après 1945 et s'étaient réfugiés aux Etats-Unis – en particulier des Polonais, des Ukrainiens, des Baltes et des Hongrois. Il fut ainsi amené à porter son attention sur les pratiques communistes à l'encontre de ces « nations captives », telles que la liquidation ou la déportation des élites – hommes politiques, militaires, intellectuels, clergé –, mais aussi de classes sociales – entrepreneurs, propriétaires fonciers, fermiers, commerçants. Il n'hésita pas à qualifier de génocide certaines de ces actions, comme le traitement des civils et des prisonniers de guerre allemands dans la zone d'occupation soviétique, ou encore l'expulsion des Allemands des Sudètes. Déjà, fin 1951, il évoquait en privé les déportations de masse, en URSS, des Allemands de la Volga en 1941, puis celles des Tatars de Crimée, des Tchétchènes, des Ingouches, des Kalmouks, des Karatchaï et des Balkars en 1943-1944[15].

Lemkin participa activement à l'initiative des groupes de citoyens originaires d'Europe de l'Est qui, le 24 novembre 1951, demandèrent au Département d'Etat américain d'engager devant l'ONU une action contre l'URSS pour génocide contre leurs nations. Il confirma publiquement sa position dans une interview au *New York Times* le 18 décembre 1951. Fin 1952-début 1953, Lemkin revint à la charge sur ce thème à la suite de la campagne antisémite déclenchée par Staline, tant en Tchécoslovaquie – procès Slansky – qu'en URSS même – affaire des « blouses blanches[16] ».

Cependant, de plus en plus isolé dans son combat pour la ratification de la Convention sur le génocide, Lemkin se tourna vers un travail historique et chercha à établir un tableau d'ensemble des génocides depuis l'Antiquité. C'est dans ce cadre qu'il rédigea un texte important sur le génocide engagé par le pouvoir bolchevique contre les Ukrainiens[17]. Il y analysait « la politique à long terme de liquidation des peuples non russes par la déportation de fractions sélectionnées [de la population] » ; et il présentait la destruction de la nation ukrainienne comme « l'exemple classique de génocide soviétique[18] ».

Il soulignait que la nation ukrainienne était trop nombreuse pour être détruite, comme les Allemands le firent pour les Juifs ; ce qui fut d'ailleurs confirmé le 25 février 1956 quand, dans son « Rapport secret » devant le XXᵉ congrès du PCUS, Nikita Khrouchtchev déclara : « Les Ukrainiens n'évitèrent ce sort que parce qu'ils étaient trop nombreux et qu'il n'y avait pas d'endroit où les déporter. Sinon ils auraient été déportés eux aussi[19]. »

En fait, au début des années 1930, le pouvoir soviétique avait choisi un processus plus complexe : la liquidation ou déportation, dès 1920, des élites intellectuelles – écrivains, penseurs, artistes, enseignants –, politiques – nationalistes puis communistes – et religieuses ; puis la planification d'une famine organisée contre la paysannerie qui aboutit en 1932-1933 à la mort de faim de 5 millions d'Ukrainiens ; et enfin le repeuplement de l'Ukraine par des populations non ukrainiennes, en particulier des Russes fidèles au régime soviétique. Lemkin concluait : « Ce n'est pas simplement un cas de crime de masse. C'est un cas de génocide, de destruction non seulement d'individus, mais d'une culture et d'une nation[20]. »

Si l'analyse renvoie à l'un des éléments centraux de sa définition du génocide – la destruction en totalité ou en partie d'une nation –, Lemkin a néanmoins souligné que ce génocide reposait sur la destruction de catégories sociales précises, et surtout, il en a pointé le motif – la volonté soviétique de « produire l'"l'Homme Soviétique", la "Nation Soviétique" » – et le prétexte officiel – la liquidation d'« ennemis du peuples potentiels ». Par là, Lemkin ouvrait la voie non seulement à une prise de conscience de l'ampleur des crimes de masse dans les régimes communistes, mais à la nature génocidaire de nombre d'entre eux. Surtout, il amorçait une piste de réflexion sur la nature particulière de ceux-ci, commandée par une idéologie « de classe ».

La prise de conscience
des crimes de masse des régimes communistes

Après le vote de la Convention de l'ONU sur le génocide en décembre 1948 et en dépit des efforts de R. Lemkin, il fallut attendre les années 1960 pour que l'opinion publique internationale prenne une conscience plus intense de l'ampleur du génocide des Juifs d'Europe, en particulier sous l'effet du procès Eichmann puis de l'immense travail d'histoire et de mémoire entamé par Israël et la communauté juive internationale. Et, jusqu'à l'effondrement du système communiste en 1989-1991, le concept de génocide était pour l'essentiel réservé à l'opération d'extermination des Juifs d'Europe par les nazis, même si l'on acceptait parfois d'y adjoindre l'extermination des Arméniens par les Turcs en 1915-1916, et, plus récemment, l'extermination du peuple Herero par le colonisateur allemand de l'Ouest africain en 1904.

Pour tous, le génocide trouvait son origine dans une idéologie racialiste ou ethniciste, et il ne venait à l'idée de personne – à l'exception notable de la communauté ukrainienne émigrée aux Etats-Unis et au Canada – de qualifier de génocide les massacres de masse commis par les pouvoirs communistes. Avec les événements de 1968 – Mai 68 en France, les mouvements étudiants d'extrême gauche en Italie et en Allemagne, le massacre de Mexico, la guerre du Vietnam – et la réactivation dans tout l'Occident de la passion antifasciste et révolutionnaire, la réflexion sur la dimension totalitaire des régimes communistes fut balayée, et la terreur révolutionnaire retrouva tout son prestige. La puissante propagande négationniste de l'ensemble du mouvement communiste international concernant les massacres de masse commis par les régimes communistes n'en fut que plus efficace. L'affaire de Katyn en a d'ailleurs été l'exemple le plus éclatant : encore en 1971-1972, l'URSS fit pression, avec succès, sur la Grande-Bretagne pour que soit interdite l'érection à Londres par des émigrés polonais d'un monument à la mémoire des officiers polonais assassinés[21].

Néanmoins, en 1974, avec *L'Archipel du Goulag*, Alexandre Soljenitsyne jeta un premier et énorme pavé dans la vitrine du communisme soviétique, sa description du Goulag et de la terreur soviétique en général évoquant irrésistiblement les crimes du nazisme et incitant à la comparaison. Une décennie plus tard, Robert Conquest publia coup sur coup ses deux ouvrages fondamentaux sur les *Moissons sanglantes* et *La Grande Terreur*[22].

Le débat rebondit en Allemagne en 1986-1987, lors de la fameuse *Historikerstreit* – la « querelle des historiens » – qui mit aux prises un historien connu, Ernst Nolte, et un philosophe non moins renommé, Jürgen Habermas[23]. Dans un article, Nolte proposait de rapporter l'appréciation historique du nazisme à un contexte fondateur : la théorie et la pratique criminelles du parti-Etat bolchevique qui aurait inauguré l'extermination de groupes sociaux[24]. Ainsi, le régime communiste aurait été à la fois la menace et le modèle qui auraient constitué l'un des ressorts fondamentaux de l'émergence du nazisme, au même titre qu'un antisémitisme racialiste dont Nolte ne conteste pas le caractère génocidaire. Les opposants à Nolte, outre une querelle d'ordre politique, lui opposaient que la comparaison entre communisme et nazisme ne vaut pas pour l'extermination des Juifs, génocide singulier et unique qui n'a pas existé en régime communiste.

Lors de cette querelle est apparue, sous la plume de Klaus Hildebrand, professeur d'Histoire contemporaine à l'université de Bonn, l'expression de « génocide de classe » : « Les génocides, l'Allemagne hitlérienne les a réalisés au nom de la race, l'Union soviétique de Staline au nom d'une domination de classe[25]. »

Andreas Hillgruber, professeur d'Histoire moderne à l'université de Cologne, aborda à son tour la question :

> « Quant au débat sur le caractère unique du régime [nazi], il faut constater que tout dans l'histoire est unique, chaque constellation, chaque époque, chaque événement. [...] Mais chaque événement, chaque processus, chaque personnalité doit aussi être comparé, c'est un élément essentiel de l'historiographie. L'unicité et la comparaison ne s'excluent pas. Le génocide des Juifs est, si l'on prend un point de comparaison dans le "monde occidental", unique en son genre, car il n'y a rien eu de comparable par exemple dans le fascisme italien. Si l'on intègre dans la comparaison la Russie bolchevique, on pourra dire que l'assassinat en masse des koulaks au début des années 1930, des cadres de l'armée rouge en 1937-1938, des officiers et des nobles polonais qui tombèrent dans les mains des Soviétiques en 1939, n'est pas qualitativement différent du génocide sous le IIIe Reich. Dans les deux cas, une simple distinction entre les hommes sur la base de la race ou de l'idéologie de classe a entraîné leur assassinat. Pour ce qui est du IIIe Reich, les sources permettent aux historiens de prouver et de présenter largement les assassinats en masse. Mais la Russie soviétique se caractérise en revanche jusqu'à nos jours par une pratique du secret rendant difficile les comparaisons chiffrées, lesquelles, il est vrai, ne sont pas déterminantes pour porter un jugement moral[26]. »

En 1987, Ernst Nolte reprit le problème dans son ouvrage *La Guerre civile européenne* et cita l'un des prin-

cipaux chefs bolcheviques, Grigori Zinoviev, qui déclarait le 17 septembre 1918 : « Des quelque cent millions
d'hommes que compte la population de la Russie soviétique, il nous faut en gagner quatre-vingt-dix à notre
cause. Nous n'avons pas à parler avec les autres, nous
devons les exterminer[27]. »

Cependant, la querelle s'éteignit d'elle-même en
1989-1991 quand le système communiste mondial
s'écroula. Non seulement la propagande communiste en
fut largement ruinée, mais l'ouverture, même partielle,
des archives soviétiques entraîna une révolution documentaire. C'est ainsi que le grand spécialiste de la révolution russe, Richard Pipes, publia un recueil de
documents inédits de Lénine où figuraient de nombreux
ordres homicides[28]. Désormais, la réalité criminelle du
régime soviétique apparut en pleine lumière à travers
ses documents internes demeurés jusque-là inaccessibles, au point que plus personne, à l'exception d'habi-
tuels négationnistes communistes, ne nie l'existence de
crimes contre l'humanité pratiqués par le régime bolchevique. Mais pouvait-on parler de génocide ?

Pour un couple de journalistes ukrainiens, Lidia Kovalenko et Volodymyr Maniak, cela ne faisait pas de
doute. Profitant de la politique de perestroïka de
M. Gorbatchev, ils décidèrent, à la fin des années 1980,
d'établir un livre-Mémorial de la famine de 1932-1933 –
jusque-là sujet absolument tabou en URSS et passible
de répression – et lancèrent un appel à témoins. Plus de
6 000 réponses leur parvinrent, dont ils réunirent 450
des plus significatives en un ouvrage – repris en partie
dans la publication française[29]. Maniak mourut dans un
accident d'automobile suspect le 15 juin 1992 ; sa
femme disparut quelques mois plus tard d'une maladie
inconnue.

Au même moment, le terme de génocide fut appliqué
à un autre régime communiste, celui des khmers rouges

qui sévit au Cambodge de 1975 à 1979, mais dont la chute fit toucher du doigt la réalité du crime de masse. Ainsi Ben Kiernan a-t-il publié, dès 1996, *Le génocide au Cambodge*[30].

La révolution documentaire a permis à des chercheurs d'établir un premier bilan mondial et documenté des crimes des régimes communistes, avec la publication en 1997 du *Livre noir du communisme*. Dans le chapitre d'introduction, j'avais avancé la notion de « génocide de classe » qui a provoqué de violentes réactions dans toute la gauche et l'extrême gauche, mais aussi chez nombre d'historiens, en particulier des spécialistes de la Shoah. Pourtant, depuis 1997, d'innombrables travaux historiques, en particulier ceux de l'association russe Memorial, ont confirmé de manière documentée les crimes de masse commis sous le régime bolchevique et la logique génocidaire qui présida à nombre d'entre eux. Et tout récemment, Nicolas Werth, l'auteur du chapitre sur l'URSS dans le *Livre noir du communisme*, a publié un article où il reconnaît la nature génocidaire de la famine ukrainienne, ce qu'il avait refusé de faire jusque-là[31].

Extrémisme révolutionnaire et logique génocidaire

L'articulation forte entre phénomène révolutionnaire et logique génocidaire n'est pas apparue avec la révolution bolchevique, mais lors du grand précédent de la Révolution française. En effet, par deux décrets du 1er août et du 1er octobre 1793, la Convention vota l'extermination des habitants de la Vendée – et en réalité de tout l'Ouest de la France – qui s'étaient massivement révoltés et étaient décrétés « ennemis du peuple ». Et, en janvier 1794, alors que la révolte avait été écrasée par les armées de la république, le Comité de salut public envoya des « colonnes infernales » y exterminer la population civile. Le 8 février 1794, au nom du Comité, Carnot donna son aval au général Turreau : « Extermine les brigands jusqu'au dernier, voilà ton devoir[32]. » Bilan minimal : 117 000 victimes – hommes, femmes et enfants – exterminés dans des conditions épouvantables.

Il est d'ailleurs symptomatique qu'à cette occasion soit apparu le grand précurseur de Rafaël Lemkin, le révolutionnaire français Gracchus Babeuf qui, à l'automne 1794, publia une forte brochure intitulée *La guerre de la Vendée et le système de dépopulation*[33] où, après une analyse remarquable des circonstances et des motifs de ces massacres, il chercha à les définir par les termes « populicide », « plébéicide » et même « nationicide ». Mais les massacres de Vendée furent occultés par la propagande républicaine et c'est finalement cent cinquante ans plus tard exactement qu'apparut et triompha le terne « génocide ».

Un demi-siècle après la chute de Robespierre, Karl Marx publia en 1848 le *Manifeste du parti communiste* où il proclamait que « l'existence de la bourgeoisie est désormais incompatible avec celle de la société » et devait aboutir à « l'abolition par les communistes des rapports de la production bourgeoise et de la bourgeoisie elle-même ». Il ajoutait : « La bourgeoisie n'a pas seulement forgé les armes qui doivent lui donner la mort ; elle a produit aussi les hommes qui manieront ces armes, les ouvriers modernes, les prolétaires », « le prolétariat de chaque pays doit en finir avec sa propre bourgeoisie », par « le renversement violent de la bourgeoisie », par « la guerre civile » qui doit éclater « en une révolution ouverte »[34].

Après avoir visé une classe sociale et après l'échec de la révolution de 1848 en Europe centrale, Marx stigmatisa dans son journal, la *Nouvelle Gazette rhénane*, les petits peuples contre-révolutionnaires, qualifiés de « déchets de peuples » :

> « Aux phrases sentimentales qu'on nous offre ici au nom des nations contre-révolutionnaires de l'Europe, nous répondons : la haine des Russes a été et restera la première passion révolutionnaire des Allemands et, depuis la révolution, s'y est ajoutée celle des Croates et des Tchèques ; ensemble avec les Magyars et les Polonais, nous sauvegarderons la révolution par un terrorisme décidé à l'égard de ces peuples slaves. Nous savons maintenant où se trouvent les ennemis de la révolution : en Russie et dans les pays slaves d'Autriche. Nulle phrase, nulle affirmation quant aux avenirs démocratiques de ces pays ne nous empêchera de considérer nos ennemis comme tels. [...] Lutte impitoyable, combat à mort avec les Slaves traîtres à la révolution, extermination, terrorisme sans égard, non dans l'intérêt de l'Allemagne mais dans celui de la révolution[35]. »

Ainsi, avant même que Charles Darwin ne publie son ouvrage sur *L'Origine des espèces*, qui marqua profondément la pensée de Marx, ce dernier développait déjà un darwinisme social et national qui lui faisait considérer comme normale l'extermination de groupes humains faisant obstacle au processus révolutionnaire tel que lui-même l'avait théoriquement défini comme « sens de l'Histoire ».

Cependant, emportés par la montée en puissance du mouvement démocratique et de l'Etat de droit tout au long du XIXᵉ siècle, et surtout après l'écrasement de la Commune de Paris, la plupart des groupes socialistes et communistes abandonnèrent la voie de la violence révolutionnaire et exterminatrice pour rallier celle du suffrage universel et du respect des droits de l'homme et du citoyen.

Lénine et le passage à l'acte

Pourtant, ce type de pensée, articulant révolution et extermination, fut repris très tôt par Vladimir Ilitch Oulianov. Avant de devenir Lénine, celui-ci se nourrissait déjà du *Catéchisme du révolutionnaire*, publié en 1869 par le fameux révolutionnaire russe Serge Netchaïev qui appelait instamment à la destruction totale de la société existante[36]. Alors qu'il était déjà marxiste, Oulianov se félicita de la dernière grande famine de l'empire tsariste, qui tua environ 400 000 paysans de la Volga en 1891-1892, et, à l'inverse de l'ensemble de la société il refusa de leur venir en aide, estimant qu'« en détruisant l'économie paysanne attardée, la famine nous rapproche objectivement de notre but final, le socialisme[37] ».

Dès lors, Lénine ne cessa de radicaliser une pensée tout à fait nette bien avant le 7 novembre 1917. En août-septembre 1916, il écrivait : « A la guerre bourgeoise impérialiste, à la guerre du capitalisme hautement développé, ne peuvent *objectivement* être opposées, du point de vue du progrès, du point de vue de la classe d'avant-garde, que la guerre *contre* la bourgeoisie, c'est-à-dire avant tout la guerre civile du prolétariat contre la bourgeoisie pour la conquête du pouvoir, guerre *sans* laquelle tout progrès sérieux est *impossible* [...][38]. » Désormais, pour Lénine, la révolution est définitivement inséparable de la « guerre civile pour le socialisme » dont le but « est de s'emparer des banques, des fabriques, des usines, etc., d'anéantir toute possibilité de résistance de la bourgeoisie, d'exterminer *ses* troupes[40] ». Il le rappellera en octobre 1917 : « Cette guerre pourra être violente, sanguinaire, elle pourra coûter la vie de dizaines de milliers de propriétaires fonciers, de capitalistes et d'officiers qui épousent leur cause. Le prolétariat ne reculera devant aucun sacrifice pour sauver la révolution[41]. »

Chez Lénine, l'idée fondamentale qui mène au génocide est de considérer qu'une force ennemie met en danger de mort la Révolution. Ce sentiment de danger irrémédiable constitue ce que Nolte appelle le « noyau rationnel », le ressort psychologique et idéologique qui, aux yeux du génocidaire, justifie son action. Mettre à jour ce « noyau rationnel » n'implique en rien que l'on approuve ni le ressort, ni l'action qu'il déclenche ; mais ne pas le percevoir, ou refuser de le prendre en compte, c'est s'exposer à ne rien comprendre au génocide. Celui-ci relève incontestablement du délire, mais d'un délire logique, construit sur une idéologie et mis en œuvre à la faveur d'une conjoncture. Chez Lénine, la désignation de la victime est prétendument scientifique, mais elle repose sur la pseudo-science du marxisme-léninisme : sont désignés à l'extermination des groupes sociaux – et donc les hommes qui les constituent – qui représentent la propriété et plus généralement le passé – c'est-à-dire la société existante –, et qui, par nature, sont censés s'opposer au processus et au parti révolutionnaires, ce dernier étant lui-même censé représenter « l'avenir radieux » de l'Humanité. Le même ressort sera à l'œuvre chez Hitler, obsédé par l'idée de la menace qui pèserait sur le peuple allemand, mais chez le nazi la désignation de la victime reposera sur les critères d'une pseudo-science raciale qui définit qui est juif, demi-juif, aryen etc.

S'il se situe dans la filiation de ses grands prédécesseurs en révolution, en particulier les jacobins et le Comité de salut public, Lénine apporte deux innovations majeures : d'une part une idéologie scientiste fortement constituée en doctrine et bientôt en orthodoxie ; d'autre part, un nouveau type de parti : le parti de révolutionnaires professionnels, très idéologisé et sous la coupe d'un chef d'autant moins discuté qu'il va enregistrer succès sur succès. Et c'est ce mouvement révolutionnaire inédit, fondateur du totalitarisme, qui s'empare du pouvoir le 7 novembre 1917, passe à l'acte et inaugure d'emblée, entre 1917 et 1922, un processus génocidaire fondé sur la terreur utilisée comme moyen de gouvernement.

Conformément à la description des formes du génocide par Lemkin, on assiste dès la fin 1917 et le printemps 1918 à la désignation de groupes-cibles : aristocrates, bourgeois, propriétaires fonciers, industriels, officiers. Puis, dès le mois de mai 1918, Lénine lance le cri « mort aux koulaks », visant ainsi tous les paysans qui refusent ce que, par euphémisme, les bolcheviks nomment « réquisitions » – pillage pur et simple des biens et des récoltes par les agents du pouvoir[42]. Avec le décret sur la « Terreur rouge », proclamée le 5 septembre 1918, sont visés tous les autres mouvements politiques, y compris les partis révolutionnaires – mencheviks, socialistes révolutionnaires, anarchistes – et tous les groupes qui ne se soumettent pas, y compris les ouvriers en grève. Enfin, au printemps 1922, Lénine donnera des ordres impératifs et précis pour exterminer l'ensemble du clergé et expulser les intellectuels qui ne rallient pas le régime.

Dans un texte publié seulement en 1929 mais écrit entre le 6 et le 9 janvier 1918, Lénine a couché sur le papier sa pensée profonde, qu'il ne livrait pas au public :

« Seule la participation bénévole et consciencieuse de la masse des ouvriers et des paysans, dans l'enthousiasme révolutionnaire, au recensement et au contrôle sur les riches, les filous, les parasites et les voyous, peut vaincre ces survivances de la maudite société capitaliste, ces déchets de l'humanité, ces membres irrémédiablement pourris et gangrenés, cette infection, cette peste, cette plaie que le capitalisme a léguée au socialisme. [...] pas de quartier pour ces ennemis du peuple, ces ennemis du socialisme, ces ennemis des travailleurs. Guerre à mort aux riches et à leurs pique-assiette, les intellectuels bourgeois ; guerre aux filous, aux fainéants et aux voyous. [...] Toute mesure pratique prise pour mater réellement les riches et les filous, pour les éliminer, pour les soumettre à un recensement et à une surveillance sans faiblesse, a plus d'importance qu'une douzaine d'excellentes dissertations sur le socialisme. [...] Des milliers de formes et de procédés pratiques de recensement et de contrôle visant les riches, les filous et les parasites doivent être mis au point et éprouvés pratiquement. [...] La diversité est ici gage de vitalité, une promesse de succès dans la poursuite d'un même but unique : *débarrasser* la terre russe de tous les insectes nuisibles, des puces (les filous), des punaises (les riches) et ainsi de suite. Ici on mettra en prison une dizaine de riches, une douzaine de filous, une demi-douzaine d'ouvriers qui tirent au flanc. [...] Là on les enverra nettoyer les latrines. Ailleurs on les munira, au sortir du cachot, d'une carte jaune [la carte des prostituées sous le tsarisme] afin que le peuple entier puisse surveiller ces gens malfaisants jusqu'à ce qu'ils se soient corrigés. Ou encore on fusillera sur place un individu sur dix coupable de parasitisme[43]. »

D'emblée, ces groupes sont victimes d'une stigmatisation comme « contre-révolutionnaires », « ennemis du peuple », « gardes blancs », etc. ; celle-ci s'accompagne d'une déshumanisation par le biais de l'animalisation, puis d'une ségrégation symbolique et enfin effective par la privation de l'emploi, du logement, du ravitaillement, du chauffage, ce qui peut signifier un arrêt de mort dans un régime qui prétend être seul détenteur de tous les moyens de production et de distribution de tous les biens matériels.

La chose est d'autant plus aisée que les groupes-cibles sont les victimes systématiques d'une spoliation/expropriation qui fut l'un des premiers actes majeurs des bolcheviks au pouvoir, suivant le mot d'ordre de Lénine « Volez les voleurs, pillez les pillards ! ». Dans les mois qui suivirent le 7 novembre 1917, la Russie fut le théâtre d'un fantastique transfert de propriété de ceux qui « avaient du bien » soit vers le parti-Etat – le pouvoir saisit le contenu de 35 000 coffres-forts, d'innombrables immeubles, usines, commerces et propriétés agricoles –, soit vers les voyous et le lumpen-prolétariat qui sévissaient dans les villes, tandis qu'à la campagne les paysans dépouillaient les grandes propriétés de leur matériel agricole et de leur bétail. Or, comme le notait Lemkin dès 1944, la spoliation était un moyen d'affaiblir les groupes visés par le génocide – quand elle n'était pas l'un des moteurs du génocide. Et d'ailleurs, les nazis pratiquèrent et la stigmatisation symbolique et la spoliation des Juifs, avant d'engager leur ségrégation sociale et juridique.

Dès 1918, les bolcheviks ont pratiqué l'exclusion sociale grâce à un moyen très simple et terriblement efficace, en application du fameux slogan de Lénine « Qui ne travaille pas ne mange pas ! ». Si ce slogan peut sembler raisonnable, il devient terrifiant dès que l'on est dans un système où le pouvoir détient le monopole de l'emploi et du salaire – et peut donc le refuser arbitrairement et condamner quiconque à la mort de faim ou à l'illégalité. Le pouvoir a aussi très tôt créé une catégorie de citoyens privés de leurs droits, les *lichentsy*.

Les bolcheviks ont imposé par la violence une ségrégation spatiale qui s'est inscrite d'abord en creux, à travers des vagues massives d'émigration et d'exil, plus d'un million de membres des classes « condamnées par l'Histoire » s'étant enfuies pour sauver leur vie. Mais très vite, cette ségrégation a pris la forme de l'enfermement dans des prisons puis dans des camps de concentration dont Trotski réclamait l'installation dès le 4 juin

1918, suivi en cela le 26 juin par le Conseil des commissaires du peuple qui exigea que ces camps soient utilisés pour mettre hors d'état de nuire les « ennemis intérieurs ». Et le 8 août, Trotski approuva la création des trois premiers camps, appelés à devenir un véritable système concentrationnaire, dès 1921, dans le complexe des îles Solovki, sur la mer Blanche, bien avant que les nazis n'aient ouvert leur premier camp.

Le mot « concentration » n'avait pas une connotation seulement administrative, mais visait à terroriser : le décret sur la Terreur rouge précisait que les communistes voulaient ainsi se protéger de leurs ennemis « en les isolant dans des camps de concentration ». Ce système, géré par la police politique, avait un caractère extra-judiciaire reconnu par une loi du 17 février 1919, et dès 1921, on recensait 84 camps qui regroupaient 115 000 internés et qui allaient devenir le laboratoire du travail forcé mais aussi de l'extermination, avant de se transformer en 1930 en « Goulag », par lequel passèrent – ou trépassèrent – plus de 15 millions de Soviétiques.

En matière d'extermination, le régime bolchevique n'a jamais utilisé la forme industrielle de la chambre à gaz mise en œuvre par les nazis à partir de l'automne 1939 contre les handicapés physiques et mentaux, puis à partir de 1942 contre les Juifs. Mais il a abusé de la fusillade et de la famine. Les archives de la police politique étant encore peu ouvertes, il est difficile d'évaluer exactement l'ampleur des massacres de masse de la période de guerre civile, mais dès ce moment ont eu lieu des actes génocidaires reposant avant tout sur le critère social. En privé, Lénine ne s'en cachait pas ; quand l'éphémère commissaire du peuple à la Justice, le socialiste révolutionnaire de gauche Isaac Steinberg, lui posa début 1918 la question : « A quoi bon un commissariat du peuple à la Justice ? Autant l'appeler commissariat du peuple à l'extermination sociale, et la cause sera entendue. », Lénine lui répondit : « Excellente idée. C'est exactement comme cela que je vois les choses. Malheureusement on ne peut pas l'appeler ainsi[44]. »

Propos confirmés par Feliks Dzerjinski, le fondateur et chef de la Tcheka, qui déclarait devant le Sovnarkom le jour même de sa prise de fonctions : « Nous avons besoin de désigner sur ce front – le plus dangereux et le plus cruel des fronts – des camarades déterminés, durs, prêts à faire n'importe quoi pour défendre la révolution. Ne pensez pas que je cherche des formes de justice révolutionnaire ; nous n'avons pas besoin maintenant de justice. Maintenant, c'est la guerre – face à face, une lutte finale. A la vie à la mort[45]. »

Le premier acte de génocide majeur eut lieu en 1919-1920 quand fut engagée contre les Cosaques du Don et du Kouban la « décosaquisation » sur un ordre du Bureau politique du Parti bolchevique du 24 novembre 1919 spécifiant de « les exterminer jusqu'au dernier » ; en un an, 15 000 Cosaques furent massacrés et leurs familles internées dans des camps que la Tcheka elle-même qualifiait de « camps de la mort » ; au total, entre 300 000 et 500 000 personnes furent massacrées ou déportées sur une population de 3 millions d'habitants[46].

Parallèlement, des centaines de milliers de civils des villes et des campagnes, ouvriers en grève ou révoltés, paysans refusant les réquisitions ou fuyant la conscription forcée dans l'Armée rouge, prisonniers « blancs » ou déserteurs « rouges » furent assassinés.

Par ailleurs, les archives déjà disponibles montrent le degré d'intentionnalité qui a présidé à ces crimes. Les ordres émanaient du Bureau politique, voire de Lénine en personne qui fut le principal promoteur et protecteur des institutions chargées des exterminations : la Tcheka et l'Armée rouge. Le profil des responsables montre bien que ces crimes n'ont pas été le fait de quelques assassins isolés ou de bandes irresponsables, mais des principaux dirigeants du premier parti-Etat communiste. Il y a donc bien eu dès 1918 « intention de détruire en totalité ou en partie » des « groupes en tant que tels » – pour leur « appartenance de classe » ou leur caractère prétendument « contre-révolutionnaire ».

Les processus génocidaires sous Staline

Cette pensée génocidaire, qui avait connu sous Lénine un début de mise en œuvre, fut portée à son acmé par Staline qui, rappelons-le, avait été nommé secrétaire général du Parti bolchevique par Lénine en personne. Le génocide de classe a repris en 1929-1930 pour ne s'arrêter qu'avec la mort de Staline. Il est symbolisé par quatre événements majeurs : la collectivisation de l'agriculture et la famine ukrainienne, la Grande Terreur, la déportation et la liquidation des élites des nations annexées par l'URSS en 1939-1941, et les déportations des « peuples ennemis » en 1943-1944.

L'opération la plus spectaculaire et la plus originale a été la collectivisation forcée de la paysannerie à partir de 1929-1930, qui entraîna la déportation de millions de paysans qui refusaient de s'y soumettre et qui étaient stigmatisés comme « koulaks » ; les familles entières étaient déportées à des milliers de kilomètres de leur village, soit comme « colons spéciaux » dans des contrées inhospitalières où, la plupart du temps, rien n'avait été préparé pour leur accueil, ce qui entraînait une forte mortalité[47], soit au Goulag où ils étaient affectés au travail forcé – la coupe de bois dans la taïga, les mines d'or et de charbon, les gisements de pétrole. Ce système du Goulag a été minutieusement décrit par Alexandre Soljenitsyne et certains de ces camps sont restés célèbres pour leur caractère terriblement meurtrier, comme ceux de la Kolyma[48]. La collectivisation donna lieu à la fusillade de 30 000 « koulaks », à la déportation de 2 millions d'autres et à la répression sous diverses formes de 4 autres millions. Cette intense répression contraignit les paysans à se soumettre au système de servage d'Etat que constituait le kolkhoze.

Mais la paysannerie ukrainienne, attachée depuis longtemps à la propriété et à sa culture nationale, continuait de résister, y compris au sein des kolkhozes. Le pouvoir décida donc de la frapper à mort en réquisitionnant par la force toute la récolte de l'été 1932, ainsi que les produits du jardinage et de l'élevage. Devant le peu d'enthousiasme des communistes ukrainiens, Staline envoya ses lieutenants Molotov et Kaganovitch vérifier sur place la bonne application des ordres. Le 16 octobre 1932, le Politburo décida que les livraisons à l'Etat avaient priorité sur les besoins des kolkhozes. Des milliers de jeunes communistes fanatisés des komsomols et autres cadres furent armés et chargés des réquisitions. Parallèlement, Staline expulsait du parti communiste 450 000 membres jugés trop mous ; un tiers du parti ukrainien fut purgé[49]. Cette famine organisée provoqua en neuf mois, de l'automne 1932 au printemps 1933, la mort de faim de 4 à 5 millions de personnes, dont une part importante d'enfants. Elle était le point ultime de la destruction de la paysannerie comme classe sociale, inaugurée en 1929 sous le slogan central lancé par Staline en personne : « Liquider les koulaks en tant que classe » ; or, même pour un marxiste fanatique, les classes sont composées d'individus et dans l'URSS de Staline, chacun savait que « liquidation » signifiait « extermination ».

Ce génocide présente beaucoup de caractères originaux. Alors que les nazis étaient contraints, pour masquer leur crime, de transférer les Juifs d'Europe de l'Ouest et de l'Est dans des centres de mise à mort secrets, alors que les *Einsatzgruppen* massacrèrent les Juifs de l'URSS occupée à proximité de leurs lieux d'habitation, les victimes de la famine moururent de faim chez elles. Celles qui tentaient de sauver leur vie en gagnant la ville la plus proche soit y épuisaient leurs dernières forces et venaient mourir sur les trottoirs où la milice les ramassait chaque matin, soit étaient raflées par le NKVD qui nuitamment les ramenait dans la zone vouée à la famine et qui était bouclée par l'Armée rouge.

La deuxième originalité est le moyen utilisé pour l'extermination, d'une immense simplicité et d'une grande économie de moyens et de personnels : la faim. Il n'existe aucun autre exemple dans l'histoire contemporaine, et sans doute dans toute l'histoire mondiale, d'un massacre d'une telle ampleur, dans un laps de temps aussi court et avec des moyens aussi faibles. En outre, la faim est l'un des modes les plus cruels de mise à mort : elle tenaille pendant des semaines, voire des mois, et elle rend fou ; beaucoup de personnes ont ainsi été poussées au cannibalisme, le paroxysme étant atteint avec les cas, en nombre significatif, où les parents mangeaient l'un de leurs enfants. Cependant, la caractéristique la plus paradoxale a sans doute été que ces millions de morts d'une faim organisée soient des paysans, ceux-là même qui produisaient la nourriture.

Enfin, comme le génocide des Juifs, le génocide de l'élite de la paysannerie ukrainienne fut un secret presque parfaitement gardé. Les directives organisant la famine étaient ultra-secrètes, comme la plupart des décisions du Politburo, et le pouvoir prenait ses précautions ; un témoin cite son village où le NKVD contraignit sous peine de mort le responsable de l'état-civil à établir en une nuit de nouveaux registres où les causes réelles du décès – « mort de faim » – étaient maquillées en maladies, le registre authentique étant détruit par le feu sous les yeux de l'agent du NKVD, une fois l'opération terminée. Néanmoins, la nouvelle de la famine transpira en URSS et à l'étranger ; le pouvoir engagea alors une énorme campagne de propagande pour à la fois démentir toute famine et justifier la « liquidation » des contre-révolutionnaires à la campagne, tout en claironnant de mirifiques résultats agricoles, bien entendu imaginaires On vit même l'un des principaux hommes politiques français, Edouard Herriot, visiter l'Ukraine à l'été 1933 et publier en revenant un livre où il décrivait cette contrée comme « un jardin en plein rendement », démentant tout soupçon de famine ; les rapports du NKVD concernant l'organisation de cette visite diplomatique, aujourd'hui accessibles, nous montrent en détail comment les Soviétiques organisaient avec succès des voyages « à la Potemkine » destinés à masquer leurs crimes de masse[50].

La deuxième grande opération génocidaire organisée par Staline est connue sous le nom de Grande Terreur – tout comme est intitulée Grande Terreur la période paroxystique du règne de Robespierre au printemps 1794. A cet effet, il nomma à la tête du NKVD l'un de ses affidés les plus proches, Nikolaï Iejov[51], qui, en dehors de toute procédure judiciaire et dans des délais déterminés, fut chargé de « traiter » des populations d'« ennemis du peuple », selon des quotas fixés à l'avance pour chaque région, et des modalités ne comprenant que deux catégories : la 1re – fusiller ; la 2e – déporter.

Désormais, les ordres opérationnels du NKVD, directement inspirés par Staline, scandèrent les quatorze mois qui courent du 30 juillet 1937 au 1er novembre 1938[52]. Au total, du 1er octobre 1936 au 1er novembre 1938, 1 565 000 personnes furent arrêtées – 365 805 pour les « opérations nationales » et 767 397 en vertu de l'ordre n° 00447, dont 668 305 furent exécutées et 668 558 envoyées en camp de concentration. Encore ces chiffres sont-ils sous-estimés et le nombre d'exécutés se monte-t-il à plus de 700 000. S'y ajoutent l'arrestation de 44 000 membres du Parti communiste et de l'appareil d'Etat, ainsi que celle de dizaines de milliers de militaires – avec à la clef de nombreuses déportations et exécutions. C'est ainsi que Staline mit en œuvre la « solution finale » du problème des « éléments antisoviétiques »[53].

Cette Grande Terreur répondait à une réflexion rationnelle et avait trois objectifs principaux : assurer le pouvoir absolu du chef sur le parti et sur l'administration afin qu'il dispose d'un outil parfaitement discipliné ; assurer le pouvoir absolu du parti sur l'ensemble de la population afin d'imposer à celle-ci la politique définie par le chef et qui consiste en permanence à renforcer son pouvoir, celui du parti, celui de l'URSS en liquidant « les gens du passé » et en s'appuyant sur la nouvelle génération formée sur le modèle de « l'homme nouveau » ; se préparer à la guerre en liquidant des catégories de la population ou des élites définies selon des critères sociaux et/ou nationaux et considérés comme de potentielles cinquièmes colonnes.

La troisième vague génocidaire intervint avec la guerre. De septembre 1939 à juin 1941, le pouvoir soviétique déporta et/ou extermina les élites des nations conquises et annexées à l'URSS à la suite de l'alliance germano-soviétique. Dans la partie orientale de la Pologne, 30 000 prisonniers de guerre furent envoyés au Goulag et beaucoup d'autres incorporés de force dans l'Armée rouge comme « nouveaux citoyens soviétiques ». Le 2 mars 1940, Staline donne suite à un rapport de Khrouchtchev et Beria demandant la déportation de 22 000 à 25 000 familles de Polonais internés, soit plus de 60 000 femmes et enfants. Le 5 mars, le Politburo signa l'ordre de fusiller 25 700 Polonais internés, dont 14 587 officiers – parmi lesquels les

4 243 fusillés à Katyn. Parallèlement, le NKVD lança quatre grandes opérations de déportation visant en priorité les couches dirigeantes et leurs familles : 140 000 personnes le 10 février 1940, 61 000 personnes le 13 avril 1940, 75 000 personnes le 29 juillet 1940, et enfin plusieurs dizaines de milliers de prisonniers massacrés lors du repli soviétique après le 22 juin 1941. Au total 330 000 personnes dont un tiers d'enfants de moins de 14 ans. Au total, du 17 septembre 1939 au 22 juin 1941, plus de 440 000 victimes – assassinés et déportés – sur une population de 12 millions d'habitants[54].

Les Estoniens subirent un sort similaire à partir du 12 juin 1940, quand l'Estonie fut conquise et annexée à l'URSS : plus de 2 200 personnes fusillées – dont 800 officiers, la moitié du corps –, 12 500 soldats et plus de 10 000 civils déportés en URSS entre juin 1940 et juin 1941. Les mêmes méthodes furent employées quand l'Armée rouge réoccupa l'Estonie en 1944 : 75 000 personnes arrêtées dont plus de 25 000 fusillées ou mortes en camp, et 75 000 déportées au Goulag soviétique dont 6 000 tuées en chemin dans l'hiver 1944-1945. Une nouvelle vague de déportation de plus de 22 000 personnes intervint en mars 1949, tandis que plus de 2 000 résistants maquisards étaient tués au combat, 1 500 assassinés et 10 000 arrêtés entre 1944 et 1953. Au total, environ 175 000 Estoniens furent assassinés ou déportés, soit 17,5 % de la population, sans oublier les innombrables exilés[55].

Les Lituaniens, les Lettons et les Bessarabiens, occupés et annexés en juin 1940, subirent un sort analogue même si l'état des travaux historiques est encore assez peu avancé sur ces cas.

La quatrième grande opération génocidaire visa, à partir du 22 juin 1941 et alors que l'URSS était en guerre contre l'Allemagne, des populations intégrées à l'URSS avant le 17 septembre 1939. Furent d'abord concernés les Allemands de la Volga, implantés en Russie depuis le XVIIIe siècle : 446 000 déportés du 3 au 20 septembre 1941 – en pleine débâcle militaire soviétique – avec un total de 894 000 personnes au 25 décembre 1941 (soit 82 % du total de ces Allemands). Puis Staline s'attaqua à des population décrétées « peuples ennemis », en 1943-1944 : 93 000 Kalmouks déportés en quatre jours, du 27 au 30 décembre 1943 ; 521 000 Tchétchènes et Ingouches déportés en six jours, du 23 au 28 février 1944 ; 180 000 Tatars de Crimée déportés du 18 au 20 mai 1944 ; 41 000 Grecs, Bulgares et Arméniens de Crimée déportés les 27 et 28 juin 1944 ; enfin, 86 000 Turcs, Kurdes et Khemchines du Caucase du 15 au 25 novembre 1944[56].

Ces déportations présentent un caractère génocidaire incontestable, entre 40 et 50 % des déportés étant des enfants de moins de seize ans. Et elles se révélèrent extrêmement meurtrières, soit pendant le transport qui durait des semaines, soit à l'arrivée où aucun accueil n'avait été organisé, ou un accueil très sommaire ; ainsi, sur les 608 749 personnes déportées du Caucase, 146 892 étaient mortes au 1er octobre 1948 et seulement 28 120 étaient nées entre-temps. La plupart de ces décès semblent dus à l'incurie ; mais cette prétendue incurie participe du génocide : le gouvernement soviétique a mis lui-même ses propres populations dans une situation d'impossible survie ou de survie très difficile. Enfin, ces déportations participaient d'un plan d'ensemble et avaient été précédées par l'assassinat des élites traditionnelles, opéré lors de la collectivisation et de la Grande Terreur pour les populations soviétiques, ou après l'entrée de l'Armée rouge pour les peuples occupés de septembre 1939 à juin 1941.

Le fait que Staline ait déporté des peuples non Russes situés à la périphérie de l'URSS ajoute à la dimension

de classe du génocide une dimension ethnique/natio-
nale. Il s'est donc bien agi de « l'exécution d'un plan
concerté tendant à la destruction totale ou partielle d'un
groupe social, national ou ethnique » – définition du
génocide par le code pénal français –, encore souligné
par le fait que ces opérations distrayaient de l'effort de
guerre soviétique d'énormes moyens en homme et en
matériel – 2 760 wagons pour les Kalmouks ; 12 610
wagons et 119 000 hommes des troupes spéciales du
NKVD pour les Tchétchènes !

Au total, de septembre 1939 à mai 1945, ce sont
environ 2,5 millions de personnes que Staline fit déporter. Et, en effet, les archives désormais disponibles
démontrent le degré d'intentionnalité qui a présidé à
ces crimes. Chacun a en mémoire le fameux ordre du
5 mars 1940 signé des membres du Bureau politique et
ordonnant l'assassinat des officiers polonais. De nombreux documents démontrent le caractère volontaire,
prémédité et organisé de la grande famine ukrainienne
de 1932-1933. Et les ordres venaient des principaux
dirigeants du parti-Etat au pouvoir. Staline fut personnellement responsable de la Grande Terreur, trop souvent mise sur le compte du seul Iejov – d'où le terme de
Iejovshina – alors qu'en 1937-1938, le chef du NKVD fut
reçu 278 fois par Staline au Kremlin – en moyenne tous
les deux jours et demi ! –, à peine moins que Molotov,
le bras droit du tyran. Staline signa personnellement
383 listes concernant plus de 44 000 membres du Parti
communiste et de l'appareil d'Etat, dont 39 000 furent
exécutés et les autres déportés.

Et l'on retrouve, systématisées, les formes de mise en
œuvre génocidaire qui correspondent à la description de
Lemkin dès 1944, puis à la définition de la Convention
de 1948 :

• la désignation de groupes-cibles ;

- la stigmatisation de ces groupes – en particulier comme « koulaks », « espions », « trotskistes-zinoviévistes », « sionistes », cosmopolites », etc. ;
- leur ségrégation symbolique puis effective par la privation d'emploi, de logement, de ravitaillement, du droit aux études supérieures, etc. ;
- leur exclusion sociale – *lichentsy*, absence de livret pour les kolkhoziens les empêchant de quitter le kolkhoze sans autorisation, absence de *propuska* pour les citadins leur interdisant de séjourner dans telle ou telle ville ;
- leur spoliation/expropriation, par exemple pendant la collectivisation ;
- leur ségrégation spatiale – par expulsion de centaines de milliers de citoyens des grandes villes au début des années 1930 ;
- leur enfermement dans des prisons ; leur déportation au travail forcé au Goulag ;
- leur extermination directe.

La généralisation au système communiste mondial

L'idéologie exterminatrice et les méthodes génocidaires élaborées et appliquées en URSS furent exportées, à partir de 1944-1945, dans l'ensemble du « camp socialiste » établi par les Soviétiques en Europe centrale et orientale, même si ce fut avec une intensité moindre qu'en URSS. En Chine, dès avant la prise du pouvoir central en 1949, Mao ordonna l'extermination des « propriétaires fonciers » et des « bourgeois », ainsi que de nombreux adversaires politiques, y compris au sein du Parti communiste chinois[57].

Mais c'est dans le Cambodge de Pol Pot que le phénomène génocidaire fut le plus marqué[58]. Trente ans après les derniers grands massacres staliniens, les communistes cambodgiens, formés au sein des partis communistes français et vietnamien puis placés sous la tutelle maoïste, ont à leur tour pratiqué le génocide de classe. Celui-ci frappe par son ampleur – environ 2 millions de victimes sur 8 millions d'habitants –, par sa durée ramassée – de 1975 à 1979 –, et par sa soudaineté – il commença immédiatement après la prise du pouvoir par les Khmers rouges.

Le dispositif était très net : en haut, les membres de l'Angkar, « l'Organisation », car le parti communiste demeurait clandestin même après s'être emparé du pouvoir ; au milieu le « peuple ancien » qui vivait dans les zones de forêts déjà contrôlées par la guérilla de l'Angkar ; et en bas le « peuple nouveau », essentiellement citadin et concentré à Phnom Penh. Cette dernière catégorie a été la cible privilégiée du génocide dont Pol Pot a mis en œuvre simultanément les différents éléments, appliquant de manière radicale les principes de stigmatisation, de ségrégation sociale et spatiale, et de spoliation : le lendemain même de la prise de la capitale, il en fit expulser les 3 millions d'habitants et de réfugiés qui y séjournaient – une grande part du « peuple nouveau » –, sans se préoccuper d'assurer leur survie ; tous les moyens de production furent confisqués par le pouvoir communiste et chaque individu se vit interdire toute appropriation privative, à l'exception d'une gamelle et de ses habits ; même les enfants furent arrachés à leurs parents. La déportation du « peuple nouveau » présente de nombreuses similitudes avec les déportations soviétiques : même caractère massif des transferts de population, même stigmatisation des transférés, même incurie apparente à l'arrivée, même mortalité massive des plus faibles – enfants, vieillards, malades. De très nombreux Cambodgiens survivants, surtout originaires des villes, ont perdu toute leur famille – traditionnellement fort nombreuse – dans cette tragédie.

Pol Pot utilisa de la même manière l'arme de la faim, en particulier à l'encontre des urbains déplacés de force dans les campagnes, et avec des résultats tout aussi efficaces qu'en Ukraine : près de la moitié des victimes – environ 800 000 personnes – moururent de faim, soit un dixième de la population totale, alors que le pays produisait du riz en quantité. Les autres victimes furent assassinées par les moyens les plus simples : après avoir été très affaiblies par un affamement systématique, elles étaient emmenées à l'extérieur du village et tuées d'un coup de bêche ou de bâton derrière la tête.

En dépit de la dénégation des principaux chefs khmers rouges actuellement mis en procès, Douch, le chef du centre de mise à mort de Tuol Sleng à Phnom Penh, a témoigné de manière catégorique que les ordres venaient directement de Pol Pot et de ses affidés, conduisant à l'assassinat, après de terribles tortures, des 15 000 « contre-révolutionnaires » passés par ce centre et dont quasiment aucun n'a réchappé. C'est au Cambodge, entre 1975 et 1979, que le régime de Pol Pot porta la dimension génocidaire de l'idéologie léniniste à son acmé en exterminant environ le quart de la population totale, mais sans doute une bonne moitié du groupe-cible, le « peuple nouveau ».

Le génocide de classe : définition, comparaison

Le génocide renvoie à deux notions de référence : l'une est d'ordre juridique et correspond à la définition de la Convention édictée par l'ONU le 9 décembre 1948 ; l'autre est d'ordre historique : la tentative d'extermination des Juifs d'Europe, devenue l'événement de référence. Or aujourd'hui, en raison de l'avancement des travaux historiques sur les régimes communistes, qui fournissent une information documentée – tant dans les pays issus de l'ex-URSS, que dans les ex-« démocraties populaires », au Cambodge ou en Chine –, le doute n'est plus permis : les grands massacres de masse commis par les régimes communistes ont bien un caractère génocidaire.

La définition du génocide que donnait Lemkin dès 1944, et que la Convention de l'ONU est venue préciser, édicte :

> « Le génocide s'entend de l'un quelconque des actes ci-après, commis dans l'intention de détruire en tout ou en partie un groupe national, ethnique, racial ou religieux, comme tel :
>
> a. meurtres de membres du groupe ;
>
> b. atteinte grave à l'intégrité physique ou mentale de membres du groupe ;
>
> c. soumission intentionnelle du groupe à des conditions d'existence devant entraîner sa destruction physique totale ou partielle ;
>
> d. mesures visant à entraver les naissances au sein du groupe ;
>
> e. transfert forcé d'enfants du groupe à d'autres groupes. »

Si l'on s'en tient aux modalités décrites dans la Convention de 1948, tous les critères et le processus qui a mené à l'extermination des Juifs ont été pratiqués à des degrés divers par la plupart des régimes communistes. En outre, c'est bien « en tant que tels » que les groupes-cibles ont été visés – « koulaks », « gens du passé », Tchétchènes, « peuple nouveau », « propriétaires fonciers », etc. La preuve en est que femmes et enfants étaient également persécutés. Cependant, la définition des groupes-cibles ne correspond pas exactement aux critères retenus par la Convention : national, ethnique, racial ou religieux. C'est la raison pour laquelle il m'a semblé nécessaire de qualifier spécifiquement ce type de massacres de masse comme génocides « de classe ».

Cette dénomination « de classe » renvoie à une double acception. La première signifie qu'aux critères de la Convention s'ajoute le critère sociologique : des groupes sociaux sont visés en tant que tels. Mais la difficulté d'interprétation du génocide de classe tient à son apparente ambivalence puisqu'il visait à la fois des groupes sociaux *et* des groupes nationaux et/ou religieux. Or Lénine et Staline n'étaient ni racistes ni ultra-nationalistes. Staline n'a pas pourchassé tous les Polonais ou tous les Allemands, mais certains groupes de ces peuples. C'est donc un critère spécifique qui définit fondamentalement le génocide de classe : le critère idéologique, qui se légitime d'un marxisme radicalisé et qui définit « l'ennemi de classe », celui dont le pouvoir communiste suppose que, par son existence même, il s'oppose au pouvoir révolutionnaire. Or, l'idéologie marxiste-léniniste est une idéologie totalitaire qui repose sur le principe de l'incompatibilité absolue entre ami et ennemi. On assiste ainsi à la naturalisation de l'ennemi contre-révolutionnaire devenu l'ennemi absolu et donc voué à l'extermination.

Alors que dans l'idéologie nazie les races ou les nations visées sont définies, en apparence, selon des critères « objectifs » – avoir des grands-parents déclarés juifs, être polonais ou tzigane –, dans l'idéologie communiste le contre-révolutionnaire varie fortement selon la conjoncture. On peut même être au sommet du pouvoir communiste et le chef des bourreaux – comme Nicolaï Iejov – et devenir soudain, sur ordre du chef suprême, un « ennemi objectif ».

Si la famine ukrainienne, la Grande Terreur et les déportations des peuples non russes, ainsi que l'épisode khmer rouge me semblent sans conteste correspondre à la définition juridique du génocide de classe, qu'en est-il sur le plan historique, dans le cadre d'une comparaison avec le génocide des Juifs, qui suscite des interrogations, même si l'on évite d'entrer dans la querelle assez vaine sur la « singularité de la Shoah ».

Dans son livre *Le Malheur du siècle*, Alain Besançon a pointé les cinq étapes de la destruction des Juifs d'Europe : expropriation, concentration, opérations mobiles de tuerie, déportation, centres de mise à mort. Il commente : « En suivant le même canevas, on constate que la destruction communiste connaît les quatre premiers moyens, quoique avec des variantes qui tiennent à sa nature et à son projet. Elle a omis le cinquième. Elle en a ajouté deux autres dont le nazisme n'a pas eu besoin : l'exécution judiciaire et la famine[59]. »

Cette analyse appelle quelques précisions. L'expropriation, la concentration, la déportation et les opérations mobiles de tuerie ont été pratiquées par le régime bolchevique dès ses premières années et développées sous Staline. Par contre je ne suivrai pas Alain Besançon sur les centres de mise à mort et la famine. Les régimes communistes aussi ont connu des centres de mise à mort : la prison de Tuol Sleng à Pnomh Penh a vu entrer plus de 15 000 prisonniers, aucun n'en est sorti vivant ; la forêt de Katyn a été un centre de mise à mort, celles de Vinnitsa et de Kouropatki également. Et nous ne sommes qu'au début de la découverte de ces fosses communes gigantesques qui étaient le réceptacle de centres d'exécution. L'une d'entre elles, contenant environ 100 000 corps, a été découverte dans la partie de la Pologne occupée en septembre 1939 par l'URSS.

La différence principale tient à ce que ces tueries n'étaient pas « industrielles » – par le gaz et avec crémation des corps – mais « artisanales », par balle et inhumation. En outre, Staline et Pol Pot ont démontré qu'il n'y avait pas besoin de camps spécialisés pour exterminer des populations, y compris de plusieurs millions de personnes. Quant à la famine, des dizaines de milliers de Juifs sont morts de faim – et donc de froid et de maladie – dans les ghettos de l'Est, mort provoquée par une politique délibérée de restriction drastique des ressources alimentaires par les nazis.

Cependant, le génocide de classe soviétique présente deux différences de taille avec le génocide de race. Alors que le génocide des Juifs apparaît très homogène, précisément parce qu'il vise *les* Juifs, le génocide de classe semble ne pas avoir de substance tant ses victimes présentent un caractère disparate : quel rapport y a-t-il entre un Cosaque du Don, un bourgeois de Saint-Pétersbourg, un Tchétchène et un « koulak » ukrainien ? Or, pour les communistes, tous présentent le même caractère détestable : ce sont des « hommes du passé », du temps de la propriété privée, qui refusent ou sont incapables de devenir des « hommes nouveaux »[60], des « hommes socialistes » ; ils appartiennent à des classes et à des peuples « condamnés par l'Histoire ».

D'autre part, le génocide de classe a été moins « automatique » que celui de race. Le Juif étant défini par son état civil, il ne peut échapper au recensement et, à terme, à l'exécution. L'ennemi du peuple, lui, est défini à la fois par son groupe social d'origine ou d'appartenance, et par son attitude à l'égard du pouvoir révolutionnaire. Ainsi, les officiers ont été une cible constante des massacres bolcheviques entre 1917 et 1920 ; pourtant, fin 1921, de nombreux officiers tsaristes, à la fois conscients du sort qui les attendait et flattés par la puissance retrouvée d'une Russie même soviétisée, se sont engagés dans l'Armée rouge. On pourrait donc estimer qu'il n'y a pas eu réellement de génocide de classe des officiers. Or, lors de la purge massive de l'Armée rouge en 1937-1938, Staline fit arrêter et fusiller ou exclure de l'armée 35 000 officiers largement ex-tsaristes pour les remplacer par des jeunes n'ayant pas connu l'Ancien Régime. Le même processus eut lieu lors de la Grande Terreur avec tous les ci-devant, « koulaks » et « nationalistes » épargnés depuis 1918. Les mêmes catégories furent à nouveau « purgées » entre 1945 et 1953. Comme le soulignait Lemkin dans son texte sur le génocide ukrainien, les bolcheviks avaient mis en place un processus complexe qui s'est parfois déroulé sur une trentaine d'années.

Sans doute est-ce là une des raisons qui font hésiter à qualifier de génocide, même « de classe », une partie des crimes du régime soviétique de la période 1918-1953, au regard de l'image donnée par les nazis d'un génocide concentré sur quatre années, méthodiquement organisé et en partie industrialisé. Or cette image est inexacte : le processus d'extermination des Juifs était engagé dès l'arrivée des nazis au pouvoir, même si le passage du projet idéologique à sa mise en œuvre n'a été qu'embryonnaire avant juin 1941. A partir de cette date, l'extermination des Juifs d'URSS s'est inscrite dans le double cadre de la destruction du « judéo-bolchevisme » et de la colonisation des « territoires de l'Est ». Et ce n'est qu'en décembre 1941 que, inquiet du sort des armes allemandes après l'entrée en guerre des Etats-Unis, Hitler décida de brusquer les choses et d'exterminer l'ensemble des Juifs d'Europe : il voulait que, même en cas de défaite allemande, sa guerre contre les Juifs soit gagnée.

Le cas soviétique est différent car le rusé Staline, travaillant dans la durée, a été capable de mener des actions génocidaires bien plus brutales et concentrées dans le temps que les nazis, comme par exemple lors de la famine ukrainienne de 1932-1933 ou de la déportation de 520 000 Tchétchènes en cinq jours. Mais en même temps, il savait que, pour renforcer son régime, il ne pouvait se passer des groupes sociaux éduqués de l'Ancien Régime ; il n'hésita donc pas à les épargner provisoirement et à les utiliser, jusqu'au moment où, disposant d'une relève assurée par une jeune génération strictement soviétique, il pût se débarrasser des « gens du passé ». Le communisme nous donne donc conjointement l'exemple d'un génocide de classe court et intense comme au Cambodge, et d'un génocide de classe long, « rampant », mais ponctué de phases courtes et intenses comme en URSS.

Il est important de souligner que les principes et les méthodes d'extermination bolcheviques servirent de modèle aux nazis, comme le démontre un document récemment exhumé, le mémorandum que, le 25 mai 1940, alors que la défaite de la France était déjà acquise, Himmler adressa à Hitler et où il envisageait d'exiler les Juifs est-européens dans la colonie française de Madagascar. Estimant que l'immigration forcée constituerait la solution optimale, il commentait : « Aussi cruel et tragique que puisse être chaque cas individuel, cette méthode est encore la plus douce et la meilleure, si l'on rejette la méthode bolchevique d'extermination physique d'un peuple, parce qu'on est intimement convaincu qu'elle est non germanique et impossible[61]. »

Reste cependant un point de différenciation en apparence irréductible entre nazisme et communisme : le contenu des idéologies qui président au génocide. L'une est raciste et inégalitaire, alors que l'autre serait liée à la pensée égalitariste et universaliste issue de la Révolution française. Marc Lazar illustre cette position d'une citation de Primo Levi : « "Le Goulag existait avant Auschwitz" : cela est vrai, mais on ne peut oublier que ces deux enfers ne poursuivaient pas les mêmes buts. Le premier était un massacre entre égaux : il ne se fondait pas sur une prééminence raciale, il ne divisait pas l'humanité en sur-hommes et en sous-hommes[62]. » Mais comment croire que Staline considérait comme ses égaux les 700 000 personnes qu'il envoya à la mort en 1937-1938, ou les millions de paysans ukrainiens condamnés à mourir de faim en 1932-1933 ? Pour lui,

ces hommes ne méritaient pas de vivre. Certes, il n'utilisait pas le terme de « sous-homme », mais il en utilisait
d'autres dont la signification ne doit pas tromper :
« bourgeois », « koulaks », « ennemis du peuple »,
« contre-révolutionnaires », « trotskistes-zinoviévistes »,
etc. Ce que Pierre Hassner appelle « l'ennemi total[63] »
demeure la figure centrale du génocide. Chez les nazis
et les communistes, il y eut un même projet d'extermination exprimé dans des discours désignant « l'ennemi
total », de classe ou de race, une même planification, le
même appareil bureaucratique exterminateur, le même
crime de bureau, le même secret, le même camouflage,
la même euphémisation.

Enfin, il y a eu le même ressort rationnel. Dans son
livre *Auschwitz expliqué à ma fille*, Annette Wieviorka
écrit : « Il reste un noyau proprement incompréhensible
donc inexplicable : pourquoi les nazis ont-ils voulu supprimer les Juifs de la planète[64] ? » On pourrait dupliquer la question : pourquoi les communistes ont-ils
voulu supprimer de la planète les bourgeois, les « gens
du passé » ? Et ce fait ne serait pas plus incompréhensible et inexplicable que pour les Juifs. Ce refus de comprendre cache une gêne face à l'explication centrale de
ces génocides : la passion idéologique révolutionnaire et
totalitaire qui autorise et justifie le passage à l'acte.

Au regard des principes de la morale judéo-
chrétienne et de la démocratie qui gouvernent notre
civilisation européenne, cet acte n'est évidemment pas
raisonnable, mais il est rationnel dans la mesure où
l'acteur historique – Lénine, Staline ou Hitler – met en
adéquation son action avec un projet qui répond à une
conception du monde et vise à réaliser une utopie – la
société sans classe, la race pure. Le processus a été
inauguré par Lénine et développé par Staline : quand
on croit au sens de l'Histoire, à la supériorité historique
du prolétariat sur la bourgeoisie, du communisme sur le

capitalisme, du collectivisme sur la propriété individuelle, du parti sur la société, il est rationnel d'exterminer une bourgeoisie qui tient à sa liberté de production
et d'échange, ou une paysannerie aspirant à la propriété, ou tout déviationniste qui n'obéit pas aveuglé-
ment. Il est tout aussi rationnel d'exterminer les
« hommes du passé » et les « peuples du passé » dont la
mentalité est polluée par les valeurs traditionnelles ou
bourgeoises, pour les remplacer par « l'Homme nouveau » formé sur le modèle communiste. Et quand on
croit à la supériorité de la race aryenne incarnée par les
Allemands, il est rationnel de vouloir exterminer la race
juive dont la prétendue impureté est supposée menacer
de mort la race aryenne.

L'idéologie scientiste, propre à la fin du XIXe siècle,
s'est donné libre cours dans un darwinisme racial ou
dans un darwinisme social, mais un darwinisme dévoyé
où le hasard de l'évolution est remplacé par la nécessité
de l'épuration. Le scientisme est une doctrine qui pos-
tule la transparence totale du réel, la possibilité de
connaître le monde de façon exhaustive, et donc de le
transformer selon la volonté de « ceux qui savent[65] ».
Ces scientistes ont réduit la théorie évolutionniste de
Darwin à une doctrine où la lutte pour la survie – de la
race ou de la classe – est la vérité de toute vie et commande l'extermination de ceux qui sont supposés faire
obstacle à cette survie. Appliquée au domaine politique
et sociétal, elle renvoie à la vieille conception antidémo-
cratique, commandée par le couple irréductible ami/
ennemi, réactivée par le juriste un temps nazi Carl
Schmitt, et que l'on trouve déjà dans la conception
marxiste-léniniste de la lutte des classes. Les nazis ont
réactivé dans un sens totalitaire un antisémitisme
ancien et endémique dans la chrétienté européenne ; les
communistes ont réactivé dans un sens totalitaire la

lutte ancestrale des « petits » contre les « gros » et des prolétaires contre les possédants.

La question de la comparaison entre génocide de race et génocide de classe est immense et commence à peine à être abordée. Englobant l'histoire des deux derniers siècles, elle est pour l'instant déséquilibrée dans la mesure où les études sur la criminalité communiste pâtissent de leur jeunesse et d'un manque certain de documentation. Elle renvoie pourtant d'ores et déjà aux difficiles et inévitables questions du jugement des bourreaux, de la mémoire des victimes et de la cicatrisation de plaies béantes sans laquelle la réunification de l'Europe, « de l'Atlantique à l'Oural » comme l'envisageait le général de Gaulle, ne sera qu'un vain mot.

QUATRIÈME PARTIE

HISTOIRE ET MÉMOIRE DU COMMUNISME

CHAPITRE XX

Histoire du communisme :
la révolution documentaire

Pour les historiens du communisme, l'effondrement de l'URSS et du système communiste mondial a eu pour conséquence majeure l'ouverture, plus ou moins prononcée, des archives internes des partis communistes, qu'ils se soient emparé du pouvoir ou pas – comme le Parti communiste français. C'est ce processus inédit que j'avais nommé, dès 1993, la « révolution documentaire » et que j'explicitai lors d'un colloque organisé à Paris le 14 mai 2003 par la Société des amis des Archives de France et la Fondation Singer-Polignac[1].

Les archives, sous quelque forme qu'elles se présentent – manuscrites, imprimées, enregistrées, iconographiques, photographiques, etc. –, sont le pain nourricier de l'historien. Et j'ai encore dans l'oreille la remarque de Jean Maitron à qui, voilà trente ans, je venais présenter un sujet de thèse sur le Parti communiste français et qui, de manière à la fois amicale et abrupte, me répondit : « Vous avez des archives ? », en sachant parfaitement que je n'en avais pas.

Et en effet, ce fut pendant près de soixante ans le sort de tous ceux qui s'intéressaient à l'étude du communisme, qu'il s'agisse de « notre » communisme français, ou du communisme ouest-européen, et plus encore des partis communistes qui s'étaient emparés du pouvoir, à commencer par le parti-grand frère et matrice de ce qu'Annie Kriegel a nommé « le système communiste mondial », le Parti bolchevique.

A l'initiative de Lénine, puis sous la férule de Staline, ce système a toujours fonctionné, dès avant sa prise de pouvoir en novembre 1917, selon une culture du secret, de la clandestinité, de ce que les Russes appellent la *Konspiratzia*, la conspiration. C'est donc en toute logique que les bolcheviks ont œuvré pendant des décennies dans l'opacité et le secret le plus absolu, ne laissant voir de leurs véritables pensées et de leur fonctionnement réel que ce qu'ils voulaient bien en laisser voir, c'est-à-dire une face claire, lumineuse, quasi transparente, servie par une propagande sans égale, tant par la puissance mondiale de son dispositif que par le savoir-faire de ses responsables.

Ainsi, pendant des décennies, les historiens du communisme n'ont pu disposer que de très peu d'archives. Les archives d'Etat, bien sûr, mais seulement là où l'Etat n'était pas aux mains des communistes, et dans les pays démocratiques où les chercheurs sont autorisés à consulter ces archives. Encore cet accès était-il singulièrement réduit par les règles qui ont longtemps régenté l'accès aux fonds du ministère de l'Intérieur et de la Préfecture de police de Paris, ou à certains fonds des cabinets des préfets en province. Pour le reste, l'historien du communisme français devait se contenter des sources imprimées, à commencer par la littérature communiste – journaux, revues, ouvrages des éditions communistes – dont on sait que le rapport à la vérité historique et à la neutralité idéologique et politique n'est pas la qualité première. Pour le reste encore, il fallait se reposer sur les témoignages – publics ou privés – de ceux qui avaient quitté le Parti communiste, de leur plein gré ou contraints et forcés, et qui avaient l'audace de contrarier cette puissante force politique.

Bien sûr, le chercheur voit parfois la chance lui sourire et Annie Kriegel, cette pionnière des études sur le communisme français qui a soutenu en 1964 la première thèse sur le sujet, racontait avec délice qu'ayant demandé à la Préfecture de police le dossier de Lev Davidovitch Bronstein, elle avait pu le consulter pendant toute une journée avant que l'on s'aperçoive que ce Lev… n'était autre qu'un certain Léon Trotski, en exil à Paris pendant la guerre de 1914, et qu'on lui retire illico ce dossier très délicat.

Ayant soutenu en 1978 ma thèse sur le PCF pendant la Deuxième Guerre mondiale, j'avais pu toucher du doigt cette absence dramatique de documentation de première main – encore aggravée par les impératifs de la clandestinité dans laquelle le PCF a fonctionné entre octobre 1939 et août 1944 – et je n'avais pu m'appuyer pratiquement que sur les sources imprimées et les témoignages – que l'historien doit toujours prendre avec la plus grande prudence.

Ce n'est qu'en 1983 qu'eut lieu à l'Ecole normale supérieure le premier colloque universitaire sur le PCF des années 1938-1941, à l'occasion duquel les archives des préfets commencèrent à être systématiquement utilisées. Devant cette poussée historienne, le PCF fut d'ailleurs contraint de publier à son tour un certain nombre de documents destinés à illustrer la version officielle qu'il colportait de son histoire de la guerre, et dont les historiens non communistes purent faire leur miel… mais pas forcément dans l'interprétation voulue par le PCF.

Pour ceux qui travaillaient sur le communisme au pouvoir, la tâche était encore plus ardue : secret absolu, désinformation généralisée et intimidation allant jusqu'à l'homicide pour ceux qui, ayant réussi à fuir le système, en savaient trop. On ne citera que les cas d'Ignaz Reiss, membre de l'appareil international du Komintern, opposant à Staline, assassiné en Suisse en 1937[2], ou encore celui de Georgui Markov, cet intellectuel bulgare, victime à Londres, le 7 septembre 1978, du « coup du parapluie bulgare » – un parapluie trafiqué permettant d'inoculer sous la peau de la victime une minuscule boule remplie de poison et qui entraîna la mort en quelques jours. Et dans un registre moins dramatique mais non moins sinistre, on se souvient des violentes campagnes menées par le PCF et tout le camp communiste contre le livre de Victor Kravchenko, *J'ai choisi la liberté*, en 1949[3], puis contre David Rousset, ce résistant déporté par les nazis qui dénonçait le système concentrationnaire soviétique.

Dans ces conditions, on vit émerger une nouvelle discipline « historique » : la soviétologie, ou encore kremlinologie, destinée à décrypter non pas les oracles du ciel, mais les signes imperceptibles qui, à travers la presse soviétique en particulier, étaient censés révéler un changement de la ligne politique ou une modification de l'organigramme des directions communistes. Si elle n'était pas une science exacte, cette soviétologie, quand elle était pratiquée à bon escient, fit des merveilles. On relit ainsi avec étonnement la revue *Est et Ouest*[4], créée dans les années 1950 par Boris Souvarine et animée par une équipe à laquelle appartenait le spécialiste Branko Lazitch qui publia le premier dictionnaire biographique de l'Internationale communiste[5] ; on est en effet surpris par la qualité remarquable de l'information et des conclusions. Car chez les meilleurs esprits, l'absence de sources documentées internes a aiguisé les qualités d'observation et d'analyse.

Néanmoins des pans entiers de l'histoire politique et sociale de l'URSS restaient inaccessibles à un travail historique incontestable et incontesté. On ne savait rien de précis sur le pouvoir soviétique des années 1920 aux années 1950, sur la grande famine ukrainienne de 1932-1933, sur le Goulag ou la Grande Terreur de 1937-1938, pour lesquels les chiffres des victimes, même établis en toute bonne foi, étaient souvent fantaisistes comme la suite l'a montré. Rien non plus sur le massacre de milliers d'officiers polonais prisonniers de guerre des Soviétiques, assassinés en particulier à Katyn, et dont, au milieu des années 1980, certains ouvrages attribuaient encore la responsabilité aux nazis. Rien de très précis non plus sur les logiques à l'œuvre, sur les modes de prises de décision. L'histoire interne de l'Internationale communiste, cette organisation mondiale qui à partir de 1919 et jusqu'en 1943 présida à la naissance et à la direction de l'ensemble des partis communistes dans le monde sous la tutelle soviétique, était quasiment *terra incognita* des historiens. Sans parler de la Chine de Mao, du Cambodge de Pol Pot ou de la Corée du Nord de Kim Il Sung où toute tentative d'investigation sérieuse semblait vouée à l'échec.

Cette impossibilité d'accès direct à la réalité du phénomène étudié et la non-disponibilité de sa documentation interne étaient telles qu'elles pesaient à leur tour sur l'orientation même des recherches. Devant leur incapacité à percer le mystère de l'histoire politique du communisme, nombre de chercheurs se repliaient sur des dimensions apparemment plus aisées à saisir, par exemple la dimension sociale, ce qui contribua à l'émergence de l'école révisionniste américaine qui, délaissant les questions du pouvoir et de la terreur, privilégia une approche socio-historique et se fourvoya dans une impasse dont elle a aujourd'hui bien du mal à sortir.

J'ai personnellement expérimenté la chose : ayant en 1983, avec Annie Kriegel, conclu un contrat pour la publication de la biographie d'un certain Eugen Fried – représentant du Komintern auprès du PCF dans les

années 1930 –, nous avons dû, après des années de travail et de recherches, abandonner le projet tant cet
homme nous apparaissait de plus en plus comme un
fantôme historique, invisible et insaisissable. Et j'avais
depuis plusieurs années déjà réorienté mes recherches
vers la généalogie française du PCF quand intervint le
miracle. Car même les non-croyants devront admettre
qu'il existe un Dieu des historiens qui opère des
miracles : en août 1991, un putsch raté à Moscou
entraîna en quelques semaines l'effondrement du système soviétique et découvrit aux historiens stupéfaits
l'existence d'un immense archipel archivistique à explo-
rer en quasi-totalité.

Il est probable que ce type d'événement n'arrive
qu'une fois dans la vie d'un historien – et encore, s'il
arrive. Imaginez notre ahurissement quand nous
apprîmes, à l'automne 1991, que les archives s'ouvraient
à Moscou. Ce dont nous n'avions pas osé rêver se réali-
sait. Une véritable caverne d'Ali Baba historique était à
portée de main alors que quelques semaines plus tôt
nous ignorions encore jusqu'à l'existence de la caverne !
Et la stupéfaction se transforma en extase lorsque nous
pénétrâmes dans la caverne, en septembre 1992. Les
archives soviétiques étaient gigantesques : le système
étant, selon l'expression de Nicolas Werth, une « civilisation du rapport », des dizaines de millions de rapports
dormaient dans des centres d'archives spécialisés
concernant le Parti communiste d'Union soviétique, les
Affaires étrangères de l'URSS, l'Armée rouge, le KGB et
l'Internationale communiste.

Certes, tout n'était pas ouvert, et même beaucoup de
fonds étaient strictement fermés. En outre, nous étions
souvent confrontés à des chefs de service qui avaient
été dressés à la préservation du secret et à la non-com-
munication des documents. Néanmoins nous profitâmes
pendant trois ans d'une situation étonnante : alors que

le pouvoir soviétique avait constitué d'énormes archives, il n'existait pas en URSS de loi sur les archives, celles-ci étant placées directement sous le contrôle du Bureau politique. Ce *no man's land* juridique dura deux ans, jusqu'à ce que le nouvel Etat russe instaure une législation qui lui facilita, par la suite, les restrictions d'accès aux dossiers.

En ce qui concerne les chercheurs sur le PCF, ils eurent la chance d'avoir à travailler dans les fonds de l'Internationale communiste, situés dans les locaux de l'ex-Institut du marxisme-léninisme. Son directeur, Cyrill Anderson, historien spécialiste de l'Angleterre au XVIIIe siècle et pratiquant bien le français, nous a grandement facilité de travail, d'autant que ces fonds étaient parmi les plus ouverts de l'ensemble archivistique ex-soviétique.

Ces archives sont les documents de travail du Komintern de 1919 à sa dissolution en 1943. Ils sont considérables – des dizaines de milliers de dossiers – et remarquablement conservés. Le chercheur bénéficie surtout de catalogues exceptionnels où chaque dossier est décrit en détail ; il est vrai que depuis 1943, la bureaucratie soviétique ne manquait pas de personnel pour s'en occuper, mais cela n'enlève rien à la qualité du travail archivistique et des archivistes avec lesquels nous avons travaillé et qui ont une connaissance exceptionnelle des fonds dont ils ont la charge.

La simple lecture des catalogues permet d'avoir une vue assez précise de chaque fonds et après un séjour de seulement deux semaines, je me rendis compte que nous étions confrontés à une véritable révolution documentaire[6]. Rien que pour le PCF, nous accédions à deux types de documentation. D'une part les fonds propres du PCF des années 1920 aux années 1940, qui comportaient des milliers de dossiers, dont plusieurs milliers de dossiers personnels des responsables communistes français ; en effet, depuis le IIe Congrès de l'Internationale communiste en 1920, ses statuts faisaient obligation à chaque section nationale, dont le PCF, de déposer à Moscou ses archives centrales, ce qui avait été suivi scrupuleusement. A cela s'ajoutaient les fonds du Komintern concernant le PCF qui, là encore, impliquaient le dépouillement de dizaines de fonds contenant chacun des centaines de dossiers, à commencer par ceux des chefs – Manouilski, Piatnitski, Dimitrov, aujourd'hui en partie refermés –, puis ceux du Bureau latin dont dépendait le PCF, de l'Internationale communiste de la jeunesse, de l'Internationale syndicale rouge, etc., sans oublier le fonds des télégrammes radios échangés entre le PCF et le Komintern de 1934 à 1944.

Nous allions être obligés de revisiter tous les épisodes de l'histoire du communisme français à la lumière de cette documentation énorme, complète et inédite. Et pour la première fois, nous allions pouvoir disposer de l'avantage de la preuve, et même des preuves, car chaque document n'est pas isolé mais inséré dans un ensemble d'autres archives qui se répondent et constituent un faisceau de connaissances de plus en plus probant. Certes, les archives n'ont jamais, par elles-mêmes, établi le récit historique qui est le travail propre de l'historien. Il est précisément là pour vérifier l'authenticité des documents, réunir un maximum d'entre eux, les mettre en relation et tirer les conclusions qui s'imposent en fonction d'hypothèses préalables. Néanmoins, le document conserve cette fonction indispensable de preuve et de vérification. Or, pendant des décennies, les historiens du communisme qui n'acceptaient pas l'« historiquement correct » des communistes et avaient établi une histoire du communisme qui au bout du compte s'est révélée largement exacte dans ses grandes lignes, butaient en permanence sur la charge de la preuve documentaire de ce qu'ils avançaient. Et les communistes ne se privaient pas de leur faire remarquer. Depuis 1991-1992, ce verrou a disparu et devant l'avalanche de documents qui, chaque jour, sortent des archives ex-soviétiques, mais aussi des pays d'Europe de l'Est et même de Chine ou du Cambodge, on a une vision d'ensemble et de détail de plus en plus précise de ce que fut réellement ce système communiste mondial. Pour ne s'en tenir qu'au PCF, la révolution documentaire est considérable. Nous en prendrons quelques exemples.

Pour ce qui est du détail, la polémique a fait rage pendant des décennies à propos de l'initiative prise par des communistes parisiens, en juin 1940, de contacter les services de la PropagandaStaffel afin d'obtenir la reparution légale de la presse communiste interdite par le gouvernement d'Edouard Daladier à la suite des pactes germano-soviétiques d'août et septembre 1939, dont le PCF était solidaire. A peine arrivé à Moscou en septembre 1992, je découvris sur ce thème un ensemble de documents dans différents dossiers – plus de 80 pièces – qui montraient qu'en réalité c'est la direction du parti clandestin, en la personne de Jacques Duclos et du chef du service des cadres Maurice Tréand, qui avait engagé dès le 18 juin 1940 une négociation, y compris avec Otto Abetz, le représentant personnel de Hitler dans Paris occupé, afin d'obtenir la reparution légale de la presse communiste. Duclos adressa plusieurs rapports circonstanciés à Moscou qui ne donna l'ordre de mettre fin à l'opération qu'à la mi-août. J'ai également retrouvé plusieurs numéros de *L'Humanité* clandestine de l'été 1940 qui – effet du hasard ? – avaient disparu de la collection « complète » en fac similé publiée par le PCF dans les années 1970. L'enjeu historique d'un tel événement est évidemment non négligeable quand il s'agit d'évaluer l'attitude résistante ou non du PCF au début de l'occupation. Ayant publié un long article tiré de cet ensemble documentaire, j'ai pu ainsi clore une polémique vieille de cinquante ans[7].

En ce qui concerne le PCF, on pourrait multiplier les exemples de tous ces événements revisités grâce à l'ouverture des archives du Komintern, qu'il s'agisse des années 1930 dans les travaux d'Yves Santamaria[8], de la période de la Libération dans ceux de Philippe Buton[9] ou de la CGTU et des Jeunesses communistes dans les recherches de Sylvain Boulouque[10].

Mais, concernant l'histoire générale du PCF, le cas le plus étonnant est sans doute celui d'Eugen Fried. J'ai évoqué plus haut le lamentable échec qu'avec Annie Kriegel nous avions essuyé concernant la biographie de ce kominternien. A peine entré dans les archives du Komintern, je cherchai la trace de Fried et n'eus guère de peine à la trouver : cette figure jusque-là invisible apparaissait partout dès que l'on touchait à l'histoire du PCF entre 1931 et 1943. Nous nous remîmes donc au travail d'arrache-pied et en 1997 j'eus à la fois le plaisir et la douleur – Annie Kriegel était décédée à l'été 1995 – de faire publier la biographie de celui qui avait été le véritable patron du PCF dans ces années 1930[11]. Du coup c'est toute la version officielle de l'histoire communiste – souvent reprise par des auteurs de bonne foi – qui était remise en cause. On a ainsi appris que c'est Fried qui, à l'été 1931, a sélectionné et nommé la nouvelle direction du PCF qui allait devenir sa direction historique durant une quarantaine d'années – Thorez, Duclos, Frachon ; c'est lui qui, en 1932, fit créer le service des cadres chargé de la sélection et du contrôle de tous les membres de l'appareil, qui en 1934 fit appliquer la nouvelle politique de Front populaire voulue par Moscou, et qui en mai 1936 transmit à Thorez l'ordre du Komintern de ne pas participer au gouvernement de Léon Blum. Et c'est encore lui qui, en contact direct par radio avec Moscou, supervisa le PCF entre 1939 et 1943, date de son assassinat par la police allemande à Bruxelles. C'est donc toute la version officielle d'un PCF indépendant de Moscou, animé par la défense des intérêts ouvriers et nationaux et mené par un leader clairvoyant, Maurice Thorez, qui est remise en cause ; le PCF apparaît dès lors pour ce qu'il a été et que nommait bien son nom officiel jusqu'en 1943 : la Section française de l'Internationale communiste (SFIC), dont l'appareil central était étroitement contrôlé dans tous les domaines par le Komintern et les Soviétiques, en avait intériorisé les valeurs, a soutenu jusqu'à la fin l'un des principaux systèmes totalitaires du XXe siècle, et en a même introduit les ferments dans notre pays.

Et, en effet, en ce qui concerne le système soviétique, l'ouverture de ces archives amena bien évidemment à avoir une vision beaucoup plus nette de sa dimension répressive et criminelle et du pouvoir réel conquis par Staline. Ainsi, dès 1994, Nicolas Werth et Gaël Moullec publièrent un énorme volume, *Les Rapports secrets soviétiques*[12], où ils présentaient de très nombreux documents tirés des archives de la police politique, rapportant sans fard la résistance acharnée de la population contre l'emprise du régime. En 1996, Oleg Khlevniouk publiait en français une étude très détaillée sur la prise du pouvoir par Staline et son mode de fonctionnement[13]. Et sans cette révolution documentaire, Nicolas Werth n'aurait pas pu écrire la première partie du *Livre noir du communisme*[14], sans doute la plus aboutie de cet ouvrage qui a eu un retentissement mondial.

Plus récemment est parue en anglais une remarquable biographie, bourrée d'archives inédites, de Nicolaï Iejov, le responsable de la *Iejovshina*, la Grande Terreur, qui, sur les ordres de Staline, frappa l'URSS et le mouvement communiste en 1937-1938 et entraîna l'assassinat de plus de 700 000 personnes[15]. On connaît maintenant avec beaucoup plus de précision la logique

qui présida à cette immense tuerie et le détail des différentes « grandes opérations terroristes secrètes[16] » qui
ont été en son cœur. Et l'association indépendante russe
Memorial, en s'appuyant sur les archives, fait un
énorme travail d'établissement des listes des victimes
et... des bourreaux.

L'un des effets les plus stupéfiants de la révolution
documentaire concerne le massacre de Katyn, évoqué
en introduction. En effet, lors de la passation de pouvoir
entre Mikhaïl Gorbatchev et Boris Eltsine, en décembre
1991, le premier transmit à son successeur un document ultra-secret en le mettant en garde contre les
conséquences internationales que pourrait avoir sa
divulgation. Il s'agissait d'une seule feuille de papier :
l'original de la décision du Bureau politique, datée du
5 mars 1940 et signée de tous ses membres, ordonnant
au NKVD de fusiller sans jugement 25 700 responsables
polonais, dont les 4 421 officiers du bois de Katyn. Sans
cet original, le doute aurait plané éternellement sur
l'identité des assassins de ces prisonniers de guerre, en
principe protégés par les lois de la guerre, et qui, surtout, en tant qu'officiers de réserve, appartenaient à
l'élite de la nation polonaise – ingénieurs, médecins,
avocats, etc. –, et qu'à ce titre Staline considéra comme
un noyau de résistance potentiel à la disparition de la
Pologne et décida d'exterminer dans ce qu'il faut bien
nommer un génocide de classe.

Un ouvrage récent de Victor Zaslavski, qui comprend
nombre de documents inédits, nous apprend en outre
que Nikita Khrouchtchev était mêlé à l'affaire à un
double titre[17]. D'une part, début mars 1940, avant
même l'ordre du Bureau politique, il décida, en tant que
Premier Secrétaire du Parti communiste d'Ukraine – à
laquelle avait été rattachée la Pologne orientale
conquise par Staline en 1939 –, de déporter les familles
des officiers qui allaient être fusillés, soit plus de

65 000 personnes, essentiellement des femmes et des enfants. D'autre part, dix-neuf ans plus tard, jour pour jour, il approuva la proposition du chef du KGB, Chelepine, du 3 mars 1959, de détruire les fiches personnelles des 21 857 Polonais fusillés ; avec un extraordinaire cynisme, Chelepine expliquait : « [...] un cas imprévisible peut mener à la révélation de l'opération réalisée, avec toutes les conséquences désagréables pour notre Etat. D'autant plus qu'en ce qui concerne les exécutions dans le bois de Katyn, il existe une version officielle, confirmée par une enquête menée par [une commission soviétique d'après laquelle] tous les Polonais liquidés sont considérés comme éliminés par l'occupant allemand. Les données de l'enquête ont eu à l'époque une large diffusion dans la presse soviétique et étrangère. Les conclusions de la commission se sont profondément enracinées dans l'opinion publique internationale ». On comprend que Khrouchtchev ait été muet sur ces massacres lors de son fameux « Rapport secret » au XXᵉ congrès du PCUS, où il dénonça un certain nombre de crimes de Staline[18].

On l'aura compris, l'ouverture des archives du communisme a fait entrer le travail d'histoire, sur ce phénomène central du XXᵉ siècle, dans une phase décisive, celle du terrain solide des documents de première main. Le PCF a lui-même décidé d'ouvrir ses fonds depuis quelques années, et les archives personnelles de Maurice Thorez ont été déposées par sa famille aux Archives nationales de France, après qu'on eut longtemps craint qu'elles ne disparaissent. D'autres fonds, comme le Fonds Charles Tillon, sont déposés aux archives de la Fondation nationale des Sciences politiques. Dans toute l'Europe de l'Est, cette même ouverture est engagée, et même en Chine populaire où un photographe officiel du régime, qui avait réussi à cacher plus de 3 000 photos des événements de la Révolution culturelle, a pu les faire sortir et en publier une partie[19]. C'est donc un immense champ documentaire qui s'offre aux investigations des chercheurs et dont l'exploration scientifique exigera sans doute plusieurs décennies.

Il y a tout de même une morale dans cette histoire : le régime qui a pendant si longtemps pratiqué le secret le plus absolu sur son fonctionnement, tout en exigeant d'être en permanence informé de tout ce que faisaient et pensaient ses sujets, s'est soudain effondré, laissant se répandre au vu et au su de tous ses innombrables crimes et turpitudes. L'historien finit toujours par rattraper ses clients et la mise au jour des archives est son outil le plus précieux.

le « Rapport secret » de Khrouchtchev : la fracture du système communiste

Le 16 mars 1956, le New York Times *révélait au monde stupéfait que, lors du XXe congrès du Parti communiste d'Union soviétique de février 1956, le Premier Secrétaire, Nikita Khrouchtchev, avait prononcé un « rapport secret » qui mettait ouvertement en cause Staline, son culte et ses crimes. Et le 4 juin, le Département d'Etat américain publiait l'intégralité de ce rapport. Cette révélation provoqua une véritable onde de choc dans le monde communiste, au point que, durant deux décennies, les communistes français ne l'évoqueront que comme « le rapport attribué au camarade Khrouchtchev ». On a longtemps cru que ce rapport était une initiative personnelle de Khrouchtchev à qui un gros bon sens paysan aurait soudain rendu courage et moralité. Or, la révolution documentaire consécutive à l'effondrement de l'URSS montre qu'au contraire l'affaire du « Rapport secret » était le fruit d'une décision collective du Bureau politique et visait une double opération d'autoamnistie et d'amnésie collective obligatoire[1].*

Entre la mort de Staline, le 5 mars 1953 et le développement incontrôlé, à partir de 1989, de la perestroïka et de la glasnost mises en œuvre par Mikhaïl

Gorbatchev – qui mena à la chute du mur de Berlin puis à l'implosion de l'URSS, matrice et moteur du système communiste mondial –, l'événement décisif dans le monde communiste a, sans aucun doute, été le « Rapport secret » prononcé par Nikita Khrouchtchev devant le XXe congrès du Parti communiste d'Union soviétique, le 25 février 1956.

De manière involontaire, ce rapport porta un coup décisif au système communiste inauguré en 1917-1918 par Lénine et systématisé par Staline à partir de 1928. Il s'attaqua en effet à deux des principes fondamentaux de ce type de pouvoir : par la critique violente de la figure du leader charismatique – Staline – et par la mise en cause de la dimension doctrinale – comment un mouvement aussi « scientifique », infaillible, que le marxisme-léninisme avait-il pu se tromper à ce point ? – et de la dimension de religion politique – comment la foi dans la dimension progressiste et « humaniste » du communisme avait-elle pu mener à de tels crimes ?

Même si le système perdura pendant encore trente-cinq ans, après le 25 février 1956 plus rien ne fut comme avant. Certes, le régime totalitaire était toujours en place, avec les mêmes institutions et les mêmes hommes. Mais, tandis que le communisme asiatique – chinois, nord-coréens, vietnamien et cambodgien – se raidissait dans un totalitarisme de haute intensité conforme au stalinisme le plus strict, le communisme soviétique et est-européen était contraint de se replier sur un totalitarisme de basse intensité qui, s'il conservait le principe des trois monopoles – du parti unique, des idées, et de la production et la distributions des biens matériels –, devait limiter très fortement les recours à la terreur de masse et à la religion laïque – rituel de plus en plus vide de sens.

Le « Rapport secret », qui ébranla l'ensemble du monde communiste et fut un catalyseur des bouleversements de l'année 1956 en Europe de l'Est – et en particulier en Hongrie –, demeure un événement énigmatique. Nous voudrions revenir ici sur les circonstances qui ont présidé à son élaboration, en analyser le contenu, aujourd'hui fortement éclairé par nombre d'archives inédites, et tenter de comprendre la logique qui a mené les dirigeants soviétiques à prendre cette initiative si lourde de conséquences.

La Commission Pospelov

Ayant su se ménager un parcours fort habile après la mort de Staline, Nikita Khrouchtchev, l'un des hauts dirigeants soviétiques les plus anciennement en fonction, réussit à écarter les autres prétendants et à se faire désigner, en septembre 1953, comme Premier Secrétaire du PCUS. C'est à ce titre qu'il proposa le 7 avril 1955 au Bureau politique de réunir le XXe congrès du parti au début 1956, ce qui fut entériné par le Comité central le 12 juillet. Ayant eu de nombreuses conversations avec des vieux camarades libérés du Goulag, informé par Roman Rudenko – ancien procureur en Ukraine sous Khrouchtchev, devenu procureur général de l'URSS –, que les répressions de masse des années 1930 ne reposaient sur aucune base légale, et poussé par Anastase Mikoïan, autre vétéran du Bureau politique, Khrouchtchev suggéra, en octobre 1955, que les délégués du congrès soient informés des « crimes de Staline[2] ». Et le 31 décembre, il proposa que soit réunie une commission ultra-confidentielle « pour l'établissement des causes des répressions de masse contre les membres titulaires et suppléants du Comité central élu au XVIIe congrès du parti[3] ».

Molotov et Kaganovitch, deux des principaux acolytes de Staline, présentèrent des objections, mais la majorité des onze membres du Bureau politique l'emporta. Il est vrai que toutes les garanties semblaient prises : la commission devait être présidée par Piotr Pospelov qui, après avoir travaillé au secrétariat de Staline, avait été directeur de la *Pravda* de 1940 à 1949, puis de l'Institut Marx-Engels, et était l'un des auteurs de la *Biographie abrégée de Staline*, éditée à 7 millions d'exemplaires en 1951[4].

La commission Pospelov travailla tout au long du mois de janvier 1956, réclamant aux services du KGB et de la Justice les informations dont elle avait besoin. Parallèlement, le Bureau politique demanda, le 1er février, à entendre Boris Rodos, haut responsable du NKVD qui avait été chargé de faire « avouer » à quelques dirigeants des crimes imaginaires ; celui-ci confirma qu'il avait agi sur ordres directs de Staline et, lors de la discussion qui suivit, une majorité se prononça pour que le congrès soit informé de ces faits – Molotov, Vorochilov et Kaganovitch se prononçant une nouvelle fois contre[5].

Le 9 février, cinq jours seulement avant l'ouverture du XXe congrès, la Commission Pospelov présenta devant le Bureau politique un long rapport de 70 pages. Au début, celui-ci ne concernait que quelques dizaines de dirigeants, tous « communistes honnêtes et entièrement dévoués au Parti », victimes de « violations grossières de la légalité socialiste ». Etaient désignés comme responsables Nicolaï Iejov, chef à partir de 1936 d'un NKVD « dégénéré et criminel », puis Lavrentii Beria, son successeur à la tête de la police politique en 1938, arrêté, condamné et fusillé après la mort de Staline.

Puis le rapport abordait, sur une dizaine de pages, la période de la Grande Terreur de 1937-1938, concluant « au caractère massif des répressions qui s'étaient abattues sur un très grand nombre de simples citoyens soviétiques ». Il traitait également de l'action du Collège militaire de la Cour suprême d'URSS qui avait abouti, en 1937-1938, à la condamnation de 44 465 cadres du parti et de l'Etat, dont 85 % avaient été condamnés à mort sur la base de 383 listes signées de Staline, mais aussi de listes signées de Molotov, Vorochilov, Kaganovitch et Mikoïan – toujours membres du Bureau politique. Au total, la commission établit que de 1935 à 1940, 1 920 635 personnes avaient été arrêtées dont 688 503 avaient été fusillées, le tout sur la base d'aveux arrachés sous la torture et de complots fabriqués par la police politique. A en croire Mikoïan, lors de la lecture de son rapport concernant certains faits horribles, Pospelov s'arrêta de lire et éclata en sanglots[6].

Or, ce « pré-Rapport secret » – comme l'a nommé Nicolas Werth – ne prenait en compte qu'une partie des données recueillies et soigneusement sélectionnées par la commission. Ces informations, issues des documents de la Cour suprême, des ministères de la Justice et de l'Intérieur, du KGB et du présidium du Soviet suprême, indiquaient que, de 1921 à 1953, près de 15 millions de personnes avaient été envoyées au Goulag ou dans les colonies spéciales, que 800 000 – un autre chiffre indiquait 1 200 000 – avaient été fusillées – dont près de 700 000 en 1937-1938 –, ainsi que 175 000 militaires entre 1941 et 1945. En dehors des tribunaux spéciaux du NKVD et des tribunaux militaires, les juridictions ordinaires avaient prononcé, entre 1937 et 1954, 33 millions de condamnations dont 13 000 à mort, 12 millions au camp ou à la prison, et 21 millions à des peines de travaux correctifs avec sursis. Autant dire que ces chiffres révélaient une criminalisation généralisée de la société, qui contrastait fortement avec le bilan, établi par la Commission Pospelov, de la répression sous le régime tsariste de 1900 à 1913 – avec environ 4 000 condamnations à mort et un chiffre de condamnation par les juridictions ordinaires quinze fois moins élevé. Mais, une fois établi ce constat, que faire du « pré-rapport » particulièrement explosif de la Commission Pospelov ?

La préparation du « Rapport secret »

Après la lecture du rapport, une discussion s'engagea immédiatement entre les membres du Bureau politique, les « vieux » s'exprimant en premier. D'emblée, ceux qui étaient les acolytes de Staline depuis la guerre civile et ses adjoints au Bureau politique depuis 1926-1930, tentèrent de bloquer la démarche de Khrouchtchev. Pour Molotov, il fallait « faire les choses avec sang-froid » ; pour Kaganovitch « faire attention à ne pas déchaîner les éléments » ; et pour Vorochilov, « mieux préparer les choses. Nous ne sommes pas en vacances. La moindre gaffe aura des conséquences. [...] il faut être prudent ». Cependant, si Molotov, le plus impliqué dans la politique stalinienne, restait intraitable, les deux autres commencèrent à lâcher du lest. Kaganovitch, dont le frère avait été assassiné sur ordre de Staline, reconnut : « Nous portons une part de responsabilité. Mais la situation était telle que nous ne pouvions pas nous opposer [à Staline]. » Vorochilov ajouta : « Staline est devenu un diable dans la lutte avec les ennemis. Malgré tout, il y avait beaucoup d'humain en lui. Mais il avait aussi des habitudes de bête fauve. »

Ceux qui n'avaient servi sous Staline qu'à partir des années 1930, s'exprimèrent à leur tour. Boulganine, pragmatique, adopta une double position : « Ce qui nous a été révélé, on ne le savait pas », et « Il faut diviser le rôle de Staline en deux périodes ». Mikoïan saisit la balle au bond : jusqu'en 1934 Staline s'était conduit en héros, après 1934 il avait fait des choses horribles. Et Malenkov ferma le ban en déclarant qu'il fallait « restaurer Lénine ».

Quant aux « jeunes » du Bureau politique, qui avaient été élevés dans le culte de Staline et n'étaient venus aux plus hautes responsabilités qu'après guerre, ils semblaient effarés par ce qu'ils venaient d'entendre. Beliaev : « On est en train de se purifier, de nettoyer ce qui tourmente les communistes. » Chvernik : « Quel cauchemar. On a fauché les gens à trois reprises. » Ponomarenko : « La mort de millions de personnes laisse une trace indélébile. » Savourov : « Ce ne sont pas des défauts (comme le prétend le camarade Kaganovitch), mais des crimes. » Aristov : « On voulait faire un Dieu, on a fait le Diable. »

Enfin Khrouchtchev prit la parole : « Nous avons tous travaillé avec Staline, mais ceci ne nous engage pas. Maintenant que les faits ont été établis, il faut parler de Staline, sinon nous justifions ces faits. [...] Nous n'avons pas honte. » Péroraison d'un étonnant cynisme qui sonnait comme un avertissement : attention ! nous avons tous travaillé avec Staline, nous sommes tous compromis, nous ne regrettons rien – surtout pas les hautes fonctions dont nous bénéficions –, mais nous devons dégager tous ensemble notre responsabilité en désignant un bouc émissaire, Staline.

Ainsi, le « Rapport secret » allait viser deux objectifs explicites et à court terme : d'une part, envoyer aux 1 436 délégués au congrès – représentant 7 millions de communistes et 18 millions de komsomols – un message clair indiquant que la période de terreur contre les cadres communistes était close ; et, d'autre part, mettre en scène un double découplage : celui de Staline et de la direction en place – pourtant entièrement sélectionnée et façonnée par le dictateur – afin d'officialiser un processus d'autoamnistie, et le découplage des figures de Lénine et Staline afin de redonner au régime une légitimité communiste « propre ».

Cependant, Khrouchtchev visait deux autres objectifs, implicites ; le premier, à moyen terme, ressort du positionnement, au cours de la discussion, des trois membres du Bureau politique « les plus anciens dans le grade le plus élevé » et les plus compromis dans la terreur – Molotov, Vorochilov et Kaganovitch – qu'à travers la critique de Staline le Premier Secrétaire cherchait à affaiblir afin de conforter sa position de leader au sein de la direction. A plus long terme apparaît un second objectif implicite : légitimer au niveau du parti la nouvelle image « pacifiste » et « démocratique » du régime soviétique et du mouvement communiste dans son ensemble, telle qu'elle ressortait du rapport public de Khrouchtchev au congrès, à travers la notion de coexistence pacifique.

Par-delà l'initiative personnelle du Premier Secrétaire, le « Rapport secret » a relevé d'une démarche collective de la majorité de la direction soviétique, fortement désireuse, trois ans après la mort du « petit père des peuples », de tourner la page – en particulier celle de la terreur de masse –, quitte à brûler ce qu'elle avait adoré et à désigner pour les besoins de la cause un bouc émissaire devenu inoffensif.

Plusieurs pistes furent avancées lors de la discussion du Bureau politique :

1. on ne savait pas ;
2. on n'était pas responsable ;
3. seul Staline était responsable ;
4. Staline a été un héros avant 1934 ;
5. Staline s'est mal conduit après 1934 ;
6. Il faut remettre en scène la figure de Lénine.

Une fois articulées, ces six propositions constituèrent pour l'essentiel le canevas du « Rapport secret ». Encore fallait-il savoir qui le rédigerait et qui le prononcerait. Le 13 février 1956, le Bureau politique décida que Khrouchtchev serait chargé de le présenter à la fin du congrès en séance secrète. Le 15 février, alors que le congrès s'était ouvert la veille, le Premier Secrétaire demanda à Pospelov et Aristov de préparer un projet. Parallèlement, il confiait le même travail à Chepilov.

Le 20 février, une première mouture de ces différents projets, revus par Khrouchtchev, fut communiquée à Mikoïan et Sabourov qui apportèrent certains ajouts. Puis une pénultième version circula le 23 février parmi les membres du Bureau politique et Khrouchtchev y porta d'ultimes corrections le 24. On le voit, en dépit de délais très courts, aucune improvisation mais un texte soigneusement pesé afin de ne pas « déchaîner les éléments » tout en atteignant les objectifs voulus.

Structure du « Rapport secret »

Le XXᵉ congrès du PCUS s'ouvrit le 14 février 1956 et fut marqué par ce que Branko Lazitch a nommé un *one man show* : Khrouchtchev prononça le discours d'ouverture et le discours de clôture, il présenta le Rapport général et il fut nommé président de la commission chargée de rédiger la Résolution et président du nouveau Bureau pour les affaires de la Russie ; *last but no least*, il présenta le « Rapport secret » en séance secrète le 25 février dans la matinée.

« Le but du présent rapport n'est pas de procéder à une critique approfondie de la vie de Staline. [...] ce qui nous intéresse, c'est de savoir comment le culte de la personne de Staline [...] devint, à un moment précis, la source de toute une série de perversions graves et sans cesse plus sérieuses des principes du parti, de la démocratie du parti, de la légalité révolutionnaire[7]. » Ainsi, dès les premières minutes de son discours, Khrouchtchev pose d'emblée les limites du rapport.

Il ne s'agit nullement de revenir sur l'ensemble du phénomène de terreur d'Etat qui a frappé la société de l'ex-empire des tsars à partir du 7 novembre 1917, et encore moins de développer une réflexion sur l'articulation entre principes bolcheviques et terreur. Khrouchtchev se contente de rechercher dans le « culte de la personne » les sources d'une perversion. Perversion : « déviation pathologique des tendances, se traduisant par des troubles du comportement » (*Petit Larousse*). Perversion : l'idée centrale du Rapport, et de toute la manœuvre politico-idéologique qui le sous-tend, est lancée. Elle consiste à poser le postulat que les excellents principes et les pratiques qui fondent le régime ont soudain été déviés, altérés, corrompus. L'idée de déviation était d'ailleurs familière de l'univers mental bolchevique qui, depuis que Lénine avait dégagé sa propre fraction au sein de la social-démocratie russe, se définissait par le respect de « La Ligne » et la condamnation sans appel de tout déviationnisme. L'idée de perversion renvoie d'emblée au nécessaire respect de l'orthodoxie, et donc de la source de celle-ci, Lénine.

Ainsi, le Rapport s'ouvre-t-il sur un formidable coup de théâtre. Alors que depuis 1924 Staline et toute la direction soviétique ont mis l'accent sur l'exemplaire continuité du bolchevisme entre Lénine et ses successeurs – et bientôt le seul successeur habilité –, Khrouchtchev révèle soudain au congrès le « Testament » de Lénine – communiqué avec d'autres documents aux délégués – qui met littéralement en scène le conflit entre Lénine et Staline. Conflit qui aurait éclaté avant même la mort de Lénine dont « l'esprit perspicace se manifesta dans le fait qu'il détecta à temps en Staline les caractéristiques négatives qui eurent plus tard de graves conséquences[8] ».

A partir de ce point central, le rapport va suivre une double pente : d'une part, la mise en place du mythe de la bonne gouvernance révolutionnaire du parti et de l'Etat sous Lénine ; d'autre part, la démolition systématique de la figure de Staline, désigné comme principal bouc émissaire de la « tragédie » qui a couru du milieu des années 1930 à la mort du dictateur.

En exaltant la figure de Lénine, Khrouchtchev développe le mythe du « bon dirigeant communiste », impitoyable avec l'ennemi mais juste avec les communistes. A en croire le Premier Secrétaire, Lénine aurait pratiqué une direction collective, démocratique, modeste, attentive aux autres camarades, reposant sur la persuasion idéologique et non sur la violence physique. Vision idyllique qui correspond mal à ce que nous savons – plus encore depuis l'ouverture des archives soviétiques[9] – d'un Lénine autocratique, colérique, fanatique, toujours prêt à manier les foudres de l'excommunication – l'exclusion du parti –, tel qu'il apparut en octobre 1917 – confronté à la fronde de Zinoviev et Kamenev qui récusaient l'idée de la tentative insurrectionnelle –, ou en novembre 1917 – quand une partie des commissaires du peuple démissionna pour protester contre l'installation d'un gouvernement composé des seuls bolcheviks – , en juillet 1918 – quand à l'insu du Bureau politique Lénine organisa le massacre de la famille impériale – ou encore en mars 1921 quand il décida d'interdire les fractions dans le parti. D'ailleurs, et en dépit de son « esprit perspicace », c'est bien Lénine qui fit désigner en 1922 Staline comme secrétaire général du parti, choix principalement commandé par l'obéissance sans faille et de longue date de celui-ci au chef du parti, y compris dans les missions exigeant des mesures violentes – comme lors de l'attaque du transport de fonds de Tiflis ou lors de la guerre civile.

Là résidait d'ailleurs l'une des difficultés du Rapport : admettre que Staline aurait été dans la « perversion » dès les origines, à peine entré dans le parti, c'eût été jeter un doute sur les qualités d'infaillibilité de Lénine. Khrouchtchev invente donc la légende du « bon » et du « mauvais » Staline. Jusqu'en 1934, celui-ci aurait été un excellent chef communiste. Ensuite, sous l'influence de ses mauvais génies – Iejov et Beria –, il aurait révélé ses aspects négatifs, en particulier à travers le développement du culte de sa personne, et se serait attaqué aux cadres du parti.

On est au cœur du raisonnement qui préside au Rapport : derrière le rideau de fumée du culte de la personnalité – destiné à amuser la galerie et à donner un os à ronger aux observateurs –, la « perversion » est venue du fait que la terreur aurait été appliquée à mauvais escient, à un ennemi qui n'était pas le bon. En effet, Khrouchtchev ne condamne nullement le principe de la terreur et s'appuie sur Lénine qui « employa sans hésitation les méthodes les plus extrêmes contre les ennemis. Toutefois, il n'avait recours à ces méthodes que contre les véritables ennemis de classe [...][10] ». Lui-même considère d'ailleurs comme normal « le recours à des méthodes extraordinaires seulement à l'égard des actes criminels contre le système soviétique[11] ». Mais il omet de rappeler le contenu du fameux article 58 du code pénal soviétique qui, tout au long du régime, fut la base de la répression et de la terreur contre la société. Ainsi, la distinction ami/ennemi – centrale dans la mentalité totalitaire – est bien au cœur du « Rapport secret ».

D'où se déduit la suite de l'argumentaire, en particulier la question épineuse de la sélection des « bonnes » et des « mauvaises » victimes. Ne seront donc convoquées que les mânes des victimes communistes, et encore ! Non pas celles des dizaines de milliers de communistes de base emportés par le « hachoir », mais celles de quelques dirigeants connus – Eikhe, Kossior, Postychev. Et encore, si Khrouchtchev évoque la Grande

Terreur de 1937-1938, il omet de revenir sur certains de ses épisodes les plus spectaculaires – les trois Grands Procès de Moscou, la purge de l'Armée rouge.

Or, comment expliquer que ces « honnêtes travailleurs communistes » – *dixit* Khrouchtchev – aient pu avouer des crimes politiques méritant la mort ? Pour une fois, le rapporteur n'y va pas par quatre chemins : il reconnaît ouvertement que ces aveux ont été obtenus sous la torture, pour nourrir des affaires montées de toutes pièces par le NKVD, et que souvent, au moment du procès ou de la comparution devant une troïka qui tenait lieu de tribunal, ils ont été rétractés par leurs auteurs.

Cependant, s'il ne craint pas d'abandonner le terme « pression physique » pour dénoncer la « torture », Khrouchtchev n'a pas l'audace d'en faire autant pour la suite de la « procédure » : la mise à mort. Redoutant peut-être de citer des mots tabous – crime, assassinat – qui, accolés au réalités de la terreur stalinienne, eussent été susceptibles de faire se lever des centaines de milliers de fantômes, il utilise une phraséologie euphémisée, typique de la sémantique des bureaucraties criminelles totalitaires : « annihilation physique », « anéantir physiquement », « supprimer »[12] ; « méthodes extrêmes[13] » ; « exécutions », « méthodes extraordinaires »[14] ; « méthodes extrêmes[15] » ; « liquidation »[16] ; « faire disparaître », « méthode extrême », « les moyens les plus sévères », « le recours à la manière forte »[17] ; « les méthodes les plus extrêmes », « les méthodes sévères », « l'annihilation physique »[18] ; « méthodes d'exception » (citation de Lénine)[19] ; « élimination », « liquidés » (à propos des officiers)[20] ; « périrent »[21] ; « personnes liquidées »[22] ; « la suppression de vies innocentes »[23] ; « personnes fusillées sans jugement »[24]. Une seule fois, le rapporteur parle de « meurtre »[25], et quand il évoque le « crime » ou « l'assassinat » cela renvoie à une action dirigée contre le régime – par exemple et de manière très redondante : « l'assassinat criminel de Kirov[26] ».

Cependant, la dénonciation de la torture et de l'assassinat de dirigeants du parti masque mal la psychologie schizophrénique du rapporteur. En effet, ces dirigeants, qualifiés par Khrouchtchev de « militants honnêtes et dévoués à la cause du communisme[27] », étaient pour la plupart de grands criminels. Stanislav Kossior et Pavel Postychev furent respectivement secrétaire général et secrétaire du Parti communiste en Ukraine au moment de la collectivisation – avec ses dizaines de milliers de « koulaks » fusillés, ses centaines de milliers déportés et les 4 à 5 millions de victimes de la grande famine organisée de 1932-1933. Robert Eikhe était à la même date le grand patron de la Sibérie et fut en partie responsable de grandes tragédies de déportation-abandon – comme celle de l'île de Nazino[28].

Et c'est alors qu'apparaît, en raison même du silence qui l'entoure, l'ombre de la grande absente du « Rapport secret » : la société. En effet, alors que dès le début de son discours Khrouchtchev affirme que le rapport est destiné à « prévenir toute possibilité d'un retour, sous quelque forme que ce soit, de ce qui s'est produit sous Staline[29] », il ne s'intéresse en réalité qu'à « la terreur de masse contre les cadres du Parti[30] » ; or, pour ne parler que de la Grande Terreur de 1937-1938, les chiffres aujourd'hui confirmés par les archives démontrent que les responsables du parti et de l'Etat représentaient moins de 5 % du total des victimes.

Plus encore : alors qu'il dispose des chiffres du « pré-rapport » de la Commission Pospelov, et même des chiffres très complets qui ont servi à la rédaction de celui-ci, Khrouchtchev n'évoque que « des milliers de personnes [...] victimes de la méthode de terreur » et va jusqu'à parler « des arrestations et des déportations massives de plusieurs milliers de personnes[31] ». Sans même revenir sur la tragédie de la guerre civile voulue et organisée par Lénine, à aucun moment il ne convoque les 15 millions de déportés, les millions de morts de la collectivisation et de la famine de 1932-1933 en Ukraine et au Kouban, le million de Kazakhs morts de faim en 1931-1932[32]. Il n'a pas un mot sur les conséquences du plan quinquennal et de la généralisation du travail forcé. Le mot « Goulag » n'est même pas prononcé. Rien non plus sur les assassinats et déportations massives de Polonais, de Roumains de Bessarabie, de Baltes après l'occupation et la soviétisation de ces régions en 1939-1941. La seule allusion à la terreur subie par la société concerne les grandes déportations de peuples entiers – « y compris les communistes et les komsomols » s'indigne Khrouchtchev – en 1943-1944, « mesures de déportation [qui] n'étaient justifiées par aucune considération militaire[33] ». Le rapporteur cite les Karatchaïs, les Kalmouks, les Tchétchènes, les Ingouches, les Balkars, mais ne dit rien des Allemands de la Volga ni des Tatars de Crimée.

A propos de l'Ukraine, le Premier Secrétaire, qui a été le patron de cette république de 1938 à 1947, déclare : « Les Ukrainiens n'évitèrent ce sort que parce qu'ils étaient trop nombreux et qu'il n'y avait pas d'endroit où les déporter. Sinon ils auraient été déportés eux aussi[34]. » Déclaration qui, d'après le compte rendu officiel, provoque « Rires et mouvements dans la salle », réactions très symptomatiques de la mentalité qui règne parmi les délégués au congrès : un cynisme absolu.

Dans un moment d'étonnante franchise et même d'humanité, qui contraste singulièrement avec la tonalité générale du Rapport, saturée de mensonges et de cynisme, Khrouchtchev conclut sur ce point : « Non seulement un marxiste-léniniste, mais tout homme de bon sens ne peut comprendre comment il est possible de

tenir des nations entières responsables d'activités inami-
cales, y compris les femmes, les enfants, les vieillards,
les communistes et les komsomols, au point de recourir
contre elles à la répression massive et de les condamner
à la misère et à la souffrance en raison d'actes hostiles
perpétrés par des individus ou des groupes
d'individus[35]. » Le Premier secrétaire vient lui-même de
qualifier ces crimes comme crimes contre l'humanité,
tels que définis par le Tribunal de Nuremberg, mais il
n'en tire aucune conclusion sur la nature même du
régime qui a mené à de tels crimes.

Mensonges par omission, amnésie et autoamnistie

L'opération menée par Khrouchtchev à travers le
« Rapport secret » était un exercice particulièrement
périlleux et qu'il réussit avec brio. En effet, il devait à la
fois ne pas trop en dire et éviter d'en dire trop peu. Ne
pas en dire assez aurait fait manquer les objectifs à
court terme : battre les « durs » dans la bataille pour le
pouvoir au sommet, autoamnistier la direction de sa
période stalinienne, rassurer les cadres sur l'abandon
définitif de la terreur comme méthode de gestion
interne du parti. Mais en dire trop risquait de remettre
en cause les bases mêmes du régime et de souligner sa
nature totalitaire. Sur le plan général, le découplage de
Lénine et Staline a été une idée remarquable qui
remplit très largement sa fonction. Restait, sur le plan
particulier, à exonérer chaque dirigeant de ses responsabilités passées. Et, sur ce plan, Khrouchtchev est passé
maître dans l'art du mensonge par omission, de l'amnésie et de l'autoamnistie.

Il épargne au maximum ses collègues du Bureau politique les plus compromis. Ainsi, quand il évoque les 383

listes de personnes à fusiller signées par Staline lors de la Grande Terreur, il « omet » de signaler que Molotov en a signé 373, Kaganovitch 191, Vorochilov 195, et même Mikoïan 62.

Mais c'est sur son propre cas que le Premier Secrétaire est particulièrement discret, alors qu'il a été un pur produit du mode de promotion stalinien, qu'il a toujours soutenu la terreur et a été responsable de très grandes opérations terroristes. Ainsi, dès 1926, encore simple chef communiste de district dans le sud de l'Ukraine, il réclamait contre un opposant « les mesures les plus répressives » et signait des sentences de mort contre des vaincus de la guerre civile[36]. En mai 1930, il se prêta à une manœuvre de Staline destinée à purger l'Académie industrielle de Moscou, ce qui assura définitivement sa promotion vers les sommets. Alors qu'il n'évoque pas une seule fois le Goulag et qu'il ne cite que deux fois les « camps » dans son rapport, une photo le montre, l'air très satisfait, en train de visiter, en 1933, le Bielomorkanal, premier grand chantier du Goulag où périrent plusieurs dizaines de milliers de travailleurs forcés[37]. Et en 1934-1935, comme chef communiste de la ville de Moscou, il supervisa le chantier du métro qui, conduit dans des conditions techniques déplorables, entraîna la mort de centaines d'ouvriers, mais lui assura… l'Ordre de Lénine, sa promotion au Comité central, sa présence sur le Mausolée de Lénine avec les principaux dirigeants lors des grandes cérémonies et son statut de « chouchou » de Staline[38].

Nommé chef de la province de Moscou – 11 millions d'habitants sur un territoire équivalent à l'Angleterre et au Pays de Galles réunis –, Khrouchtchev participa activement à la Grande Terreur. A Moscou d'abord où, avec son aval, 35 des plus hauts responsables de la ville – sur 38 ! – furent exécutés, tandis que 136 des 146 dirigeants des autres villes et districts de la province étaient condamnés, la plupart de ses adjoints directs étant assassinés. Le 27 juin 1937, le Bureau politique décida pour la province de Moscou d'un quota de 35 000 « ennemis » à arrêter dont 5 000 à exécuter ; le 10 juillet, Khrouchtchev fit rapport à Staline de ce que 41 305 « criminels » avaient été arrêtés et qu'il en avait affecté de son propre chef 8 500 en « 1re catégorie » – fusillés[39]. A l'époque, le futur Premier Secrétaire était en excellente relation avec le chef de la Grande Terreur, Iejov, qui avait été son responsable auprès du Comité central quand il était chef de la cellule de l'Académie industrielle, et avec qui il figurait – certes au dernier rang – sur une grande affiche de 1938 présentant les onze principaux personnages du régime... ce même Iejov qu'il accusait de tous les crimes vingt ans plus tard[40].

C'est cette constance dans la terreur qui valut à Khrouchtchev sa brillante promotion, en janvier 1938, à la tête du Parti communiste en Ukraine, un territoire grand comme la France sur lequel il avait tout pouvoir. Là encore, son arrivée coïncida avec l'accélération de la purge : tous les dirigeants ukrainiens – communistes, gouvernementaux et militaires – furent arrêtés et sur les 86 membres du Comité central ukrainien désignés en juin 1938, seuls 3 étaient encore en fonctions un an plus tard. Cette soumission absolue aux ordres de Staline fut récompensée par de très fortes gratifications matérielles et symboliques – c'est alors que Khrouchtchev développa son propre culte de la personnalité –, marquées par la remise au Kremlin de l'Ordre du Drapeau rouge en 1939. De son aveu même, il baignait alors dans l'euphorie.

A partir de septembre 1939 et jusqu'en juin 1941, le maître de l'Ukraine fut chargé de l'annexion et de la soviétisation d'une partie de la Pologne orientale, occupée par l'Armée rouge après les pactes germano-soviétiques du 23 août et du 28 septembre 1939. Dans ce rôle, il ne se contenta pas d'organiser des élections truquées destinées à désigner des assemblées qui votèrent à l'unanimité le rattachement à l'URSS[41]. Il fut mêlé de très près à la terreur qui s'abattit sur les populations. Le 5 mars 1940, le Bureau politique donna l'ordre d'« appliquer la mesure la plus élevée : l'exécution » à 25 700 prisonniers polonais, principalement des officiers, ce qui aboutit, entre autres, au massacre de Katyn – ordre cosigné de Molotov, Vorochilov et Mikoïan. Or, quelques jours plus tôt, Khrouchtchev avait cosigné avec Beria un rapport qui aboutit, dès le 2 mars, à une résolution du Bureau politique, signée de Staline, qui exigeait de déporter les habitants d'une bande de 800 mètres le long de la nouvelle frontière avec le Reich – incluant 9 villes – et surtout de « déporter au Kazakhstan, pour une période de dix ans, toutes les familles des prisonniers de guerre qui se trouvent dans les camps pour officiers, agents de police, gardiens de prison, gendarmes, agents secrets, ex-propriétaires terriens, entrepreneurs, hauts fonctionnaires, soit un total de 22 000 à 25 000 familles[42] » – dont les familles des 4 400 officiers assassinés à Katyn.

Au total, sous l'autorité du futur Premier Secrétaire, cette partie orientale de la Pologne annexée à l'URSS dut subir de septembre 1939 à juin 1941 quatre grandes vagues de déportation d'« ennemis du peuple » et de leurs familles, soit environ 392 000 personnes dont environ 30 000 moururent au cours de transfert en déportation, la mort par fusillade de plus de 25 000 personnes, ainsi que l'assassinat sur place par le NKVD de 10 000 à 20 000 prisonniers lors de l'attaque allemande de juin 1941[43]. Sans plus entrer dans les détails, on aura compris que le sympathique bonhomme accueilli en loyal challenger par les Américains en septembre 1959 et en héros par les communistes français lors de sa visite en France au printemps 1960 était en réalité un apparatchik-assassin de première grandeur.

Non seulement il ne fait dans son « Rapport secret » aucune allusion à ses activités criminelles à Moscou puis en Ukraine, mais dans ses mémoires, Khrouchtchev se montre particulièrement fier de sa soviétisation de la Pologne orientale : « J'ai organisé et supervisé la soviétisation de l'Ukraine occidentale. [...] Je ne veux pas le cacher, ce fut pour moi une époque heureuse. [...] A cette époque, nous menions encore des arrestations. C'était notre opinion que ces arrestations servaient à renforcer l'Etat soviétique et à dégager les voies pour la construction du socialisme sur les principes marxistes léninistes[44]. » Toute la logique totalitaire communiste est là : l'idéologie – les « principes marxistes-léninistes » vouant les « ennemis de classe » à l'extermination –, le projet utopique et absurde – la « construction du socialisme » – et le moyen – la terreur de masse, présentée de manière euphémisée sous le terme d'« arrestations ».

Les mensonges par omission concernant personnellement le Premier Secrétaire dans le « Rapport secret » ne touchent pas seulement à son rôle dans la terreur, mais aussi à ses responsabilités dans les désastres militaires. Alors qu'il démolit systématiquement l'image du « maréchal » Staline comme chef militaire suprême au cours de la Deuxième Guerre mondiale, Khrouchtchev prend à témoin le maréchal Bagramian, présent parmi les délégués, et rappelle que sur le front sud-ouest dont il était le commissaire politique, en 1942, il demanda à Staline « d'arrêter une opération dont l'objectif à l'époque aurait pu avoir pour l'armée de fatales suites [...][45] », ce que, dans un premier temps, Staline refusa. Or il « omet » de préciser que c'est sur ses instances expresses que Staline avait engagé, le 17 mai 1942, contre l'avis de l'Etat-major, une vaste offensive sur Kharkov qui, violemment contre-attaquée par les Allemands, entraîna, du côté soviétique, un désastre – 200 000 pri-

sonniers et 67 000 tués –, et surtout ouvrit à la Wehrmacht la route de Stalingrad[46].

Le cynisme et le refus de révéler la vérité, dont fait
preuve Khrouchtchev dans le « Rapport secret », furent
confirmés quelques années plus tard par un exemple
extrêmement symbolique. Le 3 mars 1959, Chelepine,
président du KGB, adressa au Premier Secrétaire une
note lui confirmant que les archives conservaient les
fiches personnelles de 21 857 Polonais fusillés sur ordre
du Bureau politique en date du 5 mars 1940 – 4 421 à
Katyn, 3 820 au camp de Starobielsk, 6 311 au camp
d'Ostachkov et 7 305 dans les prisons d'Ukraine et de
Biélorussie occidentales. Dans le style caractéristique de
cette bureaucratie criminelle, Chelepine écrivait :

> « Pour les organismes soviétiques, ces fiches individuelles
> ne représentent aucun intérêt opérationnel ni aucune valeur
> historique. Il est difficile qu'elles puissent avoir un intérêt
> effectif pour nos amis polonais [les communistes au pouvoir].
> Au contraire, un cas imprévisible peut mener à la révélation
> de l'opération réalisée, avec toutes les conséquences désa-
> gréables pour notre Etat. D'autant plus qu'en ce qui concerne
> les exécutions dans le bois de Katyn, il existe une version offi-
> cielle, confirmée par une enquête menée par les organismes
> du pouvoir soviétique en 1944 […]. D'après les conclusions de
> cette commission, tous les Polonais liquidés sont considérés
> comme éliminés par l'occupant allemand. Les données de
> l'enquête ont eu à l'époque une large diffusion dans la presse
> soviétique et étrangère. Les conclusions de la commission se
> sont profondément enracinées dans l'opinion publique interna-
> tionale. Sur la base de cet exposé, il résulte qu'il serait oppor-
> tun de détruire toutes les fiches individuelles sur les personnes
> fusillées en 1940 durant l'opération susmentionnée[47]. »

Khrouchtchev s'empressa de donner son feu vert.

La portée du « Rapport secret »

La manœuvre politique engagée par la direction soviétique à travers le « Rapport secret » ressemble à s'y méprendre à une manœuvre prototype menée cent soixante ans plus tôt : après la chute de Robespierre, la Convention, largement complice de la terreur de masse – en particulier en Vendée –, organisa, avec le soutien du grand terroriste Fouché, le procès du fameux Carrier, l'organisateur des « noyades de Nantes[48] » ; la condamnation de ce bouc émissaire et son exécution étaient censées laver la Convention de toute responsabilité. Or, de la même manière que ce procès fut couronné de succès, permettant à de nombreux terroristes de faire une carrière politique sous le Consulat et sous l'Empire, le « Rapport secret » permit à l'ensemble de la nomenklatura soviétique de poursuivre sa carrière.

En URSS, la portée du rapport fut limitée, tant en raison de son contenu propre que de la très forte résistance de toute une partie de l'appareil communiste. Certes, le rapport fut présenté dans les organisations communistes, mais il ne fut pas rendu public et son existence fut même niée. Au point que lors du XXIIe congrès du PCUS, en 1961, quand le Premier Secrétaire attaqua cette fois-ci publiquement et violemment Staline et fit retirer sa dépouille du Mausolée de la place Rouge, le « Rapport secret » ne fut même pas évoqué – ce qui, il est vrai, serait revenu à l'authentifier. Ainsi, il n'y eut pas, en 1956, devant l'ensemble de la société, de reconnaissance publique et officielle par le pouvoir de ses propres crimes de masse. D'ailleurs les portraits de Staline trônèrent encore pendant plusieurs années et nombreux étaient ceux qui continuaient de l'encenser – par exemple un jeune komsomol nommé Mikhaïl Gorbatchev[49]. Et, à Tbilissi, en 1956, une manifestation de 60 000 personnes en faveur du « grand homme » de la Géorgie tourna à l'émeute et fut réprimée dans le sang par l'armée[50].

D'autre part, aucun des principaux bourreaux de la période stalinienne ne fut inquiété après 1956. Ainsi Ivan Serov fut le président du KGB de 1954 à 1958 – et aussi le responsable de la répression sanglante de la Révolution hongroise pour laquelle il fut décoré d'un Ordre de Lénine –, alors qu'il avait été le grand organisateur de la déportation des Baltes et des Polonais en 1940-1941 et des peuples du Caucase en 1943-1944. Or, dans le « Rapport secret », Khrouchtchev avait expressément dénoncé la déportation des Tchétchènes, des Ingouches, des Karatchaïs, des Kalmouks, des Ingouches et des Balkars. Sans doute le fait que Serov ait été le chef du KGB en Ukraine en 1939-1941, quand Khrouchtchev y était le patron du Parti communiste, avait créé des liens de... complicité. Il mourut dans son lit en 1990, à l'âge de 85 ans, avec le grade de général et couvert d'honneurs.

Enfin, si le processus de réhabilitation d'un certain nombre de victimes s'accéléra, passant de 7 679 entre 1954 et janvier 1956, à plusieurs centaines de milliers, il concerna en priorité de hauts cadres communistes qui avaient eux-mêmes largement contribué à la terreur contre la société lors de la guerre civile, puis de l'industrialisation accélérée et de la collectivisation forcée ; et les victimes « de la base » ne reçurent aucune réparation, ni morale, ni matérielle.

Ainsi, à court terme et pour ce qui touche aux objectifs explicites, le « Rapport secret » fut une manœuvre fort bien réussie. Il permit à la classe dirigeante soviétique de s'autoamnistier des innombrables crimes de la période stalinienne, sans « fournir des munitions à l'ennemi » et sans « laver notre linge sale devant ses yeux[51] » – comme le recommandait Khrouchtchev à la fin de son discours –, et d'obtenir la garantie qu'elle pourrait désormais profiter sans crainte de ses privilèges nomenklaturistes.

Il jeta les bases de l'amnésie collective et sélective au sein du parti et de la société, établissant un nouveau cadre mémoriel et historien qui assurait la relégitimation du pouvoir. Ainsi, par exemple, il fut strictement interdit jusqu'à la fin des années 1980 d'évoquer la grande famine ukrainienne de 1932-1933, ou de revenir sur la version officielle du massacre de Katyn.

A plus long terme, en découplant spectaculairement Lénine de Staline, le « Rapport secret » établit le mythe du « bon communisme » qui rencontra un immense succès, tant en URSS que dans le mouvement communiste international, mais aussi dans le monde non communiste. L'image de l'URSS avait été fortement ternie par vingt-cinq ans de pouvoir absolu stalinien. Sans doute le triomphe militaire et politique de 1945 avait-il un temps rehaussé cette image ; mais celle-ci avait été mise à mal par d'innombrables révélations – depuis le *best-seller* mondial de Victor Kravchenko, *J'ai choisi la liberté*, jusqu'aux « procès » des dirigeants communistes des « démocraties populaires », en passant par le « coup de Prague » de 1948 et la violente polémique sur le massacre de Katyn. Le « Rapport secret » inaugura une vaste manœuvre de restauration de l'image du communisme et de relégitimation du pouvoir soviétique, qui rencontra un accueil favorable au moins jusqu'à l'écrasement du Printemps de Prague en 1968. En outre, le XXe congrès a été un moment décisif dans la lutte de Khrouchtchev contre la fraction « dure » de la direction soviétique, et aboutit, à l'été 1957, à l'exclusion du « groupe anti-parti » symbolisé par Molotov et Kaganovitch.

Cependant, à terme, le « Rapport secret » provoqua une fracture décisive au sein du système communiste mondial. Fracture stratégique avec le conflit sino-soviétique et le « grand schisme » qui rompit au niveau international l'unité fondamentale du mouvement instaurée par Lénine depuis la création de l'Internationale communiste en 1919.

Plus grave encore, fracture dans la dynamique révolutionnaire elle-même. En effet, après les phases de la prise du pouvoir et de la guerre civile, puis du pouvoir de Staline, le « Rapport secret » inaugura la troisième grande période du régime soviétique, celle du totalitarisme de basse intensité qui permit à la société de respirer un peu et au régime de perdurer. Certes, les principes totalitaires fondamentaux furent respectés – les trois monopoles du pouvoir, de l'idéologie et de la production/distribution des biens matériels, et la volonté d'expansion du système. Les institutions – Parti, KGB, Armée rouge – et les hommes qui en assuraient le fonctionnement demeurèrent en place. Cependant, trois des caractéristiques qui avaient donné aux périodes léninienne et stalinienne leur caractère de haute intensité révolutionnaire et totalitaire, furent abandonnées : le rôle du leader charismatique – quoi de moins charismatique que Brejnev finissant ou que ses successeur Tchernenko et Andropov ? –, la dimension de religion politique acquise par l'idéologie – même si se maintinrent presque jusqu'au bout la censure du Glavlit et les rituels de la langue de bois et des grandes parades –, et la terreur de masse – même si la peur demeura une constante de la psychologie collective soviétique et fut régulièrement réactivée, et ce dès novembre 1956 en Hongrie.

En révélant et dénonçant ne serait-ce que quelques crimes de Staline, Khrouchtchev a reconnu que le communisme ne menait pas « nécessairement » au Bien. Et même si les effets ne s'en sont manifestés que peu à peu, il a ainsi porté un coup fatal au caractère sacré de la croyance idéologique, de la foi dans l'utopie qui, au

lieu d'assurer le bonheur du peuple, se révélait meurtrière. Il a engagé le processus de décélération au sein
du dynamisme révolutionnaire, indispensable pour ten-
dre les ressorts qui assurent le fonctionnement d'un
mouvement totalitaire – même si ce ressort s'est tendu
à nouveau autour de 1968 en Europe avant d'être définitivement cassé en 1991. Parmi les nombreux symptômes de cette fracture de la croyance, nous citerons
deux des plus grands romans russes, écrits sous l'ère
Khrouchtchev, qui livraient la vérité du bolchevisme à la
conquête du pouvoir – *Le Docteur Jivago* de Boris Pasternak – et au pouvoir – *Vie et destin* de Vassili Grossman. Ils ne purent être publié en URSS mais le furent à
l'extérieur, ce qui eût été impensable sous Staline.
Parallèlement, Alexandre Soljenitsyne et Vladimir
Boukovski ne furent pas fusillés mais expulsés et purent
ainsi s'exprimer très largement, éclairant de manière
remarquable le fonctionnement totalitaire du système.

En dépit de sa ruse et de sa prudence, Khrouchtchev
en avait encore trop dit, tant il est vrai qu'un régime
totalitaire qui a éradiqué toute expression d'une libre
opinion publique est incompatible avec l'énonciation
publique de sa véritable nature. Or, parsemés aux
quatre coins du « Rapport secret », le Premier Secrétaire
a lâché de nombreux aveux sur cette dimension totalitaire. Il a reconnu que l'on en était venu « à exalter une
personne et en faire un surhomme doté de qualités sur-
naturelles à l'égal d'un dieu. Un tel homme est supposé
tout savoir, penser pour tout le monde, tout faire et être
infaillible[52] », et à « l'accumulation entre les mains d'une
personne d'un pouvoir immense et illimité[53] ». Il s'est
plaint que Staline ait exigé « une soumission absolue à
son opinion[54] » et que, « possédant un pouvoir illimité,
il se livrait à l'arbitraire et annihilait les gens, moralement et physiquement. La situation créée était simple :
on ne pouvait plus manifester sa propre volonté[55] ».

Autant de constats du rôle du leader charismatique et de sa volonté de puissance visant à la domination totale.

Khrouchtchev a levé un coin du voile sur le ressort profond de la constitution de la nomenklatura. Ainsi a-t-il dénoncé, même sous forme très euphémisée, le fait que « le comportement arbitraire d'une personne encouragea et permit l'arbitraire chez d'autres[56] », facilita la naissance de « carriéristes sans conscience[57] » et de « nombreux courtisans et spécialistes du faux optimisme et de la duperie[58] », et provoqua l'ascension de personnages comme Beria, « ce scélérat qui a gravi les différents échelons du pouvoir en passant sur un nombre incalculable de cadavres[59] ». Par cette description bien involontaire de son propre itinéraire, le Premier Secrétaire faisait-il preuve d'un formidable cynisme, ou n'était-ce qu'un dernier effet de la schizophrénie de l'apparatchik totalitaire ? Quoi qu'il en soit, la description du système était exacte.

Bien entendu, l'adhésion de Khrouchtchev – comme de toute la nomenklatura soviétique – aux principes du régime était si étroite qu'elle généra chez lui une totale incapacité à comprendre que sa nature révolutionnaire léniniste impliquait sa dimension totalitaire. Dans son rapport, le Premier Secrétaire non seulement rappela les éminents mérites de Staline dans la préparation et l'exécution de la révolution d'Octobre, puis lors de la guerre civile et dans la « lutte pour l'édification du socialisme » – le plan quinquennal et la collectivisation forcée –, mais il souligna chez Staline une dimension « tragique » – du point de vue communiste : « En agissant comme il l'avait fait, Staline était convaincu qu'il agissait dans l'intérêt de la classe laborieuse, dans l'intérêt du peuple, pour la victoire du socialisme et du communisme. Nous ne pouvons pas dire que ses actes étaient ceux d'un despote pris de vertige. Il était convaincu que cela était nécessaire dans l'intérêt du Parti, des masses laborieuses, pour défendre les conquêtes de la révolution. C'est là que réside la tragédie ! Camarades[60] ! »

Il semble que les peuples d'Europe centrale et orientale tombés sous la férule soviétique après 1945 n'ait pas développé de la « tragédie » une vision identique. Ils se considéraient, eux, comme les véritables victimes de cette tragédie et en tenaient les chefs soviétiques et communistes pour responsables, appréciant fort peu leur manœuvre d'autoamnistie et d'amnésie. Ceci explique que le « Rapport secret », quand il commença à circuler dans les « démocraties populaires » à partir de mars 1956, ait suscité des réactions indignées et ait contribué à catalyser la révolte.

Dans un premier temps, et avant la révolution hongroise, la révolte polonaise fut la plus emblématique. Elle fut inaugurée de manière involontaire par le chef du Parti communiste polonais : alors qu'il était soigné à l'hôpital du Kremlin pendant le XXe congrès du PCUS, Bierut fut amené à prendre connaissance du « Rapport secret » et il en mourut, d'une crise cardiaque, le 12 mars. A l'occasion de ses obsèques, une forte délégation soviétique, conduite par le Premier Secrétaire, se rendit à Varsovie et eut de longues discussions avec la direction communiste polonaise. Khrouchtchev reprit son argument selon lequel « Staline n'était pas un ennemi », mais « un homme cruel qui était convaincu que toute sa cruauté, son injustice, ses abus, tout ce qu'il a fait était dans l'intérêt du parti », et que c'est là que résidait « la tragédie ». La direction polonaise s'étant montrée peu convaincue, Khrouchtchev, excédé, finit par lâcher : « Je ne sais pas, le diable sait comment expliquer pourquoi il y a eu tant de morts[61]. » Etonnante réponse de la part d'un matérialiste athée convaincu. Mais ce n'était pas la première fois que le diable était mêlé à l'affaire : déjà, lors de la discussion du Bureau politique sur le « pré-rapport » de Pospelov, Aristov avait déclaré « On voulait faire un Dieu, on a fait le Diable ».

Khrouchtchev était bien incapable de comprendre que les crimes de Staline qu'il dénonçait n'étaient qu'une extension à la sphère du parti de la violence systématique et de la terreur de masse appliquées par Lénine à la société ; ce n'était jamais que l'application du principe de la guerre civile au sein même du parti : le rejet des principes moraux élémentaires, que le parti avait appliqué à la société dans le cadre de sa lutte pour s'emparer du pouvoir par la violence et pour s'y maintenir par tous les moyens, s'appliquait désormais au parti lui-même. Où l'on retrouve la fameuse controverse de 1870 entre Michel Bakounine et Serge Netchaïev : le premier estimait que les révolutionnaires devaient respecter entre eux certaines règles de conduite, alors que le second affirmait qu'au contraire, le service de « la Cause » ne devait rencontrer aucun obstacle[62].

Dans une lettre à un ami, du 20 octobre 1870, alors qu'il était en pleine rédaction de son roman *Les Possédés* – ou *Les Démons*, selon la traduction –, Dostoïevski, citant nommément le fameux Netchaïev et sa victime Ivanov, écrivait : « Il me semble, tant les faits ont frappé mon esprit, que j'ai imaginé exactement le type d'homme capable de commettre un crime de ce genre[63]. » Remarque prémonitoire : le fonctionnement d'un mouvement ou d'un régime totalitaire ne peut pas reposer sur n'importe quel type d'homme, il y faut « un type d'homme capable de commettre un crime de ce genre »… Et Nikita Khrouchtchev était ce type d'homme. Le fait qu'il ait, en dernière analyse, évoqué le Diable, semble le confirmer, mais lui redonne en même temps une sorte d'humanité. Savoir que le Diable existe et qu'il est partout, c'est déjà retrouver son humanité.

CHAPITRE XXII

Le Mémorial de Sighet :
histoire et mémoire des
crimes communistes en Roumanie

C'est en 1999 que j'ai découvert, au fin fond de la Rouma-nie, l'existence du Mémorial de Sighet dédié à la mémoire des victimes du communisme en Roumanie et à l'histoire de cette dictature. Je n'ai cessé depuis de soutenir, par mes faibles moyens, le remarquable travail qu'y effectue une équipe de démocrates qui sont l'honneur de ce pays, ainsi que j'en rendais compte début 2006[1]. Ces dernières années, et surtout depuis que la Roumanie est entrée dans l'Union européenne, la situation a évolué de manière significative. En 2005, le gouvernement roumain a créé un Institut de recherche sur les crimes du communisme en Roumanie[2], chargé à la fois de rechercher dans les archives ou les témoi-gnages les preuves historiques de ces crimes et, d'autre part, d'en informer la Justice à fin de poursuites contre d'éventuels coupables. Peu après, le président roumain Traïan Basescu a créé une Commission formée de spécialistes chargés d'établir un rapport officiel sur les crimes du communisme en Roumanie[3]. A l'occasion de la publication de ce rapport, lors d'une séance extraordinaire du Parlement, le président a présenté les excuses officielles du gouvernement pour les crimes commis sous le régime communiste.

Le 8 décembre 2004, eut lieu en direct l'un de ces petits miracles que la télévision nous réserve parfois.

Lors du débat entre les candidats au second tour de l'élection présidentielle roumaine, qui opposait le Premier Ministre sortant, Adrian Nastase, au maire de Bucarest, Traïan Basescu, ce dernier fit sensation en déclarant devant les Roumains stupéfaits :

> « Je me demande si notre pays n'est pas maudit, lui qui se voit contraint de choisir entre deux anciens communistes. [...] En quinze ans, il n'y a pas eu un seul homme politique qui n'ait été souillé par les mauvaises habitudes du communisme, qui n'en ait été affecté d'une façon ou d'une autre. [...] Peut-être le moment est-il venu pour qu'un autre genre de candidat se présente devant les Roumains, plutôt que nous deux. Le gros problème que nous partageons n'est pas seulement lié au fait que nous étions tous deux membres du Parti communiste. [...] Le drame, c'est que nous n'avons plus le droit de conserver la même mentalité quinze ans après la disparition du communisme en Roumanie. »

Constat terrible, constat exact. Déjà, lors de l'élection présidentielle de 2000, les candidats du second tour étaient Vadim Tudor – un poète, ex-favori de Nicolas Ceausescu, reconverti dans l'ultra-nationalisme antisémite – et Ion Iliescu, vieil apparatchik communiste, ancien ministre du « Conducator » et principal metteur en scène de la « vraie-fausse » révolution qui se déroula en Roumanie en décembre 1989.

Amnésie et amnistie des crimes communistes

Face à la chute du mur de Berlin, la tristement célèbre Securitate – la police politique – et les dirigeants communistes roumains craignaient fort de perdre un pouvoir qu'ils contrôlaient absolument depuis quarante-cinq ans. Ils ont donc fait distribuer des armes dans la rue, histoire de provoquer le chaos et de faire croire à une révolution démocratique, avec à la clef plus de 1 500 victimes. Simultanément, ils ont organisé l'abominable mise en scène de Timisoara, dévoilant devant les caméras du monde entier un charnier annoncé comme la face visible d'un massacre de plusieurs milliers de personnes, ordonné par Ceausescu. Beau prétexte pour assassiner le dictateur et sa femme et les désigner comme les boucs émissaires de toutes les horreurs de l'un des pires régimes totalitaires en Europe.

Au moment voulu, les manipulateurs sont sortis de l'ombre et, sous le nom de Front du salut national, ont ramassé le pouvoir sans coup férir, poussant sur le devant de la scène un jeune et fringant Premier Ministre, Petre Roman, fils d'un haut nomenklaturiste étroitement lié aux services soviétiques depuis l'avant-guerre.

Inutile de préciser que, dans ces circonstances, les victimes du régime communiste et les démocrates qui espéraient sortir du cauchemar, n'eurent pas droit à la parole. Et quand ils tentèrent d'élever la voix, Ion Iliescu les fit tabasser et bastonner par des bandes de mineurs – ou de membres de l'ex-Securitate déguisés en mineurs – qui avaient ordre de « casser de l'intello ». C'est les 14 et 15 juin 1990 que se déroulèrent à Bucarest ces scènes de lynchage officiel que les Roumains nommèrent « minériades ».

De son côté, Petre Roman affirmait que les victimes du communisme – emprisonnés compris – n'avait pas dépassé les dix mille, alors que le chiffre réel aurait dû être multiplié par cinquante. Enfin, la plainte déposée par le sénateur Constantin Dumitrescu, président de l'Association des anciens détenus politiques, contre deux cents tortionnaires connus de la Securitate, fut classée sans suite et peu après, le sénateur fut victime d'un grave accident de la route provoqué, opération caractéristique des méthodes de la Securitate.

Dans un tel climat, impossible de mener le moindre procès du régime communiste et de ses tortionnaires qui soit s'enfuirent à l'étranger pour échapper à toute condamnation éventuelle, soit moururent tranquillement dans leur lit, soit même… se propulsèrent au sommet du pouvoir.

Et pourtant ! La minériade poussa quelques intellectuels à réagir. Menés par la poétesse Ana Blandiana, ils créèrent une association, l'Académie civique, qui décida de se battre pour apprendre aux citoyens roumains la vérité sur leur propre histoire, après un demi-siècle de dictature, d'enfermement et de censure. L'Académie civique se lança dans la création d'un Mémorial à la mémoire des victimes du communisme et de la Résistance, installé dans la petite ville de Sighet. L'association publia, en 1998, l'édition roumaine du *Livre noir du communisme* dont le tirage fut épuisé en quelques semaines, et, dans la foulée, m'invita en Roumanie.

Sighet

C'est en 1999 que, pour la première fois, je me rends à Sighet. En raison d'une malchance insigne, je rate mon avion – le seul que j'aie jamais raté –, puis j'attrape à Bucarest l'un des rares trains pour Sighet, un train de nuit. Même en pleine après-midi et par un chaud soleil, la gare est franchement glauque, fréquentée par une faune indéfinissable de filles très jeunes, outrageusement maquillées et déshabillées, et de petites bandes de garçons dont j'expérimente très vite la méthode qui consiste à grimper dans les wagons quelques minutes avant le départ, à dévaliser les voyageurs et à s'enfuir à toutes jambes.

Un trajet de 450 kilomètres, 14 heures d'un wagon-lit d'époque, qui vous font arriver au petit matin dans les brumes du Maramures, province du nord-ouest de la Roumanie, coincée entre la Hongrie à l'Ouest, la Ruthénie subcarpathique – l'extrémité orientale de la Tchécoslovaquie, occupée et annexée par Staline en 1945 – au nord, et à l'est la Bucovine, terre des monastères, souvent fortifiés en raisons des incessantes invasions ottomanes, et dont les murs extérieurs des églises sont couverts de magnifiques fresques de style byzantin.

Du train qui roule à toute petite vitesse sur une voie unique, je découvre un paysage de collines très semblable au piémont des Pyrénées. La nature y est encore sauvage : c'est ici que Ceausescu et ses hôtes de marque venaient chasser l'ours. Le mode de vie rural y reste très traditionnel – ce fin fond de l'Europe a bien résisté à la pénétration communiste – : pas de tracteurs mais des chevaux omniprésents dans les champs, sur les routes, dans les rues des villages ; des greniers à foin originaux et superbes, et de belles fermes individuelles. Les gens y ont conservé des mœurs rustiques : les mariages s'y déroulent encore au son des musiques traditionnelles – violon, flûte, tambour. Le mets de choix y est toujours un large morceau de couenne de cochon, légèrement grillé, roulé comme un cigare et plongé dans un pot de gros sel, le tout arrosé de quelques bonnes lampées de *palinka*, l'alcool de prune local.

Le train ne va pas plus loin. Terminus Sighet, la « capitale » du Maramures, située sur la Tisza, une rivière qui prend sa source en Ukraine et se jette dans le Danube en amont de Belgrade, après avoir traversé la Roumanie et la Hongrie. Impression de bout du monde, mais je suis accueilli avec des fleurs par Ana Blandiana, par son mari Romulus Rusan et une joyeuse équipe.

Sighet est alors une triste petite ville tout en longueur, sale, aux rues parsemées de nids de poule et où les seuls bâtiments à peu près en état sont les églises – catholique, orthodoxe, luthérienne – qui datent de l'époque où le Maramures appartenait à l'Empire austro-hongrois. Nous sommes dans la ville natale d'Elie Wiesel, mais ici, les nazis ont exterminé la communauté juive dont la seule trace est un vieux cimetière laissé à l'abandon.

L'hôtel où nous logeons, sur la place principale, ressemble à un vaste caravansérail assez délabré. Le robinet du lavabo ne délivre un filet d'eau qu'un quart d'heure le matin et le soir. Des passants pauvrement vêtus, des enfants gitans qui vont pieds nus et mendient, peu de voitures dans les rues, mais des carrioles dont les chevaux sont joliment harnachés – le seul « progrès » sous le communisme a été le remplacement des roues en fer par des vieux pneus récupérés. Seul signe de vie encourageant, ces nombreux paysans en chapeau et ces robustes paysannes en fichus multicolores et jupes courtes mais bouffantes, qui tiennent marché tous les jours.

Derrière ce décor quelque peu désespérant, je découvre soudain une entreprise extraordinaire, inimaginable dans ce coin perdu au fin fond de l'Europe. A deux cents mètres de l'hôtel, à deux rues à droite, se dresse un imposant bâtiment en parfait état : la prison. Car tout a fini et tout recommence dans cette prison. C'est là que les communistes ont détruit la Roumanie d'avant 1940, c'est là que la Roumanie d'après 1989 reprend le cours de son histoire.

Le Mémorial

Après 1945, Sighet était à la fois l'un des points les plus éloignés de Bucarest et situé sur la frontière soviétique. Pour cette double raison, le régime communiste y emprisonna, à partir de 1948, et y extermina les principales personnalités roumaines de l'opposition. C'est ici que Iuliu Maniu, le grand leader du Parti national-paysan et ex-Premier Ministre, mourut de manque de soins en 1951, tout comme cet autre ex-Premier Ministre, Constantin Bratianu, le chef du Parti national-libéral. L'un des principaux historiens roumains, Gheorge Bratianu, qui avait soutenu sa thèse à la Sorbonne et était le collègue et l'ami de Marc Bloch, y subit le même sort en 1953, à peine âgé de 54 ans. Tout comme deux autres anciens premiers ministres et neuf évêques de rite catholique et gréco-catholique. Au total, cent quarante personnalités assassinées à petit feu et jetées dans les fosses communes d'un terrain vague, dont, aujourd'hui encore, les dépouilles n'ont pu être identifiées.

Or, cette prison, désaffectée depuis longtemps – la plupart de ses « clients » ayant trépassé –, était quasiment en ruine quand, en 1993, Ana Blandiana et ses amis de l'Académie civique décidèrent d'y créer le Mémorial. Il serait trop long de décrire leur invraisemblable parcours du combattant pour obtenir que la municipalité et l'Etat leur cèdent le bâtiment, puis pour faire reconnaître ce projet par le Conseil de l'Europe, et enfin pour récolter les fonds nécessaires à la réhabilitation du bâtiment, tant auprès d'institutions internationales – en particulier la Fondation Konrad Adenauer – que de nombreux Roumains exilés à l'étranger sous le régime communiste.

Une fois réhabilitée, la prison a été transformée en musée. Curieusement, ce bâtiment de deux étages, prison modèle de la fin de l'empire austo-hongrois, organisée autour d'un long couloir aux murs percés de dizaines de lourdes portes, et aux deux extrémités éclairées d'une haute verrière, ressemble à la nef d'une cathédrale et appelle à la méditation. Plus de soixante cellules y sont aménagées en autant de lieux d'exposition. Ici, une cellule est consacrée aux prisons, là au goulag du canal du Danube où périrent des milliers de forçats dans le creusement d'un chantier sans objet, plus loin aux asiles psychiatriques à caractère politique, puis aux lieux d'exécution, et aux fosses communes.

Une place de choix est réservée aux victimes. Une salle est consacrée à Maniu. Une autre à la famille Bratianu. Une autre encore aux populations d'origine allemande ou serbe, installées en Roumanie depuis des siècles et déportées en bloc dans la nuit de la Pentecôte 1951 – 43 899 hommes, femmes et enfants abandonnés au beau milieu de la steppe insalubre du Baragan.

Les bourreaux ne sont pas oubliés : ceux du parti communiste – qui ne comptait que quelques centaines de membres lors de sa prise de pouvoir sous occupation soviétique –, ceux de la Securitate – il y a même la reproduction d'une salle d'interrogatoire –, ceux qui mirent en œuvre la terrible expérience de la prison de Pitesti où, sous peine de mort, des dizaines d'étudiants anticommunistes – ou tout simplement catholiques ou orthodoxes – furent contraints de se torturer les uns les autres, tant physiquement que psychologiquement, jusqu'à ce que leur personnalité soit détruite ou… que mort s'ensuive.

Plus surprenantes, les cellules qui évoquent la résistance opposée par la population à l'oppression communiste. La résistance armée dans les montagnes, dont les derniers combattants furent assassinés en 1962. La résistance passive des paysans à la collectivisation. La résistance massive des ouvriers en grève à Brasov le

15 novembre 1987. La résistance isolée des intellectuels et dissidents. Le tout dans une mise en forme muséographique très professionnelle, élaborée par une conservatrice du musée de Bucarest – fille d'un prisonnier politique – qui, presque seule, protégea ses collections du désastre lors de la « vraie-fausse » révolution de 1989.

Dans la cour de la prison, un groupe statuaire symbolise les martyrs. Par une rampe dont les murs portent les noms des victimes jusqu'ici recensées, on accède jusqu'à un lieu de recueillement.

Inauguré officiellement en 1997, le Mémorial a été déclaré d'intérêt national par le Parlement. Aujourd'hui, de toute la Roumanie affluent des visiteurs – des touristes, des groupes scolaires – qui découvrent la véritable histoire de leur pays au cours du dernier demi-siècle, une histoire tragique largement occultée par le pouvoir néocommuniste depuis 1989.

Histoire et mémoire

L'Académie civique a accompagné la création du Mémorial d'un très important travail d'histoire et de mémoire. Face au pouvoir qui bloquait l'accès aux archives et à l'Académie roumaine qui, en dépit de la disparition de son « président d'honneur » (Ceausescu), manifestait toujours sa soumission au gouvernement, elle a engagé dès 1992 une énorme entreprise d'histoire orale, enregistrant des milliers d'heures de témoignages des victimes. Depuis 1995, elle a organisé plusieurs colloques internationaux sur l'histoire du communisme en Roumanie, et elle publie cinq collections – Actes des colloques, Documents, Histoire orale etc. – qui totalisent déjà plus de vingt mille pages. Et, bien entendu, elle constitue pas à pas une importante bibliothèque mise à disposition des chercheurs.

Cependant, cette activité ne secouant que faiblement l'inertie générale, Ana Blandiana et Romulus Rusan ont décidé de reprendre le problème à la base, avec la jeune génération. En 1999, ils ont créé une école qui regroupe au Mémorial, chaque été pendant huit jours, une centaine de jeunes de 15 à 18 ans, venus de toute la Roumanie – et aussi de la République de Moldavie, province roumaine occupée et annexée par Staline en 1940 –, sélectionnés sur la base d'un concours de même principe que notre concours de la Résistance.

Depuis plusieurs années, Ana Blandiana m'a demandé d'être le « recteur » de cette école, titre bien pompeux pour une tâche qui consiste avant tout à veiller à ce que les cours commencent à l'heure, que les conférenciers n'endorment pas leur jeune auditoire à coup d'exposés trop longs ou trop académiques, que chacun puisse poser les questions qui lui tiennent à cœur et que soient tirées, de temps en temps, quelques conclusions synthétiques. Interviennent alternativement des témoins, des acteurs historiques et des universitaires roumains et étrangers.

On y vit des moments uniques. Ainsi, quand, en 2002, l'invité d'honneur, Vladimir Boukovski, raconta pendant plusieurs heures son expérience de dissident, martyrisé dans les « hôpitaux » psychiatriques soviétiques, devant un auditoire bouleversé. Plus tard, « Volodia » était ravi de converser en russe la moitié de la nuit – vodka à l'appui – avec les jeunes Moldaves, alors en pleine révolte contre leur gouvernement toujours communiste qui tentait de réimposer le russe obligatoire dans les écoles et les lycées. Grandes leçons de dignité et de résistance à l'oppression.

Autre moment magique, en juillet 2005, quand dans la « nef » de la prison-Mémorial, devant les élèves réunis, une violoniste joua la *Chaconne* de Bach. Cette jeune femme, petite-fille d'un prisonnier politique, dont la mère s'était exilée en France, et qui venait pour la première fois à Sighet avec sa propre fille adolescente, sut faire passer une formidable émotion et faire ressentir le caractère tragique du lieu.

Moment terrible, aussi, avec le témoignage de Ioanna Raluca : son père, militaire de carrière, était le chef d'un maquis anticommunistes ; traqué depuis 1949, il fut arrêté en 1958 à la suite d'une trahison, jugé et exécuté. Arrêtée, sa femme fut condamnée à perpétuité et mourut en prison. Leur fille – Ioanna –, alors très jeune, fut confiée à un orphelinat et ce n'est qu'après 1989 qu'elle découvrit la vérité, et seulement en 1997 qu'elle fut autorisée par la justice à porter le nom de son père, Toma Arnautoiu.

Moment inattendu quand, le 14 juillet, la centaine d'élèves s'est levée pour chanter une joyeuse *Marseillaise* – apprise où ? quand ? comment ? A ce moment précis, j'ai regretté que l'ambassadeur de France ne soit jamais allé jusqu'à Sighet et que la France demeure largement indifférente à la tragédie vécue par tous ces pays d'Europe centrale et orientale communisés par la terreur.

Depuis un an ou deux, la situation de Sighet s'améliore, une certaine prospérité s'y manifeste ; quant aux jeunes de l'école d'été, ce ne sont plus les adolescents un peu tristes et très pauvres de la fin des années 1990. Ils sont tous armés de portables, de baladeurs, de numériques, parlent plusieurs langues, sont allés à l'étranger. La nouvelle Roumanie entre en scène, bien décidée à s'en sortir, mais aussi à regarder en face la tragédie vécue par ses parents et grands-parents. Encore faudrait-il, pour que la réunification européenne ait un sens, que les Européens de l'Ouest prennent conscience de cette tragédie et contribuent au pénible travail d'his-

toire et de mémoire, seul moyen, à terme, de reconstruire l'identité de sociétés dévastées par l'oppression
communiste.

CHAPITRE XXIII

L'honneur perdu
de la gauche européenne[1]

Le 25 janvier 2006, l'Assemblée parlementaire du Conseil de l'Europe a examiné une résolution et une recommandation concernant la condamnation des « crimes des régimes communistes totalitaires ». Cette séance a donné lieu à un long travail préparatoire d'un groupe de 28 parlementaires – dont 16 venant de pays ayant connu des régimes communistes et 12 d'Europe occidentale – qui, dès le 10 juillet 2003, avaient signé une motion dans ce sens. Le 14 décembre 2004, se tint à Paris une audition spécialisée du Conseil de l'Europe sur le même thème qui entendit quatre experts – le dissident russe bien connu Vladimir Boukovski, deux universitaires estonien et polonais et moi-même au titre de co-auteur du *Livre noir du communisme* – et qui donna lieu à un débat approfondi avec les députés. Enfin, le rapporteur, le député suédois Göran Lindblad, se rendit en mission d'information en Bulgarie en mai puis en Estonie et en Russie en juin 2005. Le rapport qu'il a rendu le 15 décembre 2005 était donc le fruit d'un travail sérieux et mûri. M. Lindblad y appelle l'attention sur le fait que « le grand public est très peu conscient des crimes commis par les régimes communistes » et il propose au Conseil de l'Europe d'adopter une déclaration officielle en faveur de la condamnation de ces crimes.

Dans son projet de Résolution, il souligne (point 5) que ceux-ci « n'ont pas été condamnés par la communauté internationale, comme cela a été le cas pour les horribles crimes commis au nom du national-socialisme ». Il précise (point 3) que ces crimes « ont été justifiés au nom de la théorie de la lutte des classes et du principe de la dictature du prolétariat ». Il invite (point 13) « tous les partis communistes ou post-communistes des Etats membres qui ne l'ont pas encore fait à réexaminer l'histoire du communisme et leur propre passé, à prendre clairement des distances par rapport aux crimes commis par [ces] régimes et à les condamner sans ambiguïté ». Enfin, il espère (point 14) que cette résolution « encouragera les historiens du monde entier à continuer leurs recherches visant à établir et à vérifier objectivement le déroulement des faits ».

Le Conseil ne disposant d'aucun pouvoir législatif et encore moins judiciaire ou exécutif, cette résolution, au demeurant fort modérée, appelait donc à une simple condamnation morale. Elle a pourtant déchaîné la fureur des partis communistes et postcommunistes européens. Tandis que le chef du PC grec – l'un des plus orthodoxes – affirmait : « Le Conseil de l'Europe a déclaré la guerre à la classe ouvrière » [sic], le PCF s'est distingué, dès le 12 janvier 2006, par un communiqué qui montre que, derrière ses belles déclarations, ce parti conserve ses vieux réflexes.

Il y critique d'abord l'affirmation de la résolution selon laquelle « le crime de masse a été, dans les pays de pouvoir communiste, non pas le fruit des circonstances mais le résultat d'une politique longuement préméditée […] ». Or les historiens ont bien montré que si, comme pour tout événement, les circonstances ont joué un rôle dans l'émergence, à partir de 1917, de la dimension criminelle du mouvement communiste, c'est bien la volonté et l'idéologie d'un homme – Lénine –, de ses successeurs et de ses émules, qui ont transformé dès 1918 cette terreur conjoncturelle en méthode de gouvernement.

Le communiqué en renvoie la responsabilité au « stalinisme […] perversion terrible d'un idéal communiste qui ne peut pas séparer la liberté, la justice sociale et les droits imprescriptibles de la personne ». Or dans aucun texte de Lénine parvenu au pouvoir on ne trouve la moindre référence à ces valeurs, considérées par les bolcheviks comme « bourgeoises ». Au contraire, ce ne sont qu'appels à la guerre civile, à la « dictature du prolétariat », à l'extermination des ennemis de classe, avec passage à l'acte dans la foulée. Marx lui-même, dans le *Manifeste du parti communiste* de 1848, fustigeait ces « valeurs éternelles » – liberté, justice – et concluait son texte sans ambages : « Les communistes déclarent ouvertement qu'ils ne peuvent atteindre leurs objectifs qu'en détruisant <u>par la violence</u> [souligné par nous] l'ancien ordre social. » Il y a toujours eu une articulation forte entre la doctrine des bolcheviks – le communisme du XXe siècle – et leur pratique.

Le communiqué du PCF s'enfonce ensuite dans la désinformation pure, affirmant que la résolution « vise à établir officiellement un signe d'égalité entre le communisme et le nazisme », voire « en identifiant le communisme et le nazisme » ; il assure même que « le projet de résolution participe de la négation de l'exceptionnalité du phénomène nazi. Il contribue ainsi à la banalisation du génocide des juifs ». Bien entendu, rien – absolument rien – dans la résolution ne correspond à ces déclarations calomnieuses qui montrent que, depuis 1997 et le débat sur le *Livre noir du communisme*, le PCF continue de refuser toute approche comparative des régimes totalitaires, pourtant admise et pratiquée par la plupart des spécialistes européens des mouvements communiste, nazi et fasciste au xxᵉ siècle.

Qualifier de négationnistes ceux qui s'attachent à établir la réalité des crimes du communisme : voilà le genre d'amalgame qui rappelle les plus belles heures du stalinisme triomphant. Le génocide des Juifs d'Europe n'a pas été plus « exceptionnel » que l'extermination par la famine organisée de millions de paysans ukrainiens par Staline en 1932-1933 ou que l'assassinat de près d'un quart de la population cambodgienne par les Khmers rouges de 1975 à 1979. Tenter d'établir, comme le fait le PCF, un classement dans l'horreur et une concurrence des victimes à seule fin de couvrir sa propre responsabilité n'est tout simplement pas digne d'un parti démocratique.

Plus grave encore, le PCF dénonce la résolution comme « un projet liberticide », qui « veut mettre le communisme au ban de la conscience démocratique universelle », qui, « annonce la possibilité de futures interdictions ou condamnations légales » – imaginaires ! –, qui « se prépare donc [ah, ce "donc" !] à instituer de fait un délit d'opinion » – toujours imaginaire – et enfin qui « ferait peser une grave menace sur la vie publique de notre continent ». Rien de moins. Nous atteignons ici la fameuse « double pensée » décrite par Orwell : plus on dénonce un crime, plus on attente aux libertés. CQFD !

Il est vrai que de tels « arguments » ne sont guère surprenants dans un pays où quelques icônes trotskistes ou maoïstes plastronnent sur les plateaux de télévision et où l'on vend tout à fait légalement des tee-shirt à l'effigie du KGB – en lettres cyrilliques, c'est plus exotique ! – alors que cette organisation criminelle aurait dû être condamnée internationalement depuis longtemps.

A la réflexion, on se demande pourquoi le PCF a réagi avec autant de fureur et pourquoi Marie-George Buffet

– qui avant d'être secrétaire nationale du parti a été professeur d'histoire – a cautionné un communiqué aussi absurde. En effet, la résolution ne visait que « les régimes communistes » et reconnaissait même, dans son point 4, que « malgré les crimes [de ces régimes], certains partis communistes européens ont travaillé à la réalisation de la démocratie ». Il faut croire que dans l'inconscient des communistes français, le poids de la complicité morale et politique avec le totalitarisme soviétique continue de peser lourd.

Tout le tapage fait par les communistes contre la résolution – y compris une manifestation devant le siège du Conseil de l'Europe le jour de la discussion – s'est retrouvé dans les débats : les quinze députés qui ont pris la parole pour soutenir la Résolution étaient tous d'Europe de l'Est ou de l'ex-URSS – à l'exception de deux Français, MM. Schreiner et Legendre, qui ont fort bien parlé –, tandis que huit députés s'y opposaient, dont quatre Européens de l'Ouest.

M. Einarsson, représentant de la Gauche unie (communiste) suédoise a condamné la résolution, estimant que si des « violations massives des droits de l'homme ont été commises », c'était « par des régimes ou par des partis qui se prétendaient communistes » ou qui s'étaient « autoproclamés communistes ». Il ignore sans doute que c'est Lénine en personne qui, en mars 1918, a changé le nom de son parti social-démocrate pour l'intituler communiste.

Quant au représentant du groupe socialiste, il a exigé que le texte soit renvoyé en commission sous prétexte « qu'en condamnant une idéologie, il condamne des idéalistes qui se sont battus pour les libertés ». Question : Iejov, qui organisa sous Staline la Grande Terreur et envoya à la mort 700 000 personnes en 1937-1938, était-il un idéaliste épris de libertés ? Afin de ne pas chagriner quelques milliers de démocrates fourvoyés dans le communisme, faut-il oublier les millions de victimes ?

Mais l'opposant le plus farouche a été le député russe Ziouganov, parlant au nom de 73 partis communistes « qui représentent les travailleurs qui n'ont pas la possibilité de donner leur avis » – sans doute pensait-il aux travailleurs nord-coréens, chinois, vietnamiens, cubains… Or Ziouganov n'est autre que le chef du Parti communiste de Russie, successeur en ligne directe des Lénine, Staline, Brejnev et autres Andropov ! Peut-on imaginer que dix-sept ans après la fin de la Deuxième Guerre mondiale, le chef d'un parti néonazi aurait pu, devant le Conseil de l'Europe, vilipender une résolution condamnant les crimes du nazisme ?

La plupart des députés est-européens ont, bien entendu, été scandalisés de ces prises de position. Et même Madame Saks, la socialiste estonienne, a refusé de voter avec son groupe : elle a rappelé que « de nombreux parlementaires ont été témoins directs des faits qui sont dénoncés » et a reconnu que « l'histoire exige la recherche de la vérité même s'il est difficile à certains de l'admettre en raison de leur implication personnelle ».

Après un tel débat, le résultat du vote n'a guère été surprenant : 99 pour, 42 contre et 12 abstentions. Qu'un tiers des députés se soit prononcé contre une condamnation simplement morale des crimes des régimes communistes, voilà qui en dit long sur la persistance de l'influence de cette idéologie totalitaire et des réseaux qui la portent.

Le résultat de ce vote laissait présager le sort de la recommandation qui était présentée lors de la même séance. Celle-ci proposait au Conseil des ministres du Conseil de l'Europe de prendre un certain nombre de décisions, en particulier d'organiser un débat international sur ces crimes, de mettre en place un comité d'experts indépendants chargé de recueillir et d'analyser les informations et la législation relatives aux violations des droits de l'homme dans ces régimes, de lancer une campagne publique de sensibilisation à ces crimes et d'organiser une conférence internationale sur le sujet. En outre, pour les pays ayant connu le pouvoir communiste, il était recommandé de faciliter la communication des archives, de sensibiliser aux crimes commis par ces pouvoirs – y compris par « la révision des manuels scolaires » –, d'inaugurer une journée et des monuments commémoratifs pour les victimes et d'ouvrir des musées consacrés à ce thème.

Pour être adoptée, une telle recommandation devait recueillir les deux tiers des voix. Il n'y en eut que 85, contre 50 et 11 « courageuses » abstentions. Dans cette affaire, les socialistes ont clairement rejoint les communistes et « post-communistes » pour aboutir à ce résultat qui déshonore non seulement la gauche européenne, mais l'Europe tout entière. Il est extrêmement inquiétant pour la démocratie européenne que, dix-sept ans après l'effondrement du mur de Berlin, on en soit encore là, preuve, s'il en était besoin, de l'utilité pédagogique de la démarche de M. Lindblat et de ses collègues.

La chose est d'autant plus scandaleuse que, au même moment, le commissaire européen aux droits de l'homme, M. Alvaro Gil-Robles, après avoir déclaré le 16 février 2006 sur Europe 1 que « les Européens doivent être particulièrement exigeants sur le respect des valeurs démocratiques », a dénoncé le camp d'internement de Guantanamo en le comparant... au Goulag ! On croit rêver : Guantanamo, 500 prisonniers, arrêtés en Afghanistan alors qu'ils s'entraînaient à la guérilla dans des camps d'Al-Quaida, nourris, soignés, exempts de travail forcé, un seul décès après trois ans d'internement ; le Goulag soviétique : 15 millions de prisonniers, pour la plupart des civils – y compris des femmes et des enfants –, nourris, soignés, logés et contraints à un travail forcé dans des conditions entraînant souvent la mort, des centaines de milliers de victimes – sans compter les innombrables goulags communistes de Chine, du Vietnam, de Corée du nord etc. On peut certes condamner l'absence de statut légal du camp de Guantanamo, mais on demeure stupéfait que M. Gil-Robles, qui est censé être un spécialiste de la violation des droits de l'homme, en arrive à une telle confusion intellectuelle.

Le vote scandaleux du Conseil de l'Europe ne semble pas avoir interpellé notre classe intello-médiatique parisienne, beaucoup plus friande de dizaines de pages sur les responsabilités françaises dans le trafic d'esclaves voilà deux siècles – en « oubliant » au passage que l'un des effets positifs majeurs de la colonisation française en Afrique a été l'arrêt de la pratique de l'esclavage dans ces régions – que de la tragédie vécue par nos frères européens de l'Est et de Russie pendant des décennies.

Et le débat n'a pas tardé à quitter le Conseil de l'Europe pour toucher le monde des historiens. Après avoir salué le vote et la modération de la résolution adoptée, et avoir au passage rappelé à l'ordre (moral) les communistes français, Nicolas Werth et Jean-Louis Margolin ont critiqué le rapport de M. Lindblat, écrivant dans *Le Monde* du 3 février 2006 : « Les archives des ex-pays communistes sont présentées comme très peu ouvertes, ce qui fera sourire tout historien des communismes d'Europe et de Russie (les statistiques du goulag et des exécutions staliniennes ont été établies avec un haut degré de précision et publiées). » Or une telle remarque ne fait pas rire du tout l'historien du communisme que je suis. En effet comment oser une telle affirmation alors qu'on ignore si la grande famine organisée par Staline en Ukraine en

1932-1933 a fait 3, 4 ou 5 millions de morts, et si les soldats soviétiques exécutés sommairement sur le front par la police politique entre 1941 et 1945 ont été 50 000, 100 000 ou 120 000 ? Ces « experts » peuvent-ils nous préciser combien des 520 000 Tchétchènes déportés en cinq jours de février 1944 – essentiellement des femmes, des enfants et des vieillards – lors de la plus grande opération de déportation de l'histoire mondiale sont morts en chemin et sur leurs lieux d'exil ? Et combien la guerre civile déclenchée par Lénine entre 1918 et 1922 a fait de victimes ? Non bien entendu. Chacun sait que les archives du KGB et de l'Armée rouge demeurent largement fermées – a-t-on retrouvé les dizaines de volumes du dossier de Soljenitsyne ? –, tandis que les archives chinoises, vietnamiennes, cubaines, nord-coréennes sont complètement fermées.

Quant aux archives des régimes communistes d'Europe de l'Est, leur situation est diverse. Relativement ouvertes là où la sortie de communisme s'est effectuée par une révolution anticommuniste – en Allemagne, en Estonie, en République tchèque –, elles sont beaucoup plus fermées dans des pays comme la Bulgarie, la Roumanie, l'Albanie, la Moldavie – sans parler de l'ex-Yougoslavie – où les réseaux communistes se sont largement maintenus au pouvoir. Je rappellerai ici quelques exemples récents des pressions exercées sur des historiens pour les empêcher d'accéder à une documentation lourde de secrets longtemps cachés.

Ainsi l'historien roumain Marius Oprea, spécialiste de la Securitate – la sinistre police politique de Ceausescu – a eu les plus grandes difficultés à accéder à des archives et a subi de très fortes pressions et menaces depuis ses publications. Il vient heureusement d'être nommé par le Premier Ministre de son pays à la tête d'un nouvel institut chargé de rechercher des preuves contre les hommes du régime communiste coupables de crimes et qui n'ont toujours pas été inquiétés[2].

Le directeur général des archives d'Etat albanaises, M. Shaban Sinani, qui a publié en 2005 un ouvrage contenant des documents d'archives sur la répression du régime d'Enver Hodja contre le fameux écrivain Ismaïl Kadaré, a été purement et simplement « viré » de son poste[3].

Le journaliste polonais Bronislaw Wildstein, qui a signalé en 2004 qu'il existait dans les archives des listes nominatives avec des dossiers – sans même qu'il indiquât le contenu de ces dossiers – a été lui aussi « viré » de son journal.

Il est donc irresponsable pour des historiens français de laisser croire à l'opinion que les archives du communisme sont parfaitement accessibles dans les ex-« démocraties populaires » et dans l'ex-URSS – sans parler des pays où le communisme est toujours au pouvoir –, et que l'on disposerait désormais des chiffres exacts du bilan des crimes communistes. Un travail de plusieurs décennies sera encore indispensable avant d'avoir sous les yeux un tableau complet et fiable.

On l'aura compris, le vote de la résolution du Conseil de l'Europe n'est qu'un premier pas sur le long et douloureux chemin qui mènera à une prise de conscience générale de la tragédie qu'a été le communisme au pouvoir, en particulier sur le continent européen. Il est urgent que soit battu en brèche un négationnisme rampant – qui instrumentalise une hypermnésie des crimes nazis et une amnésie des crimes communistes –, entretenu pas divers réseaux communistes, et que la gauche non communiste revienne sur l'aveuglement, voire la complaisance, qui sont encore les siens à l'égard de ses « partenaires » communistes. Il le faut, ne serait-ce que pour la mémoire des innombrables victimes anonymes qui ont disparu dans les caves et les goulags. Il le faut si l'on ne veut pas que la réunification européenne se transforme en fracture de la mémoire européenne et porte des fruits amers.

puis la mémoire des anecdotes du vieux courtisan,
qui ont toujours dans les récits et les journaux, il n'est
que l'on se veut pas, que la signifiait en rappelant se
remarque, en mémoire de la suce de se montrait et
des traits des fautes.

CHAPITRE XXIV

Vous avez dit « négationnisme » ?[1]

Chacun sait que parmi les innombrables joyeusetés de « l'exception française » figure en bonne place un négationnisme d'extrême droite qui prétend que dans les chambres à gaz n'ont été exterminés que des poux. Mais voilà que, pour ne pas être en reste, le bord opposé adopte à son tour la même posture.

Au printemps dernier, Annie Lacroix-Riz, professeur à l'université Paris VII en Histoire contemporaine, a lancé un site internet pour appeler ses collègues à la mobilisation contre un innommable mensonge qui courrait le monde depuis soixante-dix ans : non, mesdames et messieurs, il n'y a pas eu de famine en Ukraine en 1932-1933, et encore moins une famine qui aurait fait plusieurs millions de morts, et surtout pas une famine organisée par le pouvoir soviétique lui-même. Pour preuve : des dizaines de dépêches du Quai d'Orsay des années 1930 confirmant l'absence de famine. A la rigueur une disette.

Il est pour le moins stupéfiant que quinze ans après l'effondrement de l'URSS et l'ouverture d'une partie significative des archives soviétiques, l'« experte » Lacroix-Riz continue de confondre une disette – « manque, insuffisance de vivres » (Robert) – et une famine – un manque d'aliments qui fait qu'une population souffre de la faim au point d'en mourir. Mais cette confusion est-elle involontaire ? Pourtant, Voltaire, déjà, avait souligné qu'une disette pouvait dégénérer en famine...

Non seulement Mme Lacroix-Riz ignore les témoignages de base, celui de Miron Dolot (Ramsay, 1986), ou le livre-mémorial élaboré dès 1987 par deux journalistes ukrainiens, Lidia Kovalenko et Volodymyr Maniak, qui ont, pour la première fois en URSS, levé un coin du voile sur ce sujet absolument tabou, en recueillant plus de 6 000 témoignages de survivants et en sélectionnant 450 (voir *1933, l'année noire. Témoignages sur la famine en Ukraine*, Albin Michel, 2000), mais elle ne tient aucun compte des règles élémentaires du travail de l'historien. A aucun moment elle ne s'interroge sur les conditions de production de ces fameuses et sacro-saintes dépêches du Quai d'Orsay. La « professeure » Lacroix-Riz a-t-elle jamais lu l'inénarrable chapitre consacré par Sophie Cœuré au voyage d'Edouard Herriot en URSS à l'été 1933 et dont ce mentor de la diplomatie française tira en 1934 un livre, *Orient*, où il jurait ses grands dieux (déjà) qu'il n'y avait pas de famine en Ukraine, comme le lui avait confirmé... Kalinine, le président du Soviet suprême ! Or les archives soviétiques démontrent que ce voyage avait été entièrement « fabriqué » – « à la Potemkine » – par le NKVD, la police politique de Staline (*La Grande lueur à l'Est*, Le Seuil, 1999).

De surcroît, elle ignore tout autant les nombreux travaux tirés des archives soviétiques, synthétisés tant par Nicolas Werth dans le *Livre noir du communisme* (chap. VIII « La grande famine », Robert Laffont, 1997) que par Françoise Thom (*Quand tombe la nuit*, chap. XII « La "dékoulakisation" et la famine », L'Age d'homme, 2000). Elle ignore plus encore les innombrables ouvrages en langue anglaise, à commencer par le classique de Robert Conquest, *Sanglantes moissons* (Robert Laffont, 1995).

A propos, Mme Lacroix-Riz est-elle au courant que le fameux journaliste américain Walter Duranty, qui avait reçu le prestigieux Prix Pulitzer précisément pour ses reportages « remarquablement informés » sur l'URSS en 1933, censés démontrer l'absence de famine, est l'objet aux Etats-Unis d'une forte campagne réclamant sa déchéance *post mortem* de ce prix : les archives soviétiques révèlent qu'il était très grassement payé pour écrire ces contre-vérités notoires.

Alain Besançon, dans son remarquable ouvrage sur le *Malheur du siècle* – le XXᵉ –, s'interrogeait sur les raisons qui, en France, ont présidé à une hypermnésie des crimes du nazisme et à une amnésie des crimes du communisme. Il aura ici un début de réponse : pour des raisons qui semblent de toute évidence politiques et idéologiques, certains enseignants chargés de former les jeunes générations pratiquent une euphémisation et une dénégation qui relèvent du négationnisme.

CHAPITRE XXV

Manipulation de l'histoire : continuité d'une pratique soviétique

Le président-Premier ministre russe, Vladimir Poutine, s'intéresse de très près, et depuis longtemps, à la manière dont s'élabore l'histoire de l'URSS, attitude dont je rappelais, dans l'article ci-après de septembre 2008[1], combien cette attention semblait s'inscrire dans une certaine continuité soviétique du contrôle du pouvoir sur l'histoire. Cette démarche a été reprise par le président Dmitri Medvedev qui, le 19 mai 2009, a signé un décret créant une « Commission auprès de la présidence pour empêcher les tentatives de falsification de l'Histoire portant atteinte aux intérêts de la Russie ». Cette commission, dirigée par le directeur de cabinet du président, Sergueï Naryshkin, sera composée de responsables du ministère de la Défense et des services de sécurité, de députés de la Douma, de conseillers de la présidence et... de quelques historiens. Selon un projet de loi déposé par un groupe de députés de la Douma, les Russes et les étrangers accusés par la commission d'imputer à l'Armée rouge des atrocités ou des occupations illégales de territoires durant la Deuxième Guerre mondiale seront passibles de trois ans de prison. Si cette imputation est émise par un fonctionnaire ou diffusée dans les médias, la peine sera de cinq ans[2]. Tout ceci rappelle le tristement célèbre article 190.1 ajouté par la

direction soviétique au Code pénal le 15 septembre 1966
et qui condamnait à de la prison « la diffusion d'inven-
tions notoirement fausses dénigrant l'Etat soviétique et
l'ordre social ».

Si cette commission et ce projet de loi ne sont pas abro-
gés, les historiens russes ou les historiens étrangers tra-
vaillant sur les archives de l'ex-URSS ne pourront bientôt
plus parler objectivement de l'invasion par l'Armée rouge
et de la soviétisation par le NKVD de la Pologne en sep-
tembre 1939 puis à nouveau en 1944-1945, ni de celles
des Etats baltes, de la Bessarabie et de la Bucovine du
Nord en juin 1940 puis à nouveau en 1944. Evoquer le
massacre des officiers polonais à Katyn sera – à nouveau
– un crime ! Il est clair que le gouvernement russe cherche
à bloquer par tous les moyens le travail d'histoire et de
mémoire qui, seul, permettrait aux peuples de la Fédéra-
tion de Russie de sortir de la tragédie communiste.

Quand il fut expulsé d'URSS en 1974, Alexandre
Soljenitsyne lança un appel resté célèbre et qui était au
cœur de son action de dissident : « Ne pas vivre dans le
mensonge ». Il le commentait ainsi : « C'est là justement
que se trouve, négligée par nous, mais si simple, si
accessible, la clef de notre libération : le refus de participer personnellement au mensonge ! »

Il est vrai que le mensonge était un tropisme du pouvoir tsariste, symbolisé par les trop fameux « villages
Potemkine » – mise en scène d'une paysannerie heureuse sur le trajet de la Grande Catherine. Mais le mensonge est surtout une caractéristique fondamentale des
régimes totalitaires qui interprètent l'histoire au filtre
puissant de leur idéologie – qu'elle soit de classe ou de
race –, et qui surtout, après s'être emparé pouvoir,
s'arrogent le monopole de l'expression publique de la
pensée. A travers le monopole de la presse, de l'ensei-
gnement et des médias audiovisuels, et grâce à de puis-

sants appareils de censure appuyés sur la terreur, ils peuvent à loisir imposer leur récit historique, aussi fantaisiste soit-il au regard de la vérité historique.

Cette logique a été mise en œuvre de manière systématique et avec férocité par Staline qui, non content de faire caviarder les visages de ses ennemis politiques sur les photos officielles et de faire retirer leurs écrits des bibliothèques, était allé jusqu'à réécrire lui-même l'histoire de la révolution russe. En effet, en avril 1937, à l'apogée de la Grande Terreur qui entraîna l'assassinat par le NKVD de plus de 700 000 personnes en quatorze mois, Staline se préoccupait de réunir une commission restreinte chargée d'élaborer une histoire officielle du Parti communiste (bolchevik) d'Union soviétique (PCbUS). Le dictateur établit lui-même le plan de l'ouvrage, les douze thèmes à traiter, rédigea le chapitre consacré au matérialisme dialectique et historique, et réécrivit des paragraphes et des pages entières.

Tiré à des centaines de milliers d'exemplaires, le *Précis d'histoire du PCbUS*, où Staline demeurait le seul héros avec Lénine, devint immédiatement, pour tous les Soviétiques, une « bible » historique obligatoire. Traduit dans de nombreuses langues, le *Précis* fut accueilli avec enthousiasme par les communistes du monde entier. Ainsi le PCF le publia-t-il en 1939 à cent mille exemplaires, l'accompagnant d'une campagne de propagande à la gloire du « génial Staline », et il le republia à plusieurs reprises après 1945. Le PCF n'avait d'ailleurs pas attendu l'exemple du *Précis* pour établir sa propre orthodoxie « historique » en publiant en 1937 le fameux *Fils du peuple*, autobiographie signée de Maurice Thorez, tirée à plus de 300 000 exemplaires, qui réécrivait l'histoire de la France contemporaine et du PCF pour la plus grande gloire du secrétaire général.

L'un des signes majeurs de l'effondrement de l'URSS a été, dès les années de la perestroïka, entre 1988 et

1991, une véritable effervescence dans le domaine d'une information véridique sur l'histoire du régime communiste, portée en particulier par une association, Memorial, qui, forte de centaines de milliers de membres dans toute l'Union, s'attachait à honorer la mémoire des innombrables victimes du régime bolchevique. Ce mouvement s'accompagna d'un début d'ouverture des archives soviétiques, jusque-là strictement verrouillées, et Mikhaïl Gorbatchev comme Boris Eltsine reconnurent officiellement le caractère mensonger de certaines « vérités historiques » proclamées par le régime depuis des décennies – comme l'attribution aux nazis du massacre des milliers d'officiers polonais à Katyn en 1940.

On pensa même un moment, en 1992-1993, que le procès du PCUS, activement initié par le dissident soviétique Vladimir Boukovski, permettrait d'accéder à une condamnation officielle des crimes soviétiques, accompagnée d'une ouverture complète des archives du pouvoir bolchevique. Or, il n'en a rien été. Très vite, des hommes issus du cœur de l'ancien régime – le KGB et l'Armée rouge – ont ressaisi le pouvoir, bien décidés à poursuivre la stratégie d'amnésie et d'amnistie inaugurée par Nikita Khrouchtchev lors de son fameux « Rapport secret » de février 1956, où Staline était désigné comme unique coupable et où seuls quelques crimes contre des communistes étaient pris en compte. Ils ont dès 1994 cherché à réduire l'accès aux archives, en particulier celles du KGB et de l'Armée rouge. Mais cela ne leur a pas suffi et ils ont depuis peu, sous la contrainte extérieure, décidé d'imposer une nouvelle version officielle de l'histoire soviétique.

En effet, le 26 janvier 2006 a été présenté devant l'assemblée parlementaire du Conseil de l'Europe un projet de « recommandation » concernant la mémoire des « crimes des régimes communistes », qui proposait de « faciliter l'ouverture des archives » et de « sensibili-ser à la mémoire des crimes des régimes communistes, y compris par la révision des manuels scolaires ». Rejetée pas tous les députés communistes ou néocom-munistes – en particulier du Parti communiste russe qui n'a jamais été inquiété – mais aussi des socialistes occi-dentaux, cette « recommandation » n'a pas obtenu les deux tiers des voix nécessaires à son adoption.

Et, en réaction, Vladimir Poutine a compris la « recommandation » à sa manière. Déjà, le 7 mai 2005, il avait publié dans *Le Figaro* un étonnant article intitulé « Les leçons de la victoire sur le nazisme » où il repre-nait tous les poncifs des manuels soviétiques – auquel, avec mon collègue Jean-Louis Panné, nous avons répondu dans *Le Figaro* du 30 mai 2005 sous le titre « Les leçons d'histoire du "professeur" Poutine ».

En 2007, tout comme durant la période soviétique, le maître du Kremlin a estimé que l'histoire était une chose trop sérieuse pour être laissée aux historiens et a décidé de réviser à sa manière les manuels scolaires. Il a fait publier un livre intitulé *Une histoire de la Russie moderne, 1945-2006 : un manuel pour les enseignants d'histoire*. Ignorant délibérément les années 1917-1941, l'ouvrage s'inspire largement de la vulgate soviétique et surtout réhabilite Staline, décrit comme « l'un des diri-geants les plus efficaces de l'URSS » grâce à qui « à la suite des purges, une nouvelle couche administrative s'est formée, adaptée aux objectifs de modernisation » du pays. *In fine*, ce manuel de formation des ensei-gnants stigmatise les ennemis de Poutine – en particu-lier l'ancien P-DG de la société Ioukos, Mikhaïl Kodorkovski, jeté en prison, dépouillé de tous ses biens et condamné à des années de camp de concentration – et glorifie la politique du Président. Bref, un petit air bien connu...

Devant les immédiates protestations de nombreux enseignants et de l'association Memorial, Poutine a reçu, en juin 2007, un groupe d'historiens pour leur expliquer que, sous la pression étrangère, les manuels des années 1990 voulaient imposer aux Russes « un sentiment de culpabilité » au lieu de leur inculquer « un sentiment de fierté ». Comme si l'on pouvait être fier d'être le pays où un certain Lénine a inventé le totalitarisme, et dont les chefs communistes ont envoyé 15 millions de leurs citoyens au Goulag, ont fait périr dans une famine organisée au moins 4 millions d'Ukrainiens en 1932-1933, organisé la plus grande opération de déportation de l'histoire mondiale en déportant en cinq jours de février 1944 toute la population tchétchène – soit 520 000 personnes –, et colonisé pendant quarante-cinq ans la moitié de l'Europe ! Vous avez dit « repentance » ?

Le plus étonnant est que cette offensive de réécriture de l'histoire est aujourd'hui relayée en France par l'irruption sur notre scène historienne de Natalia Narotchinskaïa. Cette ex-députée à la Douma du groupe ultranationaliste Rodina, qui se présente elle-même comme « une figure emblématique de la renaissance patriotique russe », vient de publier *Que reste-il de notre victoire ? Russie-Occident : le malentendu* (Editions des Syrtes) qui semble tout droit sorti des officines du KGB brejnévien. Cet invraisemblable salmigondis pseudo-historique attaque violemment les dissidents et même « l'intelligentsia cosmopolite soviétique qui haïssait Staline » (p. 46). Son auteur explique benoîtement que cette pauvre Russie-URSS est persécutée depuis des siècles par de méchants Occidentaux qui ne veulent pas reconnaître « le territoire historique de la Russie » – qui bien entendu correspond à l'empire des tsars à son apogée, Pologne, Etats baltes, Géorgie et Tchétchénie compris !

Les récents événements de Géorgie ont permis aux dirigeants russes de manifester leur nouvelle « fierté patriotique » et leur sens du « territoire historique » qui se nourrit de l'impérialisme tsariste, de l'expansionnisme totalitaire bolchevique et de la pratique stalinienne de manipulation de l'histoire. Alors que les chars russes envahissaient la Géorgie, le président Medvedev s'est empressé d'accuser les Géorgiens de « génocide ». C'est « oublier » un peu vite quatre faits patents. En effet, voici déjà deux siècles que les Russes tentent, sans succès, de coloniser des Géorgiens fiers de leur langue, de leur culture et de leur indépendance. M. Medvedev « oublie » qu'en 1921 l'Armée rouge a envahi, occupé et soviétisé une Géorgie indépendante dirigée par un gouvernement socialiste menchevique. Il « oublie » aussi que le premier exploit criminel du fameux Lavrenti Beria, qui fut sous Staline le chef de la terreur mise en œuvre par le KGB du futur lieutenant-colonel V. Poutine, a été d'écraser sauvagement, en 1924, le mouvement de résistance indépendantiste dans sa Géorgie natale. Enfin, s'il évoque un génocide imaginaire, M. Medvedev « oublie » un nettoyage ethnique bien réel : en 1992-1993, sur pression russe, les 300 000 Géorgiens d'Abkhasie – région autonome de la Géorgie peuplée alors de 500 000 habitants – ont été spoliés et chassés *manu militari*. Décidément, rien de tel qu'une bonne amnésie à géométrie variable pour réécrire l'histoire à sa main politique. Et sur ce point, la continuité est évidente entre méthodes soviétiques et poutiniennes. A cette différence qu'aujourd'hui des historiens russes indépendants du pouvoir relèvent le gant et contestent ouvertement la vision officielle, pour le plus grand honneur du peuple russe.

MEMORIAL ou l'honneur retrouvé des historiens russes

C'est en 1987, au début de la perestroïka, qu'un groupe de citoyens soviétiques décida de s'organiser pour ériger un « mémorial » à la mémoire des victimes du régime communiste. Dès juin 1988, plus de 50 000 signatures avaient été obtenues en soutien de ce projet. En dépit des innombrables embûches tendues par le KGB et les hiérarques du PCUS, qui s'inquiétaient de l'expansion continue de ses militants, Memorial est devenue en janvier 1989 une association de dimension nationale, gérée et dirigée démocratiquement. Son premier président fut le dissident bien connu, Andreï Sakharov.

Ses objectifs étaient la lutte contre le totalitarisme, la défense des droits de l'homme et de l'Etat de droit, l'établissement de la vérité sur les crimes du régime soviétique, la lutte pour le libre accès aux archives et autres sources documentaires, la commémoration du souvenir des victimes et l'aide juridique pour leur réhabilitation.

En 1990, les militants de Memorial ont érigé, en face de la Loubianka – le siège à Moscou de la sinistre police politique soviétique pendant soixante-quatorze ans –, un monument à la mémoire des victimes : un bloc de granit sur lequel est gravé « En mémoire, ramené du camp spécial des Solovki ». Les îles Solovki, camp ouvert en 1920 et devenu dès 1923, sous Lénine, le premier complexe concentrationnaire soviétique...

Lors de la tentative de putsch de l'été 1991, les militants de Memorial ont été de tous les combats démocratiques. Mais, après le retour au pouvoir des hommes du KGB à la fin de la présidence d'Eltsine, Memorial a commencé à rencontrer de plus en plus de difficultés de la part des autorités, en particulier pour l'accès aux archives et dans sa lutte pour une information véridique sur la guerre en Tchétchénie.

Aujourd'hui dirigée par Arseni Roginski et Nikita Petrov, éditrice de dizaines d'ouvrages sur la terreur et la répression en URSS, l'association Memorial demeure l'un des principaux môles de résistance à la politique d'amnésie et d'amnistie que tentent d'imposer les syndics de faillite du régime communiste.

NOTES

INTRODUCTION

1. Stéphane Courtois (sous la dir.), *Dictionnaire du communisme*, Paris, Larousse, 2007, 640 p.

PREMIÈRE PARTIE

LÉNINE ET LES ORIGINES DU TOTALITARISME

CHAPITRE I
Lénine et les origines du totalitarisme

1. Stéphane Courtois (sous la dir.), *Quand tombe la nuit. Origines et émergence des régimes totalitaires en Europe, 1900-1934*, Lausanne, L'Age d'homme, 2001, 416 p.

2. Lénine, « Réponse à Kievski », in *Œuvres*, Paris/Moscou, Editions sociales/Editions en langues étrangères, 1959, t. 23, p. 22.

3. Voir Georges Nivat, « Les racines russes du totalitarisme », *in* Stéphane Courtois (sous la dir.), *Quand tombe la nuit...*, *op. cit.*, pp. 17-22.

4. Voir Dominique Colas, « Lénine et la terreur de masse », *in idem*, pp. 47-62.

5. Lénine, *Œuvres, op. cit.*, t. 23, p. 286 et 298.

6. Voir Tzvetan Todorov, « Scientisme et totalitarisme », *in* S. Courtois (sous la dir.), *Quand tombe la nuit, op. cit.*, pp. 291-300.

7. Lénine, *Œuvres, op. cit.*, t. 23, p. 298.

8. *Idem.*, p. 322.

9. *Idem*, p. 325.

10. *Idem*, p. 320.

11. *Idem*, p. 273.

12. *Idem*, p. 292.

13. *Idem*, p. 316.

14. *Idem*, p. 319.

15. *Idem*, p. 318.

16. *Idem*, p. 325.

17. *Idem*, p. 339.

18. Lénine, *Œuvres, op. cit.*, t. 23, p. 25.

19. Cité in Nicolas Werth, « Un Etat contre son peuple », *in* S. Courtois, N. Werth *et alii, Le Livre noir du communisme*, Paris, Robert Laffont, 1997, p. 86.

20. Karl Kautsky, *Communisme et terrorisme*, Paris, Editions Jacques Povolozki, 1920, p. 164.

21. Karl Kautsky, *La Dictature du prolétariat*, Paris, UGE, « 10/18 », 1972, p. 219.

22. Cf. George Mosse, *De la Grande Guerre au totalitarisme. La brutalisation des sociétés européennes*, Paris, Hachette, 1999.

23. Voir François Furet, *Le Passé d'une illusion. Essai sur l'idée communiste au XXᵉ siècle*, Paris, Robert Laffont, 1995.

24. Lénine, *Œuvres, op. cit.*, t. 23, p. 326.

25. *Idem*, p. 232.

26. *Idem*, p. 234 et 235.

27. Lénine, « Les bolcheviks garderont-ils le pouvoir ? », *Œuvres, op. cit.*, t. 26, p. 101.

28. *Idem*, p. 101.

29. Cf. Nicolas Werth, « Les bolcheviks et la restauration du "principe de l'Etat", 1917-1922 », *in* S. Courtois (sous la dir.), *Quand tombe la nuit..., op. cit.*, pp. 113-128.

30. Cf. Serge Adamets, « A l'origine de la diversité des mesures de la famine soviétique : la statistique des prix, des

récoltes et de la consommation », *Cahiers du Monde russe*, octobre-décembre 1997, pp. 559-586.

31. Lénine, « Les bolcheviks... », art. cit., p. 104.

32. Cité par Lénine *in* « L'opportunisme et la faillite de la IIe Internationale », janvier 1916, *Œuvres, op. cit.*, t. 23, p. 122.

33. K. Kautsky, *La Dictature du prolétariat, op. cit.*, pp. 176-177.

34. Cf. François Bafoil, « Weber critique de Marx. Eléments d'une interprétation de la crise des systèmes bureaucratiques communistes », *L'Année sociologique*, n° 2, 1998, pp. 385-415.

35. Cf. F. Bafoil, *art. cit*, p. 391.

CHAPITRE II
Guerre et totalitarisme

1. Stéphane Courtois, « Guerre et totalitarisme », *Histoire et Liberté*, n° 36, automne 2008, pp. 41-50.

2. George Mosse, *De la Grande Guerre au totalitarisme. La brutalisation des sociétés européennes*, préf. de Stéphane Audoin-Rouzeau, Paris, Hachette Littératures, 1999, 294 p.

3. Voir Michelle-Irène Brudny, « Le totalitarisme : histoire du terme et statut du concept », *Communisme*, n° 47-48, 1996, pp. 13-32 ; Bernard Bruneteau, *Les Totalitarismes*, Paris, Armand Colin, 1999, 240 p. ; Enzo Traverso, *Le Totalitarisme. Le XXe siècle en débat*, textes choisis et présentés, Paris, Le Seuil, 2001, 922 p. ; Jean Chaunu, *Le Paradigme totalitaire. Christianisme et totalitarisme en France dans l'entre-deux-guerres*, Paris, François Xavier de Guibert, 2009, 309 p.

4. Emilio Gentile, « Parti, Etat et monarchie dans l'expérience totalitaire fasciste », *in* Stéphane Courtois (sous la dir.), *Quand tombe la nuit..., op. cit.*, pp. 245-246.

5. François Furet, *Le Passé d'une illusion. Essai sur l'idée communiste au XXe siècle*, Paris, Robert Laffont/Calmann-Lévy, 1995, p. 34.

6. *Idem*, p. 51.

7. François Furet, Ernst Nolte, *Fascisme et communisme*, Paris, Hachette Littérature, 2000, p. 13.

8. F. Furet, *Le Passé d'une illusion, op. cit.*, p. 33.

9. Gilbert Merlio, « La pensée de l'histoire chez Ernst Nolte », *in* Ernst Nolte, *Fascisme et totalitarisme*, Paris, Robert Laffont, coll. « Bouquins », 2008, p. 713.

10. Voir Michael Confino, *Violence dans la violence. Le débat Bakounine-Netchaïev*, Paris, François Maspero, 1973, pp. 97-105.

11. René Cannac, *Netchaïev, du nihilisme au terrorisme*, Paris, Payot, « Bibliothèque historique », 1961, p. 175.

12. Nicolaï Tchernychevski, *Que faire ? Les hommes nouveaux*, préf. de Yolène Dilas-Rocherieux, Paris, Editions des Syrtes, 2000, 376 p.

13. Voir dans cet ouvrage, le Chapitre III, « Lénine et l'invention du totalitarisme ».

14. Voir dans cet ouvrage, le Chapitre I, « Lénine et les origines du totalitarisme ».

15. Dominique Colas, « Lénine et la terreur de masse », *in* S. Courtois, *Quand tombe la nuit, op. cit.*, pp. 47-62.

16. Voir Simon Sebag Montefiore, *Le Jeune Staline*, Paris, Calmann-Lévy, 2008, 500 p.

17. Rosa Luxemburg, *La Révolution russe*, traduit par Gilbert Badia, Pantin, Le Temps des cerises, 2000, p. 39.

18. Voir Rafaël Lemkin, *Qu'est-ce qu'un génocide ?*, présentation par Jean-Louis Panné, Paris, Editions du Rocher, 2008, 320 p.

19. Voir Jean-Marie Argelès, « La terreur en Allemagne nazie, 1933-1939 », *in* S. Courtois (sous la dir.), *Une si longue nuit. L'apogée des régimes totalitaires en Europe, 1935-1953*, Paris, Editions du Rocher, 2003, pp. 191-204.

20. Sur ce concept, voir dans cet ouvrage, le Chapitre XIX, « Rafaël Lemkin et la question du génocide en régime communiste ».

CHAPITRE III
Lénine et l'invention du totalitarisme

1. « Lénine et l'invention du totalitarisme », *in* Stéphane Courtois (sous la dir.), *Les logiques totalitaires en Europe*, Paris, Editions du Rocher, coll. « Démocratie ou totalitarisme », 2006, 614 p., ici pp. 180-204.

2. Hannah Arendt, *Les Origines du totalitarisme*, Paris, Gallimard, coll. « Quarto », 2002, p. 628.

3. *Idem*.

4. Richard Pipes, *The Unknown Lenin*, New Haven/Londres, Yale University Press, 1998, 216 p.

5. Voir les excellents travaux de Dominique Colas : *Le Léninisme. Philosophie et sociologie politiques du léninisme*, Paris, PUF, 1982 ; et *Lénine et le léninisme*, Paris, PUF, « Que sais-je ? », 1987. Voir également Annie Kriegel, *Le Système communiste mondial*, Paris, PUF, 1984.

6. Voir Robert Service, *Lenin. A biography*, Cambridge (Mass.), Harvard University Press, 2000, 562 p.

7. Lénine, *Que faire ?*, Paris/Moscou, Editions sociales/Editions du progrès, 1969, p. 13.

8. On trouvera le texte du catéchisme du révolutionnaire et les circonstances des relations Netchaïev-Bakounine dans le livre de Michael Confino, *Violence dans la révolution*, Paris, Maspero, 1973, 212 p.

9. Nikolaï Tchernychevski, *Que faire ?*, *op. cit.* Pour le contexte intellectuel, voir Alain Besançon, *Les Origines intellectuelles du léninisme*, Paris, Calmann-Lévy, « Agora », 1977, 384 p.

10. Cité par Nicolas Werth, « Un Etat contre son peuple », *in* Stéphane Courtois, Nicolas Werth *et alii*, *Le livre noir du communisme*, Paris, Robert Laffont, 1997, p. 144.

11. Lénine, *Que faire ?, op. cit.*, p. 193

12. *Idem*, p. 244.

13. *Idem*, p. 11

14. *Idem*, pp. 114-115

15. *Idem*, p. 117.

16. *Idem*, p. 183.

17. Léon Trotski, *Rapport de la délégation sibérienne*, Paris, Spartacus, 1970, p. 61.

18. *Idem*, p. 82.

19. *Idem*, p. 73.

20. *Idem*, p. 72.

21. *Idem*, pp. 84-85.

22. *Idem*, p. 64.

23. *Idem*, p. 81.

24. Voir Dominique Colas, « Lénine et la terreur de masse », *in* Stéphane Courtois (sous la dir.), *Quand tombe la nuit...*, *op. cit.*, pp. 47-62.

25. Lénine, *Œuvres, op. cit.*, t. 11, p. 178, cité par D. Colas, *Lénine et le léninisme, op. cit.*, p. 47.

26. Voir dans cet ouvrage le Chapitre I, « Lénine et les origines du totalitarisme ».

27. Voir dans cet ouvrage le Chapitre IV, « Le communisme du XXᵉ siècle ou la guerre civile permanente ».

28. Lénine, *Œuvres, op. cit.*, t. 23, p. 339.

29. Lénine, *Œuvres, op. cit.*, t. 23, p. 25.

30. H. Arendt, *Les origines...*, *op. cit.*, p. 618.

31. Lénine, *Œuvres*, « Les bolcheviks garderont-ils le pouvoir ? », *Œuvres, op. cit.*, t. 26, p. 104.

32. Voir dans cet ouvrage le Chapitre II, « Guerre et totalitarisme ».

33. Voir dans cet ouvrage le Chapitre V, « Du parti de révolutionnaires professionnels au parti-Etat totalitaire ».

34. Orlando Figes, *La Révolution russe, 1891-1924 la tragédie d'un peuple*, Paris, Denoël, 2007, p. 634.

35. *Ibidem*.

36. Maxime Gorki, *Pensées intempestives*, Lausanne, L'Age d'homme, 1975, p. 106

37. Voir dans cet ouvrage le Chapitre VI, « La terreur, moyen ordinaire de gouvernement ».

38. Voir Nicolas Ross, *La Mort du dernier tsar*, Lausanne, L'Age d'homme, 2001, 314 p.

39. Lénine, « Comment organiser l'émulation ? », *Œuvres, op. cit.*, t. 26, p. 429

40. Voir dans cet ouvrage le Chapitre XIX, « Rafaël Lemkin et la question du génocide en régime communiste ».

41. Voir dans cet ouvrage le Chapitre XVIII, « De Babeuf à Lemkin : génocide et modernité ».

42. Voir Pierre Pascal, *Journal*, Lausanne, L'Age d'homme, t. III, 1982, pp. 45-48.

43. Voir dans cet ouvrage, le Chapitre VII, « Lénine et la destruction de l'intelligentsia russe ».

44. Cf. N. Werth, « Un Etat contre son peuple », *Le Livre noir du communisme, op. cit.*, p. 83.

45. Voir dans cet ouvrage le Chapitre VIII, « Comment comprendre Staline ».

CHAPITRE IV

Le communisme du xxe siècle
ou la guerre civile permanente

1. Publié dans *L'Histoire*, n° 311, juillet-août 2006.

2. Karl Marx, *Le Manifeste du parti communiste*, Paris, Editions Champ libre, 1983, éd. bilingue, p. 42.

3. Karl Marx, *La Guerre civile en France*.

4. Premier mouvement révolutionnaire russe, le populisme se développa entre 1870 et 1880, avec pour objet de libéraliser le régime tsariste par l'éveil politique des masses paysannes.

5. Lénine, *Œuvres, op. cit.*, t. 23, p. 339.

6. Lénine, *Œuvres, op. cit.*, t. 26, p. 62

7. Ces 21 conditions sont republiées *in extenso* dans Stéphane Courtois, Marc Lazar, *Histoire du Parti communiste français*, Paris, PUF, 1995, pp. 50-53.

8. Sur ces « kominterniens », on lira le témoignage de Jan Valtin, *Sans patrie ni frontières*, Paris, Self, 1947 ; et aussi Annie Kriegel et Stéphane Courtois, *Eugen Fried. Le grand secret du PCF*, Paris, Seuil, 1997, 448 p.

9. Ernst Nolte, *La Guerre civile européenne, 1917-1945*, Paris, Les Syrtes, 2000, 666 p.

10. Cf. « La Chine », *L'Histoire* n° 300 (spécial) ; et aussi la remarquable biographie de Jung Chang et Jon Halliday, *Mao. L'histoire inconnue* (Paris, Gallimard, 2006, 836 p.) qui démystifie largement les légendes de la propagande maoïste.

11. Antonio Elorza, Marta Bizcarrondo, « La guerre d'Espagne et le pendule totalitaire », *in* S. Courtois (sous la dir.), *Une si longue nuit…, op. cit.,* pp. 113-136.

12. Voir Claudio Pavone, *Une guerre civile. Essai historique sur l'éthique de la Résistance italienne,* Paris, Seuil, 2005, 990 p. Voir aussi Victor Zaslavsky, *Lo stalinismo e la sinistra italiana,* Milan, Mondadori, 2004, chapitres I et II sur l'appareil militaire du PCI en 1945 et le projet d'insurrection de 1948.

13. Voir Philippe Buton, « L'entretien entre Maurice Thorez et Joseph Staline du 19 novembre 1944 », *Communisme,* n° 45-46, 1996, pp. 7-30.

14. Sur la guerre civile en Pologne après 1944, voir Rafal Wnuk, « L'ennemi numéro un : la résistance clandestine », et Robert Spalek, « Contre les siens : la recherche de "l'ennemi intérieur" en Pologne, 1948-1956 », *Communisme,* n° 93-94, 2008, pp. 5-26 et pp. 27-50.

15. Voir l'analyse novatrice de la guerre civile grecque par Nikos Marantzidis, « La logique communiste dans la guerre civile grecque, 1943-1949 », *in* S. Courtois (sous la dir.), *Les logiques totalitaires en Europe, op. cit.,* pp. 295-310.

CHAPITRE V

Du parti de révolutionnaires professionnels au parti-Etat totalitaire

1. Cet article a été publié dans Stéphane Courtois (sous la dir.), *Dictionnaire du communisme,* Paris, Larousse, 2007.

2. Cité *in* Oleg Khlevniouk, *Le cercle du Kremlin. Staline et le Bureau politique dans les années 30 : les jeux du pouvoir,* Paris, Le Seuil, coll. « Archives du communisme », 1996, pp. 52-53.

3. Cité *in* S. Courtois, M. Lazar, *Histoire du Parti communiste français, op. cit.,* p. 52

4. Voir Annie Kriegel, *Les communistes français. Essai d'ethnographie politique,* Paris, Le Seuil, éd. complétée, 1985, 400 p.

CHAPITRE VI
La terreur : moyen ordinaire de gouvernement

1. Cet article a été publié dans Stéphane Courtois (sous la dir.), *Dictionnaire du communisme*, Paris, Larousse, 2007.

2. Sur l'histoire du courant communiste, voir Yolène Dilas Rocherieux, « L'éternel communisme », *in* S. Courtois (sous la dir.), *Dictionnaire du communisme*, Paris, Larousse, 2007, pp. 22-28 ; et aussi *L'Utopie ou la mémoire du futur, de Thomas More à Lénine*, Paris, Robert Laffont, 2000, rééd. Pocket 2008.

3. Nicolas Werth, « Un Etat contre contre son peuple », *in* S. Courtois, N. Werth *et alii*, *Le Livre noir du communisme*, Paris, Robert Laffont, 1997, p. 84.

4. *Idem*.

5. Lénine, *Œuvres, op. cit.*

6. Voir dans cet ouvrage, le Chapitre VII, « Lénine et la destruction de l'intelligentsia russe ».

7. Sur « l'expérience Pitesti », voir Virgil Ierunca, *Pitesti, laboratoire concentrationnaire, 1949-1952*, préf. de François Furet, Paris, Michalon, 1996, 152 p. ; Irena Talaban, *Terreur communiste et résistance culturelle. Les arracheurs de masques*, Paris, PUF, 1999, 304 p. ; Ruxandra Cesereanu, « Torture et horreur : le phénomène Pitesti », *Communisme*, n° 91-92, 2007, pp. 85-98.

8. Le film de Florian Henckel von Donnersmark, *La Vie des autres*, rend bien ce climat de surveillance constante et de délation.

9. Voir Andrzej Paczkowski, « La Pologne victime de deux totalitarismes, 1939-1945 », *in* S. Courtois (sous la dir.), *Une si longue nuit. L'apogée des régimes totalitaires en Europe, 1935-1953*, Paris, Editions du Rocher, 2003, pp. 238-270.

10. Voir Mart Lazar, « L'Estonie et le communisme », *in* S. Courtois (sous la dir.), *Du passé faisons table rase ! Histoire et mémoire du communisme en Europe*, Paris, Robert Laffont, 2002, p. 229-312.

11. Voir Victor Zaslavsky, *Le Massacre de Katyn. Crime et mensonge*, Paris, Editions du Rocher, 2003, 166 p., republié Perrin, 2007.

12. Voir dans cet ouvrage, le Chapitre XIX, « Rafaël Lemkin et la question du génocide en régime communiste ».

13. Voir dans cet ouvrage, le Chapitre XVIII, « De Babeuf à Lemkin : génocide et modernité ».

14. Voir N. Werth, « Un Etat contre son peuple », *Le livre noir du communisme*, *op. cit.*, p. 112-117.

15. *Idem*, p. 74.

CHAPITRE VII
Lénine et la destruction de l'intelligentsia russe

1. Lesley Chamberlain, *The Philosophy Steamer. Lenin and the exile of the intelligentsia* Londres, Atlantic Books, 2006, 414 p.). Mon compte rendu est paru dans la revue *Sociétal*, n° 55, 1er trimestre 2007.

2. Michel Heller, « Premier avertissement : un coup de fouet. L'histoire de l'expulsion des personnalités culturelles hors de l'Union soviétique en 1922 », *Cahiers du monde russe et soviétique*, 1979, pp. 131-172.

3. En dépit des appels de Gorki à Lénine, le grand poète symboliste Alexander Blok était mort de faim à Petrograd en juin 1921.

4. Le poète Nikolaï Goumilev, premier mari d'Anna Akhmatova, a été arrêté et fusillé en août 1921.

5. Ce volume a été publié en français sous la direction de Yves-Marie Cosson, *Le Changement de jalons*, Lausanne, L'Age d'homme, 2005, 248 p.

6. On trouvera une excellente description de l'affaire, sur la base des nouvelles archives soviétiques, dans Alexandre Kvachonkine, « Histoire d'une manipulation : les bolcheviks et le mouvement émigré "Changement de jalons" », *Communisme*, n° 42-44, 1995, pp. 45-56.

DEUXIÈME PARTIE

STALINE OU LE TRIOMPHE DU TOTALITARISME

CHAPITRE VIII
Comment comprendre Staline

1. Ce texte, repris et complété, a été publié dans Emmanuel Le Roy Ladurie (sous la dir.), *Personnages et caractères, XVᵉ-XXᵉ siècles*, Paris, Presses universitaires de France, 2004.

2. Simon Sebag Montefiore, *Le Jeune Staline*, Paris, Calmann-Lévy, 2008, 500 p.

3. Serge Netchaïev, « Le catéchisme du révolutionnaire », *op. cit.*, p. 105.

4. Henri Barbusse, *Staline*, Paris, Flammarion, 1935, 140 p.

5. Cité par Philippe Buton, « Le PCF à la Libération : démocratie ou démocratie populaire, », *in* S. Courtois (sous la dir.), *Une si longue nuit. L'apogée des régimes totalitaires en Europe*, *op. cit.*, p. 441. Sur la soumission de Thorez à Staline, voir « 1944-1947, les entretiens entre Maurice Thorez et Joseph Staline », *Communisme*, n° 45-46, 1996, pp. 7-76.

6. Paul Eluard, « Joseph Staline », *Les Cahiers du communisme*, janvier 1950.

7. Cité par Arkadi Vaksberg, *Staline et les Juifs. L'antisémitisme russe : une continuité du tsarisme au communisme*, Paris, Robert Laffont, 2003.

8. Cité par Michel Winock, « Les Français pleurent le petit Père des peuples », *L'Histoire*, février 2003.

9. Boris Souvarine, *Staline. Aperçu historique du bolchevisme*, Paris, Plon, 1935, rééd. Lebovici, 1985, 637 p.

10. Robert Conquest, *Staline*, Paris, Editions Odile Jacob, 1993 ; et *La Grande Terreur*, suivie de *Sanglantes moissons*, Paris, Robert Laffont, « Bouquins », 1995.

11. Nicolas Werth, « Un Etat contre son peuple », *Le Livre noir du communisme*, *op. cit.*; et aussi « Sur la Grande Terreur », *Le Débat*, novembre-décembre 2002.

12. *1933, l'année noire. Témoignages sur la famine en Ukraine*, Paris, Albin Michel, 2000. Voir aussi, dans cet

ouvrage, le Chapitre XIX, « Rafaël Lemkin et la question du génocide en régime communiste ».

13. Nous disposons depuis peu d'une remarquable biographie de Iejov : Marc Jansen, Nikita Petrov, *Stalin's loyal executioner. People's commissar Nikolaï Ejov*, Stanford, Hoover Institution Press, 2002. Toutes les indications qui suivent sur la Grande Terreur sont tirées de cet ouvrage.

14. *Ibid*, p. 108.

15. Voir Victor Zaslavsky, *Le massacre de Katyn...*, *op. cit*. Et aussi le remarquable film d'Andrzej Wajda, *Katyn*, très mal diffusé en France en 2009.

16. Sur ces bilans chiffrés, voir Alexandra Viatteau, *Staline assassine la Pologne 1939-1947*, Paris, Le Seuil, 1999 ; et Andrzej Paczkowski, « La Pologne victime de deux totalitarisme, 1939-1945 », *in* S. Courtois, *Une si longue nuit...*, *op. cit*.

17. Voir le remarquable chapitre de Marc Lazar, « L'Estonie et le communisme », *in* Stéphane Courtois (sous la dir.), *Du passé faisons table rase !...*, *op. cit.*, pp. 229-312.

18. *Le rapport secret de Khrouchtchev sur Staline au XXe congrès du P.C. soviétique*, Paris, Champ Libre, 1970, p. 43, 53, 62, 64 et 66.

19. Léon Trotski, *Staline*, Paris, Grasset, 1948, p. XIII

20. Sheila Fitzpatrick, *Le Stalinisme au quotidien. La Russie soviétique dans les années 30,* Paris, Flammarion, 2002, p. 289.

21. Charles de Gaulle, *Mémoires de guerre*, Paris, Plon, 1959.

22. Sur tout le processus de prise de contrôle du pouvoir par Staline et d'instauration d'un pouvoir personnel, voir Oleg Khlevniouk, *Le Cercle du Kremlin. Staline et le Bureau politique dans les années 30 : les jeux du pouvoir*, Paris, Le Seuil, 1996, 332 p.

23. *Idem*, p. 53.

24. Voir dans cet ouvrage le Chapitre XI, « Staline et les Juifs ».

CHAPITRE IX
Une Anne Frank au pays de Staline

1. Préface à Nina Lougovskaïa, *Journal d'une écolière soviétique*, Paris, Robert Laffont, 2005, 312 p.

2. Varlam Chalamov, *Récits de la Kolyma*, Verdier, 2003.

3. Pour les témoignages sur cette famine, voir *1933, l'année noire*, Albin Michel, 2000 ; pour l'analyse, voir Françoise Thom, « La "dékoulakisation" et la famine, 1928-1933 », *in* Stéphane Courtois (dir.), *Quand tombe la nuit. Origines et émergence des régimes totalitaires en Europe*, Lausanne L'Age d'homme, 2001.

CHAPITRE X
Journaux intimes soviétiques : la psychologie totalitaire

1. Cet article est paru dans la revue *Sociétal*, n°61, 3e trim. 2008.

2. Voir dans cet ouvrage le Chapitre IX, « Une Anne Frank au pays de Staline ».

3. *Revolution on my mind. Writing a diary under Stalin*, Cambridge Mass./Londres, Harvard University Press, 2006, 436 p.

4. Arthur Koestler, *Le Zéro et l'Infini*, Paris, Calmann-Lévy, 1945.

5. Annie Kriegel, *Les Grands Procès dans les systèmes communistes. La pédagogie infernale*, Paris, Gallimard, « Idées », 1972, 190 p.

6. Signalons qu'en même temps que l'ouvrage de Hellbeck paraissait celui d'Orlando Figes, *The Whisperers. Private life in Stalin's Russia* (Londres, Allen Lane, 2007, 740 p.), qui utilise largement les journaux intimes de citoyens soviétiques.

7. « Persécuté-persécuteur » est le titre du premier ensemble de poèmes de Louis Aragon devenu communiste, paru en 1931 et dans lequel figure le poème « Front rouge » à la gloire de la GPU.

CHAPITRE XI
Staline et les Juifs

1. Arkadi Vaksberg, *Staline et les Juifs. L'antisémitisme russe : une continuité du tsarisme au communisme*, Paris, Robert Laffont, 2003, 310 p., Préface de S. Courtois.

2. Alexandre Soljenitsyne, *Deux siècles ensemble*, en particulier le t. II *1917-1972, Juifs et Russes pendant la période soviétique*, Paris, Fayard, 2003, 608 p.

3. Voir Ilya Altman et Claudio Ingerflom, « Le Kremlin et l'Holocauste, 1933-2001 », *in* Vassili Petrenko, *Avant et après Auschwitz*, Paris, Flammarion, 2002.

4. On trouvera le texte de cet appel et ses répercussions en France dans Stéphane Courtois, Adam Rayski (sous la dir.), *Qui savait quoi ? L'extermination des Juifs 1941-1945*, Paris, La Découverte, 1987, pp. 128-131.

5. Ilya Ehrenbourg, Vassili Grossman, *Le Livre noir sur l'extermination scélérate des Juifs par les envahisseurs fascistes allemands dans les régions provisoirement occupées de l'URSS et dans les camps d'extermination en Pologne pendant la guerre de 1941-1945. Textes et témoignages*, Solin/Actes Sud, 1995, 1136 p.

6. On lira avec profit l'ouvrage de Laurent Rucker, *Staline, Israël et les Juifs*, Paris, PUF, 2001.

7. Sur Lozovski, voir en particulier Olivia Gomolinski « Juif et alors... Pour une étude de l'identité "juive-bolchevique". Le cas de Solomon Lozovski (1878-1952) », *Les Cahiers Anatole Leroy-Beaulieu*, n° 8, 2005.

CHAPITRE XII
La terreur peut être « douce »

1. Cet article a été publié dans *L'Histoire*, n° 324, octobre 2007.

2. Voir S. Courtois, N. Werth *et alii*, *Le Livre noir du communisme, op. cit.*

3. Voir Helmut Müller-Enbergs, « L'aiguillon. L'administration chargée des documents du Service de la Sûreté politique (Stasi) de l'ex-RDA », *Communisme*, n° 59-60, 2ᵉ semestre 1999, pp. 205-218.

4. Voir le numéro de *Communisme* (n° 91-92, 2ᵉ semestre 2007) entièrement consacré à l'histoire et à la mémoire du communisme en Roumanie. Voir également le Rapport officiel du gouvernement roumain sur les crimes du régime communiste : Vladimir Tismaneanu, Dorin Dobrincu, Cristian Vasile (sous la dir.), *Raport final*, Comisia Prezidentiala pentru analiza dictaturii comuniste din Romania, Bucarest, Humanitas, 2007, 880 p.

5. Voir le numéro de *Communisme* (n°93-94, 2ᵉ semestre 2008) entièrement consacré à l'histoire et à la mémoire du régime communiste en Pologne.

CHAPITRE XIII
Le Komintern : une élite de type nouveau

1. Ce texte a été publié dans Henri Bresc, Fabrice d'Almeida et Michel Sallmann (sous la dir.), *La Circulation des élites européennes*, Paris, Seli Arslan, 2002, pp. 227-240.

2. Voir dans ce même ouvrage, le chapitre VII, « Lénine et la destruction de l'intelligentsia russe ».

3. On trouvera une excellente description de ce processus dans Orlando Figes, *La Révolution russe, 1891-1924, op. cit.*

4. Sur les Internationales socialistes et communistes, *cf.* Annie Kriegel, *Les Internationales ouvrières*, Paris, PUF, 1964, coll. « Que-sais-je ? ».

5. Sur les origines du PCF, *cf.* Stéphane Courtois et Marc Lazar, *Histoire du Parti communiste français*, Paris, PUF, 2000, 2ᵉ éd. complétée avec le texte des 21 conditions, pp. 50-53.

6. *Cf.*, par exemple, les *Cahiers d'Histoire* de l'Institut de recherches marxistes dans les années 1980.

7. Voir dans ce même ouvrage le Chapitre XX, « Histoire du communisme : la révolution documentaire ».

8. L'exemple le plus malheureux est sans doute celui de Pierre Broué qui a publié en 1997 une *Histoire de l'Internationale communiste* (Paris, Fayard) ne prenant presque pas en compte les archives.

9. *Cf.* Jean-Paul Molinari, *Les Ouvriers communistes*, L'Albaron, 1991.

10. *Cf.* Souria Sadekova, « Dimitri Manouilski », *Communisme*, n° 40-41, 1995, p. 53-68.

11. *Cf.* Souria Sadekova, « Andreï Jdanov et le mouvement communiste international », *Communisme*, n° 53-54, 1998, p. 63-73.

12. *Cf.* Peter Huber, « L'Appareil du Komintern, 1926-1935 : premier aperçu », *Communisme*, n° 40-41, 1995, p. 9-36.

13. Sur Georges Dimitrov, voir Georgi Dimitrov, *Journal 1933-1949*, Paris, Belin, 2005, 1506 p. Et aussi la thèse de Mona Foscolo, « Georges Dimitrov, une biographie critique », IEP de Paris, 2004.

14. François Furet, *Le Passé d'une illusion. Essai sur l'idée communiste au xxᵉ siècle*, Paris, Robert Laffont-Calmann-Lévy, 1995, chap. 3.

15. Sur les « bio », *cf.* Stéphane Courtois, « Trois autobiographies communistes : Jacques Duclos, André Marty, Maurice Thorez », *Le Débat*, n° 107, novembre-décembre 1999, p. 162-177 ; et « Parti communiste français, Komintern et totalitarisme », *Communisme*, n° 53-54, 1998, p. 35-62. Voir surtout Annie Kriegel, Stéphane Courtois, *Eugen Fried. Le grand secret du PCF*, Paris, le Seuil, 1997, 450 p.

16. *Cf.* Stéphane Courtois, « Un été 1940. Les négociations entre le PCF et l'occupant allemand à la lumière des archives de l'Internationale communiste », *Communisme*, n° 32-34, 1993, p. 85-128.

17. *Cf.* Philippe Buton, « L'entretien entre Maurice Thorez et Joseph Staline du 19 novembre 1944 », et Mikhaïl Narinski, « L'entretien entre Maurice Thorez et Joseph Staline du 18 novembre 1947 », *Communisme*, n° 45-46, 1996, p. 7-54.

18. Gérard Belloin, *Mémoires d'un fils de paysan tourangeaux entré en communisme*, Paris, éditions de l'Atelier, 2000.

19. Arkadi Vaksberg, *Hotel Lux*, Paris, Fayard, 1993.

20. *Cf.* sa biographie *in* Jean Maitron, *Dictionnaire biographique du mouvement ouvrier français*, Paris, Editions ouvrières, t. 26, 1986, p. 112-113.

21. *Cf.* le témoignage de l'un de ces instructeurs ayant opéré en France : Victor Fay, *La Flamme et la Cendre*, Vincennes, Presses Universitaires de Vincennes, 1989.

22. *Cf.* Annie Kriegel et Stéphane Courtois, *Eugen Fried. Le grand secret du PCF, op. cit.*

23. *Cf.* Rémy Kauffer et Roger Faligot, *As-tu vu Cremet ?*, Paris, Fayard, 1991.

24. Titre de l'autobiographie que Thorez publia en France en 1937 et qui fut diffusée à plusieurs centaines de milliers d'exemplaires. Sur Maurice Thorez, *cf.* la biographie de Philippe Robrieux, *Maurice Thorez, vie secrète vie publique*, Paris, Fayard, 1975.

25. *Cf.* leurs biographies *in* Jean Maitron, *Dictionnaire biographique du mouvement ouvrier français, op. cit.*

26. *Cf.* une biographie de Gaston Plissonnier *in* Rémy Kauffer, *Eminences grises*, Paris, Fayard, 1992, p. 247-287.

CHAPITRE XIV
Le système communiste mondial,
critère d'évaluation du totalitarisme

1. Ce texte a été publié dans S. Courtois (sous la dir.), *Le jour se lève. L'héritage du totalitarisme en Europe 1953-2005*, Paris, Editions du Rocher, 2006.

2. Voir François Furet, *Le Passé d'une illusions..., op. cit.*

3. Annie Kriegel, *Le Système communiste mondial*, Paris, PUF, 1984, 272 p.

4. *Idem*, p. 8.

5. Voir dans cet ouvrage le Chapitre III, « Lénine et l'invention du totalitarisme ».

6. Voir Georgi Dimitrov, *Journal, 1933-1949*, Paris, Belin, 2005, pp. 339-340.

7. Voir Maurice Thorez, « L'entretien entre Maurice Thorez et Joseph Staline du 18 novembre 1947 », présenté par Mikhaïl Narinski, *Communisme*, n° 45-46, p. 44.

8. H. Arendt, *Les Origines du totalitarisme, op. cit.*

9. Krzystof Pomian, « Totalitarisme, autoritarisme, démocratie », in S. Courtois (sous la dir.), *Le jour se lève..., op. cit.*, pp. 57-65.

10. Voir Nicolas Werth, « L'amnistie du 27 mars 1953. La première grande sortie du Goulag », *Communisme*, n° 42-44, 1995, pp. 211-222.

11. Voir « Ouvrier et gréviste à Prague, 1953. Témoignage présenté par Karel Bartosek », *Communisme*, n°9, 1986, pp. 27-34. Voir dans le même numéro « Le "rapport secret" d'Imre Nagy (27 juin 1953) » présenté par François Fejtö, pp. 6-26.

12. Voir dans cet ouvrage le Chapitre XXI, « Le "Rapport secret" de Khrouchtchev : la fracture du système communiste ».

13. Voir Nicolas Werth, « Histoire d'un « pré-rapport secret ». Audaces et silences de la Commission Pospelov, janvier-février 1956 », *Communisme*, n° 67-68, 2001, pp. 10-38.

14. Voir Nicolas Werth, « Les enjeux politiques et sociaux du "dégel" », *in* S. Courtois (sous la dir.), *Le jour se lève…*, *op. cit.*, pp. 121-144.

15. Voir « La Révolution hongroise de 1956, nouvelles approches », *Communisme*, n° 88-89, 4ᵉ trim. 2006-1ᵉʳ trim. 2007, 262 p.

16. Annie Kriegel, *Le Système communiste…*, *op. cit.*, p. 89.

17. *Ibid.*

18. *La vérité des souterrains*, entretiens d'Ismaïl Kadaré avec Stéphane Courtois, Paris, Odile Jacob, 2006, pp. 143-205.

19. Voir Emilio Gentile, *La Voie italienne au totalitarisme*, Paris, Editions du Rocher, coll. « Démocratie ou totalitarisme », 2004, 394 p.

20. Voir dans ce même ouvrage le Chapitre XII, « La terreur peut être "douce" ».

21. Richard Pipes, *The Unknown Lenin*, New Haven/Londres, Yale University Press, 1998, 216 p.

22. Annie Kriegel, *Le Système communiste…*, *op. cit.*, p. 38.

23. Sur cette persistance, on lira le dossier « Gauches extrêmes, gauches radicales », dans la revue *2050*, n° 10, novembre 2008, pp. 13-78.

24. Sur la répression en RDA, voir Ehrhart Neubert, « Les crimes politiques en RDA », *in* S. Courtois (sous la dir.), *Du*

passé faisons table rase ! Histoire et mémoire du communisme en Europe, op. cit., pp. 445-516.

25. Voir Vladimir Boukovski, *Jugement à Moscou*, Paris, Robert Laffont, 1995, 616 p. Sur le PCI, voir Valerio Riva (en coll. avec Francesco Bigazzi), *Oro da Mosca. I finanziamenti sovietici al PCI dalla Rivoluzione d'ottobre al crollo del'URSS*, Milan, Mondadori, 1999, 880 p.

26. Voir Dominique Andolfatto, *PCF : mutation ou liquidation ?*, Paris, Editions du Rocher, 2005, p. 267 .

27. A. Kriegel, *Le Système communiste…*, op. cit., p. 60.

28. K. Pomian, « Totalitarisme, autoritarisme, démocratie », art. cit.

TROISIÈME PARTIE
COMMUNISME, CRIME CONTRE L'HUMANITÉ, GÉNOCIDE

CHAPITRE XIV
Le Livre noir et le travail historien sur le communisme

1. « Le Livre noir du communisme en débat », *Communisme*, n° 59-60, 3e et 4e trim. 1999, 320 p.

2. En 2009, le *Livre noir du communisme* en est à 26 traductions et plus d'un million d'exemplaires vendus dans le monde.

3. Anne Applebaum, « Quand une mémoire en cache une autre », *Commentaire*, n° 78, été 1997, p. 247. Depuis la publication de mon article, Anne Applebaum a publié un important ouvrage : *Goulag. Une histoire*, Paris, Grasset, 2005, 718 p.

4. Annie Kriegel, *Le Système communiste mondial*, Paris, PUF, 1984, 271 p.

5. Pour une présentation de ce travail d'influence en France entre les deux guerres, voir Sophie Cœuré, *La Grande Lueur à l'Est. Les Français et l'Union soviétique, 1917-1939*, Paris, Seuil, 1979, 360 p.

6. Stéphane Courtois, « Archives du communisme : mort d'une mémoire, naissance d'une histoire », *Le Débat*, n°77, novembre-décembre 1993.

7. Horst Möller (sous la dir.), *Der rote Holocaust und die Deutschen. Die Debatte um das* Schwarzbuch des Kommunismus (L'Holocauste rouge et les Allemands. Le débat à propos du *Livre noir du communisme*), Munich-Zurich, Piper, 1999, 250 p.

8. Pierre Rigoulot, Ilios Yannakakis, *Un pavé dans l'histoire. Le débat français sur* Le Livre noir du communisme, Paris, Robert Laffont, 1998, 224 p. Certains « universitaires » ont opté pour la passion idéologique, allant jusqu'à l'attaque *ad hominem* ; ainsi Alain Brossat qui, dans la revue de la Ligue communiste révolutionnaire, a donné un long article intitulé « A propos d'un *Livre noir* et d'un énergumène » (*Critique communiste*, n°151) ; sans doute avait-il omis de consulter son *Littré* : « Energumène : celui qui est possédé du démon ». Vous dites « diabolisation » ?

9. Marc Lazar, « *Le Livre noir du communisme* en débat », *Communisme*, n° 59-60, 1999, pp. 9-24.

10. Gilles Bataillon, « Réflexions sur l'histoire du communisme en Amérique latine », *Communisme*, n° 59-60, 3ᵉ et 4ᵉ trimestre 1999, pp. 61-80.

11. M. Lazar, art. cit.

12. Marc Lazar, art. cit ; Jean-Jacques Becker, « Quelques remarques à propos du *Livre noir* », *Communisme*, n° 59-60, 1999, pp. 25-28 ; Henry Rousso, *La Hantise du passé*, Paris, Textuel, 1998, p. 90.

13. Jacques André, *La Révolution fratricide. Essai de psychanalyse du lien social*, Paris, PUF, 1993, 254 p.

14. Iréna Talaban, *Terreur communiste et résistance culturelle. Les arracheurs de masques*, Paris, PUF, 1999, 294 p.

15. Radu Clit, *Cadre totalitaire et fonction narcissique*, Paris, L'Harmattan, 2001, 312 p.

16. M. Lazar, art. cit.

17. J.-J. Becker, art. cit.

18. Soulignons, cependant, que les huit autres coauteurs ont approuvé ce texte d'introduction et l'ont manifesté publiquement en s'associant au texte de réponse que j'ai publié

dans *Le Monde* du 20 décembre 1997 sous le titre « La Tragédie communiste ».

19. H. Rousso, *La Hantise...*, *op. cit.*, p.90

20. François Bédarida, « Praxis historienne et responsabilité », *Diogène*, n° 168, octobre-décembre 1994, pp. 7-8.

21. H. Rousso, *Stalinisme et ...*, *op. cit.*

22. Jean-Louis Margolin parle à ce propos d'une « vraie-fausse comparaison » mais n'explique pas en quoi elle serait fausse (cf. J.-L. Margolin, « Du cas cambodgien comme enjeu et révélateur », *Communisme*, n°59-60, 1999, p. 177).

23. H. Rousso, *op. cit.*, p. 17.

24. François Fejtö, Maurizio Serra, *Le Passager du siècle*, Paris, Hachette Littératures, 1999, p. 197.

25. H. Rousso, *La Hantise...*, *op. cit.*

26. Cécile Vaissié, *Pour votre liberté et pour la nôtre. Le combat des dissidents de Russie*, Paris, Robert Laffont, 1999, 442 p.

27. J.-J. Becker, art. cit.

28. *Idem*.

29. H. Rousso, *Stalinisme et...*, *op. cit.*, p. 31.

30. M. Lazar, art. cit.

31. *Le Livre noir...*, *op. cit.*, p. 25

32. Art. cit., p. 177.

33. Antony Beevor, *Stalingrad*, Paris, Editions de Fallois, 1999.

34. On pourra, pour la RDA, se reporter au chapitre complémentaire rédigé par Ehrhart Neubert dans l'édition allemande, traduit et publié dans Stéphane Courtois (sous la dir.), *Du passé faison table rase ! Histoire et mémoire du communisme en Europe*, Paris, Robert Laffont, 2002, pp. 445-514.

35. Alexandra Viatteau, *Staline assassine la Pologne*, Paris, Le Seuil, 1999, 342 p.

36. En particulier dans deux longs entretiens au journal du PCF, *L'Humanité*, les 10 et 13 décembre 1997, largement centrés sur « les perversions » du communisme.

37. *L'Histoire*, n° de janvier 1998.

38. Art. cit.

39. Nicolas Werth, « Lettre de Nikolaï Boukharine à Staline, 10 décembre 1937 », *Bulletin de l'IHTP*, n° 73, mai 1999, p. 15. Ce texte a été republié, avec une présentation plus étoffée dans *Le Débat*, n° 107, novembre-décembre 1999. Depuis, Nicolas Werth a publié les six dernières lettres de Boukharine à Staline en 1936-1937, cf. *Communisme*, n°61, 1er trimestre 2000, pp. 7-40.

40. *Idem*, p. 16.

41. *Idem*, p. 17.

42. *Idem*, p. 18

43. *Idem*.

44. *Idem*, pp. 16 et 18.

45. *Idem*, p. 19

46. *Le Monde*, 1972.

47. H. Rousso, *Stalinisme et ...*, op. cit., p. 31.

48. M. Lazar, art. cit.

49. Alain Besançon, *Le Malheur du siècle. Sur le communisme, le nazisme et l'unicité de la Shoa*, Paris, Fayard, 1998, 166 p.

50. M. Lazar, art. cit.

51. Bernard Bruneteau, *Les Totalitarismes*, Paris, Armand Colin, 1999, 240 p.

52. M. Lazar, art. cit.

53. Voir *Stalinisme et ...*, op. cit., les trois textes rédigés par N. Werth et P. Burrin.

54. J.-J. Becker, art. cit. ; H. Rousso, *Stalinisme et...*, op. cit., p. 21.

55. Krzysztof Pomian, « Post-sriptum sur la notion de totalitarisme et sur celle de "régime communiste" », in *Stalinisme et ...*, op. cit., pp. 376-378.

56. M. Lazar, art. cit.

57. Pierre Hassner, « Par-delà l'histoire et la mémoire », in *Stalinisme et ...*, op. cit., p. 368.

58. Nicolas Boukharine, *La Bourgeoisie internationale et son apôtre Kautsky*, Paris, Librairie de L'Humanité, 1925, pp. 36 et 10.

59. *Idem*, p. 36.

60. Konrad Löw, *Das Rotbuch der kommunistischen Ideologie. Marx und Engels, die Väter des Terrors*, Munich, Langen Müller, 1999, 336 p.

61. George Watson, *La Littérature oubliée du socialisme. Essai sur la mémoire refoulée*, Paris, Nil Editions, 1999.

62. Simon Leys, « Une évidence troublante », *Commentaire*, n° 81, printemps 1998, cité *in* M. Lazar, art. cit.

63. Jacques Julliard, *L'Année des fantômes*, Paris, Grasset, 1998, p. 342.

64. Alain de Benoist, *Communisme et nazisme. Vingt-cinq réflexions sur le totalitarisme au XXe siècle (1917-1989)*, Paris, Le Labyrinthe, 1998, pp. 39-40

65. *Idem*, p. 39.

66. Ian Kershaw, cité *in* Martine Fournier, « Les fractures du XXe siècle », *Sciences humaines*, n° 97, août-septembre 1999, p. 15. Cet article particulièrement orienté et plein d'erreurs (y compris dans les références), ne manque pas de reprendre la calomnie selon laquelle *Le Livre noir* « aboutit à une banalisation du nazisme, le rapprochant ainsi du courant des historiens négationnistes ».

67. Christian Guerlach, *Sur la conférence de Wannsee*, Paris, Liana Levi, 1999, 142 p.

68. *Idem*, p. 48.

69. *Idem*, p. 60.

70. *Idem*, p. 58.

71. *Idem*, p. 58.

72. *Idem*, pp. 54-55.

73. *Idem*, p. 95.

74. Annette Wieviorka, *Auschwitz expliqué à ma fille*, Paris, Le Seuil, 1999, p. 10.

75. Annette Wieviorka, « Stéphane Courtois, en un combat douteux », *Le Monde*, 27 novembre 1997.

76. M. Lazar, art. cit.

77. François Furet, Ernst Nolte, *Fascisme et communisme*, Paris, Plon/*Commentaire*, 1998.

78. Pierre Rigoulot, « L'effet *Livre noir* », *Les Cahiers d'histoire sociale*, automne-hiver 1998, p. 5.

79. Jean Daniel, « L'esprit exterminateur », *Le Nouvel Observateur*, 30 octobre 1997.

80. Jean-Marie Lustiger, « Singularité de la Shoah », *Etudes*, janvier 1998, p. 74.

81. Krzysztof Pomian, « L'impossible procès du communisme », *L'Histoire*, n° 236, octobre 1999, p. 72.

82. H. Rousso, *Stalinisme et...*, *op. cit.*, p. 18.

83. *L'Histoire*, n° 236 octobre 1999.

84. Vladimir Boukovski, *Jugement à Moscou*, Paris, Robert Laffont, 1995 ; Pierre Daix, *Le Figaro littéraire* « Le procès de Nuremberg du communisme », 6 novembre 1997.

85. Georges Mink, Jean-Charles Szurek, *La Grande conversion. Le destin des communistes en Europe de l'Est*, Paris, Le Seuil, 1999, 312 p.

86. Alexandra Laignel-Lavastine, « Fascisme et communisme en Roumanie : enjeux d'une comparaison », in *Stalinisme et...*, *op. cit.*, pp. 201-245. Voir également sa notule sur le livre d'Alexandra Viatteau, *Staline assassine la Pologne*, dans *Le Monde* (1999), et aussi son article dans *Le Monde des débats*, « Nazisme et communisme : les suites d'une controverse », n° 1, mars 1999 (notons qu'à l'origine ce mensuel avait programmé un article de Martin Malia, comme annoncé dans *L'Histoire* du même mois).

87. Nikita Petrov, « Mémorial. Historique de la création et activités actuelles », *Communisme*, n° 59-60, 3ᵉ et 4ᵉ trimestres 1999, pp.189-204.

88. Ana Blandiana, Romulus Rusan, « Le Mémorial de Sighet ou la mémoire, une forme de justice », *Communisme*, n°59-60, 3ᵉ et 4ᵉ trim. 1999, pp. 219-228.

89. Helmut Müller-Enbergs, « L'aiguillon. L'administration chargée des documents du Service de la Sûreté politique (Stasi) de l'ex-RDA », *Communisme*, n° 59-60, 3ᵉ et 4ᵉ trim. 1999, pp. 205-218.

90. H. Rousso, *Stalinisme et...*, *op. cit.*, p. 90.

91. *Idem*.

92. Cf. Pierre Grémion, *Intelligence de l'anticommunisme, le Congrès pour la liberté de la culture, 1950-1970*, Paris, Fayard, 1995.

93. « Praxis historienne et responsabilité », art. cit., p. 2.

CHAPITRE XVI

Les crimes du communisme

1. « Les crimes du communisme », *L'Histoire*, n°247, octobre 2000, pp. 36-74.

2. Emile Durkheim, *Le socialisme*, Paris, PUF, 1992, 272 p.

3. Lénine, « Réponse à Kievski », in *Œuvres*, Paris/Moscou, Editions Sociales/Editions en langues étrangères, 1959, t. 23, p. 22.

4. Voir Georges Nivat, « Les racines russes du totalitarisme », *in* Stéphane Courtois (sous la dir.), *Quand tombe la nuit..., op. cit.* pp. 17-22.

5. Jean Pasqualini, *Prisonnier de Mao : sept ans dans un camp de travail en Chine*, Paris, Gallimard, 1975.

6. Cf. Virgil Ierunca, *Pitesti, laboratoire concentrationnaire (1949-1952)*, Paris, Michalon, 1996 ; et Iréna Talaban, *Terreur communiste et résistance culturelle. Les arracheurs de masques*, Paris, PUF, 1999.

7. Cf. Stéphane Courtois, « *Le Livre noir* et le travail historien sur le communisme », *Communisme*, n° 59-60, mai 2000, pp. 91-92.

8. Cf. Stéphane Courtois, « Les derniers jours de Trotski », *L'Histoire*, n° 2, pp. 76-83.

9. Cf. Ernst Nolte, *La Guerre civile européenne, 1917-1945*, Paris, Editions des Syrtes, 2000.

10. Cf. « Auschwitz. La Solution finale », *Les Collections de L'Histoire*, n° 3.

11. François Furet, *Le Passé d'une illusion, op. cit.*

CHAPITRE XVII

Le loyal bourreau de Staline :
le commissaire du peuple Nicolaï Iejov

1. Marc Jansen, Nikita Petrov, *Stalin's Loyal Executioner. People's Commissar Nikolai Ezhov, 1895-1940*, Stanford University, Hoover Institution Press, 2002, 274 p. Mon compte rendu a été publié dans la revue *Sociétal*, n° 50, 4e trim. 2005.

2. Annie Kriegel, *Les Grands Procès dans les systèmes communistes*, Paris, Gallimard, coll. « Idées », 1972, 190 p. Voir aussi Nicolas Werth, « Sur les grands procès en Union soviétique », *in* Emmanuel Le Roy Ladurie (sous la dir.), *Les Grands Procès politiques*, Paris, Editions du Rocher, coll. « Démocratie lou totalitarisme », 2002, pp. 81-98.

3. Simon Sebag Montefiore, *Staline. La cour du tsar rouge*, Paris, Editions des Syrtes, 2005, 794 p.

CHAPITRE XVIII

De Babeuf à Lemkin :
génocide et modernité

1. « Préface » à Gracchus Babeuf, *La Guerre de la Vendée et le système de dépopulation*, présenté et annoté par Reynald Secher et Jean-Noël Brégeon, Paris, Editions du Cerf, 2008, 238 p.

2. Les 9 chapitres théoriques qui ouvrent le livre viennent enfin d'être traduits en français, voir Rafaël Lemkin, *Qu'est-ce qu'un génocide ?*, présentation par Jean-Louis Panné, Paris, Editions du Rocher, coll. « Démocraties ou totalitarisme », 2008, 320 p.

3. R. Lemkin, *op. cit.*, p. 215

4. *Idem*, p. 226.

5. *Idem*, p. 215.

6. Daniel Marc Segesser, Myriam Gessler, « Raphael Lemkin and the international debate on the punishment of war crimes, 1919-1948 », *Journal of Genocide Research*, décembre 2005, p. 463.

7. Gracchus Babeuf, *La Guerre de la Vendée...*, *op. cit.*, p. 98.

8. *Idem*, p. 140.

9. *Idem*, p. 78.

10. *Idem*, p. 87.

11. *Idem*, p. 82.

12. *Idem*, p. 86.

13. *Idem*, p. 99.

14. *Ibid.*

15. *Idem*, p. 80.

16. *Idem*, p. 122.

17. *Idem*, p. 139.

18. *Idem*, p. 97.

19. *Idem*, p. 154.

20. *Idem*, p. 155.

21. Voir Stéphane Courtois, « De la Révolution française à la révolution d'Octobre », *in* Renaud Escande (sous la dir.), *Le Livre noir de la Révolution française*, Paris, Cerf, 2008, pp. 395-402.

22. On lira avec le plus grand intérêt les minutes du procès, *Carrier, le procès d'un missionnaire de la Terreur et du Comité révolutionnaire de Nantes, 16 octobre-16 décembre 1794*, textes recueillis et annotés par Jacques Dupâquier, Pontoise, Editions des Etannets, 1994, 541 p.

23. *Idem*, pp. 171-172.

24. *Idem*, p. 173.

25. *Ibid*.

26. Sur les relations entre Babeuf et Fouché, voir la présentation de Jean-Joël Brégeon *in* Gracchus Babeuf, *La guerre de Vendée et le système de dépopulation*, *op. cit.*

27. Voir dans ce même volume, le Chapitre XXI, « Le "Rapport secret" de Khrouchtchev ».

28. Reynald Secher, « La guerre de Vendée, guerre civile, génocide, mémoricide », *in* Renaud Escande (sous la dir.), *Le Livre noir de la Révolution française*, *op. cit.*, p. 240.

29. G. Babeuf, *La guerre de Vendée…*, *op. cit.*, p. 119.

30. Voir Victor Zaslavski, *Le Massacre de Katyn…*, *op. cit.*

31. *Idem*, p. 101.

32. *Idem*, p. 167.

33. Raymond Aron, *Mémoires*, Paris, Julliard, 1983, p. 176.

34. Entretien de Hannah Arendt avec Günter Gaus, 1964, cité *in* Hannah Arendt, *Les Origines du totalitarisme*, Paris, Gallimard, « Quarto », 2002, p. 122.

35. G. Babeuf, *La Guerre de la Vendée…*, *op. cit.*, p. 95.

CHAPITRE XIX

Rafaël Lemkin et la question du génocide en régime communiste

1. « Le génocide de classe : définition, description, comparaison », *Les Cahiers de la Shoah*, n° 6, Paris, Les Belles Lettres, 2002, pp. 89-122.

2. Rafaël Lemkin, *Qu'est-ce qu'un génocide ?*, présentation par Jean-Louis Panné, Paris, Editions du Rocher, coll. « Démocraties ou totalitarisme », 2008, 320 p.

3. « Rafaël Lemkin et la question du génocide en régime communiste », communication au colloque de l'Institut polonais des Affaires internationales, « En mémoire de Rafaël Lemkin », Varsovie, octobre 2008.

4. S. Courtois, N. Werth *et alii*, *Le Livre noir du communisme*, *op. cit.*

5. S. Courtois, « Les crimes du communisme », in *Le Livre noir…*, *op. cit.*, pp. 11-41.

6. S. Courtois, « Le génocide de classe… », *op. cit.*

7. Rafaël Lemkin, *Qu'est-ce qu'un génocide ?*, *op. cit.*, p. 23, les mots soulignés le sont par nous.

8. *Idem*, p. 222, les mots soulignés le sont par nous.

9. *Idem*, p. 248, les mots soulignés le sont par nous ; cité également par John Cooper, *Rafaël Lemkin and the Struggle for the Genocide Convention*, New York, Palgrave Macmillan, 2008, p. 65. (Procès des grands criminels de guerre, vol. I, pp. 46-47).

10. J. Cooper, *R. Lemkin and …*, *op. cit.*, p. 90, les mots soulignés le sont par nous.

11. *Idem*, p. 91.

12. R. Lemkin, *Qu'est-ce qu'un génocide ?*, *op. cit.*, p. 239.

13. Voir dans ce même volume le Chapitre XVIII, notes 34 et 35.

14. J. Cooper, *op. cit.*, p. 83.

15. Lettre de R. Lemkin à August Heckscher, fin 1951, citée *in* J. Cooper, *op. cit.*, p.p. 216-217.

16. Voir dans ce même ouvrage le Chapitre XI, « Staline et les Juifs ».

17. « Soviet Genocide in the Ukraine », *in* Raphael Lemkin Papers, New York Public Library, Astor, Lenox and Tilden Foundation. Manuscripts and Archives Division. Ce texte est publié avec une présentation de Roman Serbyn, dans *Commentaire*, septembre-octobre 2009.

18. *Idem.* Voir Roman Serbyn, « Holodomor : the Politics and the History of the Ukrainian genocide », communication au colloque de l'Institut polonais des Affaires internationales, Varsovie, octobre 2008.

19. Voir dans ce même ouvrage le Chapitre XXI, « Le Rapport secret de Khrouchtchev »,.

20. « Génocide soviétique en Ukraine », art. cit.

21. Voir V. Zaslavski, *Le Massacre de Katyn...*, *op. cit.*, p. 68 et pp. 132-143.

22. R. Conquest, *The Harvest of Sorrow. Soviet Collectivisation and the Terror Famine*, New York, Oxford University Press, 1986 ; *The Great Terror. A Reassesment*, Londres, 1992. Traductions française, *La Grande Terreur. Les purges staliniennes des années 30*, suivi de *Sanglantes moissons*, Paris, Robert Laffont, coll. « Bouquins », 1995.

23. Sur cette controverse, voir *Devant l'histoire. Les documents de la controverse sur la singularité de l'extermination des Juifs par le régime nazi*, Paris, Cerf, 1988, 354 p. Voir également Stéphane Courtois, « Penser le fascisme et le totalitarisme », introduction à Ernst Nolte, *Fascisme et totalitarisme*, Paris Robert Laffont, coll. « Bouquins », 2008, pp. VII-XXXIX.

24. Voir Ernst Nolte, « Un passé qui ne veut pas passer », *Frankfurter Allgemeine Zeitung*, 6 juin 1986, repris *in* E. Nolte, *Fascisme et totalitarisme*, *op. cit.*, pp. 860-867.

25. E. Nolte, « L'ère des tyrans », *Frankfurter Allgemeine Zeitung*, 31 juillet 1986, cité in *Devant l'histoire, op. cit.*, p. 70.

26. « Pour la science, il n'existe pas de question interdite », *Rheinischer Merkur* et *Christ und Welt*, 31 octobre 1986, cité in *Devant l'Histoire, op. cit.*, pp. 195-196.

27. Ernst Nolte, *La Guerre civile européenne* (édition allemande 1987), Paris, Editions des Syrtes, 2000, pp. 90-91.

28. Richard Pipes, *The Unknown Lenin. From the Secret Archives*, New Haven/Londres, Yale University Press, 1996.

29. *1933, l'année noire. Témoignages sur la famine en Ukraine*, Paris, Albin Michel, 2000, 490 p.

30. *Le Génocide au Cambodge,1975-1979. Race, idéologie et pouvoir*, Paris, Gallimard, 1998 (première édition Yale, 1996).

31. Nicolas Werth, « Ukraine : un génocide par la faim », *Nouvel Observateur*, n° hors-série octobre 2008, *L'Histoire en procès*, pp. 55-57.

32. Reynald Secher, « La guerre de Vendée : guerre civile, génocide, mémoricide », in *Le Livre noir de la Révolution française*, *op. cit*, p. 238.

33. Voir dans ce même ouvrage le Chapitre XVIII, « De Babeuf à Lemkin : génocide et modernité ».

34. Karl Marx, *Le Manifeste du parti communiste*, Paris, Champ libre, 1983, 94 p. (édition bilingue avec fac-similé de l'original).

35. Cité in Benoît Hepner, « Marx et la puissance russe », *in* Karl Marx, *La Russie et l'Europe*, Paris, Gallimard, 1954, p. 20.

36. Michael Confino, *Violence dans la violence. Le débat Bakounine-Netchaïev*, *op. cit.*

37. Robert Service, *Lenin. A biography*, Cambridge (Mass .), Harvard University Press, 2000, pp. 86-88.

38. Lénine, *Œuvres*, *op. cit.*, t. 23, p. 339.

39. *Idem*, p. 25.

40. *Ibidem*.

41. Lénine, *Œuvres*, « Les tâches de la révolution », *op. cit.*, t. 26, p. 62 (article paru dans le *Rabotchi Pout* les 9 et 10 octobre 1917).

42. Sur toute cette période de la « guerre civile », on lira les chapitres fondamentaux de Nicolas Werth, « Un Etat contre son peuple. Violences, répressions, terreurs en Union soviétique », *in* S. Courtois, N. Werth *et alii*, *Le Livre noir du communisme*, *op. cit.*, pp. 43-147.

43. Lénine, *Œuvres*, « Comment organiser l'émulation », *op. cit.*, t. 26, p. 429.

44. I. Steinberg, *In the Workshop of the Revolution*, Londres, 1955, cité par N. Werth, « Un Etat contre son peuple », *op. cit.*, pp. 73-74.

45. Orlando Figes, *La révolution russe 1891-1924. La tragédie d'un peuple*, Londres, 2002/Paris, Denoël, 2007, p. 634.

46. N. Werth, « Un Etat contre… », *op. cit.*, , pp. 112-117.

47. Voir Nicolas Werth, *L'île aux cannibales. 1933, une déportation-abandon en Sibérie*, Paris, Perrin, 2006, 206 p.

48. Sur les camps soviétiques, et communistes en général, voir le vaste ouvrage comparatif de Joël Kotek et Pierre Rigoulot, *Le Siècle des camps*, Paris, Lattès, 2000, 806 p. ; et sur le Goulag, Anne Applebaum, *Goulag. Une histoire*, Paris, Grasset, 2003, 720 p.

49. Voir N. Werth, « Un Etat contre… », *op. cit.*, pp. 164-188. Voir aussi Françoise Thom, « La "dékoulakisation" et la famine 1928-1933 », in S. Courtois, *Quand tombe la nuit, op. cit.*, pp. 193-214.

50. Cf. Sophie Cœuré, *La grande lueur à l'Est*, Paris, Le Seuil, coll. « Archives du communisme », 1998, pp. 171-184.

51. Voir dans ce même ouvrage le Chapitre XVII, « Le loyal bourreau de Staline : le commissaire du peuple Nikolaï Iejov ».

52. Voir le détail de ces ordres dans ce même volume, au Chapitre VIII, « Comment comprendre Staline ».

53. *Ibid*, p. 108.

54. Voir Andrzej Paczkowski, « La Pologne victime de deux totalitarismes », in S. Courtois (sous la dir.), *Quand tombe la nuit…, op. cit.*, pp. 238-270.

55. Voir Marc Lazar, « L'Estonie et le communisme », in S. Courtois (sous la dir.), *Du passé faisons table rase !…, op. cit*, pp. 229-312.

56. Cf. N. Werth, « Un Etat contre … », *op. cit.*, pp. 230-250.

57. Voir Jung Chang, John Halliday, *Mao, l'histoire inconnue*, Paris, Gallimard, 2006.

58. Voir Ben Kiernan, *op. cit.* ; et aussi Jean-Louis Margolin, « Cambodge : au pays du crime déconcertant », in S. Courtois, N. Werth *et alii*, *Le Livre noir du communisme, op. cit.*, pp. 630-700 ; et aussi « Kampuchéa démocratique : stade ultime du communisme ? », *Communisme*, n° 95-96, 3e-4e trim. 2008, 210 p.

59. Alain Besançon, *Le Malheur du siècle. Sur le communisme, le nazisme et l'unicité de la Shoah*, Paris, Fayard, 1998, 166 p, ici p. 24.

60. Sur « l'homme nouveau », on se reportera au remarquable ouvrage-catalogue dirigé par Jean Clair, *Les années 1930. La fabrique de « l'Homme nouveau »*, Paris/Ottawa, Gallimard/Musée des Beaux Arts du Canada, 2008, 394 p. (catalogue de l'exposition éponyme présentée à Ottawa de juin à septembre 2008).

61. Heinrich Himmler, « Quelques idées relatives au traitement des groupes ethniques et des Juifs de l'Est », *in* Christopher Browning, *Les Origines de la solution finale*, Paris, Les Belles Lettres, 2007, p. 86.

62. Marc Lazar, « Le *Livre noir du communisme* en débat », voir dans ce même ouvrage le Chapitre XV, « Le Livre noir et le travail historien sur le communisme ».

63. Pierre Hassner, « Par delà l'histoire et la mémoire », *in* Henry Rousso (sous la dir.), *Stalinisme et nazisme. Histoire et mémoire comparée*, Paris/Bruxelles, Complexe/IHTP, 1999, p. 368.

64. Annette Wieviorka, *Auschwitz expliqué à ma fille*, Paris, Le Seuil, 1999, p. 10.

65. Cf. Tzvetan Todorov, « Scientisme et totalitarisme », *in* S. Courtois (sous la dir.), *Quand tombe la nuit*, *op. cit.*, pp. 291-300.

QUATRIÈME PARTIE

HISTOIRE ET MÉMOIRE
DU COMMUNISME

CHAPITRE XX

Histoire du communisme : la révolution documentaire

1. Actes publiés dans *Histoire et archives*, n°14, juillet-décembre 2003, pp. 133-142.

2. Cf. Peter Huber et Daniel Kunzi, « L'assassinat d'Ignaz Reiss », *Communisme*, n° 26-27, 1990, pp. 5-28.

3. Cf. Guillaume Malaurie, Emmanuel Terrée, *L'Affaire Kravchenko, Paris 1949. Le Goulag en correctionnelle*, Paris, Robert Laffont, 1982, 284 p.

4. Une collection complète de la revue se trouve à la Bibliothèque La Souvarine, 4 avenue Benoît Frachon, 92000, Nanterre.

5. Branko Lazitch, Nilorad Drachkovitch, *Biographical Dictionary of the Comintern*, Stanford Californie, Hoover Institution Press, 1973, 458 p.

6. Sur les effets de cette révolution documentaire, voir Stéphane Courtois, « Archives du communisme : mort d'une mémoire, naissance d'une histoire », *Le Débat*, n° 77, novembre-décembre 1993, pp. 145-156. Dans le même numéro, voir Nicolas Werth, « De la soviétologie en général et des archives russes en particulier », pp. 127-144.

7. Cf. Stéphane Courtois, « Un été 1940. Les négociations entre le PCF et l'occupant allemand à la lumière des archives de l'Internationale communiste », *Communisme*, n° 32-34, 1993, pp. 85-128.

8. Voir, par exemple, Yves Santamaria « Le Parti, la France et la guerre, mars-juin 1940 », *Communisme*, n° 32-34, 1993, pp. 67-84.

9. Voir Philippe Buton, *Les lendemains qui déchantent. Le PCF à la Libération*, Paris, Presses de la FNSP, 1993.

10. Voir Sylvain Boulonque, « Vérification, rectification et interdépendance : les relations entre la Confédération générale du travail unitaire et l'Internationale syndicale rouge (1930-1932) », *Communisme*, n° 65-66, 1e-2e trim. 2001, pp. 133-160.

11. Cf. Annie Kriegel, Stéphane Courtois, *Eugen Fried. Le grand secret du PCF, op. cit.*

12. Paris, Gallimard, 700 p.

13. Oleg Khlevniouk, *Le Cercle du Kremlin, op. cit.*

14. Stéphane Courtois, Nicolas Werth *et alii*, *Le Livre noir du communisme. Crimes, terreur, répression, op. cit.*

15. Marc Jansen et Nikita Petrov, *Stalin's loyal executioner : People's Commissar Nikolaï Ejov*, Stanford, Hoover Institution Press, 2002, 274 p. Voir dans cet ouvrage le chapitre XVII.

16. Nicolas Werth, « Repenser la Grande Terreur. L'URSS des années trente », *Le Débat*, novembre-décembre 2002.

17. Victor Zaslavski, *Le Massacre de Katyn. Crime et mensonge, op. cit.*

18. Voir dans ce même ouvrage le chapitre XXI.

19. Li Zhen Sheng, *Le Petit Livre rouge d'un photographe chinois*, Paris, Phaidon, 2003, 316 p.

CHAPITRE XXI

Le « Rapport secret » de Khrouchtchev : la fracture du système communiste

1. Communication présentée lors du colloque organisé par l'Association Annie-Kriegel le 13 octobre 2006 sur « La Révolution hongroise de 1956 : nouvelles approches et répercussions sur les partis communistes français, italien et espagnol » et publiée dans *Communisme*, n° 88-89, 4ᵉ trim. 2006-1ᵉʳ trim. 2007.

2. William Taubmann, *Khrushschev. The man and his era*, New York/Londres, Nortons & Cie, 2003, 876 p., ici p. 278

3. Pour ce qui concerne la Commission Pospelov, voir Nicolas Werth, « Histoire d'un "pré-Rapport secret" », *Communisme*, n° 67-68, 3ᵉ et 4ᵉ trim. 2001, pp. 9-38.

4. *Le Rapport Khrouchtchev et son histoire*, présenté et annoté par Branko Lazitch, Paris, Seuil, coll. « Point-Histoire », 1976, 190 p., ici p. 9 (désormais B. Lazitch, *Le Rapport...*).

5. W. Taubmann, *Khrushschev ..., op. cit.*, p. 279.

6. *Ibidem.*

7. B. Lazitch, *Le Rapport ..., op. cit.*, p. 53.

8. *Idem*, p. 56.

9. Voir Richard Pipes, *The Unknown Lenin, from the Secret Archive*, New Haven/Londres, Yale University Press, 1996, 216 p. ; voir aussi dans ce même volume le Chapitre III, « Lénine et l'invention du totalitarisme ».

10. B. Lazitch, *Le Rapport..., op. cit.*, p. 69.

11. *Idem*, p. 66.

12. *Idem*, p. 64.

13. *Idem*, p. 65

14. *Idem*, p. 66.

15. *Idem*, p. 67.

16. *Idem*, p. 68.

17. *Idem*, p. 69.

18. *Idem*, p. 70.

19. *Idem*, p. 84.

20. *Idem*, p. 107.

21. *Idem*, p. 109.

22. *Idem*, p. 119.

23. *Idem*, p. 120.

24. *Idem*, p. 129.

25. *Idem*, p. 99.

26. *Idem*, p. 78.

27. *Idem*, p. 61.

28. Voir Nicolas Werth, *L'Ile aux cannibales. 1933, une déportation-abandon en Sibérie*, Paris, Perrin, 2006, 206 p.

29. B. Lazitch, *Le Rapport...*, *op. cit.*, p. 61.

30. *Idem*, p. 77.

31. *Idem*, p. 66.

32. Voir Etienne Thévenin, « Les logiques à l'œuvre dans les famines soviétiques : l'exemple de l'Ukraine », *in* S. Courtois (sous la dir.), *Les logiques totalitaires en Europe*, *op. cit.*, pp. 326-337 ; et Nicolas Werth, « La famine au Kazakhstan », *Communisme*, n° 74-75, 2003, pp. 8-18.

33. B. Lazitch, *Le rapport ...*, *op. cit.*, p. 117.

34. *Ibidem*.

35. *Ibidem*.

36. W. Taubmann, *Khrushschev ...*, *op. cit.*, pp. 64-65.

37. *Le Monde 2*, 25 février 2006, p. 64.

38. W. Taubmann, *Khrushschev ...*, *op. cit.*, p. 94.

39. *Idem*, pp. 99-100.

40. Document de l'auteur.

41. *Idem*, p. 135.

42. Voir Victor Zaslavsky, *Le Massacre de Katyn. Crime et mensonge*, *op. cit.*, pp. 41-42 et pp. 120-128.

43. Le chiffrage des victimes polonaises de l'occupation soviétique de 1939-1941 demeure aujourd'hui encore bien difficile à établir, faute de documentation. Selon W. Taubmann (*op. cit.*, p. 136), environ 1 250 000 personnes auraient

été déportées de la partie orientale de la Pologne – dont 300 000 seraient mortes en déportation – tandis que 50 000 auraient été assassinées. Nous nous sommes référé ici au chiffrage nettement plus réduit de V. Zaslavsky (*op. cit.* p. 61) et d'Andrzej Paczkowski, « La Pologne victime de deux totalitarismes, 1939-1945 », *in* S. Courtois (sous la dir.), *Une si longue nuit. L'apogée des régimes totalitaires en Europe, op. cit.*, pp. 238-270, ici pp. 259-263.

44. W. Taubmann, *Khrushschev ...*, *op. cit.*, p. 139.

45. B. Lazitch, *Le Rapport...*, *op. cit.*, p. 111.

46. W. Taubmann, *Khrushschev ...*, *op. cit.*, p. 164.

47. V. Zaslavsky, *Le Massacre de Katyn ...*, *op. cit.*, pp. 129-131.

48. Voir Jacques Dupâquier, « Le procès Carrier » ; et Jean-Clément Martin, « Le procès Carrier, un procès politique ? », *in* Emmanuel Le Roy Ladurie (sous la dir.), *Les Grands Procès politiques. Une pédagogie collective*, Paris, Editions du Rocher, coll. « Démocratie ou totalitarisme », 2002, pp. 55-66 et pp. 67-80.

49. W. Taubmann, *Khrushschev ...*, *op. cit.*, p. 286.

50. *Idem*, p. 285.

51. B. Lazitch, *Le rapport ...*, *op. cit.*, p. 151.

52. *Idem*, p. 52.

53. *Idem*, p. 53

54. *Idem*, p. 61.

55. *Idem*, p. 97.

56. *Idem*, p. 66.

57. *Idem*, p. 86.

58. *Idem*, p. 140.

59. *Idem*, p. 126.

60. *Idem*, p. 150.

61. W. Taubmann, *Khrushschev ...*, *op. cit.*, p. 290.

62. Voir Michael Confino, *Violence dans la violence. Le débat Bakounine-Netchaïev*, Paris, François Maspéro, 1973, 212 p.

63. Voir René Cannac, *Aux sources de la révolution russe. Netchaïev, du nihilisme au terrorisme*, Paris, Payot, 1961, p. 175.

CHAPITRE XXII
Le mémorial de Sighet :
histoire et mémoire des
crimes communistes en Roumanie

1. « Le mémorial des crimes du communisme », *Le meilleur des mondes*, n° 1, printemps 2006.

2. La revue *Communisme* a publié un numéro consacré à « La Roumanie, un totalitarisme ordinaire » (n° 91-92, 3e et 4e trim. 2007), préparé par les responsables de l'Institut de recherche sur les crimes du communisme.

3. Vladimir Tismaneanu, Dorin Dobrincu, Cristian Vasile (sous la dir.), *Rapport final*, Commission présidentielle pour l'analyse de la dictature communiste en Roumanie, Bucarest, Humanitas, 2007, 880 p.

CHAPITRE XXIII
L'honneur perdu de la gauche européenne

1. « L'honneur perdu de la gauche européenne », *2050*, n° 1, avril 2006.

2. Voir dans ce même volume le Chapitre XXII, « Le Mémorial de Sighet », et aussi *Communisme*, n° 91-92, « Roumanie, un totalitarisme ordinaire ».

3. Voir Shaban Sinani, *Le Dossier Kadaré*, suivi de Ismaïl Kadaré et Stéphane Courtois, *La Vérité des souterrains*, Paris, Odile Jacob, 2006, 208 p.

CHAPITRE XXIV
Vous avez dit négationnisme ?

1. Ce texte est paru dans *Le meilleur des mondes*, n° 1, printemps 2006.

CHAPITRE XXV
Manipulation de l'histoire :
continuité d'une pratique soviétique

1. « L'histoire en procès », *Le Nouvel Observateur*, n° hors série, octobre 2008.
2. Voir Nabi Abdullaev, « Commission to Guard Against False History », *The Moscow Times*, 20 mai 2009.

INDEX

TABLE

collection tempus
Perrin

À PARAÎTRE

Composition Nord Compo
Villeneuve-d'Ascq

Impression réalisée par

C P I
Brodard & Taupin

La Flèche (Sarthe), le 16-12-2009
pour le compte des Éditions Perrin
11, rue de Grenelle
Paris 7[e]

N° d'édition : 2517 – N° d'impression : 56014
Dépôt légal : août 2009
Imprimé en France